주석학개론 1

고전적정리이론총서 003

주석학개론 1

왕요남汪耀楠 지음 | 신승운 외 옮김

한국고전번역원

일러두기

1. 이 책은 1997년 북경어문출판사(北京語文出版社)에서 간행한 왕요남(汪耀楠)의 《주석학강요(注釋學綱要)》(제2판)를 번역한 것이다.
2. 독자의 이해를 돕기 위하여 원서의 편집 체제를 일부 수정하였다.
3. 번역문은 되도록 평이한 현대문으로 하되, 전문용어는 그대로 사용하는 것을 원칙으로 하였다.
4. 인용문의 원문 병기는 1911년 중국의 신해혁명(辛亥革命)을 기점으로 이전의 저작이거나 저자가 그 이전에 출생한 경우에만 하는 것을 원칙으로 하였다. 다만 그 이후의 원문이나 백화문도 필요한 경우에는 병기하였다.
5. 인용문 원문의 '於'와 '于'는 가급적 교감하지 않고 저본을 따랐다.
6. 본문과 인용문에서 저자가 ( )로 묶어 제시한 보충설명 및 인용문의 원주(原註)는 '원주'라는 표제어를 잡아 주석으로 처리하였다. 다만 짧은 경우에는 독자의 편의를 위하여 원래의 위치에 두었다.
7. 인용문에서 오자가 분명한 것은 수정하여 번역하고 주석으로 근거를 제시하였으며, 오자로 의심되는 것은 그대로 두고 관련 근거를 주석으로 제시하였다.
8. 인용문이 아닌 본문에서 저자의 실수로 판단되는 오류나 표점의 오류는 바로잡고 주석으로 처리하지 않았다.
9. 인명과 지명은 우리말 한자음으로 표기하였다.
10. 맞춤법과 띄어쓰기는 한글 맞춤법과 표준어 규정을 따르는 것을 원칙으로 하였다.
11. 이 책에 사용된 문장부호와 표점부호는 한국고전번역원 원칙을 준용하였다. 단 고리점(。)은 마침표(.)로 대신하였다.
12. 주요 인명과 서명에 대해서는 책 말미에 '인명 해설'과 '서명 해설'을 부록하였다. 인명 해설과 서명 해설에 참고한 주요 공구서는 다음과 같다.
    - 오영광(吳榮光) 편, 진원(陳垣) 교주(校注), 《중국고대명인생졸역사대사연보(中國古代名人生卒歷史大事年譜)》(北京圖書館出版社, 2002)
    - 임종욱 편, 《중국역대인명사전》(이회문화사, 2010)
    - 장위지(張撝之) 외 주편, 《중국역대인명대사전(中國歷代人名大辭典)》(上海古籍出版社, 1999)
    - 정천정(鄭天挺) 외 주편, 《중국역사대사전(中國歷史大辭典)》(上海辭書出版社, 2010)
    - 최석기(崔錫起) 외, 《중국경학가사전(中國經學家事典)》(景仁文化社, 1999)

주석학개론 1

차례

서문

통합성과 개창성의 추구

예성(銳聲)

《주석학강요(注釋學綱要)》는 개창성(開創性)이 있고 소개할 가치가 있는 좋은 책이다. 저자 왕요남(汪耀楠)은 이 책의 〈후기(後記)〉에서 이 책을 저술하게 된 동기와 요지에 대해 설명하였으니, 바로 "훈고학(訓詁學)과 고적 정리의 실제 작업을 결합하여 하나의 새로운 커리큘럼 주석학(注釋學) 을 개설하는 것이다."라고 하였다. 그는 또 다음과 같이 말하였다.

> 고적의 정리와 연구는 범위가 매우 넓지만 그 기초는 주석이다. 만약 고금의 학자들이 고적을 정리하는 과정에서 축적해 놓은 주석 작업을 이론적인 측면에서 연구할 수 있다면, 주석과 관련된 비교적 체계적인 지식을 소개할 수 있고, 아울러 그것이 지니고 있는 내부의 규칙을 제시할 수 있을 것이다.

이러한 저술 동기와 요지를 지녔다면, 다음 세 가지 방면에서 이 책의 특색을 파악할 수 있을 것이다.

첫째, 개창성이다.

중국 문헌의 정리와 전파 과정에서 주석과 훈고는 그 공로가 매우 크다. 다만 이론 면에서 이러한 실제 작업들에 대한 체계적인 개괄이 매우 적을 뿐만 아니라 시기적으로도 매우 늦다는 것이다.

한대(漢代)부터 청대(淸代) 말에 이르기까지 주석 및 훈고의 방법에 대한 이론적 설명은 극히 단편적이었다. 비록 청대에 고우(高郵)의 이왕(二

王)[1]이 출현하여 그들의 명저 《광아소증(廣雅疏證)》·《독서잡지(讀書雜志)》·《경의술문(經義述聞)》·《경전석사(經傳釋辭)》를 통하여 훈고의 이론과 실제 작업에 걸출한 공헌을 하였다고는 하지만 여전히 훈고의 이론 체계는 성립되지 않았다. 중국의 문화사에서 《문심조룡(文心雕龍)》과 같은 체계적인 이론 저작은 매우 적었다.

알다시피 초기에 나온 훈고에 관한 체계적인 이론 저작은 아마도 1933년 하중영(何仲英)의 《훈고학인론(訓詁學引論)》일 것이다. 뒤이어 1939년 호박안(胡樸安)의 《중국훈고학사(中國訓詁學史)》, 1942년 장세록(張世祿)의 《중국훈고학개요(中國訓詁學概要)》, 1943년 제패용(齊佩瑢)의 《훈고학개론(訓詁學概論)》이 나왔다. 1949년 이후에는 다소 이른 시기의 저작으로 육종달(陸宗達)의 《훈고간론(訓詁簡論)》이 나왔으며, 1980년대 이후에 와서는 훈고학에 관한 저술이 잇달아 나왔다. 이는 전국적으로 고적을 정리하는 상황과 관련하여 전통 학술이 새로운 상황에서 부활한 것을 반영한다.

이런 상황에서 '주석학'을 저술한다는 것은 홀로 길을 개척하는 것이나 진배없다. '주석학'으로 서명을 붙인 것은 어휘상 새롭게 표현한 것이 결코 아니다. 《시경(詩經)》〈관저(關雎)〉에 대한 공영달(孔穎達, 574-648)의 소(疏)[2]에 "고(詁)·훈(訓)·전(傳)[3]은 주해(注解)[4]의 별칭이다.〔詁、訓、傳

1 고우(高郵)의 이왕(二王) : '고우'는 지금의 강소성 고우시(高郵市)로, 이왕, 즉 왕염손(王念孫, 1744-1832)과 왕인지(王引之, 1766-1834) 부자의 출신지이다. 왕염손은 청대의 훈고학자이자 교감학자로, 자는 회조(懷祖), 호는 석구(石臞)이다. 부친 왕안국(王安國)에게 수학하고 대진(戴震)을 사사했다. 저서로 《광아소증(廣雅疏證)》, 《독서잡지(讀書雜志)》, 《방언소증보(方言疏證補)》, 《석대(釋大)》, 《모시군경초사고운보(毛詩群經楚辭古韻譜)》 등이 있다. 왕인지는 자는 백신(伯申), 호는 만경(曼卿)이다. 가학을 이어 자학(字學)의 명저인 《경전석사(經傳釋辭)》와 교감학의 명저인 《경의술문(經義述聞)》을 저술하였다.

2 소(疏) : 고서의 본문을 해석한 것이 '주(注)'이고, 이 '주'의 내용을 소통시키는 것이 '소(疏)'이다. 즉 소는 주를 해석하고 부연한 것이다.

3 고(詁)·훈(訓)·전(傳) : 모두 주석의 명칭이다. '고(詁)'는 현대 언어를 사용하여 고대

者, 注解之別名.〕"라고 하였는데, 주석은 경우에 따라 훈고(訓詁)[5]와 같은 의미로 사용되기도 하였다.

이 책의 제1장 〈주석학 개설〉의 제3절 '주석과 주석학' 및 제4절 '주석학과 훈고학'을 논한 부분에서 알 수 있듯이, 《주석학》을 저술하는 일은 고적 정리의 실제 작업에서 제기되는 과제이다.

고금의 학자들은 《이아(爾雅)》·《방언(方言)》 같은 것들과 문적(文籍)에 대한 주석이나 정리를 '훈고(訓詁)'라고 하였다. 따라서 훈고의 정의는 '고금의 달라진 어휘를 통하게 하고 사물의 모습을 변별하는 것〔通古今之異辭, 辨物象之形貌.〕'[6]이며, '언어로 언어를 해석하는 방법과 조례를 연구하고, 한 걸음 더 나아가 언어문자의 체계와 근원을 탐구하는 것〔研究用語言解釋語言的方法、條例, 進而探討語言文字的系統和根源.〕'과 같은 것이다. 실제로 훈고학은 '고금의 달라진 어휘를 해석하고 각 지방의 다른 말을 통하게 하는 것〔釋古今之異言, 通方俗之殊語〕'으로 간주되는 고어의학(古語義學)[7]에 대한 연구이다. 이 때문에 훈고의 이론에 대한 저작 및 연구의 중점은 기본적으로 《이아》·《방언》·《광아(廣雅)》와 같은 사전들이다.

그러나 고적의 정리와 주석은 단지 고어의학의 문제일 뿐만이 아니다. 여

의 언어를 해석하거나 표준어를 사용하여 방언을 해석하는 것을 말한다. 고(詁)는 고(故) 또는 고(古)와 통용된다. '훈(訓)'은 통속적이고 쉬운 어휘를 사용해 이해하기 어려운 어휘를 해석하는 것을 말한다. 광의와 협의의 두 가지가 있는데, 《이아》〈훈석(訓釋)〉의 '사물의 형모(形貌)를 말하는 것〔言形貌.〕'은 협의의 '훈'이고, 〈곡례소(曲禮疏)〉의 '의리를 가르쳐 설명하는 것〔謂訓說理義.〕'은 광의의 '훈'이다. '전(傳)'은 경문을 해석하거나 주해의 방식으로 경문의 은미한 뜻과 대의를 설명한 것을 말한다.

4 주해(注解) : '주석(注釋)'과 같다. 문장 내의 어휘, 내용 및 인용문의 출처에 대해 설명하는 것을 말한다. '주(注)'는 관주(灌注), '해(解)'는 석(釋)의 뜻이다.

5 훈고(訓詁) : 주석의 명칭으로, 고적의 자의(字義)를 해석하는 것이다.

6 원주 : 공영달(孔穎達)의 말이다.

7 고어의학(古語義學) : '어의학'이란 언어학의 한 분야로, 어휘의 의미와 그 변천사 및 분류에 대해 연구하는 학문이다. 고어의학은 연구 대상을 고어에 한정시킨 것이다.

기에서 다루는 내용은 훈고학계의 설이나 훈고학 이론을 다룬 일반 저작에서 논의하는 문제에 비해 훨씬 광범위하고 풍부하다. 《주석학강요》라는 이 책은 훈고학 저작의 부족한 점과 결점을 겨냥하여 지은 것이며, 처음으로 문적의 주석 및 정리에 관련된 여러 가지 문제, 예컨대 판본(版本)·구두(句讀)·석사(釋詞)·통가(通假)·금역(今譯)·장구(章句)·결구(結構)에서부터 주석의 역사 등에 이르기까지 하나로 융합한 뒤에 이론적 설명을 함으로써 형성된 새로운 이론 학문이다.

이 책에서 주석의 실제 작업 과정에 관련되는 광범위한 문제에 대해, 그리고 훈고학계의 설과 현재의 훈고에 관한 저술이 아학(雅學)[8]에 대한 논의에 편중된 경향에 대해 분석한 것과 제기한 모순은 상당한 깊이가 있으며, 어떤 부분은 전인(前人)들이 말하지 못한 것을 말한 것도 있는데, 세심한 독자라면 이 책 속에서 이러한 인상을 찾아내기 어렵지 않을 것이다.

또한 제2장 〈주석의 종류〉에서는 전(傳)·주(注)·전(箋)·소(疏)·고(詁)·훈(訓)·음의(音義)·장구(章句) 등 18가지 주석의 이칭에 대하여 설명한 다음, 역대의 주석 작품을 내용에 따라 문자주석류(文字注釋類)·장구류(章句類)·의리류(義理類)·종합류(綜合類)로 구분하고, 성격에 따라 수주자위류(首注自爲類)·보술류(補述類)·변증류(辨證類)·교정류(校訂類)·찬집류(纂集類)로 구분하고, 제공하는 지식 정보량에 따라 간주류(簡注類)·상주류(詳注類)·집주류(集注類)로 구분하였는데, 이러한 유(類)들

8 아학(雅學) : 중국 최고(最古)의 경전 문자에 대한 훈고 사서(辭書)인 《이아(爾雅)》를 연구하는 학문이다. 주요 내용은 《이아》에 대한 주석, 《이아》의 체례를 모방한 훈고 서적의 편찬, 《이아》에 대한 교감·집일, 《이아》 관련 주제에 대한 전문적인 연구와 고증, 조례(條例), 아학 저작에 대한 제요(提要) 등이다. 대표적인 저작으로는 곽박(郭璞)의 《이아주(爾雅注)》, 장읍(張揖)의 《광아(廣雅)》, 완원(阮元)의 《십삼경주소교감기(十三經注疏校勘記)》, 대진(戴震)의 《이아문자고(爾雅文字考)》, 왕국유(王國維)의 《이아초목충어조수명석례(爾雅草木蟲魚鳥獸名釋例)》, 주이준(朱彝尊)의 《경의고(經義考)》 등이 있다.

은 모두 지극히 평범한 상식이지만 이론적인 색채를 띤 저자의 구분과 설명을 한 번 거치자 새롭게 다가오게 되었다고 할 수 있다.

둘째, 여러 가지 학문을 종합하였다는 점이다.

이 학문의 실제 작업과 관련된 각 방면의 지식을 서로 연계되고 층층이 발전해 가는 하나의 체계로 구성하자마자 이러한 풍부한 실제 작업에서 제기된 문제에 대해 체계적으로 이론적 개괄을 하고 그 내부의 규칙을 제시해야만 이 학문의 학술사상 체계가 비로소 형성될 수 있다.

고적의 정리와 주석은 일련의 완정(完整)한 순서가 있는데, 판본으로부터 시작된다. 역대 학자들의 많은 저작 가운데 어떤 것은 판본을 전적으로 다루고 어떤 것은 교감을, 어떤 것은 어의(語義 훈고(訓詁))를, 어떤 것은 문장의 작법(作法)과 결구(結構)를 전적으로 다루었다. 그러나 지금 우리들이 《주석학강요》를 통해 보는 것은 여러 가지 학문의 장점을 한곳에 모아 놓은 '집합체'라고 할 수 있다. 저자는 자신의 독특한 안목과 심층적 사고를 통해 각각 독립적인 학문들을 서로 연계된 하나의 완전체로 융합하였는데, 이것은 이 책이 취한 장절의 명칭만 열거해도 분명히 알 수 있다.

제3장 주석의 기초 작업 1 : 판본의 선택

제4장 주석의 기초 작업 2 : 문자의 교감

제5장 구두

제6장 어휘의 해석

제7장 통가의 규명

제8장 고한어 어휘의 의미 주석에서 나타나는 몇 가지 문제

제9장 금역

제10장 장구 : 단락 구분과 구조 분석

독음(讀音)의 표시 및 글자의 변별은 제6장 〈어휘의 해석〉에 들어 있으며, 마지막 장은 제11장 〈고대의 주석사〉이다.

고서를 주석하는 단계와 과정에서 우리는 이 책의 내용이 완정하고 체계가

과학적임을 알 수 있다. 판본학과 교감학은 모두 매우 독립적인 학문인데, 이 책에서는 주석의 기초 작업 중 첫 번째와 두 번째 작업으로 설명하여 매우 자연스럽게 이들 학문을 주석학의 유기적인 구성 부분이 되게 하였다. 좋은 판본이 있다면 문자의 교감 문제는 이미 해결된 것이며, 우리는 비로소 구두에서부터 시작하여 한 걸음 한 걸음 주석 작업을 할 수 있다. 그러나 이때는 어휘를 주석하여 언어적 장애를 없애는 일이 기초가 되고 중점이 된다. 이 때문에 이 책에서는 이 부분에 제6장, 제7장, 제8장 등 모두 3개의 장을 안배하여 이 문제를 토론하였다.

어휘의 문제가 해결되었으면 이어서 하는 작업은 편 전체를 현대어로 번역하는 것이며, 그다음으로 이어서 하는 작업은 작품의 장구와 구조에 대해 분석하는 것이다.

셋째, 이론과 실제 작업의 통일성이다.

이 책에서 논의하는 것들은 대체로 이 분야를 가르치거나 연구하는 일에 종사하는 사람이면 모두 아는 문제들이다. 그러나 흔히 있는 실제 작업 속에 내재된 이론 및 그 내부의 규칙은 반드시 사람들이 모두 다 주의를 기울이는 것도 아니며, 또 사람들이 모두 다 발견하거나 총괄할 수 있는 것도 아니다.

예를 들어 '구두(句讀)'의 경우, 얼핏 보기에는 간단하기 그지없다. 그러나 이 책에서는 고적을 읽을 때 구두가 얼마나 중요한 역할을 하는지에 대해 분석하였고 구두를 잘못 끊게 되는 원인을 분석하였다. 그런 다음 또 이어서 많은 지면을 할애하여 '고서 정리에 있어서 표점 부호의 사용'에 대해 논의하였는데, 다음의 네 가지 방면에서 여기에 존재하는 문제들을 분석하였다.

첫째는 동일한 단락의 문자에 대해 다른 표점 부호를 사용한 문제이며, 둘째는 서명호(書名號)[9]의 문제, 셋째는 모호(冒號)[10]와 인호(引號)[11]의 문

9 서명호(書名號) : 《 》, 〈 〉, 혹은 ~~~로 표시한다. 서명, 편명, 작품명 등을 표시한다.

10 모호(冒號) : 쌍점(:)이다. 뒷말을 이끄는 제시어의 뒤 또는 앞말을 총괄하는 말 앞에 사용한다.

제, 넷째는 파절호(破折號),[12] 괄호(括號),[13] 전명호(專名號)[14]의 문제이다.

이러한 문제에 대한 토론은 모두 구체적인 분석을 기초로 한다. 예를 들어 《문심조룡》〈변소(辨騷)〉의 경우 '自《風》、《雅》寢聲'에서부터 '雖與日月爭光可也'까지 겨우 104자인데, 모두 18곳에서 구두를 끊고 있다. 그런데 범문란(范文瀾)의 주본(注本)과 육간여(陸侃如)·모세금(牟世金)의 역주본(譯注本)은 표점 부호가 서로 다른 곳이 7군데나 된다.

또 예를 들어 옛사람들이 인용한 서명을 보면 상당히 자의적이다. 《춘추좌전(春秋左傳)》을 《좌전(左傳)》·《춘추전(春秋傳)》·《좌씨(左氏)》 등으로 약칭하고, 편장(篇章)을 노출하여 《좌전모공×년(左傳某公×年)》이라 하기도 하였다. 청나라 유자(儒者)들이 인용할 때에는 《좌전》·《춘추전》·《좌씨》 등과 같이 편장을 노출시키지 않은 것도 있고, 《좌전모×년(左傳某×年)》[15]·《좌모×년(左某×年)》[16]·《좌씨모×년전(左氏某×年傳)》[17]·《좌모×년전(左某×年傳)》[18]·《좌씨모×년전(左氏某×年傳)》·《모×년전(某×年傳)》·《좌씨모×년(左氏某×年)》[19]과 같이 편장을 노출시킨 것도 있다. 이

11 인호(引號) : 쌍인호(雙引號)인 " " 또는 『 』와 단인호(單引號)인 ' ' 또는 「 」가 있다. " "와 ' '는 가로로 쓴 글자에 사용하고 『 』와 「 」는 세로로 쓴 글자에 사용한다. 인용한 부분을 표시할 때, 특정한 칭호나 강조하는 부분을 표시할 때, 풍자나 부정의 의미를 표시할 때 사용한다.

12 파절호(破折號) : 줄표(-)이다. 뒤에 이어지는 문구가 주석 성격을 띨 때, 의미가 점층적임을 표시할 때, 의미가 전환될 때 사용한다.

13 괄호(括號) : ( )이다. 주석 성격의 문구를 표시할 때 사용한다.

14 전명호(專名號) : 가로줄(—)은 글자 밑에 사용하고, 세로줄(|)은 글자의 왼쪽이나 오른쪽에 사용한다. 주로 인명, 지명, 단체명 등을 표시할 때 사용한다.

15 원주 : 단옥재(段玉裁)의 방식이다.

16 원주 : 주준성(朱駿聲)의 방식이다.

17 원주 : 완원(阮元)의 방식이다.

18 원주 : 왕선겸(王先謙)의 방식이다.

19 원주 : 이상은 학의행(郝懿行)의 방식이다.

책은 이러한 문제를 제기하여 이론적으로 설명하였는데, 고서를 표점할 때 일관성을 추구하는 데에 있어 도움이 된다 하겠다.

넷째, 고문의 금역(今譯)에 대한 논의가 있다는 것이다.

'신(信)'·'달(達)'·'아(雅)'에 대해 전면적이면서도 변증적인 분석을 하여 "'신(信)'은 역문이 원문에 내포된 뜻과 서로 부합하는 것을 말하고, '달(達)'은 문장의 전후 맥락이 관통하고 언어가 분명하고 명쾌한 것을 말하며, '아(雅)'는 역문에 원문의 정취가 풍부하게 담겨 있고 문장이 유려한 것을 말한다."라고 말하고, 또 "세 가지 표준 가운데 '신(信)'은 전제이고 기초이다. 원문이 내포하고 있는 뜻을 정확히 드러내지 못한다면 '달(達)'과 '아(雅)'는 곧 아무 쓸모가 없게 된다. 우리들이 요구하는 역문은 '신(信)'을 기초로 한 세 가지의 통일이다."라고 하였다.

매우 의미 있는 점은 다음과 같은 것이다. 이 책에서는 "정백이 언에서 단을 이겼다.〔鄭伯克段于鄢.〕"라는 《좌전》의 유명한 고사를 예로 들어 허소천(許嘯天)의 《고문관지(古文觀止)》, 심옥성(沈玉成)의 《좌전역문(左傳譯文)》, 주대박(周大璞) 등의 《고문관지주석(古文觀止注釋)》의 번역문을 비교하였다. 그리고 허소천이, 오역한 것, 함부로 글자를 추가하여 번역한 것, 생략해야 하는데 생략하지 않고 번역한 것, 함부로 고쳐서 번역한 것, 번역문이 이상하고 통하지 않는 것 등에 대해 분석하였는데, 이러한 문제는 어느 정도 일반적으로 직면하는 문제들이다.

저자는 여기에서 다량의 예증을 들어 번역의 방법을 논의하였는데, 이러한 방법이 고한어(古漢語)와 현대한어(現代漢語)에 기초한 것일 뿐만 아니라 바로 문언(文言)과 백화(白話)의 비교 연구에 기초한 것이기도 하다는 것

역주 : '《모×년전(某×年傳)》·《좌씨모×년(左氏某×年)》'은 저본에는 '《某×年傳》·《左氏某×年傳》·《某×年傳》·《左氏某×年傳》'으로 되어 있는데, 중간의 '《左氏某×年傳》·《某×年傳》'은 연문(衍文)으로 보아 번역하지 않았다.

때문에 이 책의 저자는 언어사(言語史)의 연구와 고서 주석의 원칙에 대한 연구를 하나로 결합시켰다. 예컨대 고금의 어휘를 등가(等價)로 대역(對譯)하는 문제, 고한어의 문장 성분을 생략하는 문제, 어순의 문제, 특정한 명사나 전문용어의 문제 등이다. 한편으로는 고한어의 많은 실례를 들어 이러한 현상들을 분석하였고, 다른 한편으로는 금역할 때 준수해야 하는 원칙들, 즉 번역을 해야 할지 하지 말아야 할지, 보충해서 번역해야 할지, 번역을 생략해야 할지, 도치시켜 번역해야 할지 등등에 대해 지적하였는데, 설명이 매우 분명하다.

고대 시가(詩歌)의 금역 문제에 대해 이 책은 전문적인 논의를 하고 있는데, 왜냐하면 이 작업은 고대 산문(散文)의 금역에 비해 훨씬 더 어려운 일이기 때문이다. 바로 다음과 같은 이 책 저자의 설명과 같다.

> 시어(詩語)는 시인(詩人)에 의해 강하게 통제되고 개조된 언어라고 할 수 있다. 어휘를 운용할 때는 종종 기발함으로 승부하기 위해 사용한 글자가 있고, 수사 기법 면에서는 종종 읽는 사람으로 하여금 분별하기 어렵게 만드는 비유·환유(換喩)[20]·반문·생략이 있으며, 구법 면에서는 종종 불가사의한 어휘의 조합이나 도치가 있다. 그리고 전고의 사용은 이 전고에 익숙하지 않은 사람 입장에서는 마치 미궁으로 들어가는 것이나 다름없다. 그러니 만약 이러한 예술품을 백화를 사용해 지금 사람들이 알 수 있는 말로 번역하고자 한다면 어찌 쉬운 일이겠는가!

고전 시가의 이렇듯 특수한 언어 예술적 특징에 대한 저자의 깊은 인식을 통해 우리는 이 책이 시가의 금역 문제를 구체적으로 논할 때 어떻게 독자에

20 환유(換喩) : 어떤 사물을 그것의 속성과 밀접한 관계가 있는 다른 낱말을 빌려서 표현하는 수사법이다. 숙녀를 '하이힐'로, 우리 민족을 '흰옷'으로 표현하는 것과 같은 것이다.

게 깨우침을 줄 것인지에 대해 상상해 볼 수 있다.

이 책은 비록 장(章)과 절(節)을 나누기는 했지만, 일반적인 장절체(章節體)와는 달리 다수의 장이 모두 독자적인 한 편을 이룰 수 있다. 예컨대 제11장 〈고대의 주석사〉의 경우, 저자는 안목을 경학사(經學史)에서 확대 발전시켜 자부(子部)·사부(史部)·집부(集部)의 문적에 대한 주석과 각 시대의 문적에 대한 주석의 특징에 대해 치밀하게 설명하고 있는데, 곧 특정 주제에 대한 논문으로 간주할 수 있다. 제11장은《문헌(文獻)》이라는 잡지에 두 차례에 걸쳐 등재되었고 호북성 사회과학우수논문장(湖北省社會科學優秀論文獎)을 받았다. 또한《고적정리연구학간(古籍整理研究學刊)》에는 제9장 〈금역〉이 등재된 바 있고, 제7장 〈통가의 규명〉은 장순휘(張舜徽) 선생이 주편(主編)한《문헌학연구반강록(文獻學研究班講錄)》에 수록되었으니, 이러한 것들이 우연한 결과는 아닐 것이다.

사서(辭書)[21]에 관해서도 이론적 측면에서 사전(辭典)의 의항(義項)[22]과 문적의 축자역(逐字譯) 사이의 관계를 천명하고, 이를 통해 주석 과정에서 사전의 역할을 어떻게 볼 것인지에 대한 문제를 설명하였다. 그러나 이 부분은 이 책에서 독립된 장으로 논의하지 못하였다. 만약 논의하였더라면 이 책 전체의 내용이 훨씬 더 완비되었을 것이다.[23]

21 사서(辭書) : 자전(字典)·사전(詞典)·백과전서(百科全書)·전문사전(專門辭典) 등 공구서의 총칭이다.

22 의항(義項) : 사전에서 동일한 어휘를 의미에 따라 배열한 항목을 말한다.

23 원주 : 원래는《고한어연구(古漢語研究)》 1993년 3기(期)에 실린 내용이다.

제 1장

주석학 개설

제1절 주석의 함의

'주석(注釋)'이라는 어휘는 남북조(南北朝) 때 처음으로 보인다. 남조(南朝) 양(梁)나라 유협(劉勰, 465?-520)의 《문심조룡(文心雕龍)》〈논설(論說)〉[1]에 다음과 같은 말이 있다.

> 경전의 주석이란, 경전에 대해 설명한 논의를 분산시켜서 경문 속에 끼워 넣어 경문의 주석으로 삼은 것이다. 그러므로 '논'이라는 문체와 비록 차이가 있는 것 같지만 결국은 동일한 것이다.
> 若夫注釋爲詞, 解散論體, 雜文雖異, 總會是同.

북조(北朝) 북주(北周)의 안지추(顔之推, 531-590?)의 《안씨가훈(顔氏家訓)》〈서증(書證)〉에서는 다음과 같이 말하였다.

> 《시경》의 "參差荇菜〔들쭉날쭉한 행채여〕"에 대해, 《이아》에는 "'荇'은 '接余'이다."라고 하였다. '荇'은 '莕(행)' 자로도 되어 있다. 선유들의 해석에는 모두 "물풀이다. 잎사귀는 둥글고 줄기는 가늘며, 길이는 물의 깊이에 따라 결정된다."라고 하였다. 지금 물이 있는 곳이면 모두 이것이 있다. 순(蓴)과 흡사한 노란 꽃이 피므로 강남에서는 속칭 이를 저순(猪蓴)이라고도 부르며, 혹 행채(荇菜)라 부르기도 한다. 이런 내용

1 문심조룡(文心雕龍) 논설(論說) : 저본에는 '文心雕龍書證'으로 되어 있는데, 《문심조룡주석(文心雕龍注釋)》(周振甫 注, 人民文學出版社, 1983, 第2版)에 근거하여 '書證'을 '論說'로 바로잡았다.

이 유방(劉芳)의 주석서에 실려 있다.

《詩》云:"參差荇菜."《爾雅》云:"荇, 接余也." 字或爲莕[2]. 先儒解釋皆云:"水草, 圓葉細莖, 隨水淺深." 今是水[3]悉有之, 黃花似蓴, 江南俗亦呼爲猪蓴, 或呼爲荇菜. 劉芳具有注釋.

유방(劉芳, 453-513)은, 자(字)가 백문(伯文)으로, 후위(後魏) 팽성(彭城) 사람이다. 《모시전음증(毛詩箋音[4]證)》 10권을 지었다. 《수서(隋書)》〈경적지(經籍志)〉 및 《위서(魏書)》〈유방전(劉芳傳)〉에 보인다.

주석은 곧 해석이고 주해(注解)이다. 유방의 주석서란 《모시전음증》을 가리킨다. '주석'이란 고서(古書)[5]에 해석을 가한다는 뜻임을 알 수 있는데, 한 글자로는 '주(注)'라고 하며, 명사로 사용될 때에는 해석의 성격을 가진 문장을 '주'라고 한다.

이 이전에는 결코 '주석(注釋)'이라는 두 글자를 연결하여 말한 명칭이 없었다. 경의 뜻을 해석한 것을 '전(傳)'이나 '주(注)'라 하고, '전'과 '주'의 내용이 소통되도록 한 것을 '소(疏)'라 하였다. 《이아》에는 〈석고(釋詁)〉·〈석언(釋言)〉·〈석훈(釋訓)〉·〈석궁(釋宮)〉·〈석천(釋川)〉 등 19편이 있는데, 전부 '석(釋)' 자를 사용하였다.

청나라 고염무(顧炎武, 1613-1682)의 《일지록(日知錄)》〈십삼경주소(十三經注疏)〉에는 경을 주석한 선유들의 서명을 비교적 상세히 기록하고 있다.

2 莕 : 저본에는 '苦'로 되어 있는데, 자형이 비슷하여 생긴 전사 과정의 오류로 판단되어 '莕'으로 바로잡았다.

3 是水 : '凡有水處'라는 말과 같다.

4 音 : 저본에는 '義'로 되어 있는데, 《수서》〈경적지(經籍志)〉에 '毛詩箋音證十卷'이라 한 것에 근거하여 바로잡았다. 이하 《모시전음증》도 동일하다.

5 원주 : 구주(舊注)를 포함한다.

선유들이 경을 해석한 책을 '전(傳)'·'전(箋)'·'해(解)'·'학(學)' 등으로 불렀는데, 지금은 이들을 통틀어 '주(注)'라고 한다.

《서경》에는 공안국의 전(傳), 《시경》에는 모장의 전(傳)과 정현의 전(箋), 《주례》·《의례》·《예기》에는 정현의 주(注), 《공양전》에는 하휴의 학(學), 《맹자》에는 조기의 주가 있는데, 모두 한(漢)나라 사람들이다.

《주역》에는 왕필의 주가 있는데, 위(魏)나라 사람이다.

《주역》〈계사〉에는 한강백의 주가 있는데, 진(晉)나라 사람이다.

《논어》에는 하안의 집해(集解)가 있는데, 위(魏)나라 사람이다.

《좌전》에는 두예의 주, 《이아》에는 곽박의 주, 《곡량전》에는 범녕의 집해(集解)가 있는데, 모두 진(晉)나라 사람이다.

《효경》에는 당 명황의 어주(御注)가 있다.

후대의 유자들이 분석하고 해석한 책을 '정의(正義)'라고 이름 붙였는데, 오늘날에는 이를 통틀어 '소(疏)'라고 한다.

其先儒釋經之書, 或曰傳, 或曰箋, 或曰解, 或曰學, 今通謂之注. 《書》則孔安國傳, 《詩》則毛萇傳, 鄭玄箋, 《周禮》、《儀禮》、《禮記》則鄭玄注, 《公羊》則何休學, 《孟子》則趙岐注, 皆漢人. 《易》則王弼注, 魏人. 《繫辭》則韓康伯注, 晉人. 《論語》則何晏集解, 魏人. 《左氏》則杜預注, 《爾雅》則郭璞注, 《穀梁》則范甯集解, 皆晉人. 《孝經》則唐明皇御注. 其後儒辨釋之書, 名曰正義, 今通謂之疏.

'주(注)'의 뜻은 본래 '灌注〔물을 붓다〕'라고 할 때의 '주(注)'이다. 《설문해자》에 "'주(注)'는 물을 붓는 것이다.〔注, 灌也.〕"라고 하고, 《시경》〈대아(大雅) 형작(泂酌)〉에서는 "저기에서 떠다가 여기에 붓는 것이다.〔挹彼注玆.〕"라고 하였으며, 《순자(荀子)》〈유좌(宥坐)〉에서는 "물을 떠다가 붓는 것이다.〔挹水而注之.〕"라고 하였으니, '물을 붓다〔灌注〕'는 뜻이다.

'물을 붓다'는 말에서 인신되어 '소통시키다'는 뜻이 있게 되었다. 그래서 동한의 정현(鄭玄, 127-200)은 이 말을 사용하여 경적(經籍) 문헌의 글자를 해석하여 소통시키는 의미로 보았다. 한(漢)나라·당(唐)나라·송(宋)나라 사람들은 경전을 주석한 글자를 모두 '주(注)'라고 하였다. 단옥재(段玉裁, 1735-1815)는 "명(明)나라에 가서야 비로소 '주(注)'를 '주(註)'로 고쳐 사용하였는데,[6] 이럴 경우 옛날의 뜻과 부합하지 않는다."라고 하였다.

《일체경음의(一切經音義)》에서는 《자림(字林)》을 인용하여 "'주(註)'는 해석하는 것이다.〔註, 解也.〕"라고 하였고, 《광아(廣雅)》 〈석언(釋言)〉에서는 "'주(註)'는 소통시키는 것이다.〔註, 疏也.〕"라고 하였으며, 송나라 육구연(陸九淵, 1139-1193)의 《상산집(象山集)》 권34 〈어록 상(語錄上)〉 에서는 "학문을 할 때 진실로 근본을 안다면 육경은 모두 내 마음에 주를 단 것이 될 것이다.〔學苟知本, 六經皆我註脚.〕[7]"라고 하였다.

'주(注)'와 '주(註)'는 본래 이체자이고 또 그렇게 사용한 유래가 매우 오래되었지만, 지금 사람들은 여전히 '주(注)'를 사용하고 있다.

'석(釋)'은 《설문》에 "'해(解)'의 뜻이다. 변(釆)에서 의미를 취하였으니, 변(釆)은 사물을 분변하여 구별한다는 뜻을 취한 것이다.〔解也. 從釆, 釆, 取其分別物也.〕"라고 하여,[8] '석(釋)'을 '해(解)'로 풀이하였다. 이 때문에

6 명(明)나라에……사용하였는데 : 이는 학계의 정설이 아니라 단옥재(段玉裁)의 견해이다. 일설에는 하안(何晏)의 〈논어집해서(論語集解序)〉에 근거하여, 위진남북조 및 그 이후에 '주(注)'가 '주(註)'로 사용되었다고 보기도 한다.

7 육경은……것이다 : 《육구연집(陸九淵集)》 권34 〈어록(語錄)〉에 "어떤 사람이 '선생님께서는 왜 저술을 하지 않습니까?'라고 묻자 다음과 같이 대답하였다. '육경이 내 마음속 이치를 쉽게 풀이했고, 내 마음속 이치가 육경의 본래 뜻을 증명하였기 때문이다.'〔或問 : '先生何不著書?' 對曰 : '六經注我, 我注六經.'〕"라고 한 데에서 온 말로, 자신에게 주어진 인정(人情)과 의리(義理)를 펴서 자신의 마음에 부끄러움이 없으면 어떤 성인도 자신에게는 선망의 대상이 되지 않으며, 성인의 육경도 결국은 내 한 마음에 주석을 단 것에 지나지 않는다는 말이다.

8 석(釋)은……하여 : '변(釆)'의 병음(拼音)은 〔biàn〕이다. 《설문해자주(說文解字注)》

주석을 '주해(注解)'라고도 하는데, 해석하고 분석한다는 뜻이다.

《후한서》〈유림열전(儒林列傳) 양륜(楊倫)〉에 "부풍의 두림이 《고문상서》를 전하자, 임동군의 가규가 훈을 짓고, 마융이 전을 짓고, 정현이 주해하였다. 이로 말미암아 《고문상서》가 마침내 세상에 드러나게 되었다.〔扶風杜林傳《古文尙書》, 林同郡賈逵爲之作訓, 馬融作傳, 鄭玄注解, 由是《古文尙書》遂顯于世.〕"라고 하였고, 《삼국지》〈위지(魏志) 병원전(邴原傳)〉 주에 "정현이 넓은 학식과 견문을 바탕으로 전적을 주해하였기 때문에 유학적 소양을 지닌 선비들이 모여들었다.〔鄭玄以博學洽聞, 注解典籍, 故儒雅之士集焉.〕"라고 하였다.

주(注)나 주석(注釋)과 의미가 같거나 비슷한 명칭은 매우 많다. 고염무(顧炎武)가 말한 것 외에도, '훈고(訓故)'[9]·'고(故)'[10]·'해고(解故)'[11]·'훈(訓)'·'훈찬(訓纂)'[12]·'설(說)'[13]·'설의(說義)'[14]·'미(微)'[15]·'장구(章句)' 등

〈변부(釆部)〉 원문은 다음과 같다. "辨別也. 象獸指爪分別也. 倉頡見鳥獸蹏迒之迹, 知文理之可相別異也, 遂造書契. 釆字, 取獸指爪分別之形. 凡釆之屬皆從釆. 讀若辨. 蒲莧切."

9 훈고(訓故) : '훈고(訓詁)'이니, '고(故)'는 '고(詁)'와 통용된다.

10 고(故) : 주석의 명칭으로, 당대의 언어로 고대의 언어를 해석하거나 통용어로 방언을 해석하는 것을 말한다. '고(古)'·'고(詁)'와 통용된다. 《한서》〈예문지〉에 수록된 삼가시(三家詩)의 주본(注本)인 《노고(魯故)》·《제후씨고(齊后氏故)》·《제손씨고(齊孫氏故)》·《한고(韓故)》 등이 이에 해당한다.

11 해고(解故) : '해고(解詁)'이니, '고(故)'는 '고(詁)'와 통용된다. '해(解)'는 어의(語義)를 분석한다는 뜻이다. 《대소하후해고(大小夏侯解故)》 등이 있다.

12 훈찬(訓纂) : 주석의 명칭으로, 《창힐훈찬(蒼頡訓纂)》·《병아훈찬(騈雅訓纂)》·《예기훈찬(禮記訓纂)》·《어양산인정화록훈찬(漁洋山人精華錄訓纂)》 등이 있다.

13 설(說) : 주석의 명칭으로, 해석한 글을 말한다. 《설문해자》에 "'설'은 '밝히다.'라는 뜻이다.〔說, 明也.〕"라고 하였다. 《논어제설(論語諸說)》·《노하후설(魯夏侯說)》·《익씨설(翼氏說)》 등이 있다.

14 설의(說義) : 주석의 명칭으로, 의리를 해설한 글을 말한다.

15 미(微) : 주석의 명칭으로, 《설문해자》에 "미(微)는 출행(出行)을 숨긴다는 뜻이다."라

의 여러 명칭이 있다.

《시경》은 노(魯)나라 신공(申公)의 훈고(訓故)가 있고 《창힐편(蒼頡篇)》은 두림(杜林)의 훈고(訓故)가 있는데, 서명은 《시노고(詩魯故)》와 《창힐고(蒼頡故)》이다.

'훈고(訓故)'의 이칭으로 '해고(解故)'가 있는데, 《서대소하후해고(書大小夏侯解故)》와 같은 것이다.

서명에 '훈(訓)'이라 한 것으로 《회남원도훈(淮南原道訓)》이 있고, '훈찬(訓纂)'이라 한 것으로 양웅(揚雄)의 《창힐훈찬(蒼頡訓纂)》이 있다.

'설(說)'이라 한 것으로는 "정관이 낙양에 이르러……《역설》 3만 자를 지었다.〔(丁)寬至洛陽,……作《易說》三萬言.〕"라고 하였다.

'전(傳)'에 다시 주석을 단 것이 있는데, 《춘추(春秋)》에는 《좌씨미(左氏微)》·《탁씨미(鐸氏微)》·《장씨미(張氏微)》·《공양장구(公羊章句)》·《곡량장구(穀梁章句)》가 있고, 《서경》에는 《구양설의(歐陽說義)》가 있다.

이상의 예들은 모두 《한서(漢書)》 〈예문지(藝文志)〉와 〈유림전(儒林傳)〉에 보인다. 각각의 명칭이 내포하고 있는 뜻은 제2장 '주석의 종류'에서 설명하겠다. 여기서는 단지 몇 가지의 명칭만을 열거하여, 선유들이 고적을 주석한 것은 종류가 매우 많아서 주석이 간략하기도 하고 상세하기도 하였으며, 어휘를 중시하기도 하고 의리를 중시하기도 하였으며, 역사 사실을 중시하기도 하고 잡설을 말하기도 하는 등 내용과 방식이 다 같지는 않았다는 것만 설명하겠다.

고 하였는데, 뜻이 인신되어 '은미하다', '정미하다'는 뜻이 되었다. 안사고(顔師古, 581-645)의 주에 "그 은미한 뜻을 풀이하는 것이다."라고 하였으니, 일반적으로 책 안의 정미하고 은미한 부분을 드러내 밝힌다는 뜻이다. 《주역해미(周易解微)》·《중용술미(中庸述微)》 등이 있다.

제2절 주석의 산생産生

언어는 시대와 지역에 따라 다르며, 아속(雅俗)의 구별이 있다. 즉 문자를 놓고 논한다면, 글자의 형(形)·음(音)·의(義) 역시 시간과 공간의 변화에 따라 끊임없이 변화한다는 것이다.

한(漢)나라 사람들은 선진(先秦)의 전적을 읽을 때 이미 어려움을 겪었다. 제남(濟南) 사람 복생(伏生)이 일찍이 진(秦)나라에서 박사(博士)로 있었는데, 《상서》에 대한 조예가 매우 깊었다. 이에 한 문제(漢文帝)는 조조(晁錯, 기원전 200-기원전 154)를 보내 복생에게 배우도록 하였다. 복생이 전수한 《상서》는 금문본(今文本) 28편이다. 이 내용이 《사기》 〈유림전(儒林傳)〉에 보인다. 〈유림전〉에는 또 공안국(孔安國)에 대해 다음과 같은 내용이 실려 있다.

> 공씨 집안에 《고문상서》가 있었는데, 공안국이 금문으로 읽었다. 이로 인해 공안국은 공씨 집안을 일으키게 되었다.
> 孔氏有《古文尙書》, 而安國以今文讀之, 因以起其家.

한나라 사람들은 초사(楚辭)[16]를 좋아하였다. 《한서》 〈왕포전(王褒傳)〉에 다음과 같은 내용이 있다.

16 초사(楚辭) : 본래는 초(楚)나라의 가요(歌謠)로, 굴원(屈原)이 이 가요를 바탕으로 〈이소(離騷)〉 등의 명편을 지었다. 후대인들이 이를 모방해 지어 일종의 특정한 문체가 되면서 '초사'라고 통칭하게 되었다. 한 성제(漢成帝, 재위 기원전 33-기원전 7) 때 유향(劉向)이 고문헌을 정리하면서 굴원과 송옥(宋玉)의 작품 및 이 문체를 본떠서 지은 한대(漢代) 사람의 작품을 모아 《초사》라는 서명을 붙여 16권으로 편찬하였다. 이로부터 '초사'는 총집(總集) 명칭의 하나가 되었다.

선제 때 무제의 고사를 따라[17] 육예에 관련된 여러 책들을 강론하고,[18] 기이한 좋은 물건을 널리 취하였으며, 초사에 조예가 깊은 구강의 피공을 초빙하여 그를 소견하고 송독하게 하였다.

宣帝時修武帝故事，講論六藝群書，博盡奇異之好，徵能爲楚辭九江被公，召見誦讀.

이는 고서 주석에 대한 그 당시 사회의 절실한 수요를 반영한 것이다. 《상서》는 춘추 이전의 역대 사관(史官)들이 소장하고 있던 정부 문건 및 정부와 관련된 글을 선별하여 편찬한 것으로, 사학(史學)·문학(文學)·언어학(言語學)의 측면에서 매우 중요한 가치를 지니고 있다. 다만 문사(文辭)가 간략하고 심오하여 이해하기 어렵기 때문에 한 문제가 조조(晁錯)를 파견하여 복생(伏生)에게 배우도록 하였는데, 공안국이 금문(今文)으로 《상서》를 읽을 줄 알았던 것으로 인해 집안을 일으키게 된 것이다.

당대(唐代) 고문운동(古文運動)의 영수인 한유(韓愈, 768-824)와 청말(淸末)의 국학대사(國學大師)인 왕국유(王國維)는 모두 《상서》에 대해 '길굴오아(佶屈聱牙)'하여 완전히 이해하기 어렵다고 탄식하였다.[19] 〈반경

17 선제……따라 : 선제 역시 사부(辭賦)를 좋아하여, 무제가 주매신(朱買臣)을 소견한 다음 초사를 강론하게 한 것처럼 당시 초사 전공자인 피공(被公)을 불러 초사를 강하게 하였음을 말한 것이다. 초사를 송독하는 전문적인 활동은 수(隋)나라까지 계속 이어졌는데, 《수서》 권35 〈경적지(經籍志)〉에 "수나라 때 석도건이라는 사람은 《초사》 송독에 뛰어났다. 초나라 지역의 음으로 읽을 줄 알았는데, 그 송독하는 소리가 맑고 처량하였다. 지금까지도 《초사》를 전하는 자들은 모두 그의 음을 계승하였다.〔隋時有釋道騫善讀之，能爲楚聲，音韻淸切，至今傳《楚辭》者，皆祖騫公之音.〕"라는 내용이 보인다.

18 육예에……강론하고 : 저본에는 '講論文藝群書'로 되어 있는데, 자형이 비슷하여 생긴 전사 과정의 오류로 보아 '文'을 '六'으로 바로잡아 번역하였다.

19 당대(唐代)……탄식하였다 : 한유(韓愈)의 〈진학해(進學解)〉에 "〈주고(周誥)〉와 〈반경(盤庚)〉은 난삽하여 뜻을 이해하기가 어렵다.〔《周誥》、《殷盤》佶屈聱牙.〕"라는 내용이 보이며, 왕국유(王國維)의 《관당집림(觀堂集林)》 권2 〈여우인논시서중성어서(與友

상(盤庚上)〉을 읽어 보자.

盤庚五遷將治亳殷民咨胥怨作盤庚三篇盤庚遷于殷民不適有居率籲衆慼出矢言曰我王來既爰宅于茲重我民無盡劉不能胥匡以生卜稽曰其如台先王有服恪謹天命茲猶不常寧不常厥邑于今五邦今不承于古罔知天之斷命矧曰其克從先王之烈若顚木之有由蘖天其永我命于茲新邑紹復先王之大業底綏四方盤庚斆于民由乃在位以常舊服正法度曰無或敢伏小人之攸箴王命衆悉至于庭王若曰格汝衆予告汝訓汝猷黜乃心無傲從康古我先王亦惟圖任舊人共政王播告之修不匿厥指王用丕欽罔有逸言民用丕變今汝聒聒起信險膚予弗知乃所訟非予自荒茲德惟汝含德不惕予一人予若觀火予亦拙謀作乃逸若網在綱有條而不紊若農服田力穡乃亦有秋汝克黜乃心施實德于民至于婚友丕乃敢大言汝有積德乃不畏戎毒于遠邇惰農自安不昏作勞不服田畝越其罔有黍稷汝不和吉言于百姓惟汝自生毒乃敗禍姦宄以自災于厥身乃既生惡于民乃奉其恫汝悔身何及相時憸民猶胥顧于箴言其發有逸口矧予制乃短長之命汝曷弗告朕而胥動以浮言恐沈于衆若火之燎于原不可向邇其猶可撲滅則惟汝衆自作弗靖非予有咎遲任有言曰人惟求舊器非求舊惟新古我先王暨乃祖乃父胥及[20]逸勤予敢動用非罰世選爾勞予不掩爾善茲予[21]大享于先王爾祖其從與享之作福作災予亦不敢動用非德予告汝于難若射之有志汝無侮

人論詩書中成語書)〉에 "《시경》과 《서경》은 사람들마다 외고 익히는 책이지만 육경(六經) 중에서 가장 이해하기 어려운 것입니다. 우매한 저는 《서경》에 대해서는 이해하기 어려운 것이 거의 열에 다섯은 되고, 《시경》에 대해서도 열에 한둘은 이해하기 어렵습니다.〔《詩》、《書》爲人人誦習之書, 然于六藝中最難懂. 以弟之愚暗, 于《書》所不能解者殆十之五, 于《詩》, 亦十之一二.〕"라는 내용이 보인다.

20 及 : 저본에는 '乃'로 되어 있는데, 《상서정의(尙書正義)》(北京大學出版社, 2000)에 근거하여 바로잡았다.

21 予 : 저본에는 '于'로 되어 있는데, 위 자료에 근거하여 바로잡았다.

老成人無弱孤有幼各長于厥居勉出乃力聽予一人之作猷無有遠邇用罪伐厥死用德彰厥[22]善邦之臧惟汝衆邦之不臧惟予一人有佚罰凡爾衆其惟致告自今至于後日各恭爾事齊乃位度乃口罰及爾身弗可悔.

만약 고문(古文)의 주석이 없다면 위의 문장을 몇 사람이나 구두를 뗄 수 있고 몇 사람이나 요즘 사람들이 백화를 읽듯이 분명하게 이해할 수 있을지 모르겠다. 가령 우리들이 읽는 것이 아래와 같은 문장이라면 그 효과는 또한 어떠할까.

從商湯到盤庚有五次遷徙. 盤庚要整治亳地作爲都邑. 殷的臣民唉聲嘆氣, 相與抱怨, 于是作《盤庚》三篇.

盤庚遷都于殷, 臣民都不高興在新邑居住, 于是盤庚把貴戚近臣叫來說了義正辭嚴的一段話, 他說:"我來到這裏, 變更了居住地方, 是重視我的臣民, 不使你們都遭到殺害. (久居委頓, 不遷則死). 大家旣不能相匡扶以求生存, 我就作了這樣的決定. 占卜說, 應當像我這樣做. 自先王成湯以來, 凡有所服行, 敬順天命. 如此尙不能常安, 不能長久地在一處建都邑, 到現在已經是五次遷都了. 現在不遵循先王遺則, 不明白上天的決定, 又怎可說他能繼承先王的事業? 好比伐倒的樹木, 枯木舊椿又萌生了新芽. 這次遷徙, 是上天讓我們國祚在這新的都邑永存, 復興先王的大業, 安定天下.……"

상나라 탕 임금부터 반경까지 모두 다섯 번의 천도가 있었다. 반경은 박은(亳殷)을 정돈하여 도읍으로 삼고자 하였다. 그런데 은나라의 신민들이 한탄하며 서로들 원망하자, 이에 〈반경〉 세 편을 지었다. 반경이

22 厥 : 저본에는 '其'로 되어 있는데, 《상서정의(尙書正義)》(北京大學出版社, 2000)에 근거하여 바로잡았다.

은으로 도읍을 옮기려고 하자 신민들이 모두 새 읍에 사는 것을 좋아하지 않았다. 이에 반경은 귀척근신을 불러 의리가 엄정하고 준엄한 말로 일장 효유하였다.

"내가 이곳에 와서 거주지를 바꾸는 것은 나의 신민을 중시하여 모두 해를 입지 않게 하기 위해서이다. (오랫동안 살아 쇠미해졌으니, 옮기지 않으면 죽게 된다.) 모두들 서로 바로잡고 도와주어 생존을 구할 수 없었기 때문에 내가 이러한 결정을 내린 것이다. 점을 치니, 내가 한 것처럼 해야 한다고 하였다. 선왕이신 성탕(成湯) 이래로 시행해야 할 일이 있으면 모두 천명을 공경히 따랐다. 이렇게 했는데도 늘 편안하지는 못하여 오랫동안 한 곳에 도읍을 정할 수 없어 지금까지 벌써 다섯 번이나 도읍을 옮겼다. 지금 선왕께서 남기신 법을 따르지 않고 하늘의 결정을 분명히 알지 못한다면, 또 어떻게 선왕의 사업을 계승할 수 있다고 말할 수 있겠는가. 잘려서 쓰러진 나무에 비유한다면, 고목에서도 다시 새싹이 나온 것이라 할 수 있다. 이번에 옮기는 것은, 하늘이 우리나라의 운명을 이 새 도읍에서 영원히 존속하게 하는 것이요, 선왕의 대업을 부흥시키고 천하를 안정시키게 하는 것이다.……"

여기에서 전문을 번역할 필요는 없다. 그렇지만 번역문 속에서 은왕(殷王) 반경(盤庚)이 신민들에게 한 이 말이 상당히 유창하였음을 알 수 있다.

〈반경〉은 상·중·하 세 편으로, 상조(商朝)의 유문(遺文)이다. 반경이 죽은 뒤 은상(殷商)의 백성(귀족)들이 대업을 이룬 이 임금을 추모하여 지은 것으로,[23] 가장 이른 시기에 지어진 중국 고대의 역사 문헌이다. 상편은 반경이 집정자에게 한 담화로, 반드시 천도를 지지해야 하지 백성들의 불만스러운 정서를 선동하여 민심을 혼란시켜서는 안 된다고 훈계하는 내용이다.

23 원주 : 일설에는 주(周)나라 사람이 지었다고 한다.

3천여 년이라는 시간적 거리가 있는 만큼, 은왕(殷王)의 담화는 확실히 간략하고 심오하여 이해하기 곤란한 것이 사실이다. 공안국의 전(傳)이든 공영달(孔穎達)의 소(疏)든, 현대의 어떠한 번역본이든, 모두 은왕이 한 말의 뜻과 같을 수는 없다. 위에서 번역한 부분 역시 무리한 점이 없지 않다. 다만 이 한 편의 담화를 구어화한 것이 그나마 매우 분명하게 그 뜻을 드러내고 있다는 것이다. 예를 들면 다음과 같다.

今汝聒聒，起信險膚，予弗知乃所訟.

現在你們大嚷大叫，生出許多邪惡浮誇的言語，我眞不知你們要爭辯甚麽.
지금 그대들이 크게 소리치면서 사특하고 허무맹랑한 말들을 마구 해 대고 있는데, 나는 정말로 그대들이 무엇을 따지려는 것인지 모르겠다.

若網在綱，有條而不紊；若農服田力穡，乃亦有秋. 汝克黜乃心，施實德于民，至于婚友，丕乃敢大言，汝有積德!

譬如把網結在綱上，纔能有條理而不紊亂；譬如農夫努力耕作田地，種植莊稼，纔能獲得秋天的好收成. 你們能除掉私心，給百姓以實實在在的好處，以至于親友，不是就可以毫不慙愧地說，你們是有積德的嗎?
비유하자면, 그물을 벼리에 매어야 그물코가 정연하여 엉키지 않을 수 있고, 농부가 부지런히 농지에서 경작하고 파종해야 가을에 좋은 수확을 거둘 수 있는 것과 같다. 그대들이 사심을 버리고 백성들에게 실질적인 혜택을 주어 그 혜택이 친척과 친구들에게까지 미칠 수 있게 된다면, 조금도 부끄럽지 않게 그대들이 적덕(積德)을 지녔다고 말할 수 있지 않겠는가.

汝曷弗告朕而胥動以浮言? 恐沈于衆? 若火之燎于原，不可向邇，其猶可撲滅?

你們爲甚麽不把心裏話告訴我，却以浮言去煽動人心? 眞擔心你們在百姓中造成很壞的影響. 一旦人心惑動，就好像大火在原野上燃燒，靠近都不能，還能够撲滅麽?
그대들은 어째서 마음속의 말을 내게 하지 않고 도리어 유언비어로 민심을 선동하는가? 그대들이 백성들 사이에서 매우 나쁜 영향을 조성할까 참으로 걱정된다. 일

단 민심이 동요하면 바로 큰불이 들에서 타오르는 것과 같아서 접근하는 것 자체도 불가능한데 하물며 꺼 버릴 수가 있겠는가.

유흠(劉歆, ?-23)의 《칠략(七略)》에 다음과 같은 말이 있다.

《서경》은 옛날의 호령문(號令文)이다. 대중에게 호령할 때 그 말이 구체적이지 않으면 듣고 시행하는 자들이 이해할 수 없다.
《書》者, 古之號令, 號令于衆, 其言不立具, 則聽受施行者弗曉.

이 말이 틀린 말은 아니다.

구어의 성격을 지닌 것으로 《시경》의 〈국풍〉만 한 것이 없다. 어떤 가요는 지금 읽어도 말하는 것처럼 의미가 분명하다.

저 교활한 녀석이 나와 말도 하지 않는구나 彼狡童兮, 不與我言兮.
너 때문에 내가 밥을 먹지 못하랴 維子之故, 使我不能餐兮.

저 교활한 녀석이 나와 밥도 먹지 않는구나 彼狡童兮, 不與我食兮.
너 때문에 내가 편히 쉬지 못하랴 維子之故, 使我不能息兮.[24]

한(漢)나라 개국 황제인 유방(劉邦, 기원전 256-기원전 195)의 〈대풍가(大風歌)〉도 마찬가지다.

큰바람이 일고 구름은 높이 날아가네 大風起兮雲飛揚,
위풍을 해내에 떨치고 고향에 돌아왔네 威加海內兮歸故鄕,
어떻게 하면 용맹한 인재 얻어 사방을 지켜 낼까 安得猛士兮守四方!

24 원주 : 〈정풍(鄭風) 교동(狡童)〉

고대부터 전해 오는 문자가 아무리 구어화되고 그 당시에 아무리 구체화되었더라도, 시대가 멀어지면서 언어가 변하고 명물(名物)이 달라지며 어휘가 많이 달라진다. 이 때문에 주석을 달지 않으면 후대인들은 이해하기 어렵게 된다. 게다가 고심하면서 조탁하여 함축적이고 아름다운 언어를 추구하는 예술(藝術)인 문인들의 작품은, 해박한 지식을 과시하기 위해 의도적으로 어려운 문자를 사용하여 그 문장이 점점 구어에서 멀어지게 한다.

이것이 바로 주석이 더욱 필요하게 된 이유이며, 이것이 바로 중국의 문헌이 많기는 하지만 주석이 더욱 많게 된 이유이다. 이것은 확실히 옛사람들이 우리들에게 물려준 귀중한 유산이자 남겨 준 부담이기도 하다. 주석은 바로 이렇게 산생된 것이며 이렇게 홍성하게 된 것이다.

《상서》〈반경 상〉에 대해 공안국의 전(傳)은 다음의 다섯 가지 측면을 포괄하고 있다.[25]

① 역사 사실에 대한 주석

盤庚五遷, 將治亳殷.

반경이 다섯 번째로 옮기면서 박은을 도읍으로 정하고자 하였다.

공안국 전 : 탕부터 반경까지 모두 다섯 번 도읍을 옮겼는데, 반경은 박은을 도읍으로 정하였다.

自湯至盤庚, 凡五遷都, 盤庚治亳殷.

我王來, 旣爰宅于茲.

우리 선왕이 오시어 이미 이곳에 거주하셨다.

공안국 전 : 우리의 선왕인 조을께서 경 땅에 거주하셨다는 말이다. '爰'은 '于'의 뜻이다. 조을이 이미 이곳에 거주했었음을 말한 것이다.

25 공안국의……있다 : 저본에는 '孔安國傳包括四個方面'으로 되어 있는데, 앞뒤 문맥을 살펴 '四'를 '五'로 바로잡아 번역하였다.

我王祖乙居耿[26]. 爰, 于也. 言祖乙已[27]居于此.

不常厥邑, 于今五邦.

어느 한 도읍에 늘 붙박이로 있지 못한 것이 지금까지 다섯 곳이다.

공안국 전 : 탕은 박(亳)으로 천도하고, 중정은 효(囂)로 천도하고, 하단갑은 상(相)에 거주하고, 조을은 경(耿)에 거주하고, 우리는 옮겨 가서 박(亳)에 거주하게 되었으니, 모두 다섯 차례 국도를 옮긴 것이다.

湯遷亳, 仲丁遷囂, 河亶甲居相, 祖乙居耿[28], 我往居亳, 凡五徙[29]國都.

② 인명에 대한 주석

遲任有言曰 : 人惟求舊, 器非求舊, 惟新.

지임이 말하였다. "사람은 옛사람을 구하지마는 그릇은 옛것을 구하지 않고 새것을 구한다."

공안국 전 : '지임(遲任)'은 옛날의 현인이다.

遲任, 古賢.

③ 지명에 대한 주석

盤庚遷于殷.

반경이 은으로 천도하다.

공안국 전 : '은(殷)'은 '박(亳)'의 별칭이다.

亳之別名.

26 耿 : 저본에는 '狄'으로 되어 있는데, 《상서정의(尙書正義)》(北京大學出版社, 2000)에 근거하여 바로잡았다.

27 已 : 저본에는 없는데, 위 자료에 근거하여 보충하였다.

28 耿 : 저본에는 '狄'으로 되어 있는데, 위 자료에 근거하여 바로잡았다.

29 徙 : 저본에는 '遷'으로 되어 있는데, 위 자료에 근거하여 바로잡았다.

④ 어휘에 대한 주석

民咨胥怨.

백성들이 탄식하면서 서로 원망하였다.

공안국 전 : '서(胥)'는 '서로'의 뜻이다. 백성들이 옮기려 하지는 않고 탄식하고 근심하면서 서로 함께 윗사람을 원망하였다는 말이다.

胥,相也, 民不欲徙, 乃咨嗟憂愁, 相與怨上.

民不適有居.

백성들이 가서 살려고 하지 않았다.

공안국 전 : '적(適)'은 '가다'는 뜻이다. 은으로 가서 그 곳을 도읍으로 삼아 거주하기를 바라지 않는다는 말이다.

適, 之也, 不欲之殷有邑居.

重我民, 無盡劉.

우리 백성들을 소중하게 여겨 다 죽지 않게 하려는 것이다.

공안국 전 : '유(劉)'는 '죽이다'는 뜻이다. 이곳으로 옮기는 것은 우리 백성들을 소중하게 여겨 다 죽기를 바라지 않기 때문이라는 말이다.

劉, 殺也, 所以遷此, 重我民, 無欲[30]盡殺故.

盤庚斆于民 : "由乃在位, 以常舊服, 正法度."

반경이 백성들에게 유시하기를 "그대들의 윗자리에 있는 사람을 따르고 옛날의 일을 숭상하여 법도를 바르게 하라."라고 하였다.

공안국 전 : '효(斆)'는 '가르치다'는 뜻이다. 백성들에게 유시하기를 "그대들의 윗자리에 있는 사람의 명을 따르고 옛날에 도읍을 옮겼던 일을 거울삼아 법도를 바르게 하라."라고 하였다는 말이다.

斆, 教也. 教人使用汝在位之命, 用常故事, 正其法度.

30 欲 : 저본에는 없는데, 《상서정의(尙書正義)》(北京大學出版社, 2000)에 근거하여 보충하였다.

今汝聒聒，起信險膚，予弗知乃所訟.

지금 그대들이 떠들썩하게 험하고 천박한 말들을 하고 있는데, 나는 그대들이 따지려는 바가 무엇인지 알지 못하겠다.

공안국 전 : '괄괄(聒聒)'은 무지한 모양이다. 험악하고 거짓되고 천근한 말을 하니, 나는 그대들이 쟁변하는 말이 무엇을 말하는 것인지 모르겠다는 말이다.

聒聒，無知之貌. 起信險僞[31]膚受之言，我不知汝所訟言何謂.

若網在綱，有條而不紊；若農服田力穡，乃亦有秋.

마치 그물이 벼리줄에 있어야 가닥이 있어 엉키지 않는 것과 같으며, 마치 농부가 밭에서 일하고 부지런히 농사지어야 또한 수확이 있는 것과 같다.

공안국 전 : '문(紊)'은 '어지럽다'는 뜻이고, '색(穡)'은 '밭 갈고 심다'는 뜻이다. 아랫사람이 윗사람에게 순종하면 마치 그물이 벼리에 있는 것과 같아서 각각 조리가 있어 문란하지 않게 된다. 농부가 농사일에 부지런하면 가을의 수확이 있고 아랫사람이 윗사람을 받들면 복이 있다는 말이다.

紊，亂也. 穡，耕稼也. 下之順上，當如網在綱，各有條理而不亂也. 農勤穡則有秋，下[32]承上則有福.

汝曷弗告朕，而胥動以浮言，恐沈于衆.

그대들은 어찌하여 짐에게 보고하지 않고 서로 유언비어로 선동하는가? 백성들을 죄악에 빠지게 할까 두렵다.

공안국 전 : '갈(曷)'은 '어찌'의 뜻이다. 질책하기를 "윗사람에게 진심을 고하지 않고 서로 유언비어로 위협하고 동요시켜 도읍을 옮기지 않으려 하니, 그대들이 많은 사람을 죄에 빠지게 하여 재앙이 있게 될까 두렵다."라고 한 것이다.

曷，何也. 責其不以情[33]告上，而相恐動[34]以浮言，不徙[35]，恐汝沈溺于衆，有禍害.

31 僞 : 저본에는 없는데, 《상서정의(尙書正義)》(北京大學出版社, 2000)에 근거하여 보충하였다.

32 下 : 저본에는 '不'로 되어 있는데, 위 자료에 근거하여 바로잡았다.

33 不以情 : 저본에는 '不請'으로 되어 있는데, 위 자료에 근거하여 '請'을 '情'으로 고치고 '情' 앞에 '以' 자를 보충하였다.

⑤ 문장의 뜻에 대한 주석

不能胥匡以生，卜稽，曰："其如台."

서로 도와 가며 살지 못하기에 거북점을 쳐서 물어보니 내가 행하고자 하는 것과 같았다.

공안국 전 : 백성들이 서로 도와 가며 살지 못하므로, 거북점을 쳐서 천도하는 일을 물었더니, 내가 행하고자 하는 것과 같았다.

言民不能相匡以生，則當卜稽于龜以徙，曰："其如我所行."

先王有服，恪謹天命，茲猶不常寧.

선왕께서는 일이 있으면 천명을 삼가셨는데, 이러고도 늘 편안히 여기지 않았다.

공안국 전 : 선왕께서는 일이 있으면 하늘의 명을 공경하고 삼가셨는데, 이렇게 하고도 늘 편안하지는 못하였다. 그리하여 도읍을 옮길 상황이 되면 바로 옮기셨다.

先王有所服行，敬謹天命，如此尙不常安，有可遷輒遷.

今不承于古，罔知天之斷命.

지금 옛날 일을 이어받지 않으면 하늘이 목숨을 끊으려는 것임을 모르는 것이다.

공안국 전 : 지금 옛날 일을 계승하여 도읍을 옮기지 않으려 하니, 이는 하늘이 장차 그대들의 목숨을 끊으려고 하는 것을 모르는 것이다.

今不承古而徙，是無[36]知天將斷絶汝命.

矧曰其克從先王之烈.

하물며 선왕들의 업적을 제대로 따를 수 있겠는가.

34 恐動 : 저본에는 '怨欲'으로 되어 있는데, 《상서정의(尙書正義)》(北京大學出版社, 2000)에 근거하여 바로잡았다.

35 徙 : 저본에는 '從'으로 되어 있는데, 위 자료에 근거하여 바로잡았다.

36 無 : 저본에는 '不'로 되어 있는데, 위 자료에 근거하여 바로잡았다.

공안국 전 : 하늘이 장차 목숨을 끊으려 하는데도 알지 못하는데, 하물며 선왕들의 업적을 제대로 따를 수 있겠는가.
天將絶命，尙無知之，況能從先王之業乎?

若顚木之有由蘖.

쓰러진 나무에서 싹이 나는 것과 같다.

공안국 전 : 지금 가서 도읍을 옮겨 다시 창성하기를 구하는 것은, 마치 쓰러진 나무에서 싹이 나는 것과 같음을 말한 것이다.
言今往遷都，更求昌盛，如顚仆之木，有用生蘖哉!

天其永我命[37]于兹新邑.

하늘이 이 새로운 도읍에서 우리의 목숨을 영원히 이어 가게 하려는 것이다.

공안국 전 : 하늘이 이 새로운 도읍에서 우리의 목숨을 영원히 이어 가도록 하였기에 옮기지 않을 수 없다는 것을 말한 것이다.
言天其長我命于此新邑，不可不徙.

紹復先王之大業，厎綏四方.

선왕의 대업을 잇고 회복시켜서 사방을 편안하게 하려는 것이다.

공안국 전 : 내가 도읍을 옮기려는 것도 이와 같기를 바라서임을 말한 것이다.
言我徙欲如此.

주석을 다는 것은 독자가 해당 작품을 독해하고 이해하는 정도가 그 고려의 출발점이 되어야 한다. 어떤 것에 주석을 달아야 하고 어떤 것에 주석을 달 필요가 없는 것인지에 대해, 주석하는 자는 스스로 언어와 문자의 장애, 역사와 문물의 지식, 작자의 사상, 저작의 목적 및 기타 방면의 요소를 충분

37 命 : 저본에는 없는데, 《상서정의(尙書正義)》(北京大學出版社, 2000)에 근거하여 보충하였다.

히 고려해야 한다. 그런 뒤에 독자가 이해하지 못하거나 그다지 이해하지 못하는 것이 어떤 것인지 충분히 헤아려 선택적으로 주석을 달아서, 후대의 독자들로 하여금 옛사람들의 사상과 서로 통할 수 있게 해야 한다. 이것이 바로 주석이 산생되는 객관적인 조건이며 과정이다. 이러한 주석 작업을 한 번 거쳐, 간략하고 심오하여 알기 어려웠던 은나라의 문헌이 비교적 상세하고 분명하여 이해하기 쉬운 내용으로 바뀌게 된 것이다.

하나의 전적에는 종종 많은 주석이 달린다. 어떤 것은 부연의 성격을 지녀 구주(舊注)에 해석과 보충을 가하는가 하면, 어떤 것은 구주의 오류를 바로잡고 구주의 부족한 점을 보충하기도 한다. 어떤 것은 새로운 설에 입각하여 새로운 시대적 요구를 반영하기도 하는데, 이로 인해 옛것을 오늘의 현실에 맞게 받아들이고 자신의 논리에 맞추어 사용하는 방법을 취한다. 이럴 경우, 고서에 주석을 달아 설명한 내용이 결코 고서 본래의 뜻이 지닌 사상과 완전히 똑같게 되지는 않는다. 이것들도 모두 주석의 범주에 속한다. 다만 주석의 또 다른 성격을 표현하고 또 다른 시대적 요구를 반영한 것일 뿐, 주석이 생성된 원인에 있어서는 마찬가지다.

제3절 주석과 주석학

하나의 과학적인 이론과 방법의 체계는 하나의 과학적인 학술지침을 구성하게 되는데, 이러한 학술지침은 실제 작업 과정에서 오는 것이어서 반복적인 다량의 실무경험에 힘입어 산생된다. 실무경험 속에 내재된 규칙을 이미 인식하고 아울러 고도의 개괄적인 언어를 통하여 이러한 규칙을 제시하여 이론과 방법의 체계를 형성했을 때, 바로 이 학문의 이론이 형성된다.

주석학은 문헌에 붙이는 주석의 내용과 방법을 연구하고 문헌에 주석을 붙일 때의 규칙을 탐구하는 일종의 과학이다. 주석의 산생이 주석학의 산생을 의미하는 것은 결코 아니다. 설령 우리들이 선진(先秦)의 전적 속에서 문헌 자체에 존재하는 수많은 주석을 찾아냈더라도, 《모시(毛詩)》 속에서 옛사람의 주석을 보았더라도, 단지 주석일 뿐 아직 이것을 주석학의 성립으로는 볼 수 없다.

주석학이 성립되려면 다음의 다섯 가지 기준이 충족되어야 한다.

첫째, 문자학의 원리를 자각적으로 운용하여 글자의 본의(本義)·인신의(引申義)·가차의(假借義)를 변별할 수 있어야 한다.

둘째, 성음(聲音)과 사의(詞義)의 관계를 이해할 수 있어야 한다.

셋째, 시대에 따라 달라지거나 지역에 따라 달라진 언어의 변화 현상을 이해할 수 있어야 한다.

넷째, 광범위하면서도 심도 있게 주석을 붙이는 실제 작업이 수반되어야 하고, 그 주석의 내용이 문장 내의 갖가지 방면을 포괄하고 있어야 한다.

다섯째, 주석의 원리와 방법에 대한 이론적 설명이 있어야 한다.

이러한 몇 가지 기준을 가지고 가늠해 보면, 주석학은 한대(漢代)에 기본적으로 형성되었다고 볼 수 있다. 한대(漢代)는 중국 봉건사회의 초기로,

생산력이 고도로 발전한 시기이며, 이때의 과학과 문화의 발전 역시 매우 신속하였다. 유가 경전이 국가를 통치하는 사상적 지침이 되어, 경전 주석을 중심으로 한 주석학 역시 이에 부응하여 발전하게 되었다.

서한 시대 모형(毛亨, ?-?)은 《모시고훈전(毛詩故訓傳)》을 지었다. 경방(京房, 기원전 77-기원전 37)은 《경씨역전(京氏易傳)》 3권을 지었는데, 청나라 마국한(馬國翰, 1794-1857)의 《옥함산방집일서(玉函山房輯佚書)》에 《주역경씨장구(周易京氏章句)》 1권이 별도로 집록되어 있다.

동한 시대 두자춘(杜子春, 기원전 30?-58)은 일찍이 《주례(周禮)》에 전(傳)을 붙였는데, 《옥함산방집일서》에 《주례두씨주(周禮杜氏注)》 2권이 집록되어 있다. 정흥(鄭興)은 《공양전》·《좌전》·《주례》를 연구하였는데, 《옥함산방집일서》에 《주례정대부(흥)해고(周禮鄭大夫(興)解詁)》 1권이 집록되어 있다. 정흥의 아들 정중(鄭衆)은 부친의 학문을 계승하여 《좌전》을 연구하고 아울러 《주역》과 《시경》을 연구하였는데, 《옥함산방집일서》에 《주례정사농(중)해고(周禮鄭司農(衆)解詁)》 6권과 《정흥춘추첩례장구(鄭興春秋牒例章句)》 1권이 집록되어 있다. 가규(賈逵, 30-101)는 《좌씨전해고(左氏傳解詁)》와 《국어해고(國語解詁)》를 편찬하였는데, 이미 실전되었다. 《옥함산방집일서》와 황석(黃奭, 1809-1853)의 《한학당총서(漢學堂叢書)》에 모두 집본(輯本)[38]이 있다.

왕일(王逸, 89?-158)은 《초사장구(楚辭章句)》를 지었다. 허신(許愼, 58-147?)은 《오경이의(五經異義)》 10권을 지었는데, 이미 실전되었다. 청나라 진수기(陳壽祺)의 《오경이의소증(五經異義疏證)》에 집록되어 있다. 복건(服虔, ?-?)은 《춘추좌씨전해(春秋左氏傳解)》를 지었다. 당(唐)나라 공영달(孔穎達, 574-648)이 《오경정의(五經正義)》를 편찬할 때 《좌전》에

38 집본(輯本) : 집일본(輯佚本)이다. 원서는 이미 산실되고 후세에 다시 다른 책에서 인용한 원서의 일문(逸文)을 찾아 모아 재차 간행한 서적을 말한다.

두예(杜預, 222-284)의 설만 전적으로 쓰면서부터 복건의 주가 마침내 없어졌다.

마융(馬融, 79-166)은 《주역》·《상서》·《모시》·삼례(三禮)·《논어》·《효경》에 두루 주석을 달았으며, 아울러 《노자》·《회남자》에도 주석을 달아 주석의 범위가 이미 확대되었다. 조기(趙岐, 108?-201)는 《맹자장구(孟子章句)》를 지었다. 정현(鄭玄, 127-200)은 여러 경서에 두루 주석을 달았다. 《모시전(毛詩箋)》과 삼례에 대한 주가 있으며, 또 《주역》·《논어》·《상서》에도 주석을 달았다. 《발묵수(發墨守)》 등을 지어 하휴(何休)를 반박하였으며,[39] 《박허신오경이의(駁許愼五經異義)》를 지었다. 순상(荀爽, 128-190)은 《주역》에 주석을 달아 11권을 지었는데, 이미 실전되었다. 《옥함산방집일서》에 《주역순씨주(周易荀氏注)》 3권이 집록되어 있다. 하휴(何休, 129-182)는 《춘추공양해고(春秋公羊解詁)》를 지었다. 또 《공양묵수(公羊墨守)》·《좌씨고황(左氏膏肓)》·《곡량폐질(穀梁廢疾)》이 있는데,[40] 이미 실전되었다. 청나라 왕모(王謨, ?-?)의 《한위유서초(漢魏遺書鈔)》에 각 1권씩으로 집록되어 있다. 노식(盧植, ?-192)은 《상서장구(尙書章句)》와 《삼례해고(三禮解詁)》를 지었는데, 이미 실전되었다. 고유(高誘, ?-?)는 《전국책주(戰國策注)》[41]·《회남자주(淮南子注)》[42]·《여씨춘추주(呂氏春秋注)》를 지었다. 응소(應劭, ?-?)는 《한서집해음의(漢書集解

39 하휴(何休)를 반박하였으며 : 하휴는 금문경학(今文經學)을 집대성한 사람이고, 정현(鄭玄)은 고문경학(古文經學)을 집대성한 사람으로, 경학을 연구하는 태도가 현격히 달랐다.

40 공양묵수(公羊墨守)……있는데 : '묵수(墨守)'는 《공양전》의 의리가 심원하여 반박하거나 힐난할 수 없는 것이 마치 묵자(墨子)가 말한 '수성(守城)'과 같다는 뜻이다. '고황(膏肓)'과 '폐질(廢疾)'은 《좌씨전》과 《곡량전》의 병통을 어떻게 해 볼 수 없다는 뜻이다.

41 원주 : 지금은 잔본이다.

42 원주 : 지금은 허신(許愼)의 주와 섞여 있다.

音義)》를 지었는데, 지금은 실전되었다.

한대에는 언어문자학의 성취도 탁월하여 훈고와 주석의 집합체인 《이아(爾雅)》가 이 시기에 이미 완성되었다. 《이아》는 고주(古注)를 모아 의류(義類)에 따라 배열한[43] 중국 최초의 사서(詞書)이다.

서한에는 양웅(揚雄, 기원전 53-18)의 《방언(方言)》이 있다. "훈고학은 《이아》에서 시작되고 《방언》에서 널리 통하게 되었다.〔訓詁之學, 發端于《爾雅》, 旁通于《方言》.〕"[44]라는 말이 있다. 전문 저작인 이 두 책이 출현하여 주석학은 참고할 수 있는 공구서가 있게 되었다.

동한에는 허신(許愼)이 지은 《설문해자》가 있고, 유희(劉熙)가 지은 《석명(釋名)》이 있다. 이들은 문자의 구조에서 본의를 탐구하였는데, 이로 인해 문헌의 구체적인 언어 환경 속에서 지니는 문자의 인신의나 가차의를 분별하고 인식하는 데에도 도움이 되었다. 또한 성음(聲音) 측면에서 사물을 명명하게 된 유래를 탐구하였는데, 이로 인해 성음이라는 하나의 단서를 통해 어휘의 의미, 특히 의미가 같은 어휘를 탐구하는 데에도 도움이 되었다.

이 네 책의 출현은 주석학의 기초 작업과 기본 이론이 완성되었음을 의미한다. 이로 인해 우리들은 비록 '주석학'이라는 명칭이 지금까지도 여전히 사용되고 있지는 않지만, 주석학 그 자체는 한대에 이미 형성되었다고 말할 수 있다. 한대의 주석가들이 이미 각종 효과적인 방법을 운용하여 전적을 해석할 수 있었다는 것이 바로 그 분명한 증거이다.

중국의 기나긴 봉건사회는 상당히 보수적인 경향을 띠었다. 각종 학문들이 다량의 실무경험은 있었지만, 이론이 종종 단편적이어서 체계적인 종결과 귀납이 부족하였다. 주석학 역시 마찬가지다. 만약 우리들이 총결과 귀납을 지

43 의류(義類)에 따라 배열한 : 문장이나 사물을 의(義)나 유(類)에 따라 배열하는 것을 말한다.

44 훈고학은……되었다 : 왕인지(王引之)의 《경적찬고(經籍纂詁)》 서문에 보인다.

표로 삼아 하나의 학문이 이미 성립되었다고 간주할 수 있는지를 확정한다면 고대의 수많은 학문에 각각 '○○학', '○○학개론'이라는 명칭을 붙이고 아울러 이것을 체계화시키고 전문화시킨 것은 근현대에 와서 이루어진 일이니, 그렇다면 이 '주석학'은 고대에 성립되지 못했다고 말하는 것과 같은데, 이런 논의는 공평하지 않은 것이다.

제4절 주석학과 훈고학

1 훈고 및 훈고학의 정의

책 편의 첫머리에서 말했듯이 주석은 해석(解釋)·주해(注解)와 같으며, 훈고(訓詁)와도 대체적으로 같다. 《시경》 '주남관저고훈전(周南關雎詁訓傳)'[45]에 대한 공영달(孔穎達, 574-648)의 소(疏)에 다음과 같은 말이 있다.

> '고훈전'은 주해(注解)의 별칭이다.
>
> 《이아》가 지어진 것이 대부분 《시경》을 해석하기 위해서였고 《이아》의 편명 가운데 〈석고(釋詁)〉와 〈석훈(釋訓)〉이 있기 때문에 모씨(毛氏)는 《이아》의 훈(訓)에 근거하여 《시경》에 전을 붙였다.
>
> '전(傳)'은 그 뜻을 통하게 하는 것이다.
>
> 《이아》에서 해석한 것은 모두 19편인데, 모씨가 유독 고(詁)와 훈(訓)만을 언급했던 것은 '고(詁)'가 '고(古)'의 뜻으로, 고금의 달라진 말을 통하게 하여 사람들에게 알도록 하는 것이며, '훈(訓)'은 '말하다〔道〕'의 뜻으로 사물의 형모(形貌)를 말하여 사람들에게 알려 주는 것이기 때문이다. 〈석언(釋言)〉은 〈석고(釋詁)〉의 별편이다. 그래서 《이아》의 서편(序篇)에 "〈석고〉와 〈석언〉은 고금의 글자를 통하게 한 것이니, 옛날 글자는 오늘날의 글자와 달라서이다. 〈석훈〉은 형모를 말

45 주남관저고훈전(周南關雎詁訓傳) : '고훈전'은 《모시고훈전(毛詩詁訓傳)》을 말하는데, 대모공(大毛公)인 모형(毛亨)이 지었다는 설도 있고 소모공(小毛公)인 모장(毛萇)이 지었다는 설도 있다. '주남관저고훈전(周南關雎詁訓傳)', '소남작소고훈전(召南雀巢詁訓傳)', '패백주고훈전(邶柏舟詁訓傳)' 등으로 이름을 붙였다.

한 것이다."라고 하였다.

그렇다면 '고훈'이라는 것은 고금의 달라진 말을 통하게 하고 사물의 형모를 분별하는 것이니, 해석의 뜻이 모두 여기로 귀결된다.

"詁訓傳"者, 注解之別名. 毛以《爾雅》之作, 多爲釋《詩》, 而篇有《釋詁》、《釋訓》, 故依《爾雅》訓而爲《詩》立傳. 傳者, 傳通其義也. 《爾雅》所釋十有九篇, 獨云詁訓者, 詁者, 古也, 古今異言, 通之使人知也, 訓者, 道也, 道物之貌, 以告人也. 《釋言》則《釋詁》之別, 故《爾雅》序篇云: "《釋詁》、《釋言》, 通古今之字, 古與今異言也. 《釋訓》, 言形貌也." 然則"詁訓"者, 通古今之異辭, 辨物之形貌, 則解釋之義, 盡歸于此.

진풍(陳灃, 1810-1882)도 《동숙독서기(東塾讀書記)》에서 이와 유사한 말을 하였다.

'고(詁)'는 '고(古)'의 뜻으로, 고금의 달라진 말을 통하게 하여 사람들이 알도록 하는 것이다.

대체로 고금의 구별이 있는 것은 동서남북이 있는 것과 같아서 서로 떨어진 거리가 멀면 언어도 같지 않다. 땅이 멀면 통역이 있어야 하고 시대가 멀면 훈고가 있어야 한다. 통역이 있으면 다른 나라를 이웃처럼 여기게 할 수 있고, 훈고가 있으면 고금을 어제 오늘처럼 여기게 할 수 있다.

이것이 이른바 통하게 한다는 것이니, 훈고의 효과가 크다 하겠다.

詁者, 古也, 古今異言, 通之使人知也. 蓋時有古今, 猶地之有東西南北, 相隔遠則言語不同矣. 地遠則有飜譯, 時遠則有訓詁; 有飜譯則能使別國如鄕隣, 有訓詁則能使古今如旦暮, 所謂通之也. 訓詁之功大矣哉.

역대로 '훈고'의 명칭에 대해 해석하는 자들이 매우 많았지만, 대체로는 그 의의를 고대의 어의(語義)를 탐구하는 데에 두었다. 이 때문에 왕응린(王應麟, 1223-1296)은 《옥해(玉海)》에서 다음과 같이 구분하였다.

> 문자학에는 세 가지가 있다.
>
> 첫째, 체제이다. 점과 획에 종횡과 곡직의 구별이 있음을 이른다. 《설문해자》 부류이다.
>
> 둘째, 훈고이다. 명칭에 고금과 아속의 차이가 있음을 이른다. 《이아》 및 《방언》 부류이다.
>
> 셋째, 음운이다. 호흡에 청탁과 고하의 다름이 있음을 이른다. 심약(沈約, 441-513)의 《사성보》와 서역에서 사용하는 반절음[46]이다.
>
> 文字之學有三：其一, 體制, 謂點劃有衡從曲折之殊, 《說文》之類；其二, 訓詁, 謂稱謂有古今雅俗之異《爾雅》、《方言》之類；其三, 音韻, 謂呼吸有淸濁高下之不同, 沈約《四聲譜》及西域反切之學.

청나라 사람들은 소학(小學)[47]을 문자류(文字類)·음운류(音韻類)·훈고

46 반절음 : 한자의 주음(注音) 방법 중 하나로, '반어(反語)', '반음(反音)'이라고도 한다. 두 개의 한자를 사용하여 다른 하나의 한자의 독음을 다는 것으로, 두 글자 중 앞 글자를 반절상자(反切上字), 뒤 글자를 반절하자(反切下字)라 한다. 반절되는 글자의 성모와 청탁은 반절상자를 따르고, 반절되는 글자의 운모와 성조는 반절하자와 같다. 예컨대, '동(東)'은 '德紅切'인데, '덕(德)'의 성모 〔d〕를 취하고 '紅'의 운모 〔ong〕을 취하여 '동(東)'의 발음인 〔dōng〕을 구성해 낸 것이다. 반절의 기원은 ① 삼국 시대 위(魏)나라 사람 손염(孫炎)에게서 기원했다는 설, ② 동한 말 복건(服虔)과 응소(應劭)에게서 기원했다는 설, ③ 서역(西域)에서 기원했다는 설 등 여러 가지가 있다.

47 소학(小學) : 옛날에 문자학(文字學)과 음운학(音韻學)을 일컫던 말이다. 《주례》 〈지관(地官) 소사도(小司徒)〉에 "8세에 소학에 들어가면 보씨(保氏)가 국자(國子)를 가르치는데, 먼저 육서(六書)로 가르친다.〔八歲入小學, 保氏教國子, 先以六書.〕"라고 하였으니, 옛날에 아동이 소학에 들어가면 맨 먼저 문자학을 배웠기 때문에 한대(漢代)부터 문자학을 '소학'이라 부르기 시작했다.

류(訓詁類)로 구분하였는데, 이렇게 보면 '훈고'는 의심할 것도 없이 사의학(詞義學)이다.

왕응린(王應麟)은 《이아》와 《방언》을 훈고서로 여겼는데, 《이아》는 고금과 아속에 따라 달리 사용된 말을 해석한 것이고, 《방언》은 각 지방에 따라 달리 사용된 말을 해석한 것이다. 제패용(齊佩瑢)의 《훈고학개론(訓詁學概論)》은 바로 훈고학을 '고어의학(古語義學)'으로 여겨 토론을 전개한 것이다.[48]

훈고학의 정의에 관하여 육종달(陸宗達, 1905-1988)의 《훈고간론(訓詁簡論)》과 주대박(周大璞, 1909-1993)의 《훈고학요략(訓詁學要略)》에서는 모두 황간(黃侃, 1886-1935)의 설을 근간으로 하여, 훈고학은 단지 '고금에 따라 달리 사용된 말을 해석하고 각 지방에 따라 달리 사용된 말을 통하게 하는 것〔釋古今之異言, 通方俗之殊語.〕'일 뿐만 아니라, 더욱 중요한 임무는 '언어를 사용해 언어를 해석하는 방법(方法)과 조례(條例)를 연구하고 나아가 언어의 계통과 근원을 연구하는 것'에 있다고 하였다. 《훈고학요략》에서는 또 "총괄하자면, 훈고학의 연구 대상은 바로 사의(詞義)와 사의의 체계이며, 그 일차적 임무는 바로 어의가 발전하고 변화해 온 규칙에 대한 연구이다."라고 하였다. 훈고학의 연구 대상과 임무를 강조하고, 더 나아가서는 훈고학이 바로 고어의학의 실제 내용임을 명시한 것이다.

사실 《훈고간론》과 《훈고학요략》에서 언급한 내용은 기존의 훈고학의 정의에서 벗어난 점이 있다. 《훈고학요략》은 〈주소(注疏)의 내용〉이라는 절에서 다음과 같은 11개 방면의 내용을 소개하였다.

48 제패용(齊佩瑢)의……것이다 : 제패용이 한 말의 전후 내용은 다음과 같다. "훈고학은 고대 언어의 의미를 탐구하고 어음과 어의 간의 각종 관계를 연구하는 유일한 학문으로, 역사 언어학이라는 큰 덩어리의 일부분이다. 이런 의미에서 볼 때 훈고학은 또한 '고어의학'이라고 할 수 있다.〔訓詁學旣是探求古代語言的意義, 研究語音和語義間的種種關係的唯一學科, 它就應當是歷史語言學全體中的一環. 這樣, 訓詁學也可以叫做'古語義學'.〕"

① 사의의 해석〔解釋詞義[49]〕

② 문의의 개괄〔串講文意〕

③ 구두의 분석〔分析句讀〕

④ 문자의 교감〔校勘文字〕

⑤ 어법의 설명〔闡述語法〕

⑥ 수사법의 설명〔說明修辭手段〕

⑦ 성어와 전고에 대한 설명〔詮解成語典故〕

⑧ 고음과 고의에 대한 고증〔考證古音古義〕

⑨ 사건에 대한 서술과 역사에 대한 고찰〔敍事考史〕

⑩ 산천의 기술〔記述山川〕

⑪ 책의 체례에 대한 설명〔發凡起例〕

기존의 틀을 벗어난 이 설명은 훈고학의 일반적인 정의가 실제적으로 훈고학에서 다루는 내용과 완전히 일치하지는 않음을 설명한다.

2 주석학과 훈고학의 구별

왜 굳이 주석학을 또 세우려는 것인가? 주석과 훈고는 차이가 있기 때문이다.

1) 주석의 범위는 훈고에 비해 넓다

앞서 '주석의 산생'을 논할 때에 우리는 《상서》〈반경 상(盤庚上)〉에 대해 공안국의 전(傳)이 포함하고 있는 다섯 가지 방면의 내용을 인용하였는데, 역사 사실에 대한 해석과 구의(句意)에 대한 소개는 모두 어의학(語義

49 義 : 저본에는 없는데, 주대박의 《훈고학요략(訓詁學要略)》(周大璞, 訓詁學要略, 湖北人民出版社, 1984, 49쪽)에 근거하여 보충하였다.

學)의 범주에 속하지 않는다는 것을 알 수 있다.

예를 들어 반경(盤庚)이 박은(亳殷)으로 천도한 원인과 은(殷)나라가 다섯 차례 천도한 역사 사실은 모두 사의(詞義)의 해석이나 언어의 분석을 통해 알 수 있는 것이 아니다.

"우리 선왕께서 오시어 여기에 도읍을 정하셨다.〔我王來, 旣爰宅于茲.〕"라는 구절은 사의학(詞義學)이나 어의학(語義學)의 각도에서는 역사 사실 방면의 지식을 얻을 수 없다. 만약 훈고학의 정의를 엄격히 따른다면, 훈고학은 단지 이 한 구절 내에 있는 각각의 어휘가 지닌 뜻에 대해 해석하여 언어의 장애를 없앨 수 있기만 하면 된다.

공안국의 전에 "우리의 왕이신 조을께서 경 땅에 거주하셨다는 말이다. '원(爰)'은 '우(于)'의 뜻이다. 조을이 이미 이곳에 거주했었다는 것을 말한 것이다.〔我王祖乙居耿[50]. 爰,于也. 言祖乙已[51]居于此.〕"라고 한 해설은 어휘가 지닌 뜻의 범위를 벗어난 것이 확실하다.

그러나 주석(즉, 주석으로 분석하는 것)을 가지고 공안국의 전과 구주(舊注)에서 언급하고 있는 일체의 것들을 설명한다면, 어떤 것도 합당하지 않은 것이 없다고 말할 수 있다.

2) 주석은 시대의 제한을 받을 필요가 없다

훈고는 간단히 말하면 고자(古字), 고음(古音), 고의(古義)를 훈석(訓釋)하는 것이지만, 주석은 고자, 고음, 고의의 훈석에 국한되지 않는다. 따라서 요즘 사람의 작품에 주석을 달 경우에는 '주석(注釋)'이라고 불러야 한다. 만약 요즘 사람의 저작에 주석을 다는 것도 훈고학의 내용이라 여겨서

50 耿 : 저본에는 '狄'으로 되어 있는데, 《상서정의(尙書正義)》(北京大學出版社, 2000)에 근거하여 바로잡았다.

51 已 : 저본에는 없는데, 위 자료에 근거하여 보충하였다.

연구한다면 아무도 동의할 사람이 없을 것이다. 명칭이 실상에 부합하지 않기 때문이다.

요즘 사람들의 작품은 일반적으로 백화(白話)로 되어 있다. 설령 노신(魯迅, 1881-1936) 선생의 잡문(雜文)이 종종 깊은 뜻을 내포하고 있어 연구가 필요하기는 하지만, 사용된 언어는 백화이다. 모택동(毛澤東, 1893-1976)의 문장은 표준적인 백화이기는 하지만, 그 안에 내포된 정치, 경제, 군사, 문화, 예술 등의 광범위한 내용은 단지 언어 자체에 대한 이해만 가지고는 불충분하다. 백화문 안에 인용된 고어(古語)와 전고(典故), 문언(文言)으로 쓰인 고체(古體)의 시(詩)와 사(詞)는 더욱 주석이 필요하다. 《노신전집(魯迅全集)》과 《모택동선집(毛澤東選集)》에 대한 독해는 사람들로 하여금 주석 작업이 중요하고 매우 어려운 일임을 절감하게 한다. 상세하고 분명한 주석이 없으면 문화적 소양이 상당히 높은 사람이라 할지라도 내용을 완전히 이해할 수 없다.

주석의 임무 중 하나는 언어의 장애를 없애는 일이고, 또 다른 임무는 작품을 어떻게 이해해야 하는지 독자에게 알려 주는 것이다. 옛사람들의 작품을 열독(閱讀)할 때는 이 가운데 첫 번째 임무가 비교적 중요하고, 요즘 사람의 작품을 열독할 때에는 두 번째 임무가 비교적 중요하다. 주석이라는 명칭을 사용하면 시대적 제약이나 문체의 제한을 받지 않을 수 있다.

3) 주석이라는 명칭은 간단명료하여 이해하기 쉽다

훈고학은 종래에는 모두 서재에 틀어박혀서 하던 학문이었다. 처음에는 입에서 입으로 전하다가 나중에 학관(學官)에서 교과목으로 채택되었다. 이 밖에 한나라부터 청나라 때까지 백발이 되도록 경서를 연구하고 늙어 죽을 때까지 장구에 매달린 자들이 이루 셀 수 없을 정도로 많았지만, 성과를 거두어 세상에 전해지는 것은 결국 얼마 안 된다.

훈고학이 비록 번성기, 쇠퇴기, 부흥기가 있었고 청대에 이르러 그 절정기를 형성하였지만, 현재 전문적으로 연구에 종사하는 자와 가르치는 일에 종사하는 자를 제외하면 훈고라는 명칭을 제대로 이해하고 있는 사람은 이미 많지 않다. 고대 한어(古代漢語)나 고적 정리(古籍整理)를 전공하지 않은, 고등학교 교육이나 전문대학 교육을 받은 일반 사람에게는 모두 매우 생소하다. 우선 훈고라는 명칭의 함의가 매우 익숙하지 않으니, 훈고학에 대한 연구는 더 말할 필요도 없다.

만약 주석학(注釋學)을 세우면, 어문을 가르치거나 고적 정리 작업에 종사하는 사람들은 받아들이기가 더욱 쉬울 것이며, 심지어 중등의 문화 수준을 지닌 사람들까지도 고서를 주석하는 것은 결코 신비한 일이 아니라고 느낄 것이다. 이것이 훈고학의 보급 및 고적을 정리하는 일에 유익하다는 사실은 의심의 여지가 없다.

주석학을 세우자는 것은 결코 전통적인 훈고학을 배척하는 일이 아니라 주석학이 훈고학에 비해 더욱 광범위하게 적용될 수 있어서이다. 예컨대, 현대 한어로 고문을 번역하고 현대시의 형식으로 고시를 번역하는 일은 모두 주석학이 담당해야 할 임무이다. 이때 훈고학의 풍부한 성과를 이용하여 내실을 단단히 다져 가르치는 일과 고적을 정리하는 일에 주석학이 공헌할 수 있게 하는 것도 괜찮은 일이 될 것이다.

제5절 주석학의 기능

주석학은 주석의 실천과 이론 두 가지 영역을 포괄하는데, 우리가 주석학의 기능을 토론하는 데에는 바로 그 의의이기도 한 이 두 영역에서부터 착안해 보아야 한다.

1 고서 열독의 장애 요소를 제거한다

고서를 열독하는 데에는 주로 네 가지 장애 요소가 있다.

첫째, 언어문자이다.

둘째, 역사 사실과 명물(名物)이다.

셋째, 문언문의 구법(句法)이다.

넷째, 저작의 배경이다.

주석은 독자를 도와 이러한 장애 요소를 없애 주어야 한다. 이렇게 해야만 옛사람의 사상과 정감을 이해하고 고대의 물질문명과 정신문명을 이해할 수 있으며, 그 속에서 새로운 문명을 건설하는 데 필요한 영양을 섭취할 수 있다.

1) 언어문자

언어문자의 장애를 없애는 것은 주석의 첫 번째 의의이다. 호적(胡適, 1891-1962)은 일찍이 다음과 같이 말하였다.

> 고서를 연구하는 법은 경서 연구든 자서 연구든 모두 교감과 훈고를 첫 단계로 삼아야 한다. 교감이 정밀하게 된 뒤에 본자를 읽을 수 있고, 본

자를 읽을 수 있게 된 뒤에 훈고를 알 수 있고, 훈고가 명확해진 뒤에야 의리를 정할 수 있다.

治古書之法, 無論治經治子, 要皆當以校勘訓詁之法爲初步. 校勘已審, 然後本子可讀; 本子可讀, 然後訓詁可明; 訓詁明, 然後義理可定.[52]

호적이 말한 '교감과 훈고'란, 곧 언어문자에 대한 주석이다.

고서에 쓰인 글자는 열독하는 데 어려운 점이 네 가지 있다.

첫째, 번난(繁難)이다.

둘째, 이체(異體)이다.

셋째, 가차(假借)이다.

넷째, 여기에다 역사가 오래되고 전사(轉寫)와 판각의 과정에서 발생한 오류까지 더해져 고서를 열독하는 데 있어서 곤란을 야기한다는 것이다.

① 번난(繁難)의 사례

한자는 복잡하고 어려운데〔繁難〕, 고서에는 복잡하고 어려운 글자가 더욱 많다. 현대에 통행되는 비교적 간단하게 만든 글자도 옛날에는 왕왕 매우 복잡하고 어려운 글자였다.

글자에는 고자(古字)와 금자(今字)의 구별이 있는데, 어떤 사람은 글자를 쓸 때 고자와 난자(難字)를 쓰는 것을 좋아해서 더욱 읽기 어렵게 만든다. 이는 뒤에서 말할 이체(異體)의 사례와 비슷한 점이 있다.

可乘桴以浮滄兮.

뗏목을 타고 푸른 바다를 떠갈 수 있다.[53]

52 원주 : 《호적문존(胡適文存)》 2집 권1 〈논묵학(論墨學)〉

53 원주 : 〈북위 효문제가 비간의 묘에 조문하는 글〔北魏孝文弔比干墓文〕〉

孔子曰："道不行，欲之九夷，桒桴浮于海." 有[54]以也.

공자께서 "도가 행해지지 않으니 구이에 가서 살고 싶다. 뗏목을 타고 바다를 항해하고 싶다."라고 말씀하신 것은 이유가 있는 것이다.[55]

위의 두 난자(難字)를 조합하여 '승부(桒桴)'라고 쓴다면 이를 식별할 수 있는 요즘 사람은 많지 않을 것이다.

《논어》〈공야장(公冶長)〉에 "子曰：'道不行，乘桴浮于海. 從我者，其由與!' 子路聞之喜.〔공자께서 말씀하셨다. '도가 행해지지 않으니 뗏목을 타고 바다를 건너 항해하고 싶다. 그때 나를 따를 자는 아마도 중유(仲由)일 것이다.' 자로가 그 말씀을 듣고 기뻐했다.〕"라고 하였는데, '승부(桒桴)'는 바로 '승부(乘桴)'이다. 이는 간단한 예이다.

𪊨尗鼂說文解字敍云："周禮俫氏教國子，先㠯六耆，弌白指事，眂而可識，詧而見意，丄丅是也；二白象形，𦘔成其物，䲉體詰詘，日月是也；二白諧聲，㠯事爲名，取譬相成，江河是也；三白會意，比類合誼，㠯爲指撝，𢈱信是也；五白轉注，建類一峕，同意相受，考老是也；六白叚嗇，本𥻸其字，依聲侂事，令長是也."[56]

이는 호고(好古)가 중독이 되어 버린 예이며, 대표성을 갖춘 것도 아니다. 이 단락의 글자는 고자(古字)·소전(小篆)·대전(大篆)의 해화자(楷化字)를 많이 사용하여 《설문해자》를 잘 아는 사람이 아니면 매우 식별하기

54 有：《사부총간(四部叢刊)》 초편(初編) 권14의 〈설문계전통석(說文繫傳通釋)〉(上海書店, 1926)에는 없는데, 여기에서는 저본을 따랐다.

55 원주：《설문계전(說文繫傳)》〈양부(羊部)〉 '羌' 자에 대한 주

56 원주：강성(江聲)의 〈육서설(六書說)〉. 《설문해자고림(說文解字詁林)》 전편(前編)의 〈육서총론(六書總論)〉에 나온다.

어렵다. 그래서 우리는 다음과 같이 처리하지 않을 수 없다.

> 許叔重《說文解字·敍》云："《周禮·保氏》教國子，先以六書，一曰指事，視而可識，察而見意，丄(上)丅(下)是也；二曰象形，畫成其物，隨體詰詘，日月是也；三曰諧聲，以事爲名，取譬相成，江河是也；四曰會意，比類合誼，以見指撝，武信是也；五曰轉注，建類一首，同意相受，考老是也；六曰叚(假)借，本無其字，依聲托事，令長是也."
> 허신의 〈설문해자서〉：《주례》〈보씨〉에 따르면 "보씨가 왕과 공경대부의 자제들에게 우선 육서(六書)를 가르쳤다."라고 하였다.
>
> 육서의 첫째는 지사(指事)로, 주의 깊게 보면 알 수 있으며 자세히 살펴보면 글자의 의미를 알 수 있는 것이다. '상(丄)(上)'과 '하(丅)(下)'가 이에 해당한다.
>
> 둘째는 상형(象形)으로, 어떤 물체를 그려내는데 형체의 굴곡이 있는 대로 따라가면서 그린 것이다. '일(日)'과 '월(月)'이 이에 해당한다.
>
> 셋째는 해성(諧聲)으로, 사물로 글자의 뜻을 삼고 소리를 취하여 글자를 만든 것이다. '강(江)'과 '하(河)'가 이에 해당한다.
>
> 넷째는 회의(會意)로, 두 글자를 함께 쓰고 뜻을 합하여 나타내고자 하는 의미를 드러낸 것이다. '무(武)'와 '신(信)'이 이에 해당한다.
>
> 다섯째는 전주(轉注)로, 같은 종류끼리 모아 놓고 하나를 머리글자로 삼되, 같은 뜻이면 서로 주고받는 것이다. '고(考)'와 '노(老)'가 이에 해당한다.
>
> 여섯째는 가차(假借)로, 본래는 그 글자가 없어서 소리가 비슷한 글자를 빌려 그 뜻을 나타낸 것이다. '영(令)'과 '장(長)'이 이에 해당한다.

이처럼 고쳐 쓰면 알기 쉽게 된다. 이렇게 호고(好古)·복고(復古)가 야기한 열독의 장애는 짐작해 알 수 있다.

② 이체(異體)의 사례

한자는 갑골문(甲骨文)과 금문(金文)의 시대에 벌써 번잡한 이체자가 생겨났다. 갑골문은 확실히 무슨 글자인지 알 수 있는 것이 천여 자뿐이고, 확실히 알 수 없는 글자와 현재 정론이 없는 글자가 더 많다.

진(秦)나라는 육국의 문자를 통일하였는데, 이사(李斯, 기원전 280-기원전 208) 등이 지은 《삼창(三倉)》에 수록된 글자는 3300자이다. 서한(西漢)에 이르러 양웅(揚雄, 기원전 53-18)이 《훈찬편(訓纂編)》을 지었는데, 수록된 글자는 5340자로 증가하였다. 이 두 종의 자서(字書)는 진·한 시대의 상용자(常用字)와 차상용자(次常用字)의 사용 수량을 대체로 말해 줄 수 있다.

동한(東漢)의 허신(許愼, 58-147?)은 《설문해자(說文解字)》를 지었는데, 수록된 글자는 9353자이다. 여기에다 중문(重文 이체자) 1163자를 더하면 수록된 글자 수는 1만 자를 넘는다. 수록된 글자 수가 점점 늘어나는 것은 이체자가 점점 많아지는 것과 연관이 있다.

남조(南朝)의 《옥편(玉篇)》은 수록 글자가 2만여 자이다.

송(宋)나라의 《유편(類篇)》은 수록 글자가 3만 1000여 자이다.

명(明)나라의 《자휘(字彙)》는 수록 글자가 3만 3000여 자이다.

청(淸)나라의 《강희자전(康熙字典)》은 수록 글자가 4만 6000여 자이다.

민국 시기의 《중화대자전(中華大字典)》은 수록 글자가 4만 8000여 자이다.

현재에 이르러서는 《한어대자전(漢語大字典)》은 수록 글자가 이미 5만 4000여 자에 달한다.

《한어대자전》의 글자 수록은 신중했다. 만일 당시 채택하지 않은 일부 자서(字書)와 규범에 맞지 않는 글자들을 모두 수록해 넣었다면 총 글자 수는 8만 자를 넘었을 것이다.

1990년 8권본 《한어대자전》이 완성되고 나서 4년 후인 1994년 《중화자해(中華字海)》가 출판되었는데, 여기에 수록된 총 글자 수는 8만 5000여 자이다. 그중에는 비록 《한어대자전》에 수록했어야 하는데 누락된 글자가 있기도 하지만, 대부분은 본래 이러한 글자가 있다는 것을 알면서도 수록하지 않은 글자들이다.

이체자가 도대체 얼마나 되는지는 아직까지 정확한 통계를 낼 방법이 없다. 《한어대자전》에 들어 있는 〈이체자표(異體字表)〉[57]에는 "모두 약 1만 1900조(組)의 이체자가 수록되었다."라고 되어 있다.

예를 들면 '초(炒)' 자는 《설문해자》·《방언(方言)》·《옥편(玉篇)》·《일체경음의(一切經音義)》·《광운(廣韻)》·《집운(集韻)》·《오음집운(五音集韻)》·《복고편(復古編)》에 근거하여 통계내면, '焇'[58]·'煼'·'𩱴'·'焣' 등 20여 개가 있다.

이체자는 조자(造字)의 다원성을 반영한다. 예를 들어 '국(國)'은 지금 간화(簡化)하여 '国'이라고 쓰는데, 이체자로는 '囗'·'囯'·'囶'·'圀'·'囻' 등 17개가 있다.[59] 그중 한 가지는 '𥣫'이라고 쓰는데, 3개의 '진(秦)' 자를 중첩한 것으로, 틀림없이 진(秦)나라 사람이 만든 것이다.

서로 다른 형성·회의·전주는 후대에 이체자가 많아지게 만든 주요 원인이다. 《한어대자전》에 수록된 1만여 조(組)의 이체자는 적으면 한두 개에서 많으면 여러 개 내지는 십여 개나 된다. 따라서 《한어대자전》의 이체자 총수는 최소한 2만 자 이상이다.

자서(字書)와 운서(韻書)에 남아 있는 것만이라면 일반적인 열독과 연구에 큰 장애가 없지만, 문적(文籍) 가운데 남아 있는 용례는 연구와 열독에

57 원주 : 《한어대자전(漢語大字典)》 권8

58 焇 : 저본에는 '焇'로 되어 있는데, 《한어대자전》 〈이체자표(異體字表)〉(1990년, 5386쪽)의 '炒' 자 항목에 열거된 이체자에는 보이지 않는다. 다만 이체자 가운데 '**㷒**' 또는 '**熼**' 등 자형이 유사한 글자가 보인다. 아마도 '焇'는 한 글자가 전환 과정에서 두 글자로 나누어진 것으로 보인다.

59 이체자로는……있다 : 《한어대자전》 〈이체자표〉(1990년, 5351쪽)를 참조하면, '國'의 이체자는 '囗'·'囯'·'囶'·'圀'·'囻' 등 19개가 있으며, 國의 간화자〔国〕가 1개 있다. 원문의 17개는 오류로 보인다.

있어서 무시할 수 없는 곤란한 점을 만든다. 현재 이미 폐기되었거나 정리된 이체자는 늘 보는 글자일 뿐이다. 너무나 방대한 고적의 번잡한 이체자는, 주석을 달지 않는다면 고적의 문자를 열독하는 관문을 통과할 수 없다.

또 연면자(連綿字)와 복합사(復合詞)에서 글자를 다르게 쓰는 것도 전적(典籍)에 보이는 보편적인 현상이다.

> 支子死, 必哭泣葬埋之.
> 적장자 이외의 자식이 죽으면 반드시 (장례에 참가하여) 곡하고 울면서 매장해 주었다.[60]

> 死葬乎驪山, 吏徒數十萬人, 爲葬薶之侈至于此.
> 진 시황제가 죽어서 여산에 장례를 치를 적에 동원된 관리와 형도(刑徒)가 수십만이었으니, 매장의 사치스러움이 이러한 수준에 이르렀다.[61]

> 收斂藏埋, 以慰存亡.
> 조서(洮西) 전투에서 전사한 사람들의 시체를 찾아 거두어 묻어 주어서 전사자와 유가족들을 위로하라.[62]

60 원주 : 《국어》 〈월어(越語)〉
역주 : 저본에는 '夫子死, 必哭泣葬埋之.'로 되어 있고, 《국어》 〈월어(越語)〉에는 '支子死, 三月釋其政. 必哭泣葬埋之如其子.'로 되어 있어 문자 및 구문상의 차이가 있다. 문리상 '부(夫)'는 '지(支)'의 오자가 분명하므로 《국어》에 따라 원문을 고치되, 구문상의 상략(詳略)은 저자의 의도를 존중하여 저본에 따라 고치지 않고 번역하였다.

61 원주 : 《한서》 〈가산전(賈山傳)〉
역주 : 중화서국 표점본 《한서》(1990)에는 '死葬乎驪山, 吏徒數十萬人, 曠日十年. 下徹三泉合采金石, 冶銅錮其內, 桼塗其外, 被以珠玉, 飾以翡翠, 中成觀游, 上成山林. 爲葬薶之侈至于此, 使其後世曾不得蓬顆蔽冢而託葬焉.'으로 되어 있어, 원문과는 상략 및 표점의 차이가 있다. 《주석학개론》에서는 저자의 편집의도를 존중하여 생략된 구문을 보입하지 않았는데, 《한서》의 원문 표점을 수정하여 번역하였다.

'장매(葬埋)'는 '葬薶'·'藏埋'와 발음과 뜻이 완전히 같다.

欲報之德, 昊天罔極.
부모의 은덕에 보답하고자 한다면 드넓은 하늘같이 다함이 없으리라.[63]

欲報之德, 皡[64]天罔極.
부 태후(傅太后)의 은덕에 보답하고자 한다면 드넓은 하늘같이 다함이 없으리라.[65]

易之者皡天不宜.
사심을 가지고 재계하는 것을 쉽게 여기는 자는 밝은 하늘이 마땅하게 여기지 않을 것이다.[66]

皓天不復, 憂無疆也.
밝게 빛나는 세상, 다시 돌아오지 않아 내 시름 한이 없다.[67]

浩浩昦天.
광대한 너른 하늘[68]

62 원주 :《삼국지》〈위지(魏志) 고귀향공모전(高貴鄕公髦傳)〉
63 원주 :《시경》〈소아(小雅) 육아(蓼莪)〉
64 皡 : 중화서국 표점본《한서》(1990)를 살펴보면 저본의 '皡'는 '皞'로 되어 있다.《주석학개론》에서는 해당 인용문이 이체·통용자의 실례를 제시하는 데 초점을 두고 있으므로 원저자의 의도를 존중하여 고치지 않았다.
65 원주 :《한서》〈정숭전(鄭崇傳)〉
66 원주 :《장자》〈인간세(人間世)〉
67 원주 :《순자》〈부(賦)〉
68 원주 :《시경》〈소아(小雅) 우무정(雨無正)〉

置酒虖顥天之臺.

하늘까지 치솟은 높은 대에 술자리를 벌였다.[69]

'호(皞)'와 '호(皥)'는 이체자이고, '昊'·'昦'·'皥'·'皓'·'顥'는 동음통용자이다.

연면자는 음은 조금 변했는데 자형이 다른 것이 가장 보편적이다. 예를 들면 '위이(逶迤)'는 다르게 쓴 것이 매우 많아서 일일이 꼽을 수도 없다. 주석이 없다면 그 발음과 뜻이 실제로는 같다는 것을 알지 못할 것이다.

③ 가차(假借)의 사례

雖隱於窮閻漏屋, 人莫不貴之.

비록 좁고 더러운 거리의 누추한 집에 숨어 살더라도 사람들이 모두 그를 귀하게 여기지 않는 사람이 없다.[70]

掌腫瘍、潰瘍、金瘍、折瘍之祝藥.

양의는 종양·궤양·금창(金瘡)·창양(瘡瘍)에 약을 바르는 것을 담당한다.[71]

今秦攻趙, 戰勝則兵罷, 我承其敝.

지금 진나라가 조나라를 공격하는데, 전쟁에서 이기면 병사들이 피로해질 것이다. 나는 그들이 피폐해진 틈을 이용할 것이다.[72]

69 원주 : 《한서》 〈사마상여전(司馬相如傳)〉

70 원주 : 《순자》 〈유효(儒效)〉

71 원주 : 《주례》 〈천관(天官) 양의(瘍醫)〉

72 원주 : 《사기》 〈항우본기(項羽本紀)〉

王播告之脩，不匿其指.

왕이 닦아야 할 일을 포고하면 신하들이 받들어 그 뜻을 숨기지 않았다.[73]

'누(漏)'는 '누(陋)'를 가차한 것이고, '축(祝)'은 '주(注)'를, '승(承)'은 '진(趁)'을, '지(指)'는 '지(恉)'를 가차한 것이다. 경문의 가차에 능통하지 않다면 필시 진·한 시대의 전적을 이해할 수 없을 것이다.

고인(古人)의 주석은 가차에 유의하였는데, 특히 청대에는 동음통가(同音通假)·성근의통(聲近義通)의 현상에 대해 더욱 깊이 있는 연구가 있었다. 그들의 주석은 우리가 고서를 열독하는 데 있어서 적지 않은 장애 요소를 없애 주었다. 가차 문제는 이 책에서 따로 전문적인 논의를 할 것이므로 여기에서는 자세하게 말하지 않겠다.

④ 와오(訛誤)의 사례

孔子曰："參！ 今之君子，惟士與大夫之言之閒也，其至于君子之言者，甚希矣. 於乎！ 吾主言其不出而死乎？ 哀哉！"

공자께서 말씀하셨다. "삼아! 지금 관직에 있는 군자의 말은 직임을 맡고 법을 봉행하는 데에서 벗어나지 못하고 있다. 그들이 군국자민(君國子民)의 대도를 말하는 것을 들은 것이 매우 드물다. 아! 나는 군주의 말이 행해지는 것을 보지 못하고 죽게 되는가 보다. 슬프구나!"

雖有國焉，不教不服，不可以取千里.

비록 나라를 소유한다고 하더라도 교화하지 않으면 복종하지 않으니, 이로써는 기내 천 리의 땅도 취할 수 없다.[74]

73 원주 : 《서경》 〈반경 상(盤庚上)〉

74 원주 : 왕빙진(王聘珍)의 《대대례기해고(大戴禮記解詁)》 〈주언(主言)〉

'한(閒)'은 '문(聞)'의 오자이고, '주(主)'는 '왕(王)'의 오자이며, '언(焉)'은 '마(馬)'의 오자이다.[75]

정오(正誤)를 변별하지 않으면 반드시 왜곡하여 설을 만들게 된다. 《대대례기》 고본(古本)의 와오(訛誤)는 매우 많아서 글이 매우 짧은 〈주언〉 한 편에 와오가 20여 군데나 있다. 이 밖에 또 일자다음(一字多音), 일사다의(一詞多義) 그리고 시대적 제한성이 큰 속어 역시 모두 문장을 열독하는 데 장애 요소이다.

⑤ 다음(多音)의 사례

執豕于牢, 酌之用匏.

우리에서 돼지를 잡고, 바가지로 술을 떠서 마신다.[76]

牢中旁寸, 著組系.

죽은 이의 왼손에 감은 포건(布巾)의 중간부가 좌우에서 안쪽으로 1촌을 줄여 꿰맸고, 면사로 짠 띠로 채워 넣었다.[77]

卓縱放兵士, 突其廬舍, 淫略婦女, 剽虜資物, 謂之"搜牢"

동탁은 병사들을 풀어 마을의 주택으로 돌입하여 부녀자를 제멋대로 겁탈하고 재물을 노략질하고서는 '수색'이라고 하였다.[78]

75 언(焉)은 마(馬)의 오자이다 : '焉'을 '馬'로 고치면 "비록 국마(國馬)를 소유한다고 하더라도 훈련시키지 않으면 말을 듣지 않으니, 이를 타고서는 천 리를 달려갈 수 없다."라는 뜻이 된다.

76 원주 : 《시경》 〈대아(大雅) 공류(公劉)〉

77 원주 : 《의례》 〈사상례(士喪禮)〉

78 원주 : 《후한서》 〈동탁전(董卓傳)〉

'뇌(牢)' 자는 세 가지 예가 있다. 하나는 〔láo〕로 읽는 것인데, 뜻은 희생〔牲畜〕을 가두어 기르는 우리와 관련된다. 또 하나는 〔lóu〕로 읽는데, 뜻은 '줄이다'이다. 또 하나는 〔lào〕로 읽는데, 뜻은 '찾아내다', '받아 내다'이다.

음이 많은 것은 11개에 이르는 것도 있다. 예를 들면 '돈(敦)'이 있다. 《광운(廣韻)》에는 다음과 같은 사례가 있다.

'도(都)'와 '곤(昆)'의 반절로 음이 〔dūn〕인 것
'도(都)'와 '회(回)'의 반절로 음이 〔duī〕인 것
'도(度)'와 '관(官)'의 반절로 음이 〔tuán〕인 것
'도(都)'와 '곤(困)'의 반절로 음이 〔dùn〕인 것

《집운(集韻)》에는 또 다음과 같은 사례가 있다.
'정(丁)'과 '요(聊)'의 반절로 음이 〔diāo〕인 것
'대(大)'와 '도(到)'의 반절로 음이 〔dào〕인 것
'주(主)'와 '윤(尹)'의 반절로 음이 〔zhǔn〕인 것
'타(他)'와 '곤(昆)'의 반절로 음이 〔tūn〕인 것
'도(都)'와 '내(內)'의 반절로 음이 〔duì〕, 〔tún〕, 〔mù〕인 것

이렇게 수많은 음에는 모두 그에 상응하는 뜻이 있다. 이 외에 또 '두(杜)'와 '본(本)'의 반절, '두(杜)'와 '호(皓)'의 반절, '진(陳)'과 '유(留)'의 반절이 그 음에 속한다.

'돈(敦)'은 고금의 상용자로 일반적으로 단지 〔dūn〕으로 읽는 것으로 알고 있지만, 다른 음독이 고적(古籍)의 주석에 보인다.

예를 들면 《한서》 〈예악지(禮樂志)〉에 "수레 천 승이 곤륜에 모인다.〔車千乘, 敦昆侖.〕"라고 하였는데, 안사고(顏師古)의 주에 "'돈(敦)'은 '둔(屯)'으로 읽는다. '둔'은 '모인다.'라는 뜻이다.〔敦, 讀曰屯. 屯, 聚也.〕"라고 하였다.

또 〈왕자후표(王子侯表)〉에 '임락돈후 광(臨樂敦[79]侯光.)'이라고 하였는데, 안사고의 주에 "'돈(敦)' 자는 혹 음이 '과(戈)'와 '작(灼)'의 반절이다. 또 '교(敫)'라고도 쓰는데, '목(穆)'의 고자이다.〔敦字或音戈[80]灼反, 又作敫, 古穆字.〕"라고 하였다.

또 《주례》〈사궤연(司几筵)〉에 "매번 안석을 덮는다.〔每敦一几.〕"라고 하였는데, 정현(鄭玄)의 주에 "'敦'는 '도(燾)'라고 읽는다. '도(燾)'는 '덮다'는 뜻이다.〔敦讀曰燾. 燾, 覆也.〕"라고 하였다.

혹은 자서(字書)나 운서(韻書), 고증·주석 성질의 글에도 나온다.

⑥ 다의(多義)의 사례

고대의 전적에는 단음절 어휘가 특히 많다. 글자(어휘)가 만들어진 처음에 각각의 글자는 한 가지 뜻이 있었지만, 의미가 인신(引伸)되어 한 글자가 비록 음독(音讀)은 변하지 않았더라도 자의(字義)는 끊임없이 발달하고 변천하였다. 그래서 어떤 글자(어휘)는 뜻이 많게는 여러 개, 심지어는 수십 개까지 이르렀다. '공(攻)'을 예로 들어 보자.

> 兼弱攻昧.
>
> 약한 자를 병탄하고 어리석은 자를 공격한다.[81]
>
> 공영달(孔穎達) 소 : '공(攻)'은 '어떤 것을 치다'는 말이다.
> 攻, 謂擊之.
> ⇒ '치다', '공격하다'

> 凡療瘍以五毒攻之.

79 敦 : 저본에는 '郭'으로 되어 있는데, 통행본 《한서》에 근거하여 바로잡았다.
80 戈 : 저본에는 '弋'으로 되어 있는데, 위 자료에 근거하여 바로잡았다.
81 원주 : 《서경》〈중훼지고(仲虺之誥)〉

무릇 종기를 고칠 때는 다섯 가지 독으로 치료한다.[82]
⇒ '다스리다', '치료하다'

凡攻木之工七，攻金之工六，攻皮之工五.
무릇 나무를 다루는 장인이 일곱, 금속을 다루는 장인이 여섯, 가죽을 다루는 장인이 다섯이다.[83]
정현(鄭玄) 주 : '공(攻)'은 '다루다〔治〕'와 같다.
攻，猶治也.
⇒ '다루다', '제작하다'

農攻粟，工攻器，賈攻貨.
농부는 곡식을 생산하는 법을 익히고, 장인은 기물을 생산하는 법을 익히고, 상인은 재화를 판매하는 법을 익힌다.[84]
⇒ '연구하다', '학습하다'

攻山取銅鐵. 一歲功十萬人已上.
산을 파서 구리와 철을 캐는데 한 해에 이에 종사하는 사람이 10만 명 이상이다.[85]
⇒ '채굴하다'

有雲雨之山，有木，名曰欒，禹攻雲雨，有赤石，焉生欒.
운우산이 있는데, '난'이라는 나무가 자란다. 우 임금이 운우산의 나무

82 원주 :《주례》〈천관(天官) 양의(瘍醫)〉
83 원주 :《주례》〈동관(冬官) 고공기(考工記) 총서(總序)〉
84 원주 :《여씨춘추》〈상농(上農)〉
85 원주 :《한서》 권72 〈공우전(貢禹傳)〉
역주 : 저본에는 '禹貢傳'으로 되어 있는데, 통행본《한서》에 근거하여 바로잡았다.

를 벨 때 붉은 돌이 있었고 거기에 난이 자랐다.[86]

곽박(郭璞) 주 : '攻'은 숲의 나무를 베는 것을 이른다.

攻, 謂槎伐其林木.

⇒ '나무를 베다'

夏祭先牧, 頒馬攻特.

여름에 선목(先牧)에 제사 지낼 때는 거세한 수말을 경·대부를 구분하여 쓴다.[87]

정중(鄭重)의 말을 인용한 정현의 주 : '공특(攻特)'은 말을 거세한 것이다.

攻特, 謂騬之也.

손이양(孫詒讓)의 정의(正義) : 말의 불알을 제거하는 것이니, 지금의 '선마(扇馬 : 거세한 말)'라고 하는 것과 같다.

謂割去馬勢也, 猶今之扇馬.

⇒ '거세하다'

小子鳴鼓而攻之.

소자들아! 북을 울려 성토하라.[88]

⇒ '꾸짖다', '비난하다'

'공(攻)'은 또 여러 가지 가차의(假借義)가 있다. 이러한 여러 가지 뜻은 비록 '공(攻)'의 기본뜻[89]에서 인신되었지만, 요즘 사람들이 구주(舊注)를

86 원주 : 《산해경》 〈대황남경(大荒南經)〉

역주 : 저본에는 '有雲雨之山, 有木名曰欒, 禹攻雲南, 有赤石馬生欒.'으로 되어 있는데, 총서집성(叢書集成) 초편(初編)의 《산해경(山海經)》(中華書局, 1985)에 '南'은 '雨'로, '馬'는 '焉'으로 되어 있다. 여기서는 이에 따라 원문을 고치고, 《산해경》(자유문고, 1996), 《산해경》(민음사, 1996) 등을 참고하여 표점을 바로잡았다.

87 원주 : 《주례》 〈하관(夏官) 교인(校人)〉

88 원주 : 《논어》 〈선진(先進)〉

89 원주 : 《설문해자》에 "'공(攻)'은 '치다.〔擊〕'라는 뜻이다.〔攻, 擊也.〕"라고 하였다.

접하지 않거나 자서(字書)·운서(韻書)의 도움을 빌리지 않는다면 정확하게 의미를 풀이해도 그렇게 쉬운 일이 아니다.

⑦ 속어(俗語)의 사례

정통적인 문언문 전적에도 간혹 속어가 있지만, 가요(歌謠),[90] 당대(唐代)의 변문(變文),[91] 금(金)·원(元)의 희곡(戲曲) 등과 같은 통속 문학 작품에는 대량의 방언(方言)과 속어가 있다. 속어는 당시에는 사람들이 잘 알았지만 현재는 대부분 사용되지 않는 것으로, 역시 고대작품을 열독하는 데 있어서 하나의 큰 장애 요소이며, 주석과 전문적인 연구가 없이는 읽을 수 없는 것이다.

육종달(陸宗達, 1905-1988)은 〈내가 만난 황계강 선생〔我所見到的黃季剛先生〕〉이라는 글에서 다음과 같은 하나의 에피소드를 기술하였다.

> 한 학생이 《혜강집(嵇康集)》에 주석을 달았는데, 그중에 "交賒相傾"이라는 말이 있었다. 줄곧 이에 대해 명확하게 설명해 주는 사람이 없어서 계강 선생에게 가르침을 청했다. 계강은 바로 증거를 찾아내어 '교사(交賒)'는 육조 시대의 말로, 뜻은 '원근(遠近)'이라고 설명했다. 그래서 질문한 이로 하여금 놀라고 탄복하며 떠나가도록 했다.[92]

또 예를 들면 '작가(作家)'와 '작자(作者)'는 현대 중국어의 함의와 당·송 시기의 함의가 크게 다르다.

90 가요(歌謠) : 중국의 민간 문학 체제의 하나로, 민요·민가·동요 등의 총칭이다.

91 변문(變文) : 당(唐)·오대(五代) 시기에 유행한 일종의 설창문학(說唱文學)으로, 그 내용은 원래 불경의 고사였다. 후대에는 고사(故事)나 민간 전설 등을 포함하게 되었다. 돈황석굴(敦煌石窟)에서 발견된 《대목건련명간구모변문(大目乾連冥間救母變文)》·《오자서변문(伍子胥變文)》 등이 있다.

92 원주 : 《훈고학연구(訓詁學研究)》 제1집

장예홍(蔣禮鴻)의 《돈황변문자의통석(敦煌變文字義通釋)》에서는 '전문가〔內行〕', '달인〔高手〕'이라고 풀이하였다.

《佛說阿彌陀經》講經文："摩陁心中驚怕，今日又逢作者，脚澁步步懶行，恍惚不知高下."
《불설아미타경》의 강경문에 "마타는 마음속으로 놀랍고 두려웠는데, 오늘 다시 고수를 만나니 다리가 뻑뻑해서 한 걸음 한 걸음 더디매 몽롱하여 높고 낮음을 알지 못하였다."라고 하였다.

宋僧道原《景德傳燈錄》卷十二，興化和尙示衆云："若是作家戰將，便請單刀直入，更莫如何如何."
송나라 승려 도원의 《경덕전등록》 권12에 흥화 화상이 대중을 바라보며 말하기를 "이와 같이 뛰어난 장군은 목표를 정하고서는 칼 한 자루를 들고 적진으로 곧장 들어가 용맹하게 싸운다. 많은 말은 쓸모가 없다." 하였다.

2) 역사 사실과 명물

고대의 문적(文籍)이든 금인의 작품이든, 역사 사실과 명물에 대한 지식과 관련되기만 하면 일반 독자가 이해하는 것이 쉽지 않게 된다. 글을 지어 주석을 달 때에는 역사 사실과 명물에 대한 지식의 부족을 극복하도록 도와서, 독자들이 작품을 이해하는 데 있어서 필수적으로 갖추어야 할 지식을 제공하는 데 온 힘을 기울여야 한다.

子曰："伯夷、叔齊不念舊惡，怨是用希."
공자가 말하였다. "백이와 숙제는 과거의 원한을 염두에 두지 않았기에, 그들에 대해서 원망하는 자가 매우 드물었다."[93]

강유위(康有爲, 1858-1927) 주 : 백이와 숙제는 고죽군의 두 아들이다. 《경전석문(經典釋文)》에 춘추소양편(春秋少陽篇)을 인용하여 "성은 묵태(墨胎)이고, 백이의 이름은 윤(允), 자는 공신(公信)이며, 숙제의 이름은 치(致), 자는 공달(公達)이다."라고 하였는데, 아마도 후세 사람이 견강부회한 것인 듯하다. 맹자는, 그가 악인의 조정에 서지 않았으며, 악인과 말하지 않았으며, 고을 사람과 섰을 때에 쓴 관이 똑바르지 않으면 미련 없이 떠났다고 칭찬했는데, 그가 악을 미워한 것이 이와 같았으나 그 악한 사람이 악행을 고치면 즉시 그쳤기에 사람들도 심히 원망하지 않았다고 칭찬하였다.

伯夷、叔齊，孤竹君之二子．《釋文》引《少陽篇》，姓墨胎，夷名允，字公信；齊名致，字公達，恐後人所附會．孟子稱其不立于惡人之朝，不與惡人言；與鄕人立，其冠不正，望望然去之，其嫉惡如此．然其所惡之人能改卽止，故人亦不甚怨之．

양백준(楊伯峻, 1909-1992) 주 : 백이와 숙제는 고죽군의 두 아들로, 부친이 죽자 서로 임금 자리를 사양하다가 주나라 문왕에게로 도망쳤다. 주나라 무왕이 군대를 일으켜 상나라의 주(紂) 임금을 토벌하려 하자, 그들이 말고삐를 부여잡고 중지할 것을 권하였다. 주나라가 천하를 통일하자, 그들은 주나라의 양식을 먹는 것을 수치스럽게 여겨, 수양산에서 굶어 죽었다. 《사기》 권61에 〈백이전〉이 있다.

伯夷、叔齊，孤竹君的兩個兒子，父親死了，互相讓位，而都逃到周文王那里．周武王起兵討伐商紂，他們攔住車馬勸阻．周朝統一天下，他們以吃食周朝的糧食爲可耻，餓死于首陽山．《史記》卷六十一有傳．

唐朝的韓愈寫過《伯夷頌》，頌的是一個對自己國家的人民不負責任、開小差逃跑，又反對武王領導的當時的人民解放戰爭，頗有些"民主個人主義"思想的伯夷，那是頌錯了．

당나라 때의 한유는 〈백이송〉을 지었다. 이는 자기 나라의 인민에 대해 책임지지 않고 몰래 도망쳤을 뿐만 아니라 또 무왕이 영도한 당시의 인민해방전쟁을 반대한, 자못 '민주주의적 개인주의' 사상을 지니고 있던 백이를 칭송하는 글인데, 이런 사람을 칭송한 것은 잘못이다.[94]

93 원주 : 《논어》 〈공야장(公冶長)〉

94 원주 : 《모택동선집(毛澤東選集)》 권4 〈굿바이, 스튜어트〔別了, 司徒雷登.〕〉

주 : 한유(韓愈, 768-824)는 중국 당대(唐代)의 저명한 작가이다.[95] 〈백이송〉은 한유가 쓴 산문이다. 백이는 은나라 말기 사람으로, 주나라 무왕이 군대를 진격시켜 은나라를 토벌할 때 반대를 표명했는데,[96] 무왕이 은나라를 멸망시킨 뒤에는 수양산(首陽山)으로 달아나 주나라의 양식을 먹지 않고 죽었다.

《논어》의 강유위와 양백준의 주석 및 《모택동선집》의 주석은 모두 문구 자체의 필요에 초점을 맞추어, 독자가 작품이 담고 있는 사상 함의를 이해하는 데 유익한 지식을 제공하고 있다. 이러한 문장은 비교적 이해하기 쉽다.

四月四日, 此像常出, 辟邪師子, 導引其前.

4월 4일이면 이 불상을 가지고 항상 행상(行像)을 나갔는데, 벽사와 사자가 그 앞을 인도하였다.[97]

범상옹(范祥雍) 교주(校注) : '벽사(辟邪)'와 '사자(師子)'는 모두 짐승의 이름이다. 《한서》 권96 〈서역전〉에 "오익산리 국왕이 '도발·사자·서우를 소유하였다.'라고 하였다.〔烏弋山離國王有桃拔、師子、犀牛.〕"라고 하였는데, 맹강(孟康)의 주석에 "도발은 일명 부발로, 사슴과 비슷한데 꼬리가 길다. 뿔이 하나 있는 것은 천록이라고도 하고 뿔이 두 개 있는 것은 벽사라고도 한다. 사자는 범과 비슷하며 정황색(正黃色)에 갈기가 있고 꼬리 끝의 가는 털이 말(斗)만 하다.〔桃拔, 一名符拔, 似鹿長尾, 一角者或爲天鹿, 二角或爲辟邪. 師子似虎, 正黃有髥耏, 尾端茸毛大如斗.〕"라고 하였다. '사자(師子)'는 곧 사자(獅子)이다. 이는 백희(百戲)의 분장으로 진짜 짐승이 아니다.

범상옹의 "此像常出"에 대한 주석은 매우 자세하나 여기서는 생략한다.

95 중국……작가이다 : 저본에는 '唐代著名的作家'로 되어 있는데, 《모택동선집》(人民出版社, 2003, 1498쪽)에 근거하여 '唐' 앞에 '中國'을 보충하여 번역하였다.

96 반대를 표명했는데 : 저본에는 '他曾表示反對'로 되어 있는데, 위 자료에는 '他曾經表示反對'로 되어 있다. 의미의 차이는 없다.

97 원주 : 《낙양가람기(洛陽伽藍記)》 권1 〈성내(城內)〉

啓與有扈戰于甘之野.

계가 유호 씨와 감의 들판에서 싸웠다.[98]

《사원(辭源)》: 주석에 "감은 유호 씨 나라 교외의 땅으로 지금 호현의 서쪽에 있다.〔甘, 有扈郊地, 今在鄠縣西.〕"라고 하였는데, 호현은 곧 지금의 섬서성 호현(戶縣)이다.

甘昭公有寵于惠后.

감 소공이 혜후에게 총애를 받았다.[99]

《사원》: 주석에 "감 소공은 왕자 대이다. 감에 식읍이 있었다.〔甘昭公, 王子帶也, 食于甘.〕"라고 하였는데, 감은 지금의 하남성 의양현 동남에 있다.

이 두 사례는 《사원》에서 옮겨 적은 것으로, 인용부호가 없는 것은 《사원》의 주석이다. 주석이 아니면 '감'이라는 하나의 지명에 두 개의 지역이 있다는 것을 알 수 없을 것이다.

陶人爲甗, 實二鬴, 厚半寸, 脣寸.

도인은 시루솥을 만드는데, 용량은 2부(鬴)[100]이고, 두께는 반 촌, 가장자리는 1촌이다.[101]

청(淸) 손이양(孫詒讓) 정의(正義): 언(甗)의 상부는 시루와 같고 바닥 없이 속에 소쿠리를 설치하며 용량이 열두 말 여덟 되이다. 하부는 격(鬲)과 같은데 물을 받아 위로 증기를 올려보낸다. 옛 동언(銅甗)이 남아 있는 것은 대체로 이와 유사하다.

98 원주: 《서경》〈감서(甘誓)〉

99 원주: 《좌전》 희공(僖公) 24년

100 부(鬴): 중국 고대의 양기(量器)로, 그 용량은 일정하지 않다. 주로 전국 시대 제(齊)나라에서 사용되었던 것으로 추정된다.《丘光明, 中國古代度量衡, 商務印書館, 1996, 74쪽》

101 원주: 《주례》〈고공기(考工記) 도인(陶人)〉

甗，上體如甑，無底施箄于中，容十二斗八升．下體如鬲，以承水，升氣于上，古銅甗有存者，大勢類此．

고대의 취사도구 역시 주석이 없으면 어떤 물건인지 알 수 없다.

這屯上的居民是不大出行的，動一動就須查黃曆，看那上面是否寫着"不宜出行"；倘沒有寫，出去也須先走喜神方，迎吉利．

이 마을 사람들은 별로 나다니지 않았다. 그들은 외출할 때마다 걸핏하면 황력을 펼쳐 보고 거기에 '외출하는 것이 좋지 않다'는 표시가 없는지 보곤 했다. 거기에 그런 표시가 없어도 나갈 때에는 먼저 희신(喜神)의 방향으로 길을 돌아 길리(吉利)를 맞이하였다.[102]

주 : '황력(黃曆)'은 중국의 옛 역서(曆書)인데 조정에서 반포하는 것으로, 황색지를 사용하여 인쇄하므로 그렇게 불렸다. 그 안에 농사의 절기를 기재해 놓았고, 또 일부 미신적인 '의(宜)'나 '기(忌)'가 섞여 있다. 예컨대 아무 날에는 '제사를 지내는 것이 좋다.'라든지, 아무 날에는 '외출하지 말라.'라든지, 아무 날에는 '모든 일에 불리하다.'라든지, 그리고 '희신'이 매일 소재한 방위[103] 등등이다.

현대의 젊은이들은 벌써 황력이라는 것이 어떤 것인지 알지 못하여 주석을 읽고 나서야 소설의 함의를 알 수 있다.

3) 문언문의 구법

고대 중국어 어법은 현대 중국어 어법과는 달라서, 고인이 말하고 글 쓰던 습관과 법칙을 잘 알지 못하면 역시 고문(古文)을 읽고 이해할 수 없다. 지금 사람들은 고서를 주석할 때 일반적으로 고금의 어법적인 차이를 분석하여

102 원주 : 《노신선집(魯迅選集)》 권1 〈장명등(長明燈)〉

103 원주 : '희신방(喜神方)'을 이른다.

열독할 때 덜 곤란하게 하는 데 관심을 기울인다.

예를 들어 《논어》〈위정(爲政)〉에 대한 양백준(楊伯峻)의 《논어역주(論語譯注)》를 살펴보자.

子曰 : "吾十有五而志于學."

공자가 말하였다. "나는 열다섯에 학문에 뜻을 두었다."

양백준 주 : '유(有)'는 '우(又)'와 같다. 옛날 사람들은 정수(整數)와 작은 한 자리 숫자 사이에는 '유(有)' 자를 많이 사용했고, '우(又)' 자는 사용하지 않았다.

子曰 : "攻乎異端, 斯害也已."

공자가 말하였다. "그런 부정확한 의론들을 비판하면, 해로운 것이 곧 소멸될 수 있을 것이다."

양백준 주 : '사(斯)'는 접속사로 '곧'이라는 뜻이다. '이(已)'는 마땅히 동사로 보아야 하며, '그치다'는 뜻이다. 때문에 '소멸되다'로 해석했다. 만약 '공(攻)' 자를 '연구하다'로 해석하면,[104] '사(斯)'는 지시대명사로 보아야 하며, '이것'이라는 뜻이 된다. 또 '야이(也已)'는 어기사로 보아야 한다. 전문(全文)의 해석은 '부정확한 학술 연구에 종사하면, 해가 된다.'이다. 일반적인 해석은 이와 같은데, 비록 문맥과 어휘는 잘 통하지만, 《논어》 고유의 어휘 사용법이나 구법과는 맞지 않는다.[105]

子曰 : "《書》云 : '孝乎惟孝, 友于兄弟, 施於有政.'"

공자가 말하였다. "《상서》에 이르기를 '효도할진저! 오직 부모에게 효도하고 형제간에 우애하여, 이러한 분위기를 정치에까지 영향을 끼친다.'라고 하였다."

104 원주 : 살펴보건대, 이전의 해석은 '공격(攻擊)'으로 풀이하였다.

105 원주 : 살펴보건대, 양백준의 역문에 "그런 부정확한 의론들을 비판하면, 해로운 것이 곧 소멸될 수 있을 것이다."라고 하였는데, 앞뒤의 글 뜻을 상고해 보면 일반적인 해석법이 낫다고 본 듯하다.

양백준 주 : '施於有政'의 '유(有)'는 별다른 뜻이 없이 명사 앞에 놓였는데, 이는 고대 어휘 구성법의 한 형태로, 졸저 《문언어법(文言語法)》에 상세히 나와 있다.

哀公問曰 : "何爲則民服?" 孔子對曰 : "擧直錯諸枉, 則民服; 擧枉錯諸直, 則民不服."

애공이 물었다. "무슨 일을 해야 백성들이 복종하게 될까요?" 공자가 대답하였다. "정직한 사람을 선발하여 그릇된 사람 위에 두시면, 백성이 곧 복종하게 될 것입니다. 만약에 그릇된 사람을 선발하여 정직한 사람 위에 두시면, 백성은 복종하지 않을 것입니다."

양백준 주

孔子對曰 : 《논어》의 문장 체례에서는 신하가 임금의 질문에 대답[106]할 때 반드시 '對曰'을 사용하였다. 여기에서는[107] 공자가 노나라 임금의 질문에 대답하는 것이므로, '孔子對曰'이라고 하였다.……

錯諸枉 : '조(錯)'는 '놓아두다'는 뜻이 있으며, 또 '버려두다'는 뜻도 있다. 일반 사람들은 그것을 '버려두다'로 해석하여 '그러한 사악한 사람들을 내버려 두다'[108]라고 하였다. 그러나 이러한 해석은 고대 중국어 어법 규칙과 맞지 않는다. 왜냐하면 '왕(枉)'과 '직(直)'은 추상명사이므로, 고문 중의 '중(衆)'·'제(諸)'와 같은 수량 형용사는 일반적으로 보통명사 앞에만 위치하고, 이러한 종류의 추상명사 앞에는 위치하지 않기 때문이다. 이 규칙은 남송의 손계화(孫季和)[109]가 이미 분명히 밝힌 적이 있다. 왕응린(王應麟)의 《곤학기문(困學紀聞)》에는 손계화의 말[110]을 인

106 대답 : 저본에는 '答對'로 되어 있는데, 《논어역주》(中華書局, 2006)에는 '對答'으로 되어 있다. 번역문의 의미상 차이는 없다.

107 여기에서는 : 저본에는 '這裏是'로 되어 있는데, 위 자료에는 '這裏'로 되어 있다. 번역문의 의미상 차이는 없다.

108 원주 : '제(諸)'를 '많은 사람[衆]'으로 해석하였다.

109 원주 : 이름은 응시(應時)이다.

110 손계화의 말 : 손계화는 손응시(孫應時, 1154-1206)로, 계화는 그의 자이다. 《곤학기문》 권7에 손응시의 말을 인용하였는데, 다음과 같다. "정직한 사람을 선발하여 그릇된 사람 위에 올려 두면 백성이 복종하니, 그릇된 사람은 본래 정직한 사람에게 복종한다. 그릇된 사람을 선발하여 정직한 사람 위에 올려 두면 백성은 복종하지 않으니, 정직한

용하고서 "만약 제가의 해석대로라면 굳이 '제'를 두 번씩이나 쓸 필요가 있었을까?〔若諸家解, 何用二諸字?〕"라고 하였다. 이 두 '제'는 단지 '지어(之於)'의 합음으로 볼 수 있으므로, '조(錯)'는 마땅히 '놓아두다'로 해석해야 한다. '置之于枉'은 '置之于枉人之上〔그릇된 사람 위에 놓아두다〕'이라고 말한 것과 같다. 고대 한어에서 '어(於)' 뒤에 쓰인 방위사는 때때로 생략해서 쓸 수 있었다.

안설(按說) : 양백준의 번역에는 "노나라 애공이 물었다. '무슨 일을 해야 백성들이 복종하게 할 수 있을까요?' 공자가 대답하였다. '정직한 사람을 선발하여 그릇된 사람 위에 두시면, 백성이 곧 복종하게 될 것입니다. 만약에 그릇된 사람을 선발하여 정직한 사람 위에 두시면, 백성은 복종하지 않을 것입니다.'"라고 하였다.

이는 몇 가지 사례를 대략 들어서 어법에 대한 중요성을 설명했을 뿐, 고대 중국어 어법과 현대 중국어 어법의 비교연구나 고대 중국어 어법의 법칙에 대한 소개는 이 책의 임무가 아니므로 세세히 기술하지는 않았다.

4) 저작의 배경

언어문자의 장애를 빼면, 문예작품과 정치논문에 대해서 말할 때 저작의 배경을 이해하는 것이 작품을 이해하는 관건이다.

"문장은 시대에 부합되게 지어야 하고 시가(詩歌)는 일에 부합되게 지어야 한다.〔文章合爲時而著, 歌詩合爲事而作.〕"[111]라고 하였는데, 문학작품과 정치논문은 어찌되었든 사회생활이나 정치투쟁과 밀접한 관계가 있다. 그래서 작자가 무엇 때문에 이 글을 지었는지, 무엇 때문에 이 논문을 발표했는지, 무엇 때문에 이런 감개를 가졌는지 이해하지 않고는 작품의 정수를 심도 깊게 이해하기는 매우 어렵다. 이로 인해 어떤 시, 어떤 글의 저작배경에 대한 주석은 줄곧 주석가가 관심을 가졌던 대상이다.

사람은 본래 그릇된 사람이 복종시킬 수 있는 자가 아니다.〔擧直而加之枉之上, 則民服, 枉固服於直也; 擧枉而加之直之上, 則民不服, 直固非枉之所能服也.〕" 이는 손응시의 《논어설(論語說)》에 나오는 말로, 이 책은 일실되었다.

111 원주 : 백거이(白居易)의 〈원구에게 보낸 편지〔與元九書〕〉

〈이소(離騷)〉를 예로 들어 보자. 무엇 때문에 굴원이 그렇게 비분강개하고 그렇게 갈등했는지, 무엇 때문에 굴원이 자신의 내력을 설명하고 거듭하여 자신의 훌륭한 정치사상과 그 동기를 표명했는지, 무엇 때문에 굴원이 아름다운 여인을 얻고자 하였으나 얻지 못한 것으로 비유하여 의지를 나타냈는지, 무엇 때문에 굴원이 조국을 떠나야 할지 머물러야 할지에 대한 문제에 있어서 갈등하고 방황했는지, 무엇 때문에 굴원이 마지막에 죽음으로 나라에 보답할 것을 결심했는지, 이러한 문제들을 독자 스스로 제기할 수 있는데, 만일 굴원의 평생 사적과 처한 상황을 잘 알고 당시 초나라 국내외의 상황을 잘 안다면 이러한 문제들은 해명될 수 있을 것이다.

《사기》와 《한서》, 그리고 왕일(王逸)의 《초사장구(楚辭章句)》는 모두 〈이소〉의 저작 배경에 대해 소개하고 있는데, 초록하면 다음과 같다.

> 굴원은, 이름이 평이고 초 왕실과 동성으로, 초 회왕의 좌도가 되었다. 견문이 넓고 기억력이 뛰어나며, 치란의 도를 잘 알고 사령(使令)에 능숙했다. 궁에 들어가서는 왕과 국사를 논의하여 명령을 내리고, 궁에서 나와서는 빈객을 맞이하고 제후들을 응대하였다. 회왕이 매우 신임하였다.
>
> 상관 대부가 그와 같은 반열이었는데, 총애를 다투면서 마음속으로 굴원의 재능을 시기했다. 회왕이 굴원에게 법령을 만들도록 하였는데, 굴평이 아직 초고를 완성하지 않았을 때 상관 대부가 보고 빼앗으려 하였으나, 굴평이 주지 않았다. 때문에 왕에게 참소하여 "왕께서 굴평을 시켜 법령을 만드는 것은 뭇사람들이 모르는 이가 없는데 매번 하나의 법령이 나올 때마다 굴평이 자신의 공로를 자랑하여 '내가 아니면 제대로 해낼 수 없다.'라고 합니다."라고 하였다. 왕이 노하여 굴평을 소원하게 대하였다.
>
> 굴평은, 왕이 밝게 듣지 못하며 참소와 아첨이 성명(聖明)을 가리며 사악하고 왜곡된 말이 공정함을 해치고 방정한 인재가 쓰이지 못하게

되는 것을 안타깝게 여겼기 때문에 근심하고 걱정하여 〈이소〉를 지었다.

이소란 '근심을 만나다'는 말과 같다. 하늘은 사람의 시초이며, 부모는 사람의 근본이다. 사람은 곤궁해지면 근본을 돌이키기 때문에 극도로 지치고 힘들면 하늘을 찾지 않는 이가 없고, 아프고 슬플 때면 부모를 찾지 않는 이가 없다.

굴평은 바른 도리를 지키고 행실을 곧게 하며 충성을 다하고 지혜를 다하여 그 임금을 섬겼는데도 무함하는 사람이 이간질했으니 곤궁하다고 할 만하다. 신의가 있는데도 의심을 받고 충성하는데도 비방을 받았으니 원망이 없을 수 있겠는가. 굴평이 〈이소〉를 지은 것은 바로 원망으로부터 비롯된 것이다.

屈原[112]者, 名平, 楚之同姓也, 爲楚懷王左徒. 博聞彊志, 明於治亂, 嫺於辭令. 入則與王圖議國事, 以出號令; 出則接遇賓客, 應對諸侯. 王甚任之. 上官大夫與之同列, 爭寵而心害其能. 懷王使屈原造爲憲令, 屈平屬草稿未定. 上官大夫見而欲奪之, 屈平不與. 因讒之曰 : "王使屈平爲令, 衆莫不知, 每一令出, 平伐其功, 曰'以爲非我莫[113]能爲也.'" 王怒而疏屈平. 屈平疾王聽之不聰也, 讒諂之蔽明也, 邪曲之害公也, 方正之不容也, 故憂愁幽思而作《離騷》. 離騷者, 猶離憂也. 夫天者, 人之始也, 父母者, 人之本也, 人窮則反本, 故勞苦倦極未嘗不呼天也[114], 疾痛慘怛, 未嘗不呼父母也. 屈平正道直行, 竭忠盡智以事其君, 讒人間之, 可謂窮矣. 信而見疑, 忠而被謗, 能無怨乎? 屈平之作《離騷》, 蓋自怨生也.[115]

112 原 : 저본에는 '平'으로 되어 있는데, 중화서국본 《사기》에 근거하여 바로잡아 번역하였다.

113 莫 : 저본에는 '不'로 되어 있는데, 위 자료에 근거하여 바로잡아 번역하였다.

114 也 : 저본에는 '地'로 되어 있는데, 위 자료에 근거하여 바로잡아 번역하였다.

115 원주 : 《사기》 〈굴원열전(屈原列傳)〉

〈이소〉는 굴원의 작품이다. 굴원은 당초에 회왕을 섬겼는데, 같은 반열의 상관 대부가 그에 대한 왕의 총애를 시기하여 그를 왕에게 참소하였다. 왕이 노하여 굴원을 소원하게 대하였다. 굴원은 충성과 믿음으로 섬겼는데도 의심을 받자 근심하고 걱정하여 〈이소〉를 지었다.

'이(離)'는 '만나다〔遭〕'와 같고 '소(騷)'는 '근심〔憂〕'이니, 자신이 근심스러운 일을 만나 글을 지었다는 것을 밝힌 것이다. 이 당시에는 이미 주나라가 멸망하였고 일곱 나라가 서로 다투었다. 굴원은 임금이 명철하지 못하여 소인배를 믿어서 나라가 장차 위태롭게 될 것을 안타깝게 여기고, 충성스러운 마음에 감회가 그칠 수 없었기에 〈이소〉를 지은 것이다.

《離騷》者, 屈原之所作也. 屈原初事懷王, 同列上官大夫妬害其寵, 讒之王, 王怒而疏屈原. 屈原以忠信見疑, 憂愁幽思而作《離騷》. 離猶遭也; 騷, 憂也, 明己遭憂作辭也. 是時周室已滅, 七國幷爭. 屈原痛君不明, 信用群小, 國將危亡, 忠誠之情, 懷不能已, 故作《離騷》.[116]

〈이소경〉은 굴원의 작품이다. 굴원은 초 왕실과 동성으로, 회왕 때 벼슬하여 삼려대부가 되었다. 삼려대부의 직책은 왕족인 소(昭), 굴(屈), 경(景) 세 성을 맡는다. 굴원은 세 왕족의 세계를 정리하고 세 왕족의 뛰어난 이를 이끌어 나라의 훌륭한 인재들을 면려하였다. 들어가서는 왕과 정사를 논의하고 의심나는 일을 결정하였으며, 나와서는 신하들을 감찰하고 제후를 응대하였다. 세운 계책이 실행되고 맡은 직임이 잘 수행되자 왕이 매우 귀하게 여겼다.

같은 반열의 대부였던 상관과 근상이 그의 재능을 시기하여 함께 그를 모함하자, 왕이 마침내 굴원을 멀리하였다. 굴원은 충성과 절개를

116 원주 : 반고(班固)의 〈이소찬서(離騷贊序)〉

지키다가 참소를 받았으니, 근심스러운 마음에 심란하여 하소연할 곳을 알지 못해 마침내 〈이소경〉을 지은 것이다.

《離騷經》者, 屈原之所作也. 屈原與楚同姓, 仕於懷王, 爲三閭大夫. 三閭之職, 掌王族三姓, 曰昭、屈、景. 屈原序其譜屬, 率其賢良, 以厲國士. 入則與王圖議政事, 決定嫌疑, 出則監察群下, 應對諸侯. 謀行職修, 王甚珍之. 同列大夫上官、靳尙, 妬害其能, 共譖毁之. 王乃疏屈原. 屈原執履忠貞而被讒邪, 憂心煩亂, 不知所愬, 乃作《離騷經》.[117]

후대에 〈이소〉의 저작 배경과 동기에 대한 주석은 대체로 《사기》와 《한서》 및 왕일(王逸)의 주석에 기초하였다.

문학작품마다 모두 저작 배경을 소개해야 하는 것은 결코 아니다. 어떤 시인들은 순전히 자연경물을 노래하며 한적하고 편안한 감정을 표현하였고 조금도 깊은 뜻이 없는데, 이러한 유(類)의 작품이 독자에게 주는 것은 한가한 심정과 편안한 느낌의 감상일 뿐 사회적·정치적 의의는 전혀 없으니, 저작 배경에 대해 일일이 주석을 달 필요가 없는 유이다.

이상 네 가지 영역의 주석이 있으면 독자가 고서를 열독할 때 언어문자의 장애와 작품의 사상 및 감정을 이해하는 데 있어서의 장애는 제거된다. 이러한 기초 위에서 작품의 깊은 뜻을 이해할 수 있도록 하는 조건이 갖추어지게 된다. 이 몇 가지 영역은 동시에 주석의 범위와 내용에 속하기도 하는데, 이후의 장절(章節)에서 한 걸음 더 나아간 논의를 진행하겠다. 작품의 편장(篇章) 구성과 의리에 대한 논의는 고서 열독의 새로운 단계로, 바로 한 단계 더 높은 수준의 주석과 감상이다.

117 원주 : 왕일(王逸)의 《초사장구(楚辭章句)》

2 고적을 정리하는 데 도움이 된다

주석학의 고적 정리에 대한 의의는 매우 분명하다. 중국의 역사는 유구하고 전적은 풍부하나 정리를 거친 전적은 소수에 불과하다.

모택동(毛澤東)은 〈민족전쟁에 있어서 중국공산당의 지위〔中國共産黨在民族戰爭中的地位〕〉라는 글에서 일찍이 다음과 같이 말하였다.

> 중국의 역사 유산을 학습할 때 마르크스주의적 방법을 사용하여 비판적으로 종합하는 것은 우리의 학습에 있어서 또 하나의 임무이다. 수천 년의 역사를 가지고 있는 우리 민족은 우리만의 특성과 많은 진귀한 것들이 있다. 이러한 것들에 대하여 우리는 아직도 초등학생의 수준에 불과하다. 오늘의 중국은 역사적 중국에서 발전되어 온 것이다. 우리는 마르크스주의적 역사주의자이므로 역사를 단절시켜서는 안 된다. 우리는 공자로부터 손중산(孫中山 손문(孫文))에 이르기까지의 역사 유산을 종합하여, 그 진귀한 유산들을 계승해야 한다. 이렇게 하는 것은 당면한, 위대한 운동을 지도하는 데 있어서 중요한 도움이 된다.

문화유산을 계승하고 총결하는 첫 단계는 고적에 대해 체계적이고 전면적인 정리를 진행하는 것이다. 고적을 정리하는 작업은 각 시대마다 모두 진행되었다. 예를 들면, 한 무제(漢武帝, 재위 기원전 141-기원전 87) 시대에 중앙정부는 일찍이 서적을 수집하는 정책을 제정하였다. 그래서 '장서의 정책을 수립하고 사서관을 두어 아래로 제자백가의 전설에 이르기까지 모두 비부에 채워 넣었다.〔建藏書之策, 置寫書之官, 下及諸子傳說, 皆立秘府.〕'[118] 이렇게 해서 도서가 '산처럼 쌓이게 만들었다.〔積如丘山.〕'

118 원주 : 《한서》〈예문지 서(藝文志序)〉

중국 판본목록학의 흥기는 도서의 대량수집과 일치한다. 이렇게 많은 도서들이 있게 되면 종류별 정리와 연구가 필요한데, 유향(劉向) 부자의 《별록(別錄)》과 《칠략(七略)》, 반고의 《한서》 〈예문지〉는 바로 목록학에 있어서는 개창성(開創性)을 가진 저작이다. 여러 서적을 수집하고 목록을 편찬하는 것은 고적을 정리하는 첫 단계이다.

고적 정리의 가장 중요한 작업으로는 또한 점교(點校) 주석과 연구가 있다. 중국의 전적은, 《중국총서종록(中國叢書綜錄)》과 기타 자료에 근거하여 종합하여 합산하면 대략 15만여 종으로, 철학·문학·사학·정치·경제·농공업·군사·의학 등 포함되지 않는 분야가 없다. 이렇게 많은 도서를 일일이 정리하는 일은 할 수도 없을뿐더러 필요한 것도 아니다. 그러나 설령 각 분야의 전적을 10분의 1의 타당률로 계산하더라도 정리가 필요한 전적은 여전히 상당한 수량이 남는다.

주석은 고적을 정리하는 중요한 작업 가운데 하나이다. 그 목적은 과거와 현재를 소통시키는 데 있다. 현대인이 고서를 읽을 때, 고인이 고인과 현대인이 현대인과 사상을 교류하는 것처럼 문자언어의 장벽이 생겨나지 않도록 하는 것이다. 그리고 주석학의 연구는, 고적을 정리하는 주석 작업이 따를 수 있는 정확한 이론 지침을 갖게 하고 과학적인 원리와 방법을 갖게 하는 것이다.

주석학 연구의 대상과 내용이라는 측면에서 보면, 그것은 점교(點校), 어휘에 대한 해석, 역사적 사실과 명물제도에 대한 해석의 여러 방면을 포괄한다. 주석학의 방법론이라는 측면에서 보면, 그것은 어떻게 주석의 대상을 확정해야 할지, 어떠한 주석방법을 채용해야 할지, 어떻게 주석을 통해 독자에게 전적을 이해하는 가장 중요하고 필수적인 지식정보를 제공할지를 설명해야 한다. 동시에 주석학은 또한 독자에게 중국의 전적에 대한 주석의 우수한 전통과 기본이론을 소개하여 우리들이 전인(前人)의 연구 성과를 충분히 흡수하여 우리들의 작업이 촉진되도록 해야 한다.

이 모두는 고적 정리에 있어서 지극히 중요하다. 주석학의 역할과 의의는 이런 면에서 더욱 분명한 것이다. 이 단계의 작업을 다 끝내고 나면 고적의 이론 연구 및 역사 연구에 탄탄한 기초가 있게 된다.

3 교육에 도움이 된다

어문교육과 대학의 각 전공의 고전문헌 교육은 주석을 잠시도 떠날 수 없다. 주석학이 교육에 운용된 것은 언어문자의 장애를 제거하고 고어와 현대어, 문어와 구어의 차이를 제거하여 학생들이 작품을 이해하기 쉽도록 하는 일뿐만이 아니다. 우리들은 교재에 선정된 작품이 일반적으로 모두 비교적 상세하고 명확한 주석이 있음을 보게 된다.

《대학어문(大學語文)》[119]의 〈채미(采薇)〉를 예로 들어 주석학이 교육에 운용되는 정황을 분석해 보자.

〈채미〉는 《시경》 가운데 〈소아(小雅)〉에 있는 시로, 모두 198자 6절이다. 매 절은 8구이고 매 구는 4자이다. 주석은 67자로,[120] 조금이라도 의심스럽거나 어려운 어휘에는 모두 주석이 있다. 이제 초록하면 다음과 같다.

> 채미(采薇)
>
> 본편은 〈소아〉에서 뽑은 것으로 서주(西周) 후기의 작품이다. 시에서는 출정한 사병이 돌아오는 길에 험윤(玁狁)과 싸울 때의 고생스러웠던 상황을 회고한 것을 묘사하고, 험윤의 침입이 사람들에게 가져온 재난과 시인이 시국을 걱정하고 슬퍼하는 마음을 표현하였다. 들완두〔薇〕는 야생의 콩과 식물로, 또 대소채(大巢菜)라고도 하는데 먹을 수 있다.

119 원주 : 수정본으로, 화동사범대학출판사(華東師範大學出版社)에서 출판하였다.

120 원주 : 복음사(複音詞)와 성어(成語)를 포함한다.

① 采薇采薇，薇亦作止.

들완두를 뜯고 뜯네, 들완두가 돋아났네.

'작(作)'은 '자라나다〔生〕'이니, 막 자라났음을 가리킨다. '지(止)'는 어조사이다.

曰歸曰歸，歲亦莫止.

돌아가리, 돌아가리. 한 해가 또 저무는구나.

'왈(曰)'은 어조사이다. '모(莫)'는 지금의 '暮〔저물다〕' 자이다.

靡室靡家，玁狁之故.

식구 없음은, 험윤 때문이네.

'미(靡)'는 '없다〔無〕'이다. 이 구절은 한 해가 다하도록 외지에서 지내 비록 식구가 있더라도 없는 것과 마찬가지라는 의미이다.

'험윤(玁狁, xiǎn yǔn)은 중국 고대 북방의 한 민족이다. 서주 시대에는 험윤(玁狁),[121] 춘추 시대에는 북적(北狄), 진·한 시대에는 흉노(匈奴)라고 불렀다.

不遑啓居，玁狁之故[122].

편히 지낼 겨를이 없는 것도, 험윤 때문이네.

'불황(不遑)'은 '겨를이 없다'는 뜻이다. '계(啓)'는 꿇어앉는 것〔跪〕이니, 무릎 꿇고 앉는 것이다. '居'는 편안히 앉는 것〔安坐〕이니, 편안히 거처하는 것이다. 옛날 사람들은 땅에 자리를 깔고 앉을 적에 두 무릎은 자리에 붙이는데, 꿇어앉을 때에는 허리가 곧게 펴지고 엉덩이가 발과 떨어졌고, 편안히 앉을 때에는 엉덩이를 발꿈치 위에 붙였다.

② 采薇采薇，薇亦柔止.

들완두를 뜯고 뜯네, 들완두가 부드럽네.

'유(柔)'는 부드럽다는 뜻이다.

121 원주 : '험윤(獫狁)'이라고도 쓴다.

122 玁狁之故 : 저본에는 없는데, 《모시주소(毛詩注疏)》(中華書局, 1999)에 근거하여 보충하여 번역하였다.

曰歸曰歸, 心亦憂止.

돌아가리 돌아가리, 마음에 근심하도다.

憂心烈烈, 載飢載渴.

근심스러운 마음 극심하여, 굶주리고 목마르네.

'열렬(烈烈)'은 '치열(熾烈)'과 같다. 뜻은 곧 '굶주리고 목마르다'이다.

我戍未定, 靡使歸聘.

내 수자리가 정처 없어, 안부 물어 줄 이도 없네.

'수(戍)'는 '지키다'는 뜻이다. 이 구절은 수자리 일이 정해진 장소가 없다는 뜻이다. '빙(聘)'은 '묻다'이니, 안부를 묻는 것이다. 이 구절은 자기를 위해 집안의 안부를 물어봐 줄 사람이 없다는 뜻이다.

③ 采薇采薇, 薇亦剛止.

들완두를 뜯고 뜯네, 들완두가 억세졌네.

'강(剛)'은 들완두가 시들려고 하면서 거칠고 단단해진 것을 가리킨다.

曰歸曰歸, 歲亦陽止.

돌아가리 돌아가리, 10월이 되었구나.

'양(陽)'은 10월을 뜻한다. 지금 음력에 10월을 '소양춘(小陽春)'이라고 부르는 것과 같다.

王事靡盬, 不遑啓處.

나랏일 끝이 없어, 편안히 지낼 겨를 없네.

'미고(靡盬, gǔ 古)'는 그침이 없는 것이다. '계처(啓處)'는 '기거(起居)'와 같다.

憂心孔疚, 我行不來.

근심스러운 마음 매우 고통스러워, 내 갈 길은 그냥 돌아가지 않으리.

'공(孔)'은 '심하다〔甚〕'이니, '매우'라는 뜻이다. '구(疚, jiù 救)'는 '병들다〔病〕'이니, '고통스럽다'는 뜻이다.
'내(來)'는 '되돌아가다〔返〕'이니, '돌아가다'는 뜻이다. 일설에 '내(來)'는 '위로하다〔慰撫〕'라는 뜻으로 해석하였는데, '不來'는 아무도 위문하지 않는 것을 말한다.

④ 彼爾維何, 維常之華.

저 활짝 핀 꽃 무엇인가? 아가위꽃이로구나.

'이(爾)'는 '이(薾)'를 가차한 것이니, 꽃이 활짝 핀 모양이다. '유(維)'는 어조사이다.
'상(常)'은 곧 상체(常棣)인데, 어떤 판본에는 '당체(棠棣)'로 되어 있다. 어떤 이는 '앵두〔郁李〕'라고도 하는데, 속칭 백앵두〔白櫻桃〕이다. '화(華)'는 '화(花)'와 같다.

彼路斯何, 君子之車.

저 큰 수레 무엇인가? 장수의 수레이네.

'노(路)'는 '노(輅)'를 가차한 것이니, 대거(大車)이다. 여기서는 수레가 높고 큰 모양으로 풀이할 수 있다. '사하(斯何)'는 '유하(維何 : 무엇)'와 같다.
'군자(君子)'는 장수를 가리킨다.

戎車旣駕, 四牡業業.

병거에 멍에 메었으니, 네 필 수말 건장도 하여라.

'융거(戎車)'는 병거이다. '모(牡)'는 '수말'이다. '업업(業業)'은 건장한 모양이다.

豈敢定居? 一月三捷.

어찌 편안히 지낼 수 있겠는가. 한 달 사이에 세 번 이겼네.

'정거(定居)'는 '안거(安居 : 편안히 지내다)'와 같다.
'첩(捷)'은 '이기다'이다. 일설에 '첩(捷)'은 '접(接)'의 가차자라고 하니, '접전', '교전'의 뜻이다.

⑤ 駕彼四牡, 四牡騤騤.

저 네 필 수말에 멍에 메니, 네 필 수말 씩씩하기도 하여라.

'규(騤, kuí 揆)'는 씩씩하고 건장한 모양이다.

君子所依, 小人所腓.

장수가 타는 수레요, 병졸이 엄호하는 수레라네.

'비(腓, féi 肥)'는 '비(庇)'로, '엄호하다'는 뜻이다. 여기에서는 병거가, 장군이 타는 것이자, 병졸이 그를 위해 호위함과 동시에 엄호로 삼기도 함을 말한 것이다.

四牡翼翼, 象弭魚服.

네 필 수말 가지런하고, 상아로 만든 활고자며 어피로 만든 전통이로다.

'익익(翼翼)'은 정돈된 모양이다. 네 필 말이 평소 훈련이 잘 되어 있음을 형용한 것이다.

'상미(象弭, mǐ 米)'는 상아로 장식한 활 끝이다. '미(弭)'는 활의 양 끝에 줄을 매다는 곳으로 뼈와 뿔로 장식하니, '활고자〔弭〕'라고 부른다. '어복(魚服)'은 어피로 만든 전동(箭筒)이다.

豈不日戒, 玁狁孔棘.

어찌 날마다 경계하지 않으랴. 험윤의 침범 매우 급박하네.

'일계(日戒)'는 날마다 경계하는 것이다. '극(棘)'은 '급박하다〔急〕'이다.

⑥ 昔我往矣, 楊柳依依.

옛날 출정할 적엔, 버드나무 무성하게 산들거렸네.

'석(昔)'은 출정했을 때를 가리킨다. '의의(依依)'는 무성하게 흔들리는 모양이다.

今我來思, 雨雪霏霏.

지금 돌아갈 적엔, 함박눈 펄펄 내리네.

'사(思)'는 어조사이다.

'우설(雨雪)'은 '눈이 내리다'는 뜻이다. '우(雨)'는 동사이다. '비비(霏霏)'는 눈이 많이 내리는 모양이다.

行道遲遲, 載渴載飢.

갈 길은 더디고 더뎌, 목마르고 굶주리네.

'지지(遲遲)'는 '느리다'는 뜻이다.

我心傷悲, 莫知我哀!

내 마음 서글픈데, 내 슬픔 아무도 몰라주네!

제목, 어휘, 구문의 의미에 대한 해석이 모두 상당히 명료하다. 그러나 교사의 신분으로 수업을 준비하거나 교실에서 강의할 때에는 주석을 보충하여 의미를 소통시키는 약간의 작업이 필요한데, 옛사람들이 전(傳)·주(注)에 소(疏)를 짓고 정의(正義)를 지은 것과 마찬가지다. 이는 모두 다시 보충하여 의미를 소통시켜서 글 뜻이 더욱 명료해지도록 하기 위한 것이다.

1) 일부 자의의 유래를 보충 설명할 수 있다

예를 들어 '작(作)'은 '자라나다〔生〕'로, '계(啓)'는 '꿇어앉다〔跪〕' 또는 '무릎 꿇고 앉다〔危坐〕'로, '빙(聘)'은 '묻다〔問〕'로 해석하여, 모두 보충 해석으로 쓸 수 있다.

① '작(作)'은 《설문해자》에 "'작(作)'은 '일어나다.'이다.〔作, 起也.〕"라고 하였다. '일어나다〔興起〕'가 그 본의(本義)이다.

《노자》 2장에 "만물을 생성케 하면서도 말하지 않는다.〔萬物作焉而不辭.〕"라고 하여, '일어나다'는 의미로 썼다. '薇亦作止'는 '들완두도 일어났다'는 뜻이다. 식물에 있어서는 당연히 생장이 되어야 하므로, '생장하다〔生〕'로 해석할 수 있다.

본의가 밝혀지면 '생(生)'이라는 뜻이 어디에서 유래하였는지 명백해진다.

② '계(啓)'는 《설문해자》에 "계(啓)는 '가르치다.'이다.〔啓, 教也.〕"라고 하였다. 그러므로 '계(啓)'는 '계발하다〔啓發〕', '일깨우다〔開導〕'의 뜻이다.

'不遑啓居'는 왜 '계(啓)'를 '꿇어앉다〔跪〕', '무릎 꿇고 앉다〔危坐〕'로 해석할까? 《시경》 〈소아(小雅) 사모(四牡)〉에 '不遑啓處'라고 하였는데, 모전(毛傳)에 "'계(啓)'는 '꿇어앉다.'이고, '처(處)'는 '거하다.'이다.〔啓, 跪; 處, 居也.〕"라고 하였다. '궤(跪)'의 뜻은 '가르치다〔教〕'의 뜻과는 전혀 관계가 없다. 《이아》 〈석언(釋言)〉에 "'계(啓)'는 꿇어앉다는 뜻이다.〔啓, 跪.〕"라고 하였는데, 곽박(郭璞)의 주에 "살짝 꿇어앉다는 뜻이다.〔小跽.〕"라고 하였다.

교재의 주석과 위에 나열된 자료에만 의거한다면 학생은 필시 그 이유를 잘 알지 못하고 단지 기계적으로 암기만 할 것이다.

학의행(郝懿行, 1755-1823)은 《이아의소(爾雅義疏)》에서 이에 대해 다음과 같이 매우 자세하게 고변(考辯)하였다.

> '궤(跪)'라는 것은 《설문해자》에 "절하다."라고 하였고, 《석명》에서는 "'궤(跪)'는 '높이 솟다.'라는 뜻이니, 두 무릎이 바닥에 숨겨져 높이 앉는 것이다."라고 하였다.
>
> 《옥편》 및 《문선》 〈월부〉의 주석에서는 "궤(跪)는 '꿇어앉다.'이다." 라고 《성류》의 말을 아울러 인용하였으니, '계(啓)'라는 것은 '기(跽)'의 가음(叚音)이다.
>
> 《설문해자》에 "기(跽)는 '공손하게 꿇어앉다.'이다."라고 하였다.
>
> 《사기》 〈골계전〉에 "帣鞲鞠䐔"이라고 하였는데, 《사기집해》에 "서광은 '근(䐔)은 기(跽)와 같다. 살짝 꿇어앉는다는 뜻이다.'라고 하였다."라고 하였다.
>
> 《사기색은》에서는 "근(䐔)의 음은 기(其)와 기(紀)의 반절로, 기(跽)와 동음이다. 살짝 꿇어앉는다는 뜻이다."라고 하였다. 여기의 '근

(跽)'은 곧 '기(跽)'이다. 경전에는 가차하여 '계(啓)'라고 썼다.

《시경》 〈사모〉와 〈채미〉의 전(傳)과 전(箋)에는 모두 "계(啓)는 '꿇어앉다.'이다."라고 하였다. 《좌전》 양공 8년 및 29년 조의 정의(正義)에는 모두 이순(李巡)의 말을 인용하여 "계(啓)는 '삼가 꿇어앉다.'이다."라고 하였다. 이는 곽박이 근거로 한 것이다.

'小跽〔삼가 꿇어앉다〕'라고 주석한 것은 또한 '소궤(小跪)'라고 써야 한다. 《석명》에 "'기(起)'는 '열다.'이니, '일거체(一擧體)'를 여는 것이다."라고 하였다. 살펴보건대 '일거체(一擧體)'는 곧 '소궤(小跪)'의 뜻이다.

跪者, 《說文》云 : "拜也." 《釋名》云 : "跪, 危也, 兩膝隱地體[123]危? 阬也." 《玉篇》及《文選·月賦》注幷引《聲類》云 : "跪, 跽也." 啓者, 跽之叚[124]音也. 《說文》云 : "跽, 長跪也." 《史記·滑稽傳》云 : "帣韝鞠跽." 集解 : 徐廣曰 : "跽與跽同, 謂小跪也." 索隱曰 : "跽音其紀反, 與跽同音, 謂小跪." 是跽卽跽也. 經典借作啓, 《詩·四牡·采薇》傳箋幷云 : "啓, 跪也." 《左氏·襄·八年》及《廿九年》正義幷引李巡曰 : "啓, 小跪也." 是郭所本. 注小跽亦當作小跪. 《釋名》云 : "起, 啓也, 啓一擧體也." 按一擧體卽小跪之義.

이러한 고증은 중국어 전공이 아닌 대학생에게 간략하게 소개할 수 있다. 이러한 보충 교재는 고음통가(古音通假) 및 동음상차(同音相借)의 원리를 충분히 이용하여 '계(啓)'가 '꿇어앉다〔跪〕'나 '무릎 꿇고 앉다〔危坐〕'라는 뜻을 가진 유래를 설명하여 학생의 이해를 더욱 깊게 하고 교육의 질을 제고하는 데 유익하다는 것은 말할 것도 없다.

123 體 : 저본에는 없는데, 《이아의소(爾雅義疏)》(藝文印書館, 1980)에 근거하여 보충하였다.

124 叚 : 저본에는 '假'로 되어 있는데, 위 자료에 근거하여 바로잡았다.

③ '빙(聘)'은 《설문해자》에 "'빙(聘)'은 '방문하다.'이다.〔聘, 訪也.〕"라고 하였고, 《이아》 〈석언(釋言)〉에는 "'빙(聘)'은 '묻다.'이다.〔聘, 問也.〕"라고 하였다.

'빙문(聘問)'은 고대의 상용어로, 본국 정부를 대표하여 우방을 방문하는 것을 뜻하였다. 지금 이 뜻은 이미 상용되지 않는다. 조금 더 증거를 보충하여 고대에 이 글자가 어떻게 운용되었는지를 설명하는 것도 필수적이다.

일반적인 어문학습은, 결국에는 문자·음운·훈고 방면의 지식을 많이 가르치는 것에 지나지 않는다. 그러나 교육 작업 자체는, 시시각각 이러한 방면의 일을 하는 데 있어 교사가 이러한 방면의 기본 이론과 방법을 깊이 이해하고 아울러 상황에 따라 응용할 수 있으면, 저절로 전수하는 지식의 폭과 깊이를 더하고 학생의 학습 흥미를 불러일으킬 수 있게 된다. 어떤 주석들은 한 단계 더 나아가서 자세히 설명하고 분석하지 않으면, 학생이 획득한 지식은 종종 기계적인 기억에 의지하여 오랫동안 유지되지 못할 뿐만 아니라, 더 나아가 부분적인 지식을 통해 전체를 유추해 내는 능력도 발휘할 수 없다. 그렇게 되어야만 한다는 것과 그렇게 된 이유를 알고 어떤 특수한 의미가 유래한 기원을 명확히 알면 이에 대한 인상은 깊어지게 된다.

언어문자에 대한 보충 주석과 의미 소통은 단지 앞에서 열거한 몇 글자에만 국한되는 것이 결코 아니다. 《시경》의 용자(用字) 특징으로 예를 들어 본다면, '왈(曰)', '지(止)', '사(思)'와 같은 실사(實詞)가 어조사로 사용되는 현상, "載渴載飢"와 "載飢載渴"의 일부 글자 순서의 변환, "載歌載舞"의 '재(載)'와 '재(再)'의 뜻이 통하는 것으로 풀이할 수 있다는 비교 등은, 모두 교사 본인의 주석학 지식으로 교실에서 발휘할 수 있는 것들이다.

2) 교재 주석의 편파성을 바로잡을 수 있다

주석학은 하나의 엄격한 학문이다. 주석 대상과 주석 자체의 사이는 완전히 일치해야 한다. 그냥 손에 잡히는 대로 문적(文籍)의 구주(舊注)와 교재의 주석을 훑어보면, 일부 주석들은 타당하지 않다는 것을 발견할 수 있다.

"'모(牡)'는 수말이다.〔牡, 雄馬.〕"라고 한 것을 예로 들어 보자.

일반적으로 조수(鳥獸)의 수컷을 '모(牡)'라고 하고 암컷을 '빈(牝)'이라고 한다. 단독의 수컷이나 암컷의 경우에는 결코 수말과 암말, 수탉과 암탉이라고 표시하지 않는다.

《현대한어사전(現代漢語詞典)》에 "'모'는 수컷의 생리적 특성을 가진 것이다.[125] '수소〔牡牛〕'가 있다."라고 하고 "'빈'은 암컷의 생리적 특성을 가진 것이다.[126] '암소〔牝牛〕', '암탉〔牝鷄〕'이 있다."라고 하였다. 《현대한어사전》의 해석은 매우 잘 헤아린 것이다.

교재의 주석은 '戎車既駕'에서 온 것이다. 전차를 끄는 네 필의 말을 《시경》에서 '사모(四牡)'로 썼기 때문에 '모(牡)'를 '수말〔雄馬〕'이라고 풀이하였다. 여기에서 '수말'이라는 뜻은 앞뒤 문장의 내용에서 생겨난 것이지, '모' 자체에는 전혀 '수말'이라는 뜻이 없다.

주석의 풀이들을 비교하면 공영달(孔穎達)의 소는 매우 신중하다. "병거에 이미 멍에를 메웠는데, 네 필 말이 당당하여 건장하다.〔戎車既駕矣, 四牡之馬業業然而壯健.〕", "그가 따르는 장수가 저 네 필의 말에 멍에를 메워 가는데, 그 네 필의 말이 씩씩하여 매우 건장함을 말한 것이다.〔言其所從將帥駕彼四牡之馬以行, 其四牡之馬騤騤然甚壯健.〕", "그 병거에 멍에 메운 네 필 말이 가지런하다.〔其兵車所駕, 四牡之馬翼翼然.〕"라고 하였다.[127]

《시경》의 '사모(四牡)'는 '사모마(四牡馬)'를 생략하여 표기한 것으로, 주석은 먼저 '모(牡)'라는 어휘의 의미를 설명한 뒤에 이곳에서 가리키는 뜻을 설명해야만 결점이 없게 된다.

125 원주 : '빈(牝)'과 상대된다.

126 원주 : 조수(鳥獸)에 쓰이는 말로, '모(牡)'와 상대된다.

127 원주 : 《모시정의(毛詩正義)》(北京大學出版社, 2000)

"'강(剛)'은 들완두가 시들려고 하면서 거칠고 단단해진 것을 가리킨다.〔剛, 指薇菜將老而粗硬.〕", "'석(昔)'은 출정할 당시를 가리킨다.〔昔, 指出征時.〕"라고 한 것도 유사한 결점이 있다.

그러나 하나의 '지(指)' 자를 두어 이러한 해석이 단지 이 하나의 구체적인 언어 환경에 대해서만 말한 것임을 설명하였으니 그나마 좀 낫다. 그러나 먼저 어휘의 뜻을 풀이하지 않는 것은 어쨌든 결점이다.

"'첩(捷)'은 이기다는 뜻이다. 일설에 '첩'은 '접(接)'의 가차자라고 하니, '접전', '교전'을 이른다.〔捷, 勝. 一說, 捷爲接的假借字, 謂接戰, 交戰.〕"라는 주석의 경우, 비록 객관적인 태도를 취하여 두 가지 설이 모두 기술되었지만 전자의 해석을 주요한 석의(釋義)로 삼았는데, 교육할 때 무엇을 따를 것인지 교사가 충분히 변별하여 사용할 수 있는 자유를 가질 수 있다.

앞뒤의 글 뜻을 세밀하게 살펴보면 "豈敢定居? 一月三捷."은 빈번한 전쟁으로 편안히 지낼 수 없음을 말한 것이 분명하니, '승(勝)'으로 풀이하기보다는 '접(接)'으로 풀이하는 것이 나을 듯하다.

모씨의 전(傳), 정현의 주(注), 공영달의 소(疏)는 "한 달 사이 세 차례 승전한 전공이 있는 것이다.〔一月之中, 三有勝功.〕"라고 풀이하였으니, 곧 '침(侵 침략)', '벌(伐 정벌)', '전(戰 전투)'이라는 풀이는 결국 실제보다 지나치다고 느껴진다.

교사가 주석학의 지식을 운용해서 각각 그 의미를 설명하면 필시 학생의 사고를 계발하고 분석능력을 배양하는 효과를 거둘 수 있을 것이다.

3) 학생들이 실무와 이론 훈련을 받아 그들이 고적을 학습하고 연구하는 기초를 다지도록 할 수 있다

주석학 지식의 전수는 두 가지 경로가 있다. 하나는 평상시의 어문 교육을 통해 학생이 실무와 이론의 교육을 받도록 하는 것이고, 다른 하나는 전문적인 교과목을 통해 완전하고 체계적인 주석학 이론 지식을 교육받는 것이다.

중국 언어 문학과 고대문헌학을 공부하는 사람에게는 후자의 방식이 매우 중요하다.

전문적으로 고적을 정리하고 연구하는 일을 하는 사람은 물론이고, 어떤 전공을 공부하고 연구하든지 모두 고적을 접할 가능성이 있다. 학생시절에 이미 글자의 형(形)·음(音)·의(義)를 판별하고 분석하는 종합지식을 갖추고, 구두를 떼고 어휘를 풀이하는 기본 능력을 갖추며, 아울러 의심나고 어려운 것을 탐구·변별하고 자료를 인용하여 증명하는 기본 방법을 숙달되게 익히면 틀림없이 그들의 작업 효율과 성과를 제고할 수 있다.

현재 대규모적이고 전면적으로 고적을 정리하는 임무가 이미 눈앞에 닥쳤으니 과학적인 방법을 운용하여 고적의 정리와 연구를 진행할 수 있는 거대한 집단을 양성하는 것이 급선무이다. 이제는 훈고학과 주석학이 더욱 폭넓은 대중의 기반을 갖추고, 중등의 문화 수준을 갖고 있는 사람들 모두가 그 이론을 받아들이고 그 방법에 숙달할 수 있도록 해야 한다. 이렇게 하면 고적을 정리하고 연구하는 전문적인 집단과 비전문적인 집단이 더욱 쉽게 생겨날 수 있다.

당대의 저명한 어문학자 왕력(王力, 1900-1986) 교수는 일찍이 신훈고학의 정립을 호소했는데, 이 새로운 훈고학은 관점과 방법 면에서 시대적 풍모를 가져야 하고 역사유물주의와 변증유물주의에 따른 지도가 있어야 한다는 것 외에도, 훈고학의 재인식과 보급 역시 하나의 중요한 내용이 되어야 할 것이다.

제2장

주석의 종류

제1절 주석의 이명異名과 석명釋名

1 전傳

《논형(論衡)》〈정설(正說)〉에 "성인은 경을 지었고 현인은 전을 지었다.〔聖人作其經, 賢者作其傳.〕"라고 하였고, 《문심조룡(文心雕龍)》〈서지(序志)〉에서는 "성인의 뜻을 부연 설명하는 데에는 경에 주석을 다는 것만 한 게 없다.〔敷讚聖旨, 莫若注經.〕"라고 하였다. 경에 주석을 단다는 것은 경서에 전을 짓는 것이다. 경을 짓는 자가 성인이고, 경에 주를 다는 자가 현인이다. 전(傳)이란 경의(經義)를 해설한다는 뜻이다.

《한서》〈고금인표(古今人表)〉에 "전에 이르기를, 요·순·우·직·설과 같은 분은……〔傳曰 : 如堯、舜、禹、稷、卨.〕"이라고 하였는데, 안사고(顔師古, 581-645)의 주에 "전은 경의 뜻을 해설하는 것을 말한다.〔傳, 謂解說經義者也.〕"라고 하였다.

《시》·《서》·《역》·《예》 등의 경서에 대해, 공자는 "조술(祖述)만 하고 창작하지 않았으며 옛것에 대해 확신을 갖고 좋아하였다.〔述而不作, 信而好古.〕"[1]라고 하였다. 여기에서 '조술만 했다〔述〕'라고 한 것은 경의(經義)를 천명한 것으로, 이 또한 전(傳)이다. 증자(曾子)가 말하기를 "전을 익히지 않았는가?〔傳不習乎?〕"[2]라고 하였는데, 이는 공자가 전수해 준 지식을 전부 완전하게 이해했는가를 말한 것이다. 공자의 입장에서는 '술(述)'이고, 학생의 입장에서는 '전(傳)'이다. 경의를 전수해 주는 것은 경전의 언어, 문

1 조술(祖述)만……좋아하였다 : 《논어》〈술이(述而)〉
2 전을 익히지 않았는가 : 《논어》〈학이(學而)〉

자에 대한 훈고와 의리를 분석해 주는 것에서 벗어나지 않는다.

《시》의 경우에는 《모시고훈전(毛詩故訓傳)》이 있는데, 전(傳)과 고훈(故訓)은 차이가 있다.

왕국유(王國維, 1877-1927)는 "고훈은 대모공(大毛公 모형(毛亨))이 지은 것이고, 전은 소모공(小毛公 모장(毛萇))이 증익한 것이다.〔故訓者, 大毛公所作, 而傳則小毛公所增益也.〕"[3]라고 하였다. 《공양전》 정공(定公) 원년 조에는 "주인이 그 구두를 익히고 그 전에 대해 질문했다.〔主人習其讀而問其傳.〕"라고 하였는데, 하휴(何休, 129-182)는 주에서 "전은 훈고를 말한다.〔傳, 謂訓詁.〕"라고 하였으니, 또 '전'을 '훈고'와 동등하게 놓은 것이다.

마서진(馬瑞辰, 1782-1853)은 《모시전전통석(毛詩傳箋通釋)》에서 "고훈은 그저 경문에서 말한 것을 자세하게 풀이한 것이고, 전은 경문에서 말하지 않은 내용까지 함께 도출한 것이다. 이것이 고훈과 전의 차이점이다.〔詁訓, 第就經文所言者而詮釋之, 傳則幷經文所未言者而引伸之, 此詁訓與傳之別也.〕"라고 하였으며, 또 "모공이 전수한 《시》에는 고문이 많았으므로 《시》를 해석하는 데 있어 사실상 고·훈·전 세 가지 체[4]를 겸하였다. 이 때문에 그 책을 《고훈전》이라 하였다.〔毛公傳《詩》多古文, 其釋《詩》[5]實兼詁、訓、傳三體, 故名其書爲《故訓傳》.〕"라고 하였다.

하휴는 《춘추공양전해고(春秋公羊傳解詁)》를 지었는데, 《박물지(博物志)》에서 "하휴가 《공양전》에 주석을 달았으니, 하휴학이라고 한다.〔何休

3 원주 : 《관당별집(觀堂別集)》 〈서모시고훈전후(書毛詩詁訓傳後)〉

4 세 가지 체 : 《모시전전통석(毛詩傳箋通釋)》 권1 〈모시고훈전명의고(毛詩詁訓傳名義考)〉에 따르면, 《시경》 〈관저(關雎)〉의 《모시고훈전》 주석 가운데 "窈窕, 幽閑也."나 "淑, 善. 逑, 匹也."와 같은 부류는 고체(詁體), "關關, 和聲也."와 같은 부류는 훈체(訓體), "夫婦有別則父子親."과 같은 부류는 전체(傳體)라 하였다. 그러나 《모시고훈전》이 본래부터 주석문을 고(詁)·훈(訓)·전(傳) 세 가지 체로 분리했는지는 알 수 없다.

5 詩 : 저본에는 없는데, 《모시전전통석》(中華書局, 2004, 5쪽)에 근거하여 보충하였다.

注《公羊》, 云何休學.〕"라고 하였다. '학(學)'이란 '해고(解詁)'의 의미로, 스승이 전수해 준 것을 말한다.

그렇다면 '전'과 '해고'[6]는 구별이 있는 것이다. 옛사람들이 경을 해석하는 명칭과 전을 해석하는 명칭이 일정하지 않았던 것 같다. 대체로 '전'은 의리를 중시하고 '고훈'은 어휘 풀이를 중시하지만, 어떤 것은 본래 이와 같이 특별히 중시하는 것이 없기도 하다.

'전'에는 또 내전(內傳)·외전(外傳)·대전(大傳)·소전(小傳)·보전(補傳)·집전(集傳)의 구분이 있다.

내전(內傳)은 경문을 위주로 풀이한 것을 이르는데, 이러한 전은 경의(經義)와 직접적으로 대응이 된다.

《사기》〈유림전(儒林傳) 한생(韓生)〉에 "한생(韓生, ?-?)은 《시》의 뜻을 연구하여 내전·외전 수만 자를 지었다.〔韓生推《詩》之意而爲《內》、《外傳》數萬言.〕"라고 하였다. 《한서》〈예문지〉에는 《한시내전(韓詩內傳)》 4권과 《한시외전(韓詩外傳)》 6권이 저록되어 있는데, 이는 한(漢)나라 한영(韓嬰)이 지은 것이다.

《춘추》의 경의를 풀이한 것에는 《공양전》과 《곡량전(穀梁傳)》이 있는데, 내전으로 부른다. 《좌씨춘추》[7]의 경우 서한의 박사들은 모두, 경을 풀이한 저작이 아니므로 《공양전》이나 《곡량전》과는 달리, 내전으로 부를 수 없다고 생각하였다. 그러나 유흠(劉歆) 등 고문가들은 좌씨가 실로 《춘추》에 전을 붙인 것이라고 생각했으므로 《좌전》도 내전으로 불렀다.

위소(韋昭, 204-273)의 〈국어 서(國語序)〉에 "내전으로 조사해 보니〔檢之以內傳〕", "그 본문이 경을 위주로 한 것이 아니기 때문에 외전으로 부른다.〔以其文不主於經, 故號曰外傳.〕"라는 말이 있다. 이는 《좌전》을 '내전'

6 원주 : 고훈(詁訓)·훈고(訓詁)라고도 한다.

7 원주 : 《좌전》을 이른다.

으로, 《국어》를 '외전'으로 본 것이다.

《사통(史通)》〈내편(內篇) 육가(六家)〉에 다음과 같은 말이 있다.

> 《국어》가[8]는 그 선구도 좌구명에서 비롯하였다. 《춘추》 내전을 짓고 나서 《춘추》의 일문을 상고하여 그에 관련된 이설들을 모아 주·노·제·진·정·초·오·월 등 여덟 나라로 분류하였으며, 기사는 주 목왕[9]에서 시작하여 노 도공[10]에서 끝맺었다. 이들을 《춘추》 외전인 《국어》로 편집하였으니, 총 21편이다.
> 《國語》家者, 其先亦出於左丘明, 旣爲《春秋》內傳, 又稽其逸文, 纂其別說, 分周、魯、齊、晉、鄭、楚、吳、越八國, 事起自周穆王, 終於[11]魯悼公, 列於《春秋》外傳《國語》, 合爲二十一篇.

외전(外傳)은 경의를 위주로 하지 않는데, 이것이 '내전'과의 근본적인 차이점이다. 유희(劉熙)의 《석명(釋名)》에는 "《춘추》는 노(魯)나라를 국내로, 열국을 국외로 보았고, 《국어》는 외국의 사건들을 기록했기 때문에 외전으로 부른다."라고 하였는데,[12] 이는 틀린 것이다.

8 국어가 : 《사통》에서 든 육가(六家)는 이 외에 《상서(尙書)》가, 《춘추(春秋)》가, 《좌전(左傳)》가, 《사기(史記)》가, 《한서(漢書)》가이다. 여기서 가(家)는 파(派)라는 뜻이 있는 용어이다. 《사통》에 따르면 "《국어》도 육경(六經)의 분파이자, 삼전(三傳)에 버금가는 문헌이다.〔此亦六經之流, 三傳之亞也.〕"라고 하였다. 《朱恒夫 譯注, 史通全譯, 貴州人民出版社, 1997, 20~21쪽》

9 주 목왕 : 주(周)나라 5대 임금이며 소왕(昭王)의 아들로, 성명은 희만(姬滿)이다. 전설에 따르면 105세를 살았다고 하며, 재위 기간이 55년(기원전 976-기원전 922)이다. 일설에는 기원전 1001-기원전 947년까지 재위했다고도 한다.

10 노 도공 : 노(魯)나라 27대 임금이며 애공(哀公)의 아들로, 성명은 희령(姬寧)이다. 재위 기간은 기원전 467-기원전 437년이다.

11 於 : 저본에는 '其'로 되어 있는데, 《모시전전통석(毛詩傳箋通釋)》(中華書局, 2004, 5쪽)에 근거하여 바로잡았다.

대전(大傳)은 대의를 전술(傳述)한다는 뜻이다. 이 명칭은 한대(漢代)의 장생(張生)과 구양생(歐陽生)의 《상서대전(尙書大傳)》에서 비롯되었다.

복생(伏生, 기원전 264-기원전 170)은 진(秦)나라 때의 박사로, 《상서》를 연구하였다. 한나라 효문제(孝文帝, 재위 기원전 180-기원전 157) 때 이르러 거의 100세였기 때문에 장생과 구양생이, 복생이 남긴 학설을 집록하여 《상서대전》을 편찬하였다. 그런데 이는 《상서》의 요지를 서술한 것에 불과하므로 '대전'으로 명명되었다. 그러나 이 책은 경을 해석하는 데에만 국한되지 않았는데, 《한시외전》·《춘추번로(春秋繁露)》의 경우와 같다.

《예기》〈대전(大傳)〉의 공영달(孔穎達, 574-648) 소(疏)에 다음과 같이 말하였다.

> 정현(鄭玄, 127-200)의 《삼례목록(三禮目錄)》에 이르기를 "'대전'으로 명명한 것은 이 편이 조상과 어버이의 요지를 기록하였기 때문이다. 이 편은 《별록》에서 통론에 소속시켰다." 하였다.
>
> 鄭《目錄》云, 名曰"大傳"者, 以其記祖宗人親之大義. 此於《別錄》屬通論.

통론은 바로 그 요지를 쓴 것이다.

소전(小傳)은 '대전'의 '대' 자와 '소' 자를 서로 대비한 것이다. 책이나 편의 이름을 소전으로 짓는 경우에는 대부분 해당 인물과 해당 사건에 대한 행적을 간략하게 기술한 것이다.

'보전'은 바로 보주(補注)이며, '집전'은 바로 집주(集注)이다.

12 유희(劉熙)의……하였는데 : 《석명(釋名)》 권6 〈석전예(釋典藝)〉에 보인다. 원문은 다음과 같다. "《國語》, 亦曰《外傳》. 外傳, 《春秋》以魯爲內, 以諸國爲外, 外國所傳之事也."

2 설說

'설(說)'이라는 명칭은 《주역》 〈설괘(說卦)〉에서 비롯되었다. 자서(字書)에 이르기를 "'설'은 '해'이며 '술'이다.〔說, 解也, 述也.〕"[13]라고 하였으니, 의리를 해석하되 자기의 견해로 설명하는 것이다. 전하는 말에 따르면, 〈설괘〉는 공자가 《역》의 의미를 부연하여 지은 것이라고 한다.

《역》 〈설괘〉의 공영달(孔穎達) 소에는 "〈설괘〉란 팔괘의 작용이 어떻게 변화하는지와 법상[14]이 하는 일을 설명한 것이다.〔《說卦》者[15]陳說八卦之德業變化及法象所爲也.〕"라고 하였다.

《예기》 〈단궁 하(檀弓下)〉에는 "천하에 그 누가 말할 수 있겠는가.〔而天下其孰能說之?〕"라고 하였는데, 정현(鄭玄)의 주에 "'설'은 '해'와 같다.〔說猶解也.〕"라고 하였다.

'설' 자를 명사로 사용하면 경서의 주석을 가리킨다. 《한서》 〈조조전(晁錯傳)〉에 "책의 내용을 깊이 따져 보지 않았기 때문이다.〔不問書說.〕"[16]라고 하였는데, 안사고(顔師古, 581-645)의 주에 "'설'은 해설한 뜻을 말한다.〔說, 謂所說之義也.〕"라고 하였다.

또 《후한서》 〈공분전(孔奮傳)〉에 "공분(孔奮, ?-?)은 만년에 아들 공가를 두었다. 벼슬은 성문교위에 이르렀으며 《좌씨설》을 지었다고 한다.〔奮晩有子嘉, 官至城門校尉, 作《左氏說》云.〕"라고 하였는데, 주에 "'설'은 지금

13 설은 해(解)이며 술(述)이다 : 《문통(文通)》 권11 〈설(說)〉에 보인다. 원문은 다음과 같다. "說, 本作兌, 俗作說, 解也, 述也."

14 법상(法象) : 자연계의 모든 사물 현상에 대한 총칭을 말한다.

15 說卦者 : 저본에는 없는데, 《주역정의(周易正義)》에 근거하여 보충하였다.

16 책의……때문이다 : 번역은 《문백대조한서(文白對照漢書)》(張傳璽 主編, 三秦出版社, 2004, 932쪽)를 참고하였다. 원문의 맥락은 다음과 같다. 조조가 한 문제에게 올린 상소에서 황태자가 독서를 많이 해도 술수(術數)를 잘 모르는 원인이, 책의 내용을 깊이 따져 보지 않았기 때문이라는 말이다.

의 '소'와 같다.〔說, 猶今之疏也.〕"라고 하였다.

《한서》〈예문지〉의 《역》 부문에는 '《오록충종약설(五鹿充宗略說)》 3편'이 저록되어 있으며 "민간에는 비·고 2가의 학설이 있다.〔民間有費、高二家之說.〕"라고 하였다. 살펴보면, 여기에서 '비'는 비직(費直, ?-?)을 가리킨다. 비직의 자는 장옹(長翁)이다. 그는 《역》을 연구하여 괘서(卦筮)에 뛰어났으며, 고자(古字)에 근본을 두었기에[17] 고문(古文) 《역》으로 부른다. '고'는 고상(高相, ?-?)을 가리킨다. 그는 비직과 동시대의 사람으로 《역》을 연구하였다. 이로 말미암아 《역》에 고씨학(高氏學)이 있게 되었다. 고상과 비직의 《역》은 모두 학관(學官)에 정식으로 채택되지 못하였다. 이러한 내용은 요명휘(姚明輝, 1881-1961)의 《한서예문지주해(漢書藝文志注解)》에 보인다.

《한서》〈예문지〉의 《상서》 부문에는 '《구양설의(歐陽說義)》 2편'이 저록되어 있다. 왕선겸(王先謙, 1842-1917)의 《한서보주(漢書補注)》에 따르면 "구양씨와 하후씨가 전수한 《서》의 설은 최근 사람 진교종(陳喬樅, 1809-1869)의 집본에 대략 보인다.〔歐陽、夏侯《書》說, 略見近人陳喬樅輯本.〕"라고 하였다.

한대(漢代) 《상서》학은 제남(濟南)의 복생(伏生)에 근원을 두었는데, 제남의 장생(張生)과 천승(千乘)의 구양생(歐陽生, ?-?)이 그의 문하에서 학업을 전수받았다. 구양씨는 대대로 그 학업을 전수하였으며 증손 구양고(歐陽高, ?-?)에 이르러 《상서장구(尙書章句)》를 지었으니, 이것이 구양

17 고자(古字)에 근본을 두었기에 : 《한서》〈예문지〉에 따르면 "유향(劉向)이 궁중에 소장된 《고문역경(古文易經)》을 가지고 시씨(施氏)·맹씨(孟氏)·양구씨(梁丘氏)의 경을 교감했더니, 어떤 부분은 '無咎'나 '悔亡'이라는 글자가 빠져 있었는데, 오직 비씨(費氏)의 경만 고문과 똑같았다.〔劉向以中古文易經校施、孟、梁丘經, 或脫去無咎、悔亡, 唯費氏經與古文同.〕"라고 하였다. 이것으로 보아 비직의 《역경》이 고문에 근본하고 있음을 알 수 있다.

씨의 설이다. 마국한(馬國翰, 1794-1857)이 《구양상서장구(歐陽尙書章句)》 1권을 집일(輯佚)했다. 마국한은 또 《대소하후장구(大小夏侯章句)》·《대소하후해고(大小夏侯解故)》도 집일했는데, 대·소 하후는 하후승(夏侯勝, 기원전 152-기원전 61)과 하후건(夏侯建, ?-?)을 가리킨다. 하후씨의 학통은 장생과 구양생에 연원을 둔다.

어떤 것은 '장구(章句)', 어떤 것은 '해고(解故)', 또 어떤 것은 '설의(說義)'라고 하였으니, 그렇다면 '장구', '해고', '설의'에 구별이 있다는 것을 알 수 있다. 그러나 왕선겸은 "구양씨(歐陽氏)·하후씨(夏侯氏)가 전수한 《서》의 설이다."라고 하였는데, 그렇다면 또 '설의'를 '해고', '장구'와 동일하다고 본 것이다.

《한서》〈예문지(藝文志) 육예략(六藝略)〉에 "《시경》은 28권으로 제·노·한 3가가 있다.〔《詩經》二十八卷, 齊、魯、韓三家.〕"라고 하였다.

왕응린(王應麟, 1223-1296)은 《한지고증(漢志考證)》에서 다음과 같이 말하였다.

> 〈유림전〉에 이르기를 "《시》를 해설한 사람으로 노나라에는 신배공(申培公, 기원전 221?-기원전 135?)이 있었고, 제나라에는 원고생(轅固生, 기원전 229?-기원전 139?), 연나라에는 태부 한영(韓嬰)이 있었다." 하였다.
>
> 제시와 노시는 그 전수된 나라의 이름을 따서 명명하였으니, 전수된 내용은 모두 여러 사람의 설이다.
>
> 모시와 한시는 바로 그 전수자의 성을 따서 명명하였으니, 이는 한 문호로서의 학통이다.
>
> 《儒林傳》云 : "言《詩》, 於魯則申培公, 於齊則轅固生, 於燕則韓太傅." 齊、魯以其國, 所傳皆衆人之說也. 毛、韓乃以其姓, 乃專門之學也.

여러 사람의 설을 채택한 것을 '전(傳)'이라 하였으니, 그렇다면 '전'도 '설'이다.

신공(申公 신배(申培))은 《노고(魯故)》 25권을 지었으나 이미 일실되었다. 마국한(馬國翰)이 《노시고(魯詩故)》 3권을 집일하였다.

노시(魯詩)에는 위현(韋賢, 기원전 144-기원전 62)·장장안(張長安, ?-?)·당장빈(唐長賓, ?-?)·저소손(褚少孫, ?-?)의 학통이 있었다. 《한서》 〈예문지〉에 '《노설(魯說)》 28권'이 저록되어 있으니, 이는 제자에 의해 전수된 것이다. 여기서 설(說)과 고(故)는 구별이 있었음을 알 수 있다.

한영(韓嬰)은 《한고(韓故)》 36권을 지었으나 일실되었다. 마국한이 《한시고(韓詩故)》 2권을 집일하였다.

왕선겸의 《한서보주》에 "이것은 한영이 직접 《시경》의 훈고를 지어 《한시내전》·《한시외전》과 구별한 것이다.〔此韓嬰自爲本經訓故, 以別於《內傳》、《外傳》.〕"라고 하였다. 《한설(韓說)》 41권은 그의 제자들에 의해 지어졌다. 설(說)은 전(傳)·고(故)와 차이가 있는 것이다.

《한서》 〈예문지〉에 저록된 책 중에 '설'로 이름 붙인 것이 매우 많지만, '설'의 뜻은 결국 고정불변으로 풀이할 수 없다.

전대흔(錢大昕, 1728-1804)의 《한서고이(漢書考異)》에는 허신(許愼)의 《오경이의(五經異義)》를 인용하여 "금문《춘추》는 공양의 설이고, 고문《춘추》는 좌씨의 설이다.〔今《春秋》, 公羊說; 古《春秋》, 左氏說.〕"라고 하였다. 이것은 설(說)과 전(傳)을 동일하게 본 것이다.

《한서》 〈예문지〉의 《예(禮)》 부문에는 《중용설(中庸說)》과 《명당음양설(明堂陰陽說)》이 저록되어 있으며, 《한서》 〈예문지〉의 《논어》 부문에는 '《제설(齊說)》 29편', '《노하후설(魯夏侯說)》 21편', '《노안창후설(魯安昌侯說)》 21편'이 저록되어 있는데, 안창후(安昌侯)는 바로 장우(張禹, ?-기원전 5)이다.

전대소(錢大昭, 1744-1813)의 《한서변의(漢書辨疑)》에 다음과 같은 내용이 있다.

《한서》〈장우전〉에 이런 말이 있다. "과거에 장우가 황제의 스승이 되었을 때, 임금이 자기를 자주 만나 경에 대한 질문을 하기 어려운 점 때문에 《논어장구》를 저술하여 황제에게 바쳤다."
《張禹傳》云 : "初, 禹爲師, 以上難數對己問經, 爲《論語章句》獻之."

여기에서 '장구'는 바로 '설'이다. 또 《노왕준설(魯王駿說)》·《연전설(燕傳說)》이 저록되어 있다.

《한서》〈예문지〉의 《효경》 부문에는 《장손씨설(長孫氏說)》·《강씨설(江氏說)》·《익씨설(翼氏說)》·《후씨설(后氏說)》·《안창후설(安昌侯說)》이 저록되어 있다. 《한서》〈예문지(藝文志) 제자략(諸子略)〉에는 '《노자부씨경설(老子傅氏經說)》 37편'과 '《노자서씨경설(老子徐氏經說)》 6편', 유향(劉向)의 '《설노자(說老子)》 4편'이 저록되어 있는데, 모두 일실되었다. 《이윤설(伊尹說)》·《육자설(鬻子說)》·《황제설(黃帝說)》·《봉선방설(封禪方說)》의 경우, 모두 소설가(小說家)의 부류이므로 주석과는 아무런 관계가 없다.

3 해解

《설문해자》에 "해(解)는 판(判)이다.〔解, 判也.〕"라고 하였고 "판(判)은 '나누다.'라는 뜻이다.〔判, 分也.〕"라고 하였다.

'해' 자는 본래 칼로 소를 해체한다는 데서 그 뜻을 얻은 것이다. 예컨대 "포정이 문혜군을 위해 소를 해체하였다.〔庖丁爲文惠君解牛.〕"[18]라는 문장에 대해, 소(疏)에 "잡아서 분할한다.〔宰割之也.〕"라고 풀이하였으니,[19] 역

18 원주 : 《장자》〈양생주(養生主)〉

시 분해하고 쪼개다는 뜻으로 그 본의를 사용한 것이다.

이 글자를 전적에 적용하면, 곧 어휘·장구·의리를 해석하고 분석한다는 뜻이 된다. 그러므로 《옥편(玉篇)》에서는 '석(釋)'으로, 《광운(廣韻)》에서는 '강(講)'으로 해석하였으니, 모두 '강해(講解)한다', '해석(解釋)한다'는 뜻이다.

《예기》 〈경해(經解)〉 공영달의 소에 다음과 같이 말하였다.

> 황씨는 "'해'는 분석한다는 말이다. 이 편은 육경의 예수(禮數)의 차이를 분석하였기 때문에 편명을 '경해'라고 한 것이다."라고 하였다. 이 편이 《별록》에서는 통론에 속한다.
> 皇氏云："解者，分析之名．此篇分析六經禮數不同，故名曰經解也."此於《別錄》屬通論．

'해'는 '주(注)' 자와 연결하여 '해주(解注)'라고 한다. 순열(荀悅, 148-209)의 〈경적론(經籍論)〉에서는 "대사농 정중(鄭衆, ?-83)과 시중 가규(賈逵, 30-101)는 각자 《춘추좌전》에 해주를 지었다.〔大司農鄭衆·侍中賈逵，各爲《春秋左傳》作解注.〕"라고 하였다. '해주'는 바로 '주해'이니, 그 예로 허숙(許淑)의 《좌씨전주해(左氏傳注解)》가 있다.

'해' 자는 '고(詁)' 자나 '고(故)' 자와 연결하여 또 '해고(解詁)'나 '해고(解故)'라고도 한다. 《후한서》 〈가규전(賈逵傳)〉에는 "아울러 《주관해고》를 지었다.〔幷作《周官解故》.〕"라고 하였고, 〈하휴전(何休傳)〉에는 "하휴가 《춘추공양해고》를 지었다.〔休作《春秋公羊解故》.〕"라고 하였으며, 〈노식전(盧植傳)〉에는 "노식(盧植, ?-192)이 《삼례해고》를 지었다.〔(植)作

19 소(疏)에……풀이하였으니 : 소는 성현영(成玄英, 608-?)의 《남화진경주소(南華眞經注疏)》를 말하며 '宰割之也'는 권2에 보인다.

《三禮解詁》.〕"라고 하였다. 현대 사람 주계해(朱季海, 1916-2011)의 《초사해고(楚辭解故)》도 있다.

'해고(解詁)'와 '해고(解故)'는 현대어로 고어(古語)를 해석하는 것을 말하며, '훈고(訓詁)' 또는 '석고(釋詁)'라고도 한다.

'의(義)' 자와 연결하여 '해의(解義)'라고도 한다. 《진서(晉書)》〈곽상전(郭象傳)〉에는 다음과 같은 내용이 있다.

> 이보다 앞서 《장자》에 주석을 단 사람은 수십 가였지만 장자의 사상 체계를 잘 밝혀낸 이가 없었다. 상수(向秀, 227?-272)는 구주 이외에 '해의'를 지어 기발한 생각을 절묘하게 풀이하여 현학 분위기를 매우 왕성하게 하였다.
> 先是注《莊子》者數十家, 莫能究其旨[20]統. 向秀於舊注外, 而爲解義, 妙演奇致, 大暢玄風.

'해설(解說)'이 있는데, 분석하여 소통시킨다는 뜻이다. 《한서》〈유림전(儒林傳) 비직(費直)〉에 "상하의 경을 해설하였다.〔解說上下經.〕"라는 구절이 있다. 청대(淸代)의 《황청경해(皇淸經解)》는 경적을 해설한 저작들을 모은 거작이다. 《관자(管子)》의 〈목민해(牧民解)〉나 〈형세해(形勢解)〉 등은 결코 전적(典籍)을 해설한 것이 아니므로 소개하지 않는다.

'해' 자를 '석(釋)' 자와 연결하여 '해석(解釋)'이라고 한다. 이는 일반적인 단어로, 서명으로 쓴 저작은 없다.

'집해(集解)'가 있는데, 그 뜻은 두 가지가 있다. 하나는 경전의 의미를 소통시키고 해석한다는 뜻이니, 예컨대 두예(杜預, 222-284)의 《춘추경전집해(春秋經傳集解)》가 있다.

20 旨 : 저본에는 '指'로 되어 있는데, 통행본 《진서(晉書)》에 근거하여 바로잡았다.

다른 하나는 제가(諸家)의 해설들을 찬집한다는 뜻이니, 예컨대 범녕(范寧, 339-401)의 《춘추곡량전집해(春秋穀梁傳集解)》가 있다. '집해'는 바로 집석(集釋)·집주(集注)·집전(集傳)·찬의(纂義)·회석(匯釋)과 같은 종류이다.

4 고詁와 고故

《설문해자》에 "고(詁)는 고언을 가르치는 것이다.〔詁, 訓故言也.〕"라고 하였다. 단옥재(段玉裁, 1735-1815) 주에 다음과 같은 내용이 있다.

> '고언'이란 옛말이니, 여러 사람들의 입으로 기억된 이전의 말이다.
>
> '가르치는 것'이란 설명하여 가르치는 것이다. 고언을 가르친다는 것은 옛말을 설명하고 풀이하여 사람들에게 가르치는 것이니, 이를 '고(詁)'라고 한다.
>
> 나누어 보면, 《이아》의 경우 고(故)·훈(訓)·언(言) 세 가지로 분리했지만,[21] 이 세 가지는 실제로 하나이다.
>
> 한대 사람의 전주(傳注) 가운데 고(故)라고 이름 지은 저작이 많은데, 고(故)는 바로 고(詁)이다.
>
> 《모시》에서 《고훈전(故訓傳)》이라고 하는 저작의 경우, '고훈'은 '고언'과 같으니, 고언을 취하여 전을 짓는 것을 말한다. 고언을 취하여 전을 지었으니, 이 또한 고(詁)이다.
>
> 가의(賈誼, 기원전 200-기원전 168)는 《좌씨전훈고》를 지었으니, '훈고'란 본문의 고언을 조리 있게 해석하는 것이다.

21 이아의……분리했지만 : 《이아》에 〈석고(釋詁)〉·〈석언(釋言)〉·〈석훈(釋訓)〉이 있다.

故言者，舊言也，十口所識前言也．訓者，說教也．訓故言者，說釋故言以教人，是之謂詁．分之則如《爾雅》析故、訓、言爲三，三而實一也．漢人傳注多稱故者，故卽詁也．《毛詩》云《故訓傳》者，故訓猶故言也，謂取故言爲傳也．取故言爲傳，是亦詁也．賈誼爲《左氏傳訓故》，訓故者，順釋其故言也．

단옥재의 해석을 살펴보면, 《설문해자》의 '고(詁)'를 동사로 보고 '훈(訓)'을 그 아래로 붙여 구두를 뗀 것이다. 그러나 《설문해자》에 나온 문장은 본래 두 가지로 구두를 뗄 수 있다. 심도(沈濤, 1792?-1855)는 《설문고본고(說文古本考)》에서 다음과 같이 말하였다.

《후한서》에 나오는 환담(桓譚, 기원전 24?-56)과 정홍(鄭興) 두 열전의 주와 《일체경음의》에서는 모두 《설문해자》를 인용하면서 "고훈(詁訓)은 고언(古言)이다."라고 하였다. '고훈' 두 글자는 연문[22]이다.
《後漢書》桓譚、鄭興二傳注及《一切經音義》皆引云："詁訓，古言也."
詁訓二字連文.

'고(詁)'는 본래 '고(故)' 또는 '고(古)'라고도 한다. 《이아》〈석고(釋詁)〉 학의행(郝懿行, 1755-1823)의 의소(義疏)에 다음과 같이 말하였다.

'고(詁)'는 '고(故)'의 뜻이며, '고(故)'는 '고(古)'의 뜻이다. '고(詁)'는 '고(故)'라 쓰는 것과 통용되며 '고(古)'라 써도 통용된다. 《경전석문》에서 '고(詁)'에 '고(古)'와 '고(故)' 두 가지 음이 같이 있다는 말이 그것이다.

22 연문(連文) : 두 글자가 결합하여 이루어진 하나의 어휘를 이른다.

또 번광본(樊光本)과 이순본(李巡本)을 인용하면서 '석고(釋詁)'를 '석고(釋故)'로 썼으며, 《시경》〈주남〉의 석문(釋文)에도 역시 번씨와 손씨 등의 《이아》본에서 모두 '석고(釋故)'로 되어 있다고 하였다.

《설문해자》〈언부〉에서 《시》를 인용하면서 고훈(詁訓)이라 하였고, 《한서》〈예문지〉에는 고훈(故訓)이라 하였으며, 《시》〈증민〉에는 "고훈(古訓)을 본보기로 삼는다."라고 하였다.

이것은 고훈(古訓)이 바로 고훈(故訓)이며 또한 고훈(詁訓)으로, 모두 글자는 달라도 그 뜻이 통하기 때문이다.

詁之爲言故也, 故之爲言古也, 詁通作故, 亦通作古. 《釋文》詁兼古·故二音是也. 又引樊光、李巡本"釋詁"作"釋故", 《詩·周南》釋文亦云樊、孫等《爾雅》本皆爲"釋故". 《說文·言部》引《詩》曰詁訓, 《漢書·藝文志》作故訓, 《詩·烝民》云"古訓是式". 蓋詁訓卽故訓, 亦卽詁訓, 幷字異而義通矣.

'고(故)'를 서명(書名)으로 쓴 경우는 많은데, 여기에 해당하는 예들은 앞에 보인다. '고(詁)'를 서명으로 사용할 때 대부분 '훈(訓)'·'해(解)'·'석(釋)' 등의 글자와 연결해서 말하는데, 예를 들면 '훈고(訓詁)'·'고훈(詁訓)'과 같은 유이다. 청나라 황생(黃生, 1622-1696)의 《자고(字詁)》 1권이 있다.

5 훈訓

《설문해자》에 "'훈'은 설명하여 가르치는 것이다.〔訓, 說教也.〕"라고 하였는데, 단옥재의 주에 다음과 같이 말하였다.

'설명하여 가르치는 것'이란, 말로 풀이하고 가르쳐서 반드시 그 이치에

> 맞게 하는 것이다. 인신하여 이치에 맞게 하는 것을 모두 '훈'이라고 한다.
> 說教者，說釋而教之，必順其理，引伸之凡順皆曰訓.

《한서》〈양웅전(揚雄傳)〉의 주에 "'훈'은 말의 이치를 해석하는 것이다.〔訓者，釋所言之理.〕"라고 하였고, 《예기》〈곡례(曲禮)〉 소에 "'훈'은 의리를 가르쳐 설명하는 것이다.〔訓，謂訓說義理.〕"라고 하였다. 이것은 일설로, 언사(言辭)와 의리를 막론하고 해석하여 사람들이 알도록 하는 것은 모두 '훈'이라고 한 것이다.

《이아》〈석훈(釋訓)〉 학의행(郝懿行)의 의소(義疏)에 다음과 같이 말하였다.

> '훈'은 《이아》〈석고〉에서 '도(道)'라고 하였다. '도'는 말로 설명하는 것을 말하니, '고(詁)'와 '언(言)'도 모두 '도'이다.
>
> 다른 점은, 《시》〈관저〉 고훈전 정의에 "'훈'은 '도'이니 사물의 모습을 이야기하여 사람들에게 알려 주는 것이다."라고 하였다. 그러므로 《이아》〈서〉에 이르기를 "석고(釋詁)와 석언(釋言)은 고금의 글자를 소통시키는 것이니, 옛날에는 지금과 말이 다르다. 석훈(釋訓)은 모양을 형용하는 것을 말한 것이다." 하였다. 그렇다면 '석훈'이라 한 것은 대부분 모습을 형용하고 묘사한 말이다. 때문에 첩어가 〈석훈〉에 많이 등재된 것이다.
>
> 그런데 '子子孫孫' 이하는 또 《시》의 뜻을 대략 해석했는데, 고음에 부합한다. '抑密秩淸' 이하는 다시 끊어지거나 잔결된 문구를 가지고 자세하게 풀이했다. 마지막 편의 석문(釋文)에는 장읍(張揖, ?-?)의 《잡자(雜字)》를 인용하여, '훈'은 글자의 의(意)와 의(義)를 풀이하는 것을 말한다고 하였다. '훈'이라는 하나의 글자에는 석의(釋意)와 석의(釋義) 두 가지 뜻을 모두 갖고 있는데, '明明斤斤'과 같은 유는 석의

(釋義)이고 '子子孫孫'과 같은 유는 석의(釋意)로, 석의(釋意)와 석의(釋義)가 합하여 '훈'이 된다. '훈'은 순하다는 말로, 그 의(意)와 의(義)에 맞게 말한 것이기 때문에 편 이름을 '석훈'으로 지었다.

訓者,《釋詁》云, 道也. 道謂言說之, 詁與言皆道也. 不同者,《詩·關雎》詁訓傳正義云 : "訓者道也". 道物之貌以告人也. 故《爾雅·序篇》云 : "釋詁、釋言通古今之字, 古與今異言也. 釋訓言形貌也." 然則"釋訓"云者, 多形容寫貌之詞, 故重文疊字累載於篇. "子子孫孫"以下則又略釋《詩》義, 諧於古音, "抑密秩淸"以下復取斷文零句詮釋. 終篇釋文引張揖《雜字》云 : "訓者謂字有意義也." 蓋訓之一字兼意義二端, "明明斤斤"之類爲釋義, "子子孫孫"之類爲釋意, 意義合而爲訓, 訓之爲言順也, 順其意義而道之, 故以"釋訓"名篇.

여기에서 이른바 "모양을 형용하는 것을 말했다."라는 것은, 원래 형용사를 가리켜서 말한 것이다. 그러나 〈석훈〉이 결코 모두 이와 같은 유에 속하는 것은 아니다. 그러므로 학의행의 소에 "의(意)와 의(義)가 합하여 '훈'이 된다. '훈'은 순하다는 말로, 그 의와 의에 맞게 말하는 것이다.〔意義合而爲訓. 訓之爲言順也, 順其意義而道之.〕"라고 한 것이다. 그렇다면 그의 정의는 《설문해자》의 단옥재 주, 《한서》 주, 《예기》 〈곡례〉 소의 내용과도 부합한다.

지금 사람들이 훈고를 하거나 단어를 풀이할 때 '훈' 자를 사용하는데, 여기에서 '훈'은 '주석하다', '해설하다'는 뜻이다. '고(詁)' 자와 연결하여 말하면 '훈고(訓詁)'·'고훈(詁訓)'이 되며, '주(注)' 자와 연결하여 말하면 '주훈(注訓)'·'훈주(訓注)'가 된다.

서명에 쓰인 예로는 다음과 같은 것이 있다.

한(漢) 하휴(何休)의 《논어주훈(論語注訓)》·《효경주훈(孝經注訓)》

한(漢) 위굉(衛宏, ?-?)의 《고문상서훈지(古文尙書訓旨)》

진(晉) 유조(劉兆, ?-?)의 《주역훈주(周易訓注)》
송(宋) 설계선(薛季宣, 1134-1173)의 《서고문훈(書古文訓)》
송(宋) 장대형(張大亨, ?-?)의 《춘추통훈(春秋通訓)》
청(淸) 강영(江永, 1681-1762)의 《예기훈의택언(禮記訓義擇言)》

6 고훈故訓과 훈고訓詁

'고(詁)'와 '훈(訓)'을 이어서 말하면, '고훈(詁訓)' 또는 '훈고(訓詁)'가 된다. 《모시고훈전(毛詩詁訓傳)》은 바로 '《모시고훈전(毛詩故訓傳)》'이다. 마서진(馬瑞辰, 1782-1853)의 《모시전전통석(毛詩傳箋通釋)》〈모시고훈전명의고(毛詩詁訓傳名義考)〉에 다음과 같은 내용이 있다.

> 모공이 전한 《시》는 고문이 많았는데, 그가 《시》를 해석하는 데 있어 사실상 고·훈·전 세 가지 체를 겸하였기 때문에, 그 책을 《고훈전》이라 이름 지었다.
> 毛公傳《詩》多古文, 其釋《詩》[23]實兼詁、訓、傳三體, 故名其書爲《故訓傳》.

이른바 '모공'은, 《한서》〈유림전〉과 《수서》〈경적지〉에서는 조(趙)나라 사람 모장(毛萇)이라고 하였다. 그러나 정현(鄭玄, 127-200)의 《시보(詩譜)》와 육기(陸璣)의 《모시초목충어소(毛詩草木蟲魚疏)》에서는 모두 《시》를 전수한 사람이 모형(毛亨, ?-?)이라고 하였다.

23 詩 : 저본에는 없는데, 《모시전전통석(毛詩傳箋通釋)》(中華書局, 2004, 5쪽)에 근거하여 보충하였다.

왕국유(王國維, 1877-1927)는 다음과 같이 말하였다.

> 아마도 고훈은 대모공 모형(毛亨)이 지은 것이고, 전은 소모공 모장(毛萇)이 증익한 것일 것이다. 한나라 초의 《시》가에서는 고(故)와 전(傳)이 모두 따로 통행되었다.
>
> 蓋故訓者, 大毛公所作, 而傳則小毛公所增益也. 漢初《詩》家故與傳皆別行.

이에 대한 설명이 《관당별집(觀堂別集)》 권1에 상세하다.

마서진은 고(詁)·훈(訓)·전(傳)을 세 가지 체로 보았다. 자의(字義)로 보면 그 차이를 구별할 수는 있지만, 고서 주석의 실제 사례로 보면 《춘추》 삼전(三傳)과 《모시고훈전》이 모두 '전(傳)'이라는 이름을 지니고 있다. 그러나 내용을 따져 보면, 《춘추》 삼전은 역사적 사건을 중점적으로 설명하여 고훈(詁訓)과는 다르며, 《모시고훈전》은 주로 고어(古語)를 중점적으로 설명하여 사실상 훈고와 같다.

장태염(章太炎, 1869-1936)은 《국고논형(國故論衡)》 〈명해고 상(明解故上)〉에서 다음과 같이 말하였다.

> 선인들이 '고(故)'라고 말한 것은 '고사(故事)'와 '고훈(故訓)' 두 가지를 겸한 것이다. 《서경》 〈태서〉에 '고(故)'가 있는 것은 《춘추》에 '전'이 있는 것과 같다.
>
> 先民言故, 兼故事與故訓二者. 《太誓》有故, 猶《春秋》有傳.
>
> '고사(故事)'라고 한 것들은 '전'이라고 말해도 통한다.
>
> 諸故事, 亦通言傳.

방석추(龐石帚, 1895-1964)는 《국고논형소증(國故論衡疏證)》에서 다음과 같이 말하였다.

> '고(故)'·'전(傳)'이라는 명칭은 또한 서로 통용할 수 있다. 사실을 증명하는 것도 '고(故)'라고 하였으니, 〈태서고〉와 같은 유가 여기에 해당한다. 글에 소를 짓는 것도 '전'이라고 하였으니, 《주역》〈단전〉·《주역》〈상전〉·《모시고훈전》과 같은 유가 여기에 해당한다.
> 故傳之名, 亦得相通. 徵事者亦謂之故, 《泰誓故》之類是也. 疏文者亦謂之傳, 《彖傳》、《象傳》、《詩故訓傳》之屬是也.

주대박(周大璞, 1909-1993)은 《훈고학요략(訓詁學要略)》에서 "이 말이 더욱 명확하다."라고 하였다.

이를 근거로 《모시고훈전》의 고훈(詁訓) 뒤에 다시 또 전(傳)을 붙이는 것은, 전(傳) 뒤에 전(箋)을 붙이고 주(注) 뒤에 소(疏)를 붙이는 것과 같음을 알 수 있다. 같은 이치로 전(傳) 뒤에도 훈고(訓詁)를 붙일 수 있다.

'훈고(訓詁)'는 바로 주석이다. 경을 해석한다는 의미로 사용하면 동사이며, 한 글자씩 '고(故)', '훈(訓)'으로도 부를 수 있다. 고훈(故訓)으로 된 것은 단지 《모시》뿐이다. 이 말은 '고대의 교훈'이라는 뜻으로, 명사이다.

제패용(齊佩瑢, 1911-1961)은 《훈고학개론(訓詁學概論)》에서 지적하기를, 훈고(訓詁)와 고훈(故訓)은 '같은 말로 혼동하여 그 함의와 출처를 견강부회해서는 안 된다'고 하였다. 《훈고학개론》에서는 그 예증으로 《서경》〈상서(商書) 열명(說命)〉의 다음과 같은 문장을 인용하였다.

> 왕이 박학다식한 인재를 구하는 의의는 오직 사업을 확립하기 위해서이니, 고훈을 배워야만 비로소 수확이 있습니다. 사업에 있어 옛것을 본

받지 않고서 천하를 오래 다스린다는 말은 저 부열(傅說)이 들어 본 적이 없습니다.

王人求多聞, 時惟建事, 學于古訓乃有獲; 事不師古, 以克永世, 匪說攸聞.

또 다른 예증으로《시경》〈대아(大雅) 증민(烝民)〉의 다음과 같은 문장을 인용하였다.

중산보의 덕은 유순하고 훌륭한 것을 본받았다. 예의며 풍채가 훌륭하고 마음가짐을 매우 조심스럽게 하여, 고훈을 본받았고 위의에 힘썼도다.

仲山甫之德, 柔嘉維則, 令儀令色, 小心翼翼, 古訓是式, 威儀是力.

그리고 모전(毛傳)의 "'고(古)'는 '고(故)'이다. '훈'은 '도'이다.〔古, 故. 訓, 道.〕"라는 문장과 정현 전(箋)의 "'고훈'은 선왕이 남긴 법이다.〔古訓, 先王之遺典也.〕"라는 문장을 인용하여,《모시》의 '고훈'을 '훈고'로 해석하면 안 된다는 것을 증명하였다.

'훈고'는 가장 보편적으로 사용된 전문용어이다. 서명을 지을 때 '훈고'로 지은 것이 있으며 수많은 이칭(異稱)도 있지만, 주석학에 있어서는 통틀어 '훈고'라고 부른다.

7 전箋

《설문해자》에 "'전(箋)'은 글에 표시하고 기록하는 것이다.〔箋, 表識書也.〕"라고 하였다.

근대 사람 황계강(黃季剛 황간(黃侃)) 선생은 평생에 걸쳐 수십에서 백 종에 이르는 고적을 비교(批校)[24]하였으며, 대서본(大徐本) 《설문해자》에 기록해 둔 말도 수십만 자나 된다. 현대 사람 황작(黃焯, 1902-1984)은 《설문전지사종(說文箋識四種)》을 편차했는데, 바로 황간(黃侃)이 '전지(箋識)'를 달았던 것이다.

'전지'는 바로 '비주(批注)'이고, 해당 서적 윗부분에 '비주'를 단 것을 '지(識)'라 하니, 이 또한 '전주(箋注)'이자 '전석(箋釋)'이다.

'전(箋)'을 '주(注)'라고 한 것은 정현(鄭玄)으로부터 비롯되었다. 《사고전서총목제요(四庫全書總目提要)》에 다음과 같은 내용이 있다.

> 정현은 모전의 의미를 밝힌다는 의미에서 스스로 '전(箋)'이라고 이름 지었다. 장화(張華, 232-300)의 《박물지》에 이르기를 "모공이 북해 군수였기 때문에 정현이 그 군민으로서 그를 공경한 것이다." 하였다.
>
> 장화의 말로 미루어 보면, 아마도 "공부(公府)에게 기(記)를, 군장(郡將)에게 전(箋)을 사용한다."[25]라는 의미의 '전(箋)'으로 본 것 같다. 그러나 정현은 한나라 말에 태어났으니, 400년 전의 태수에게 공경을 표시했다는 말은 전혀 취할 것이 없다.
>
> 살펴보면, 《설문해자》에 이르기를 "전(箋)은 글에 표시하고 기록하는 것이다.〔箋, 表識書也.〕" 하였고, 정현의 〈육예론〉에 이르기를 "《모시》에 주석을 달 때, 주로 모전의 설을 종주로 삼았다. 모전의 뜻이 만약 불분명하거나 소략할 경우 다시 밝혀냈으며, 다른 점이 있는 경

24 비교(批校) : 비점(批點)이나 비평(批評)을 가하고 교감하는 것을 말한다.

25 공부(公府)에게……사용한다 : '공부'는 삼공(三公)의 부(府)로 삼공을 가리키고, '군장'은 한나라 때 군수의 별칭이다. 《문체명변(文體明辨)》 〈서설(序說) 전류(箋類)〉에 다음과 같은 내용이 있다. "예로부터 군신 간에는 구분 없이 글이 똑같았으나, 동한 때 최초로 전(箋)과 기(記)를 사용했다. 공부, 즉 삼공에게는 기(記)로, 군장(郡將), 즉 군수에게는 전(箋)으로 상주했다.〔古來君臣同書, 至東漢始用箋記, 公府奏記, 郡將奏箋.〕"

우에는 나의 의견을 내어 구분할 수 있도록 하였다."[26] 하였다.

그렇다면 정현은 단지 모전을 따라 그 옆에 표시하고 기록한 것뿐이니, 지금 사람들의 쪽지와 같다. 이러한 단편적인 기록들이 모여 성서(成書)되었기 때문에 '전'이라고 한 것이니, 달리 왜곡하여 말하면 안 된다.

鄭氏發明毛義, 自命曰箋.《博物志》曰:"毛公嘗[27]爲北海郡守, 康成是此郡人, 故以爲敬." 推張華所言, 蓋以爲公府用記, 郡將用箋之意. 然康成生於漢末, 乃修敬於四百年前之太守, 殊無所取. 案:《說文》曰:"箋, 表識書也." 鄭氏《六藝論》云:"注詩宗毛爲主, 毛義若隱略, 則更表明, 如有不同, 卽下己意, 使可識別." 然則康成特因毛傳而表識其傍, 如今人之簽記, 積而成帙, 故謂之箋, 無容別曲說也.

한(漢)에서 송(宋)에 이르기까지 책 이름을 '전(箋)'으로 지은 사례는 보이지 않는다.

명·청대에는 매우 많은데, 예를 들면 다음과 같다.

청나라 진법(陳法, ?-?)[28]의 《역전(易箋)》

명나라 이성옥(李成玉)의 《초사전주(楚辭箋注)》

청나라 하관(賀寬)의 《이소전석(離騷箋釋)》

청나라 공경한(龔景翰)의 《이소전(離騷箋)》

청나라 정안(丁晏, 1794-1875)의 《천문전(天問箋)》

현대 사람이 서명을 '전(箋)'으로 지은 것으로는 다음과 같은 것들이 있다.

26 원주 : 살펴보건대 이 〈육예론〉은 일실되었기 때문에, 이 말은 《모시정의(毛詩正義)》에서 인용한 것을 따랐다.

27 嘗 : 저본에는 '堂'으로 되어 있는데, 《박물지》에 근거하여 바로잡았다.

28 진법(陳法) : 저본에는 '陳德'으로 되어 있는데, 《중국경학가사전》(최석기, 경인문화사, 2002, 225쪽)에 근거하여 바로잡았다.

유영제(劉永濟, 1887-1966)의 《초사통전(楚辭通箋)》

고형(高亨, 1900-1986)의 《제자신전(諸子新箋)》

또 '장전(長箋)'이나 '회전(會箋)'과 같은 유가 있는데, 예를 들면 다음과 같다.

명나라 조환광(趙宧光, 1559-1625)의 《설문장전(說文長箋)》

청나라 주학령(朱鶴齡, 1606-1683)의 《우공장전(禹貢長箋)》

청나라 서문정(徐文靖, 1667-1756)의 《우공회전(禹貢會箋)》

8 전詮

《설문해자》에 "'전'은 갖추는 것이다.〔詮, 具也.〕"라고 하였고, 계복(桂馥, 1736-1805)의 의증(義證)에서는 "사리를 갖추어 설명하는 것을 말한다.〔謂具說事理.〕"라고 하였으니, 바로 '설명하고 해석한다'는 뜻이다.

《회남자(淮南子)》에 〈전언편(詮言篇)〉[29]이 있다. 또 〈요략편(要略篇)〉에 다음과 같은 내용이 있다.

> '전언'이란 처세의 지침을 비유적으로 말하고 치란의 근본을 풀이한 것으로, 은미한 말의 미묘한 내용을 가려 뽑아 지극한 이치가 담긴 글로 풀이하고 과실로 인한 결점을 보충하는 것이다.
>
> 詮言者, 所以譬類人事之指, 解喩治亂之體也, 差擇微言之眇, 詮以至理之文, 而補縫過失之缺者也.

29 전언편(詮言篇) : 허신(許愼)이 《회남자》를 주석한 《회남홍렬해(淮南鴻烈解)》에서는 '전언훈(詮言訓)'으로 되어 있으며, 다음과 같은 주석이 있다. "전(詮)은 나아가다는 뜻이다. 만물의 요지로 나아가 일이 징험되는 곳을 말하였으니, 도가 의거하고 있는 곳을 말한다.〔詮, 就也. 就萬物之指以言其徵事之所, 謂道之所依也.〕"

《회남자》의 '전(詮)'은 주석가들이 사용하는 '전(詮)'과는 다르다. 《일체경음의》에서는 《통속문(通俗文)》을 인용하여 "말을 풀이하는 것을 '전'이라고 한다.〔釋言曰詮.〕"라고 하였다.

서명을 '전(詮)'으로 지은 것은 책 속의 사리(事理)를 설명한다는 뜻이다. 예컨대, 원대(元代)의 조방(趙汸, 1319-1369)은 《주역문전(周易文詮)》 4권을 지었는데 '송유(宋儒)에 근원을 두고 의리를 자세하게 풀이하여 진퇴·존망의 이유와 길흉·회린의 이치에 대해 매우 분명하게 궁구하여 밝혔다.〔原本宋儒詮釋義理, 於進退存亡之故, 吉凶悔吝之理, 推闡頗明.〕'[30]

'전(詮)'을 서명에 사용한 예로는 다음과 같은 것이 있다.

명나라 등백고(鄧伯羔, ?-?)의 《금역전(今易詮)》 24권

현대 사람 여중요(余重耀, 1876-1954)의 《소지시전(騷旨詩詮)》

9 정訂

《설문해자》에 "'정(訂)'은 평의하는 것이다.〔訂, 平議也.〕"라고 하였다. '평의(平議)'는 '평의(評議)'로 잘잘못을 평의하는 것이며, 오류를 수정하는 것도 '정(訂)'이라고 한다.

송나라의 왕여지(王與之, ?-?)는 《주례정의(周禮訂義)》 80권을 지었는데, 채택한 구설(舊說)이 총 51가(家)이다. 그의 설은 의리를 근본으로 삼고 전장제도를 말단으로 생각하여 당대(唐代) 이전의 구설은 6가(家)만 채택하였으니, 전통적인 해석은 부기해 두었을 뿐이다.

명나라의 사유보(史維堡, ?-?)는 《상서만정(尙書晩訂)》 12권을 지었다. '이 책은 본래 이름이 《상서집람》이었는데, 후에 《상서만정》으로 고쳤다.

30 원주 : 《사고전서간명목록(四庫全書簡明目錄)》

이것은 만년에 논정했다는 뜻[31]을 취한 것이다.〔是書本名《尙書集覽》, 後更名《晩訂》, 蓋取晩年論定之[32]意也.〕'[33]

원나라의 호일중(胡一中, ?-?)은 《정정홍범(定正洪範)》 2권을 지었는데, '정정(定正)'은 바로 '정정(訂正)'의 뜻이다.

'정(訂)'을 서명에 사용한 예로는 다음과 같은 것이 있다.

명나라 조남성(趙南星, 1550-1627)의 《이소경정주(離騷經訂注)》

청나라 왕방채(王邦采, ?-?)의 《이소휘정(離騷彙訂)》

허청기(許淸奇, ?-?)의 《초사정주(楚辭訂注)》

10 교校

'교(校)'는 '고핵(考核)하다'는 뜻이 있다. 《순자》〈군도(君道)〉에 "지혜와 사려 및 취사 여부는 성과를 가지고 살펴보며, 오랫동안 노력한 것은 공적을 가지고 검증한다.〔知慮取舍, 稽之以成, 日月積久, 校之以功.〕"라고 하였다.

'교' 자를, 전적을 다루는 분야에 적용해 보면, '교정(校訂)'·'교수(校讎)'·'교감(校勘)'이라는 어휘가 된다. 《국어》〈노어 하(魯語下)〉에 "옛날 정고보가 상대의 명송 12편을 주나라 태사에게서 교정받았다.〔昔正考父校商之名頌十二篇於周太師.〕"라고 하였다.

31 만년에 논정했다는 뜻 : 왕수인(王守仁, 1472-1529)이 《주자만년정론(朱子晩年定論)》을 지은 데에서 따온 것으로 보인다. 이 책은 왕수인이 주희의 유문(遺文) 가운데 34조를 집록하여 주희가 만년에 사상적으로 심학(心學)에 경도되었음을 증명하려는 목적으로 지어졌다.

32 之 : 저본에는 없는데, 《사고전서총목제요(四庫全書總目提要)》에 근거하여 보충하였다.

33 원주 : 《사고전서총목제요》

어떤 경우에는 학술을 분별하여 밝히고 그 원류를 고찰하며, 또 어떤 경우에는 문자를 대교하여 탈오(脫誤)를 바로잡는 것이다. 여러 서적들을 모아 서로 고핵하고 서적의 동이를 따지고 오류를 바로잡아 고서 원본의 진면목을 찾는 것이 바로 '교정(校定)'·'교정(校訂)'·'교수(校讎)'·'교감(校勘)'이다.

교감학은 훈고와 주석의 첫걸음으로, 중요하고도 매우 힘든 작업이다. 《안씨가훈(顔氏家訓)》〈면학(勉學)〉에서는 "서적을 교정하는 게 어찌 쉬운 일이겠는가.〔校定書籍, 亦何容易?〕"라고 하였다.

또 '교주(校注)'·'교전(校詮)' 등과 같은 여러 명칭이 있다. 원대(元代) 오사도(吳師道, 1283-1344)의 《전국책교주(戰國策校注)》 10권에 다음과 같은 내용이 있다.

> 요굉(姚宏, ?-?)의 《전국책주(戰國策注)》를 취하여 포표(鮑彪, ?-?)의 주와 참교(參校)하고 여러 서적들을 다양하게 인용하여 고증하였다. 이 책의 편차와 주석문은 하나같이 포표의 원형을 그대로 따랐는데, 빠진 부분을 증보한 것을 '보(補)'라 하고 잘못된 부분을 바로잡은 것은 '정(正)'이라 하였다.
>
> 取姚宏《戰國策注》, 與鮑彪注參校, 而雜引諸書考證之. 其篇第注文, 一仍鮑氏之舊, 惟增其所遺者, 謂之補; 糾所失者, 謂之正.[34]

11 증證

'증(證)'은 '증험(證驗)'의 '증'이며 '빙증(憑證)'의 '증'이다.

《설문해자》에 "'증'은 고하는 것이다.〔證, 告也.〕"라고 하였으니, 다른 사

34 원주 : 《사고전서간명목록(四庫全書簡明目錄)》

람에게 사실과 이치를 알려 주어 믿음이 가고 증거가 있는 것이 바로 '증'이다. 그래서 《옥편(玉篇)》에 이르기를 "'증'은 증험하는 것이다.〔證, 驗也.〕"라고 한 것이다. 결론을 도출하는 데 도움이 되는 사물을 모두 '증'이라고 한다.

옛사람이 책에 주석을 달았던 의의는 소통하고 증명하는 데 있었으므로 주석의 이름을 '증'으로 지은 사례 또한 많다.

예컨대, 청나라의 황중송(黃中松, ?-?)은 《시의변증(詩疑辨證)》을 지었는데 '명물에 대한 고정을 위주로 하여 여러 학설들의 시비를 판정하였기 때문에 책 이름을 「변증」으로 지었다.〔主於考訂名物, 以決衆說之是非, 故以辨證爲名.〕'[35]

송나라의 김이상(金履祥, 1232-1303)은 《논어집주고증(論語集注考證)》·《맹자집주고증(孟子集注考證)》을 지었는데, 구주(舊注)에서 확정하지 않았던 설들에 대해 변정(辨訂)하여 통일된 결론으로 귀결시켰으며, 사적(事迹)·전고(典故)에 대해 고증한 것이 더욱 많았다.

《수서(隨書)》〈경적지(經籍志)〉에는 유방(劉芳, 453-513)의 《모시전음증(毛詩箋音證)》·《예기의증(禮記義證)》과 저자 미상의 《춘추변증(春秋辨證)》이 저록되어 있다.

'증(證)'·'변증(辨證)'·'고증(考證)'이라는 명칭은 전주(傳注)가 점차 많아짐에 따라 이설들이 분분했을 때 나타났기 때문에, 《수서》〈경적지〉 이전에는 책 이름을 '증'으로 지은 사례가 보이지 않는다.

'증(證)'을 서명에 사용한 예로는 다음과 같은 것이 있다.

송나라 주희(朱熹, 1130-1200)의 《초사변증(楚辭辨證)》

청나라 축덕린(祝德麟, 1742-1798)의 《오인걸이소초목소변증(吳人傑離騷草木疏辨證)》

청나라 왕염손(王念孫, 1744-1832)의 《광아소증(廣雅疏證)》

35 원주 : 《사고전서간명목록》

근대 사람 문일다(聞一多, 1899-1946)의 《천문소증(天問疏證)》

현대 사람 우성오(于省吾, 1896-1984)의 《제자신증(諸子新證)》

12 고考

원류를 고찰하고 학술을 분변하여 밝히며, 증거를 인용하여 시비를 결단하는 것이 '고(考)'이다. 간혹 '증(證)'·'변(辨)'·'정(訂)'과 연결하여 '고증(考證)'·'고변(考辨)'·'고정(考訂)'이라고도 한다.

《설문해자》를 살펴보면 "'고'는 늙었다는 뜻이다.〔考, 老也.〕"라고 하였으니, 본래 고령을 의미하는 글자이다. '고(考)'는 또 '교(校)'로 풀이되며 '찰(察)', '구(究)'로 풀이하는데, 어의(語義)의 근원은 자세하지 않다.

《설문통훈정성(說文通訓定聲)》에서는 '고(考)'가 '핵(覈)'과 통하므로 '교(校)'로 해석하고, '고(攷)'나 '각(榷)'과 통하므로 '격(擊)'으로 풀이한다고 하였다.[36]

후자의 설이 믿을 만한 것 같은데, '고'에는 '격'이라는 뜻이 있으므로 여러 차례 인신되어 퇴고(推敲)·고찰(考察)·고핵(考核)·추구(推求)라는 뜻이 되었다.

책 이름을 '고(考)'로 붙인 사례는 많다.

《역》 부문

원나라 초한중(肖漢中, ?-?)의 《독역고원(讀易考源)》

명나라 동수유(董守諭[37], ?-?)의 《괘변고략(卦變[38]考略)》

36 설문통훈정성(說文通訓定聲)에서는……하였다 : 《설문통훈정성》 〈부부(孚部)〉의 '고(考)' 자 조에 보인다.

37 諭 : 저본에는 '瑜'로 되어 있는데, 인명(人名)의 오기(誤記)이므로 바로잡았다.

38 卦變 : 저본에는 '變卦'로 되어 있는데, 서명(書名)의 오기이므로 바로잡았다.

《서》 부문

원나라 황진성(黃鎭成, 1288-1362)의 《상서통고(尙書通考)》

명나라 매작(梅鷟, ?-?)의 《상서고이(尙書考異)》

명나라 진태교(陳泰交, ?-?)의 《상서주고(尙書注考)》

《시》 부문

송나라 왕응린(王應麟, 1223-1296)의 《시고(詩考)》

《예》 부문

청나라 임계운(任啓運, 1670-1744)의 《궁실고(宮室考)》

청나라 서건학(徐乾學, 1631-1694)의 《독례통고(讀禮通考)》

《초사》 부문

청나라 정지동(鄭知同, 1831-1890)의 《초사고변(楚辭考辨)》

청나라 유월(俞樾, 1821-1907)의 《초사인명고(楚辭人名考)》

근대 사람 유사배(劉師培, 1884-1919)의 《초사고이(楚辭考異)》

고변(考辨)을 한 저작들은 명·청대 말기에 매우 많은데, 이는 학술이 깊은 수준으로 진입했다는 것을 나타내는 한 예이다.

예컨대, 황종희(黃宗羲, 1610-1695)의 《심의고(深衣考)》는 '앞에 자신의 설을 나열하고, 뒤에 《예기》 〈심의〉의 경문을 붙였으며, 아울러 주희(朱熹, 1130-1200)·오징(吳澄, 1249-1333)·주우(朱右, 1314-1376)·황윤옥(黃潤玉, 1389-1477)·왕정상(王廷相, 1474-1544) 등 5가의 도설을 나열하고 각각 그 오류를 지적하였다. 그의 설은 모두 자신이 새로운 의견을 낸 것이며 전인의 학설을 위주로 하지 않았다.〔前列己說, 後附《深衣》經文, 并列朱子、吳澄、朱右、黃潤玉、王廷相五家圖說, 而各摘其謬. 其說皆自生新義, 不主前人.〕'[39]

그 후에 강영(江永, 1681-1762)이 또 '심의 제도는 여러 설들이 분분했기

39 심의고(深衣考)는……않았다 : 《사고전서간명목록》 〈경부(經部) 예류(禮類)〉

때문에, 마침내 《예기》 〈옥조〉의 글을 근거로 제가의 오류를 고증하여〔以深衣之制, 衆說糾紛, 乃據《玉藻》之文, 以考證諸家之誤.〕'[40] 《심의고오(深衣考誤)》를 지었다.

청유(淸儒)의 과다한 고증은 자질구레한 데로 흐르는 것을 면치 못했기 때문에, 학술의 혁신과 발전에 있어서는 큰 의미가 없다.

13 술述

《설문해자》에 "'술'은 따르는 것이다.〔述, 循也.〕"라고 하였다. 《예기》 〈중용〉에 "아버지가 대업을 시작하고 자식이 그 유업을 계승하였다.〔父作之, 子述之.〕"라고 하였으니, 이는 그 본의를 사용한 것이다. 《논어》 〈술이〉에 "선생님께서 말씀하셨다. '나는 전술만 하고 창작은 하지 않으며 옛것을 믿고 좋아한다.'〔子曰 : '述而不作, 信而好古.'〕"라고 하였다. 이는 곧 고인(古人)의 말을 조술(祖述)하고 자기는 저작한 것이 없다는 뜻이다. 그러므로 주석에 있어 서명을 '술(述)'로 지은 것은 대부분 '조술하다'는 뜻이 있다.

명나라 오계삼(吳桂森, ?-?)은 《주역상술(周易象述)》을 지었는데, 이 책은 그의 스승 전일본(錢一本, 1539-1610)의 《상상관견(像象管見)》을 계승하여 지은 것이므로 '술'이라 이름 지은 것이다.

청나라 왕인지(王引之, 1766-1834)는 《경의술문(經義述聞)》을 지었는데, 이는 그의 아버지 왕염손(王念孫, 1744-1832)의 학설을 근본으로 삼아 그 뜻을 미루어 밝힌 것이다.

대체로 '술'로 이름 지은 서적들은 모두 내용상 근본을 둔 데가 있다.

청나라 혜동(惠棟, 1697-1758)의 《주역술(周易述)》은 순상(荀爽, 128-

40 심의 제도는……고증하여 : 《사고전서간명목록》 〈경부 예류〉

190)·우번(虞翻, 164-233)의 설을 위주로 하고, 정현(鄭玄, 127-200)·송함(宋咸, ?-?)·간보(干寶, 283-351) 등 제가의 학설을 참조하여 독자적으로 주소(注疏)를 지은 것이다.

'술'은 주(注)와 연결하여 말하면 '술주(述注)'가 된다.

청대의 이광파(李光坡, 1651-1723)는 《주례술주(周禮述注)》·《의례술주(儀禮述注)》·《예기술주(禮記述注)》를 지었는데, 모두 주소(注疏)를 산절(刪節)하고 거기에서 중요한 부분들을 모아 자신의 의견을 넣고 상호 간에 의미를 규명하여 지은 것이다.

이광파의 술주는 특정 학자의 설만을 종주로 삼지 않았으므로, 문호에 얽매이는 사심을 크게 배제할 수 있었다.

'사설(師說)'로 이름 지은 주석은 특정 학자의 설만 종주로 삼은 것으로, 《경의술문》 같은 유의 저작과 같다.

원(元)나라 조방(趙汸, 1319-1369)의 《춘추사설(春秋師說)》은 자신의 스승 황택(黃澤, 1260-1346)의 설을 근본으로 삼아 추론하고 연역한 것이기 때문에, '사설'이라 이름 붙인 것이다.

14 미微

《설문해자》에 "'미'는 은미한 행동이다.〔微, 隱行也.〕"라고 하였다. 음덕(陰德)과 같은 뜻이기 때문에 감추어 두는 것을 '미'라 하고, 어둡고 깊어 밝지 않은 것도 '미'라 한다.

'미'는 또 작다는 뜻이 있다. 《맹자》 〈공손추 상〉에 "안회(顔回)는 성인의 몸체는 갖추었으나 미약하였다.〔則具體而微.〕"라고 하였으니, 여기서 '미'는 작다는 뜻으로 해석한다.

미묘(微妙)한 것, 정묘(精妙)한 것도 '미'라 한다. 《순자》 〈해폐(解蔽)〉

에 "'미'라 할 수 없다.〔未可謂微也.〕"라고 하였는데, 그 주에 "'미'란 정묘한 것을 말한다.〔微者, 精妙之謂也.〕"라고 하였다.

서명을 '미'로 지은 것은, 대체로 주를 지은 의도가 그 책의 미언대의(微言大義)와 깊이 숨겨져 있는 정밀한 뜻을 탐구하는 데 있다는 것을 밝힌 것이다.

《한서》〈예문지(藝文志) 춘추류(春秋類)〉에는 《좌씨미(左氏微)》·《탁씨미(鐸氏微)》·《장씨미(張氏微)》·《우씨미전(虞氏微傳)》이 저록되어 있는데, 안사고(顔師古)의 《좌씨미》 주에 "'미'는 그 은미한 뜻을 해석한다는 것을 말한다.〔微謂釋其微指.〕"라고 하였다.

그런데 심흠한(沈欽韓, 1775-1832)의 《한서소증(漢書疏證)》에 이르기를 "'미'는 《춘추》의 지파로 《탁씨미》와 같다. 안사고의 주석은 틀렸다.〔微者, 《春秋》之別支, 與《鐸氏微》同, 顔注非.〕"라고 하였다. 탁씨는 바로 탁초(鐸椒, ?-?)로, 초 위왕(楚威王)의 태부(太傅)이다.

유향(劉向)의 《별록(別錄)》에 다음과 같은 내용이 있다.

> 좌구명은 증신에게 전수하고, 증신은 위나라 사람 오기(吳起, 기원전 440?- 기원전 381?)에게, 오기는 자기 아들 오기(吳期)에게, 오기는 초나라 사람 탁초(鐸椒)에게 전수하였는데, 탁초는 《초록》 8권을 지어 조나라 사람 우경(虞卿)에게 전수하였다. 우경은 《초촬》 9권을 지어 같은 군에 사는 순경(荀卿, 기원전 313?-기원전 238)에게 전수하였다.
> 左丘明授曾申, 申授衛人[41]吳起, 起授其子期, 期授楚人鐸椒, 鐸[42]椒作《鈔[43]錄》八卷, 授趙人[44]虞卿, 虞卿作《鈔[45]撮》九卷, 授同郡[46]荀卿.

41 衛人 : 저본에는 없는데, 《칠략별록일문(七略別錄佚文)》(鄧駿捷 校補, 上海古籍出版社, 2008)에 근거하여 보충하였다.

42 鐸 : 저본에는 없는데, 위 자료에 근거하여 보충하였다.

43 鈔 : 저본에는 '抄'로 되어 있는데, 위 자료에 근거하여 바로잡았다.

44 趙人 : 저본에는 없는데, 위 자료에 근거하여 보충하였다.

여기에서 '초촬'은 바로 초본(抄本)이다. 좌씨학(左氏學)은 탁씨(鐸氏)를 적파(嫡派)로 하고 있으며 우씨(虞氏)[47]도 좌씨학을 전문적으로 연구하였다. 《춘추좌씨전》은 본래 사전(史傳)으로 결코 《춘추》를 주석한 저작이 아니다. 비록 이름은 '전(傳)'이라 하였지만 《모시고훈전(毛詩故訓傳)》의 '전(傳)'과는 다른 것이다. 심흠한이 안사고의 주가 틀렸다고 한 말은 따라도 좋을 것 같다.

후대에 주석서의 이름을 '미'로 지은 것은 매우 많다. 당(唐)나라의 육순(陸淳, ?-806?)은 《춘추미지(春秋微旨)》 3권을 지었는데 '이 책에서는 먼저 삼전(三傳)의 차이를 열거하고, 담조(啖助, 724-770)·조광(趙匡, ?-?)의 설을 참고하여 그 시비를 판단하였다.〔是書先列三傳異同, 參以啖、趙之說, 斷其是非.〕'[48]

송대의 손복(孫復, 992-1057)은 《춘추존왕발미(春秋尊王發微)》 12권을 지었는데, 그의 설은 은연중에 《공양전》과 《곡량전》을 위주로 했다. 이른바 '미지(微旨)' 또는 '발미(發微)'라는 것은 정미한 의리를 밝힌다는 뜻이다.

'미'는 '은미한 뜻〔微旨〕'으로, 명사이다. 이 앞에 동사를 붙인 것으로는 다음과 같은 명칭이 있다.[49]

주석 명칭	명칭의 해석	사 례	
		서 명	저 자
발미(發微)	은미한 뜻을 드러내다.	《춘추존왕발미(春秋尊王發微)》	손복(孫復)
천미(闡微)	은미한 뜻을 천명하다.	《춘추천미(春秋闡微)》	조광(趙匡)

45 鈔 : 저본에는 '抄'로 되어 있는데, 《칠략별록일문》에 근거하여 바로잡았다.

46 同郡 : 저본에는 없는데, 위 자료에 근거하여 보충하였다.

47 원주 : 조(趙)나라의 상(相)이다.

48 이 책에서는……판단하였다 : 《사고전서간명목록》 〈경부(經部) 춘추류(春秋類)〉

49 다음과……있다 : 이 다음에 나오는 표는 저본에 없다. 저본에서는 서명이나 인명 등을 문장으로 나열하여 지리(支離)하기에, 여기에서는 가독성을 위해 원문 번역을 표로 대신한다. 또한 저본에는 서명만 있고 인명이 없는 경우도 있음을 밝혀 둔다.

주석 명칭	명칭의 해석	사 례	
		서 명	저 자
현미(顯微)	은미한 뜻을 나타내다.	《춘추현미예국(春秋顯微例國)》[50]	
명미(明微)	은미한 뜻을 밝히다.	《춘추명미(春秋明微)》	오희철(吳希哲)
현미(見微)	은미한 뜻을 드러내 보이다.	《춘추현미(春秋見微)》	범유중(范柔中)
표미(表微)	은미한 뜻을 표명하다.	《독기표미(讀機表微)》	정돈(程敦)
해미(解微)	은미한 뜻을 풀이하다.	《주역해미(周易解微)》	서기(徐畸)
석미(析微)	은미한 뜻을 분석하다.	《육관석미론(六官析微論)》	오원(吳源)
탐미(探微)	은미한 뜻을 탐구하다.	《춘추탐미(春秋探微)》	마변(馬駢)
술미(述微)	은미한 뜻을 밝히다.	《중용술미(中庸述微)》	만사겸(萬思謙)
궁미(窮微)	은미한 뜻을 궁구하다.	《주역궁미론(周易窮微論)》	왕필(王弼)
참미(參微)	은미한 뜻을 살펴보다.	《주역참미론(周易參微論)》	진중현(陳仲賢)
지미(指微)	은미한 뜻을 지적하다.	《춘추지미(春秋指微)》	노유개(魯有開)

또 '미언(微言)'·'정미(精微)'·'고미(古微)'라는 명칭도 있다. '미'의 뜻은 '은(隱)'이므로 서명에 들어가는 '은'은 '미'로 풀이할 수 있다. 그러므로 발미(發微), 탐미(探微)와 가까운 것으로는 '은(隱)'[51]·'은의(隱義)'[52]·'표은(表隱)'[53]·'발은(發隱)'[54]·'색은(索隱)'[55]과 같은 유가 있는데, 역시 깊은 뜻을 탐구하고 은미한 뜻을 밝힌다는 뜻이다.

50 춘추현미예국(春秋顯微例國) : 《주석학개론》에 대한 서지사항을 기존의 서목에서 확인하지 못했는데, 남송 때 정형(程逈, ?-?)의 《춘추현미예목(春秋顯微例目)》으로 추정된다.

51 원주 : 곽상(郭象, 252?-312)의 《논어은(論語隱)》이 있다.

52 원주 : 하윤(何胤, 446-531)의 《모시은의(毛詩隱義)》가 있다.

53 원주 : 진통(陳統, ?-?)의 《모시표은(毛詩表隱)》이 있다.

54 원주 : 진양헌(陳良猷, ?-?)의 《주역발은(周易發隱)》이 있다.

55 원주 : 사마정(司馬貞, ?-?)의 《사기색은(史記索隱)》이 있다.

15 의義

《설문해자》에서 '의(義)'를 '자신의 위의〔己之威儀〕'로 풀이하였다. 의리라는 뜻으로 사용되는 '의(義)' 자는 '의(誼)'의 가차자이다. 《순자》〈대략(大略)〉에는 "'의'는 이치이다.〔義, 理也.〕"라고 하였다. 《여씨춘추》〈고의(高義)〉에는 "공상과가 묵자의 의를 말하였다.〔公上過語墨子之義.〕"라고 하였는데, 그 주에 "'의'는 '도'이다.〔義, 道也.〕"라고 하였으니, '의'는 도리(道理)이다. 따라서 경(經)과 기타 저작의 뜻도 '의'라고 칭한다.

이른바 "《시》에는 육의가 있다.〔《詩》有六義.〕"라고 한 것은, 다시 말하면 시의 의미에 여섯 가지가 있다는 말이다. 공안국(孔安國)의 〈고문상서서(古文尚書序)〉에 "문의를 고증하였다.〔考證文義.〕"라고 하였으니, 즉 《상서》 본문의 의미를 고증한 것이다.

《문체명변(文體明辯)》〈의(義)〉에 다음과 같은 말이 있다.

> 자서에서 "'의(義)'란 '이(理)'이다."라고 하였다. '이'를 근본으로 삼아 소통시키는 것도 '의'라고 한다. 예컨대 《예기》에 실려 있는 〈관의〉·〈제의〉·〈사의〉 등 여러 편들이 이것이다.
> 字書云："義者理也." 本其理而疏之，亦謂之義. 若《禮記》所載《冠義》、《祭義》、《射義》諸篇是已.

> 그 문체에는 두 가지가 있다. 하나는 옛날 《예기》〈관의〉와 같은 유이고, 다른 하나는 오늘날 경(經)의 의미를 밝히는 말과 같은 것이다.
> 其體有二：一則如古《冠義》之類，一則如今明經之詞.

주석서나 훈고서에서 사용하는 '의'의 경우, 하나는 주석 대상이 되는 책에 내포된 함의·의미라는 뜻이며, 다른 하나는 주석의 의미를 탐구한다는 뜻이니, 또한 '의주(義注)'·'의소(義疏)'·'주소(注疏)'이다.

서명을 '의'로 지은 예는 매우 많다. 예를 들면 다음과 같다.

위(魏)나라 유번(劉璠, ?-?)의 《모시의(毛詩義)》

진(晉)나라 두예(杜預, 222-284)의 주와 당나라 공영달(孔穎達, 574-648)의 소로 이루어진 《춘추좌전정의(春秋左傳正義)》

저자 미상의 《춘추통의(春秋通義)》

송나라 위요옹(魏了翁, 1178-1237)의 《춘추좌전요의(春秋左傳要義)》

송나라 이명복(李明復, ?-?)의 《춘추집의(春秋集義)》

어휘의 의미가 '의(義)'이며, 의리도 '의(義)'이다. 주(注)를 달아 그 뜻을 설명하는 것이 '의(義)'에 내포된 뜻이다.

하안(何晏, 193?-249)의 〈논어집해 서(論語集解序)〉에 "근래의 고(故) 사공(司空) 진군(陳群, ?-236), 태상 왕숙(王肅, 195-256), 박사 주생렬(周生烈, ?-?)이 모두 의설을 지었다.〔近故司空陳群、太常王肅、博士周生烈皆爲義說.〕"라고 하였는데, 소에 이르기를 "'주'를 달아 그 '의리'를 설명한 것을 말한다.〔謂作注而說其義.〕" 하였다.

송나라에 이르러서는 의리학이 크게 일어나 훈고를 중시하지 않았기 때문에 왕왕 천착하고 견강부회하는 폐단이 있었다.

16 소疏

《설문해자》에 "'소'는 통하는 것이다.〔疏, 通也.〕"라고 하였다. '소'에는 또 '기(記)'라는 뜻과 '지(識)'라는 뜻이 있다. 《광아(廣雅)》〈석고(釋詁)〉에 "'소'는 기록하는 것이다.〔疏, 識也.〕"라고 하였다. 그러므로 '소'의 뜻은 소통(疏通)이며, 또한 주기(注記)이다.

선유(先儒)들이 경(經)에 주석을 단 것에는 '전(傳)'·'주(注)'·'전(箋)'·

'학(學)'·'석(釋)'·'고(詁)'라는 명칭이 있는데, 전이나 주 뒤에 다시 주석을 달아서 전주를 소통시켜 전주의 의미를 알기 쉽게 했기 때문에 '소'라고 하였다. 예컨대, 《십삼경주소》는 여기에 열기(列記)된 경서가 모두 13종이다. 다음 표와 같이 각 경마다 모두 '주(注)'도 있고 '소(疏)'[56]도 있다.[57]

서 명	주(注), 전(傳), 전(箋)	소(疏), 정의(正義)
《주역정의(周易正義)》	위(魏) 왕필(王弼)·진(晉) 한강백(韓康伯) 주(注)	당(唐) 공영달(孔穎達) 등
《상서정의(尙書正義)》	한(漢) 공안국(孔安國) 전(傳)	당 공영달 등
《모시정의(毛詩正義)》	한 모형(毛亨) 전(傳) 한 정현(鄭玄) 전(箋)	당 공영달 등
《주례주소(周禮注疏)》	한 정현	당 가공언(賈公彦)
《의례주소(儀禮注疏)》	한 정현	당 가공언
《예기정의(禮記正義)》	한 정현	당 공영달 등
《춘추좌전정의(春秋左傳正義)》	진(晉) 두예(杜預)	당 공영달 등
《춘추공양전주소(春秋公羊傳注疏)》	한(漢) 하휴(何休)	당 서언(徐彦)
《춘추곡량전주소(春秋穀梁傳注疏)》	진(晉) 범녕(范寧)	당 양사훈(楊士勛)
《논어주소(論語注疏)》	위(魏) 하안(何晏) 등	송 형병(邢昺)
《효경주소(孝經注疏)》	당(唐) 현종(玄宗)	송 형병
《이아주소(爾雅注疏)》	진(晉) 곽박(郭璞)	송 형병
《맹자주소(孟子注疏)》	한(漢) 조기(趙岐)	송 손석(孫奭)

'소'의 이칭은 매우 많다. 예컨대, 의소(義疏),[58] 의주(義注),[59] 의장(義

56 원주 : 어떤 것은 정의(正義)라고도 한다.

57 다음……있다 : 여기에 제시한 표 역시 저본에는 없다. 저본에서는 이 부분도 서명(書名)·인명(人名) 등을 지리(支離)하게 문장으로 나열한 데다가 《상서정의(尙書正義)》에 대한 서술도 틀렸다. 더구나 《모시정의》·《주례주소》에 대한 설명도 빠졌다. 그러므로 여기에서는 가독성을 위해 원문 번역을 표로 대신하고 오류를 바로잡았다.

58 의소(義疏) : 서명에 쓰인 예로 진립(陳立)의 《공양의소(公羊義疏)》가 있다.

59 의주(義注) : 서명에 쓰인 예로 조충지(祖冲之)의 《구장산술의주(九章算術義注)》가 있다.

章),[60] 의찬(義贊),[61] 의증(義證),[62] 의부(誼府),[63] 의략(義略),[64] 의초(義鈔),[65] 장소(章疏),[66] 주소(注疏),[67] 강소(講疏),[68] 강의(講義),[69] 술의(述義),[70] 정의(正義),[71] 겸의(兼義),[72] 별의(別義),[73] 대의(大義)[74]와 같은 유이다.

명칭은 조금씩 다르지만 내용은 대부분 서로 같거나 비슷하다. 주대박(周大璞, 1909-1993) 선생의 《훈고학요략(訓詁學要略)》에서 《수서》 〈경적지〉를 근거로 서명을 열거하고 매우 상세하게 해석하였으므로, 참고하는 데 도움이 될 만하다.

'주소(注疏)'라는 명칭은 본래 일정하지 않다. 예컨대 《주역정의》는 위

60 의장(義章) : 서명에 쓰인 예로 혜원(慧遠)의 《대승의장(大乘義章)》이 있다.
61 의찬(義贊) : 서명에 쓰인 예로 불공(不空)이 번역한 《총석다라니의찬(總釋陀羅尼義贊)》이 있다.
62 의증(義證) : 서명에 쓰인 예로 무억(武億)의 《삼례의증(三禮義證)》이 있다.
63 의부(誼府) : 서명에 쓰인 예로 원연명(元延明)의 《모시의부(毛詩誼府)》가 있다.
64 의략(義略) : 서명에 쓰인 예로 장원람(張遠覽)의 《춘추의략(春秋義略)》이 있다.
65 의초(義鈔) : 서명에 쓰인 예로 도선(道宣)의 《사분율습비니의초(四分律拾毗尼義鈔)》가 있다.
66 장소(章疏) : 서명에 쓰인 예로 일본 안원율사(安遠律師)가 기록한 《삼론종장소(三論宗章疏)》가 있다.
67 주소(注疏) : 서명에 쓰인 예로 양수경(楊守敬)의 《수경주소(水經注疏)》가 있다.
68 강소(講疏) : 서명에 쓰인 예로 범문란(范文瀾)의 《문심조룡강소(文心雕龍講疏)》가 있다.
69 강의(講義) : 서명에 쓰인 예로 사호(史浩)의 《상서강의(尙書講義)》가 있다.
70 술의(述義) : 서명에 쓰인 예로 건륭제(乾隆帝) 명찬(命撰)의 《어찬주역술의(御纂周易述義)》가 있다.
71 정의(正義) : 서명에 쓰인 예로 장수절(張守節)의 《사기정의(史記正義)》가 있다.
72 겸의(兼義) : 서명에 쓰인 예로 공영달(孔穎達) 등의 《주역겸의(周易兼義)》가 있는데, 《주역정의(周易正義)》의 초명이다.
73 별의(別義) : 서명에 쓰인 예로 원연명(元延明)의 《시례별의(詩禮別義)》가 있다.
74 대의(大義) : 서명에 쓰인 예로 동정(董鼎)의 《효경대의(孝經大義)》가 있다.

(魏)나라 왕필(王弼, 226-249)·진(晉)나라 한강백(韓康伯, 332-380)의 주(注)와 당나라 공영달의 소(疏)로 구성되어 있다. '이 책은 처음 이름이 「의찬」이었다. 그 후 조서를 내려 「정의」로 고쳤으나, 권단에는 또 제목을 「겸의」라고 하였다.〔此書初名義贊, 後詔改正義, 然卷端又題曰兼義.〕'[75] '소(疏)'·'의찬(義贊)'·'정의(正義)'·'겸의(兼義)'란, 실제는 같지만 명칭이 다른 것에 불과하다는 것을 알 수 있다.

17 음音과 음의音義

'음'이란 '성음(聲音)'이자 '독음〔音讀〕'으로, 명사에 속한다. 주석학에서 서명을 '음'으로 지으면, 이때의 '음'은 동사로 '주음(注音)'·'변음(辨音)'의 뜻이다. 본문의 음이 무엇인지 분별해서 주석으로 표시만 한 것을 '음'이라 하였다.

예컨대 《국어보음(國語補音)》은 당(唐)나라 사람의 구본(舊本)을 근간으로 송나라의 송상(宋庠, 996-1066)이 보집(補輯)한 것이다. 당나라 사람의 음주(音注)는 앞에 있고, 송상이 보충한 부분은 보주(補注)라는 표제를 달아서 당나라 사람의 음주와 구별하였다.

청나라의 고염무(顧炎武, 1613-1682)는 《음학오서(音學五書)》와 《시본음(詩本音)》 10권을 지었다. 이 책에서는 시마다 경문을 전부 나열하고 구절 밑에 그 음을 주석으로 달았다. 또 그는 《역음(易音)》 3권을 지었다.

서명을 '음'으로 짓고 석의(釋義)를 겸한 저작도 간혹 있는데, 예를 들면 다음과 같다.

서막(徐邈, 344-397)의 《모시음(毛詩音)》 : 《모시음의(毛詩音義)》라고도 한다.

75 원주 : 《사고전서총목제요》

청나라 마징린(馬徵麐, ?-?)의 《초사음(楚辭音)》: 오로지 석음(釋音)을 위해 지었다.

청나라 방적(方績, ?-?)의 《굴자정음(屈子正音)》

청나라 이수용(李壽蓉, 1825-1894)의 《이소음운(離騷音韻)》

청나라 강유고(江有誥, ?-1851)의 《시경운독(詩經韻讀)》·《초사운독(楚辭韻讀)》

현대 사람 왕력(王力, 1900-1986)의 《시경운독》·《초사운독》

변음(辨音)·주음(注音)에 석의(釋義)를 더한 것을 '음의'라고 한다. 당나라 육덕명(陸德明, 550?-630)의 《경전석문(經傳釋文)》: 《주역음의(周易音義)》·《상서음의(尙書音義)》·《모시음의(毛詩音義)》·《주례음의(周禮音義)》·《의례음의(儀禮音義)》·《예기음의(禮記音義)》·《좌전음의(左傳音義)》·《공양음의(公羊音義)》·《곡량음의(穀梁音義)》·《효경음의(孝經音義)》·《논어음의(論語音義)》·《노자음의(老子音義)》·《장자음의(莊子音義)》·《이아음의(爾雅音義)》를 포괄하여 《경전석문》으로 합칭(合稱)하였으니, 석문(釋文) 역시 '음의'이다.

'음의' 외에도 '음훈(音訓)'·'음고(音詁)'·'음주(音注)'·'음석(音釋)'·'음증(音證)'·'음해(音解)'·'음은(音隱)'·'주음(注音)' 등 여러 가지 명칭이 있는데, 명칭은 비록 다르지만 실제는 서로 같은 것이다.

18 장구章句

글자로 인하여 '구(句)'가 생기고, '구'가 모여서 '장(章)'이 되고, '장'이 모여서 '편(篇)'이 된다. 예컨대 《시경》 〈주남(周南) 관저(關雎)〉는 총 5장으로 장마다 4구씩이다. '단락을 나누고 문장을 구분하는 것〔離章辨句〕'[76]이 바로 '장구'이다.

유사배(劉師培, 1884-1919)는 《국학발미(國學發微)》에서 다음과 같이 말하였다.

> '고(故)'와 '전(傳)' 두 가지 주석 체제는 바로 경문의 자구를 소통시키는 것이고, '장구(章句)'라는 주석 체제는 바로 경문의 장구를 분석하는 것이다.
>
> 故傳二體, 乃疏通經文之字句者也; 章句之體, 乃分析經文之章句者也.

'장구를 분석한다'는 것은, 바로 '장을 나누고 구를 구분하는 것〔離章辨句〕'으로, 그 함의에는 구두와 편장(篇章)의 구조를 밝히는 일이 포함되어 있다. 구의 의미와 단락의 의미, 그리고 편 전체의 대의를 밝히는 것이 바로 훈고를 큰 특징으로 하는 한대(漢代) 주석학의 큰 특색이다.

《한서》〈예문지〉에 다음과 같은 책들이 저록되어 있다.

《상서》 부문 : 《구양장구(歐陽章句)》 31권, 《대소하후장구(大小夏侯[77] 章句)》 각 29권

《역경》 부문 : 시씨(施氏) 《장구》, 맹씨(孟氏) 《장구》, 양구씨(梁丘氏) 《장구》 각 2편

《춘추》 부문 : 《공양장구(公羊章句)》, 《곡량장구(穀梁章句)》

이 외에 한대(漢代) 왕일(王逸, 89?-158?)의 《초사장구(楚辭章句)》가 있다. '장구'라는 명칭은, 본래 '장을 나누고 구를 구분하는 것'에 중점을 두어야 하지만, 실제로는 훈고도 그 속에 포함되어 있다. 왕일의 《초사장구》는 후대에 인용될 때 왕일의 주라고 부른다. 그렇다면 '장구'는 주석과 구별이 없는 것이다. 그러므로 집주류(集注類)에 반드시 '장구'를 포함시켜야 한다.

76 원주 : 《후한서》〈환담전(桓譚傳)〉

77 侯 : 저본에는 '候'로 되어 있는데, 이는 서명(書名)의 오기(誤記)이므로 바로잡았다.

'장구'를 위주로 하는 학문은 늘 장황하고 요점이 부족하여, 사리에 통달한 사람들은 취하지 않았다. 환담(桓譚, 기원전 24?-56)의 《신론(新論)》에 다음과 같은 내용이 있다. "진연군(秦延君, ?-?)은 〈요전〉이라는 편 제목을 잘 설명하여 두 글자에 대한 설명이 10여만 자에 이르렀고, '曰若稽古'만 설명한 것도 3만 자나 되었다.〔秦延君能說《堯典》篇目, 兩字之說, 至十餘萬言; 但說'曰若稽古'三萬言.〕"

유협(劉勰, 465?-520)은 《문심조룡(文心雕龍)》〈논설(論說)〉에서 이런 학풍에 대해 다음과 같이 매우 큰 불만을 표시했다. "그래서 사리에 통달한 사람들이 번다함을 싫어하여 장구를 배우는 것을 부끄럽게 여겼다.〔所以通人惡煩, 羞學章句.〕" 그는 장구를 위주로 하는 학문이, 원문을 이해하는 데 절실한 전주(傳注)보다 훨씬 못하다고 생각했기 때문에 "모공의 《모시고훈전(毛詩詁訓傳)》, 공안국의 《서전(書傳)》, 정현의 《예기주(禮記注)》, 왕필의 《주역주(周易注)》와 같은 저작은 간결하고 명쾌하여 모범이 될 만하다.〔若毛公之訓《詩》, 安國之傳《書》, 鄭君之釋《禮》, 王弼之解《易》, 要約明暢, 可爲式矣.〕"라고 하였다.

주석의 명칭은 너무 많아서 다 분석할 수 없다. 《초사》만 해도 전(箋)·각(榷)·등(燈)·청직(聽直)·참의(參疑)·설(屑)·세수(洗隨)·중심(中心)·심인(心印)·관(貫)·지장(指掌)·달(達)·계몽(啓蒙)·역지(逆志) 등의 명칭이 붙은 주석서가 있다.

청대에는 '국학이 크게 융성했고〔國學大昌〕', 따라서 주석의 명칭도 아주 많았다. 위에서 설명한 18가지는 단지 그 대략일 뿐이다.

제2절 주석의 종류

주석의 종류를 구분할 때에는 먼저 유형을 구분하는 기준부터 확정해야 한다. 유형학(類型學)[78]에 관한 연구는 각종 발달된 학문 분야에서 중시해야 할 문제이다. 유향(劉向, 기원전 77?-기원전 6)의 《별록(別錄)》과 유흠(劉歆, ?-23)의 《칠략(七略)》, 반고(班固, 32-92)의 《한서》 〈예문지〉는 도서의 편목에 있어 유형학과 분류법을 연구한 결과물이다.

중국은 유구한 봉건사회로 주석학이 매우 발달하였다. 한(漢)나라에서 청(淸)나라, 그리고 지금에 이르기까지 주석서와 훈고서들이 산더미처럼 많다. 뿐만 아니라 중국 사회주의 물질문명과 정신문명 건설의 왕성한 발전에 따라, 고적 정리 작업이 전국에서 대규모로 전개되고 있어서 주석서와 훈고서들이 앞으로 더욱 많아질 것이다. 즉 전인(前人)이 아직 주석을 달지 않은 전적에 주석을 달기도 하고, 전인이 달아 놓은 주석의 토대 위에서 정리하고 발전시키기도 하는 것이다. 이것은 모두, 주석의 유형학과 분류법에 대해 연구하여 각종 전적의 주석과 연구에 있어서의 분담을 명확하게 하고 각각 중점을 두게 함으로써 이론성과 규범성을 더욱 갖추는 것이 요구된다.

전적의 주석은 천편일률적인 것이 아니다. 우리는 수많은 주석서들을 대상으로 내용에 따라, 방법에 따라, 서명에 따라 공통점과 차이점을 발견할 수

78 유형학(類型學) : 무엇이 어떤 유형에 속한다는 것은, 그것이 개별적으로는 상호 배타적이면서 집합적으로는 포괄적인 속성들을 드러내어 다른 것과 구별된다는 의미이다. 이처럼 유형을 분류하는 목적은 현상들 사이에 한정된 관계를 확립하여 논증이나 조사에 도움을 주기 위해서이다. 유형은 한 가지 또는 여러 가지 종류의 속성을 나타낼 수 있으며, 당면한 문제에 중요한 의미를 갖는 특징들만 포함할 필요가 있다. 하나의 유형은 한 가지 종류의 속성하고만 연관되기 때문에, 유형학은 다양한 변종이나 변천 중인 상황들을 연구할 때 이용된다.

있으며, 또 다른 각도에서 각종 공통점과 차이점을 발견할 수도 있다. 그리하여 하나로 모을 수 있는 특징들을 귀납하면 하나의 유형이 이루어지게 되는데, 이것이 주석의 유형을 구분하는 기본 원칙과 방법이다.

체코슬로바키아의 사전학자 라디슬라브 즈고스타(Ladislav Zgusta, 1924-2007)는 사전학의 분류에 관해 토론할 때에 다음과 같은 철학성이 짙은 말을 하였다.

> 언어 재료의 어떠한 분류도 특정 사전의 기초가 될 수 있다. 특정 사전은 서로 매우 다른 원칙과 원칙들의 조합의 기초 위에서 만들어진다. 편찬자는 사전의 내용에 대해 어떠한 특정 원칙을 더할 것을 결정하는데, 그 원칙은 변화무궁하게 할 수 있다. 결국 어휘 단위의 특징이 어떠하든, 가리키는 내용이나 가리키고 있는 객관적인 대상이 어떠한 특징을 지녔든, 혹은 기타 효능 등 구성요소의 조합이 어떻든 간에 모두 사전의 내용을 제한하는 원칙과 합리적인 근거가 될 수 있다. 이 때문에 편찬자의 자유로운 선택은 실제로 수많은 범주가 존재한다.

이는 주석서의 상황과 매우 유사하다. 편의상 《사고전서총목(四庫全書總目)》과 《중국총서종록(中國叢書綜錄)》을 한번 살펴보면, 모두 주석서의 특징을 한정하는 다양한 말을 발견할 수 있다. 이 서명들에서 한정해 주는 말과 우리의 주석 내용에 대한 고찰은, 주석서의 유형을 세 방면에서 고려하여 구분할 수 있게 한다.

첫째는 주석의 내용 면에서 구분하는 것이다.

둘째는 주석의 성질 면에서 구분하는 것이다.

셋째는 주석이 제공하는 지식의 양에 따라 구분하는 것이다.

첫째, 주석의 내용에 따라서는 문자주석류(文字注釋類)·장구류(章句類)·의리류(義理類)·종합류(綜合類)로 구분할 수 있다.

둘째, 주석의 성질에 따라서는 수주자위류(首注自爲類)·보술류(補述類)·변증류(辨證類)·교정류(校訂類)·찬집류(纂集類)로 구분할 수 있다.

셋째, 주석이 제공하는 지식의 양에 따라서는 간주류(簡注類)·상주류(詳注類)·집주류(集注類)로 구분할 수 있다.

여기에서 지적할 것은, 유형의 구분이 절대적인 것이 아니어서 종종 이 기준을 따르면 이 종류에 속하던 것이 저 기준을 따르면 또 다른 유형에 속하게 된다는 것이다. 어떤 서적은 어떤 큰 분류 안의 작은 분류에 넣을 수 있지만, 다른 종류나 몇 종의 작은 분류의 특징을 지니기도 한다.

예를 들어 자(字)와 사(詞)를 풀이하고 장(章)과 구(句)를 분석하며 의리를 탐구하고 주석하고 변증하는 이 모든 것들은 확연하게 구분할 수 있는 것이 아니다. 우리는 구체적인 유형의 특징을 연구할 때, 유형의 다원성에 주의해야만 한다.

또 지적할 것은, 우리가 이러한 유형을 구분하는 목적이 한편으로는 목록학의 관점에서 대량의 주석 서목에 대해 유형별로 구분지어 설명하는 데에 있고, 다른 한편으로는 고적을 정리하는 실제적인 필요에서 각 유형의 특징에 대해 이론적인 분석을 하는 데에 있다는 것이다. 이는 전인(前人)이 주석을 달았던 방법과 법칙을 연구하여 우리의 고적 정리 작업의 효율성을 높이는 데에 있어 유익한 일이다.

이 아래에서는 각종 유형의 주석들의 기본 특징에 대해 소개하겠다.

1 내용에 따른 분류

1) 문자주석류文字注釋類

자(字)와 사(詞)에 대한 주석은 주석학 연구의 기본 과제이다. 전적에 대해 정리하고 주석하는 까닭은 우선 언어와 문자가 막히기 때문이다. 바로 청나라 사람 대진(戴震, 1724-1777)이 〈단약응에게 보낸 이(理)를 논한 편지〔與段若膺論理書〕〉[79]에서 한 말과 같다.

> 제가 17세 때부터 도를 깨닫는 데에 뜻을 두어 육경과 공자, 맹자에게서 구하지 않으면 안 되지만, 자의와 제도, 명물에 대한 공부를 따로 하지 않으면 그 말뜻을 통할 길이 없다고 생각하였습니다. 송유(宋儒)들은 훈고학을 비웃고 언어와 문자를 경시하였으니, 이는 배와 노를 버린 채 강을 건너고 계단이나 사다리 없이 높은 곳에 오르려 하는 꼴입니다.
> 僕自十七歲時, 有志聞道, 謂非求之六經、孔、孟不得, 非從事于字義、制度、名物, 無由以通其語言. 宋儒譏訓詁之學, 輕語言文字, 是欲渡江而棄舟楫, 欲登高而無階梯也.

이 책 제1장 제2절에서 '주석의 산생'을 논할 때, 자(字)와 사(詞)를 주석할 때에는 언어와 문자의 장애를 극복해야 할 필요성에 대해 이미 말하였다. 언어 문자의 장애는 곧 자(字) 또는 사(詞)의 형(形)·음(音)·의(義)에 관한 장애이다. 자체(字體)를 바로잡고, 음독(音讀)을 명확히 하고, 뜻을 밝히는 것은 주석의 가장 중요한 임무이다.

자체를 분변하고, 음독을 명확히 하고, 뜻을 해석한 전형적인 주석서는 당나라 육덕명(陸德明, 550?-630)의 《경전석문(經典釋文)》이다. 이 책은 《주역》·《상서》·《모시》·《주례》·《의례》·《예기》·《좌전》·《공양전》·《곡량전》·《효경》·《논어》·《노자》·《장자》·《이아》 등 14종의 책에 대해 음의(音義)[80]를 모아 만든 뒤, 총칭하여 《경전석문》이라고 하였다. 이 저작을 예로 들어 이런 유형의 주석서의 특징을 소개하겠다.

79 단약응에게……편지 : 《대진전서(戴震全書)》 제1책에 실려 있다. 단옥재(段玉裁)에게 준 편지이다. '약응'은 단옥재의 자이다.

80 원주 : 즉 음을 달고 뜻을 풀이한 것이다.

① 글자에 대한 분변

伏 : 고문에는 '복(虙)'으로 되어 있다.

伏, 古作虙.

犧 : 다른 본에는 '희(羲)' 혹은 '희(戲)'로 되어 있다. '허(許)'와 '피(皮)'의 반절이다. 《설문해자》에 이르기를 "가 시중[81]은, 이 '희(犧)'자는 고자가 아니라고 하였다." 하였으며, 장읍의 《자고》에서는 "'희(羲)'는 고자이고, '희(戲)'는 금자이다."라고 하였다.

犧, 本又作羲, 亦作戲. 許皮反.《說文》云 : "賈侍中說, 此犧非古字." 張揖《字詁》云 : "羲, 古字, 戲, 今字."

八索 : '색(索)'은 '소(所)'와 '백(白)'의 반절이다. 이하도 같다. '구한다'는 뜻이다. 서씨는 "음이 '소(素)'인데, 다른 본에는 '소(素)'로 된 것도 있다."라고 하였다.

八索, 所白反, 下同, 求也. 徐音素, 本或作素.

機 : 다른 본에는 '기(幾)'로도 되어 있다.

機, 本又作幾.

魯共 : '공(共)'은 음이 '공(恭)'이다. '공(龔)'으로도 되어 있고, '공(恭)'으로도 되어 있다. '공왕'은 한나라 경제의 아들로, 이름이 '여'이다.

魯共, 音恭, 亦作龔, 又作恭. 共王, 漢景帝之子, 名餘.

壞 : 음이 '괴(怪)'이다. 《자림(字林)》에는 '괴(敷)'로 되어 있다. '공

81 가 시중 : 가의(賈誼, 기원전 200-기원전 168)를 말한다.

(公)'과 '괴(壞)'의 반절이다. 훼손한다는 뜻이다.
壞, 音怪. 《字林》作敷, 云公壞反, 毁也.

皐 : 음이 '고(高)'이다. 다른 본에는 '구(咎)'로도 되어 있다.
皐, 音高, 本又作咎.

陶 : 음이 '요(遙)'이다. 다른 본에는 '요(繇)'로도 되어 있다.
陶, 音遙, 本又作繇.

盤 : '보(步)'와 '간(干)'의 반절이다. 다른 본에는 '반(般)'으로도 되어 있다.
盤, 步干反, 本又作般.

採 : 다른 본에는 '채(采)'로도 되어 있다.
採, 本又作采.[82]

歸孔子 : '귀(歸)'는 본자의 음으로 읽는다. 정현본에는 '궤(饋)'로 되어 있다. 노나라에서는 '귀(歸)'라고 읽는다. 여기에서는 고문을 따른다.
歸孔子, 如字, 鄭本作饋, 魯讀爲歸, 今從古.

塗 : '도(途)'로 되어야 한다.
塗, 字當作途.[83]

82 원주 : 이상 《상서》 〈서(序)〉에 관한 《경전석문》의 예이다.
83 원주 : 이상 《논어》 〈양화〉에 관한 《경전석문》의 예이다.

處也 : 금본에는 '야(也)' 자가 없다.
處也, 今本無也字.[84]

洒掃 : '쇄(洒)'의 정자(正字)는 '쇄(灑)'이다.
洒掃, 正作灑.[85]

《경전석문》에서 분변한 글자는 이문(異文), 이체(異體), 정자(正字), 본자(本字) 등을 포괄하고 있다.

② 발음에 대한 주석

聽 : '천(千)'과 '공(公)'의 반절이다.
聽, 千公反.

思 : '식(息)'과 '사(嗣)'의 반절이다. 또 본자의 음으로도 읽는다. 아래도 같다.
思, 息嗣反, 又如字, 下同.

著 : '장(張)'과 '여(慮)'의 반절이다.
著, 張慮反.

放 : '방(方)'과 '왕(往)'의 반절이다. 주에서도 같다. 서씨는 "정씨와 왕씨는 본자의 음으로 읽는다고 하였다."라고 하였다.
放, 方往反, 注同, 徐云鄭·王如字.

84 원주 : 《논어》〈미자〉에 관한 《경전석문》이다.
85 원주 : 《논어》〈자장〉에 관한 《경전석문》이다.

被 : '피(皮)'와 '기(寄)'의 반절이다. 서씨는 '부(扶)'와 '의(義)'의 반절이라고 하였다.
被, 皮寄反, 徐, 扶義反.

暘 : 음은 '양(陽)'이다.
暘, 音陽.

寅 : 서씨는 '이(以)'와 '진(眞)'의 반절이라고 하였다. 또 다른 음은 '이(夷)'이다. 아래도 같다.
寅, 徐以眞反, 又音夷, 下同.

孳 : 음은 '자(字)'이다.
孳, 音字.

申重 : '중(重)'은 '직(直)'과 '용(用)'의 반절이다.
申重, 直用反.

朝臣 : 앞의 '조(朝)' 자는 '직(直)'과 '요(遙)'의 반절이다.
朝臣, 上, 直遙反.

都於 : 뒤의 '오(於)' 자는 음이 '오(烏)'이다.
都於, 下, 音烏.[86]

육덕명의 《경전석문》에는 음을 단 것이 특히 많은데, 그렇다고 편 전체에

86 원주 : 이상 《상서》 〈요전(堯典)〉에 관한 《경전석문》의 예이다.

모두 주석을 단 것은 아니다.

음을 단 것도 약간의 차이가 있다. 예를 들어, 다른 음이 없는 것은 단지 "아무 자와 아무 자의 반절이다.〔某某反.〕"라고 하거나 곧바로 음을 달았고, 다른 음이 있는 것은 혹 '우(又)' 자를 표시하거나 음독을 달아 밝히고, 또 다른 학자의 음독을 나열하기도 하였다. '여자(如字)'는 곧 그 글자 본자의 통상적인 음으로 읽는 것이다. '상(上)'과 '하(下)'는 주석을 단 글자의 위치를 나타낸다.

③ 석의(釋義)

內篇 : '내(內)'는 외(外)와 상대적인 개념이다. 《설문해자》에 이르기를 "'편(篇)'은 '서(書)'이다. '죽(竹)'에서 의미를 취하였다. 초(艹)에서 의미를 취한 글자는 풀이름이다." 하였는데, 잘못이다.

內者, 對外立名.《說文》云 : "篇, 書也, 字從竹. 從艹者, 草名耳." 非也.

逍遙遊 : 편명이다. 한가하고 자유롭고 구속되지 않아서 편안히 자득한다는 것에서 뜻을 취하였다.

逍遙游者, 篇名, 義取閑放不拘, 怡適自得.

北冥 : '명(冥)'은 다른 본에는 '명(溟)'으로도 되어 있다. '멱(覓)'과 '경(經)'의 반절이다. '북명'은 북해를 말한다. 혜강이 이르기를 "캄캄해서 끝이 없는 것에서 뜻을 취하였다." 하였다. 양나라의 간문제가 이르기를 "어두워 끝이 없으므로 '명'이라 하였다."라고 하였다. 동방삭의 《십주기》에 이르기를 "물빛이 검은 것을 '명'이라 하니, 바람 없는 바다에 큰 물결이 깊이가 백 길인 것이다." 하였다.

本亦作溟, 覓經反, 北海也. 嵇康云 : "取其溟溟無涯也." 梁簡文帝云："窅冥無極，故謂之冥." 東方朔《十洲記》云："水黑色謂之冥，海無風洪波百丈."

鯤：서씨는 음이 '곤(昆)'이라고 하였다. 이씨는 "'후(侯)'와 '온(溫)'의 반절이다. 큰 물고기의 이름이다."라고 하였다. 최선은 "'곤(鯤)'은 '경(鯨)'으로 써야 한다."라고 하였는데, 간문제도 견해를 같이하였다.
徐音昆. 李侯溫反，大魚名也. 崔譔云："鯤當爲鯨"，簡文同.

夫莊：'부(夫)'는 음이 '부(符)'이다. 발어사로 시작할 때는 모두 같다.
音符，發句之端皆同.

垂天之雲：사마표는 "하늘가에 드리운 구름이라는 말과 같다."라고 하였고, 최씨는 "'수(垂)'는 '변(邊)'의 뜻이다. 하늘 같은 크기에 온통 구름이다."라고 하였다.
司馬彪云："若雲垂天旁." 崔云："垂猶邊也，其大如天一面雲也."

海運：사마표는 "'운(運)'은 '전(轉)'이다."라고 하였다. 상수는 "바다가 아니면 날지 않는다. 그러므로 '해운'이라 하였다."라고 하였다. 간문제(簡文帝)는 "'운(運)'은 이동하는 것이다."라고 하였다.
司馬云："運，轉也." 向秀云："非海不行，故曰海運." 簡文云："運，徙也."

齊諧：'해(諧)'는 '호(戶)'와 '개(皆)'의 반절이다. 사마표와 최씨는 모두 '사람의 성명'이라 하였고, 간문제는 '책'이라고 하였다.
戶皆反，司馬及崔幷云"人姓名". 簡文云"書".

扶搖 : 서씨는 "'요(搖)'의 음은 '요(遙)'이다. '부요'는 바람 이름이다." 라고 하였다. 사마표는 "위에서 부는 바람을 '부요'라고 한다."라고 하였다. 《이아》에서는 "부요를 '표(飆)'라고 한다."라고 하였다. 곽박은 "회오리바람이 위에서 불어 내려오는 것이다."라고 하였다.

徐音遙, 風名也. 司馬云 : "上行風謂之扶搖." 《爾雅》云 : "扶搖謂之飆." 郭璞云 : "暴風從上下也."

志怪 : '지(志)'는 기록하는 것이다. '괴(怪)'는 이상한 것이다.

志, 記也. 怪, 異也.

水擊 : 최씨는 "막 날려고 날개를 들어 물을 치며 비틀거리는 것이다." 라고 하였다. '양(踉)'은 음이 '양(亮)'이다. '창(蹌)'은 음이 '칠(七)'과 '양(亮)'의 반절이다.

崔云 : "將飛擧翼擊水踉蹌也." 踉音亮. 蹌音七亮反.

搏 : '도(徒)'와 '단(端)'의 반절이다. 사마표는 "날개를 퍼덕여 배회하며 올라가는 것이다."라고 하였다.

徒端反, 司馬云 : "拊翼徘徊而上也."

野馬 : 사마표는 "봄철에 유영하는 기운이다."라고 하였고, 최씨는 "천지간의 기운이 야생마처럼 빨리 내달리는 것이다."라고 하였다.

司馬云 : "春月澤中游氣也." 崔云 : "天地間氣如野馬馳也."

色邪 : '야(邪)'는 '야(也)'와 '차(差)'의 반절이다. 단정 짓지 않는 구(句)를 돕는 말이다. 뒤에도 이와 같다.

也差反. 助句不定之辭. 後放此.[87]

주석의 대상에는 편명(篇名),[88] 명물(名物), 어사(語詞), 허자(虛字)가 있다. 《경전석문》에는 음에 대한 주석, 뜻에 대한 풀이, 자형(字形)에 대한 분변 등이 많이 혼용되어 있다. 그 석의(釋義) 방식에는 육덕명 자신이 풀이한 것, 타인의 설을 인용하여 풀이한 것, 여러 설을 함께 실은 것 등이 있다. 《경전석문》은 단행본을 제외하고 각 경전의 음과 뜻이 대부분 이미 원서(原書)의 주석 안에 실려 있다. 《십삼경주소》에 붙은 음과 뜻은 바로 육덕명의 석문(釋文)이다.

다음은 《모시》〈정녀(靜女)〉 부분의 장절(章節)을 예로 들어, 《모전(毛傳)》과 《정전(鄭箋)》, 고형(高亨, 1900-1986)의 《시경금주(詩經今注)》를 나열하여 간략하게 비교하겠다.

〈패풍(邶風) 정녀(靜女)〉

서문 : 《靜女》刺時也, 衛君無道, 夫人無德.

〈정녀〉는 시대를 풍자한 시이다. 위나라 임금은 무도하고 부인은 부덕하였다.

《모전》: 임금과 부인이 부도덕하였기 때문에, 정녀가 나에게 동관을 주는 법과 덕이 이와 같으니 바꾸어서 임금의 배필을 삼을 만함을 진술한 것이다.
以君及夫人無道德, 故陳靜女遺我以彤管之法德如是, 可以易之爲人君之配.
《경전석문》: '유(遺)'는 '유(唯)'와 '계(季)'의 반절이다. 아래도 같다.
遺, 唯季反, 下同.
《시경금주》: 시의 주인공은 남자이다. 자기와 한 아가씨의 달콤한 애정을 서술한 것이다.
詩的主人公是個男子, 抒寫他和一個姑娘甛密的愛情.

정문 : 靜女其姝, 俟我於城隅.

87 원주 : 이상 《장자음의(莊子音義)》〈내편 소요유〉
88 원주 : 해제에 가깝다.

아름답고 정숙한 아가씨가 성 모퉁이에서 나를 기다리네.

《모전》: '정(靜)'은 정정(貞靜)이다. 여인의 인품이 곧고 얌전하고 법도가 있어서 사랑할 만한 것이다. '주(姝)'는 미색이다. '사(俟)'는 기다림이다. '성우(城隅)'는 너무 높아서 넘을 수 없음을 말한 것이다.

靜, 貞靜也. 女德貞靜而有法度, 乃可說也. 姝, 美色也. 俟, 待也. 城隅以言高而不可踰.

《정전》: 여인의 덕이 곧고 차분한 뒤에 미색을 쌓을 수 있고 편안해질 수 있다. 또 능히 복종하고 예를 갖추기를 기다려 움직여서 스스로 단속하는 것이 성 모퉁이 같으므로 사랑스러운 것이다.

女德貞靜, 然後可畜美色, 然後可安, 又能服從待禮而動, 自防如城隅, 故可愛之.

《경전석문》: '주(姝)'는 '적(赤)'과 '주(朱)'의 반절이다. 《설문해자》에는 '주(袾)'로 되어 있으며, 보기 좋은 뜻이라고 하였다. '열(說)'은 음이 '열(悅)'이다. 편 끝의 주에서도 이와 같다.

姝, 赤朱反, 《說文》作袾, 云, 好也. 說音悅, 篇末注同.

《시경금주》: '정(靜)'은 곧고 차분하여 경거망동하지 않는 것이다. '주(姝)'는 용모가 예쁜 것이다. '사(俟)'는 기다리는 것이다. '성우(城隅)'는 성 모퉁이이다.

靜, 貞靜, 不輕佻. 姝, 容貌漂亮. 俟, 等候. 城隅, 城角.

정문: 愛而不見, 搔首踟躕.

사랑하나 보지 못하여 머리를 긁적이며 머뭇거리네.

《모전》: 마음은 갔으나 몸은 가지 않음을 말한 것이다.

言志往而行止[89].

《정전》: '마음이 간 것'은 '머뭇거리는 것'을 이르고, '몸이 가지 않은 것'은 '사랑하나 가서 만나지 않음'을 이른다.

志往, 謂踟躕; 行止[90], 謂愛之而不往見.

《경전석문》: '소(搔)'는 '소(蘇)'와 '도(刀)'의 반절이다. '지(踟)'는 '직(直)'과 '지(知)'의 반절이다. '주(躕)'는 '직(直)'과 '주(誅)'의 반절이다.

搔, 蘇刀反; 踟, 直知反; 躕, 直誅反.

《시경금주》: '애(愛)'는 '애(薆)'의 가차자이니, 은폐하는 것이다. 아가씨가 자신

89 止: 저본에는 '正'으로 되어 있는데, 상대본(相臺本)에 근거하여 바로잡았다.

90 止: 저본에는 '正'으로 되어 있는데, 상대본(相臺本)에 근거하여 바로잡았다.

과 장난을 쳐서 일부러 자신이 볼 수 없는 곳에 숨었음을 말한다. '소수(搔首)'는 손으로 머리를 긁는 것이다. '지주(踟躕)'는 서성이는 것이다.

愛，借爲薆，隱蔽．姑娘和他開玩笑，故意躲在他看不見的地方．搔首，用手搔頭，踟躕，來回走動．

정문 : 靜女其孌，貽我彤管．

어여쁘고 정숙한 아가씨가 나에게 동관을 주네.

《모전》: 이미 정숙한 덕이 있고, 미색까지 갖추었는데, 또 나에게 고인의 예법대로 동관을 주니 군주의 짝이 될 만하다. 옛날에 제후의 부인은 반드시 여사(女史)가 동관을 주는 예법이 있어서, 여사가 과실을 기록하지 않으면 죄를 물어 죽였다. 후비와 여러 첩들이 예에 맞게 임금의 처소에서 모셨는데, 여사가 해당 날짜를 써서 반지를 주어 임금의 처소에 나아가고 물러가게 하였다. 자식을 낳은 달에는 금반지를 주어 물러가게 하고, 임금을 모시는 경우에는 은반지를 주어 나아가게 하였는데, 왼손에 끼고 나아가서 잠자리를 모신 뒤에는 오른손에 끼도록 하였다. 일의 대소에 관계없이 기록하여 법도를 이루었다.

旣有靜德，又有美色，又能遺我以古人之法，可以配人君也．古者后夫人必有女史彤管之法，史不記過，其罪殺之．后妃群妾以禮御於君所，女史書其日月，授之以環，以進退之．生子月辰則以金環退之，當御者以銀環進之，著於左手，旣御，著於右手．事無大小，記以成法．

《정전》: '동관(彤管)'은 붉은 붓대롱이다.

彤管，筆赤管也．

《경전석문》: '이(貽)'는 다른 본에는 '이(詒)'로도 되어 있다. 음은 '이(怡)'이니 주는 것이다. 아래도 같다. 아래 구는 협운이 된다. 또 다른 음은 '이(以)'와 '지(志)'의 반절이다. '동(彤)'은 '도(徒)'와 '동(冬)'의 반절이니, 붉은 것이다. '관(管)'은 붓대롱이다. '착(著)'은 '지(知)'와 '약(略)'의 반절이고, 또 '직(直)'과 '낙(落)'의 반절도 된다. 아래도 같다.

貽本又作詒，音怡，遺也．下同．下句協韻，亦音以志反．彤，徒冬反，赤也．管，筆管．著，知略反，又直落反．下同．

《시경금주》: '연(孌)'은 용모가 빼어나고 어여쁜 것이다. '이(貽)'는 주는 것이다. '동(彤)'은 붉은색이다. '관(管)'은 악기이다.

孌，容貌俊俏．貽，贈送．彤，紅色．管，樂器．

《시경금주》 부록(附錄) : '동관(彤管)'은 구양수의 《모시본의》에 "옛날에 침이나 붓에는 모두 대롱이 있었고, 악기에도 대롱이 있었다. 이 동관은 어떤 것인지 모르겠다."라고 하였다. 내가 살펴보건대 '동관'은 악기임에 틀림없다. 바로 붉은색의 악기 대롱이다. 《시경》에 나오는 '관(管)' 자는 모두 악기 대롱을 가리킨다. 〈주송 유고〉에는 "퉁소와 관악기 모두 연주되네.〔簫管備擧〕"라고 하였고, 〈상송 나〉에는 "밝고 밝은 관악기 소리〔嘒嘒管聲〕"라고 하였다. 또 〈주송 집경〉에는 "경쇠와 관악기 소리 쟁쟁거리네.〔磬筦將將〕"라고 하였다. 《한서》〈예악지〉와 《설문해자》에는 모두 '관(筦)' 자를 인용하면서 '관(管)'으로 썼다. 그러므로 이 시의 '동관'은 당연히 악기로 보아야 한다고 말한 것이다.

彤管，歐陽脩《毛詩本義》："古者鍼筆皆有管，樂器亦有管，不知此彤管是何物也." 按：彤管當是樂器，就是紅色的樂管.《詩經》裏的管字，都是指樂管.《周頌·有瞽》："簫管備擧."《商頌·那》："嘒嘒管聲." 又《周頌·執競》："磬筦將將."《漢書·禮樂志》、《說文》都引筦作管. 所以說此詩的彤管當是樂器.

제목을 풀이한 것에서부터 글자와 구(句)의 주석에 이르기까지, 《모전》과 《정전》은 모두 음과 뜻에 주의를 하기는 했으나, 시의 본의를 벗어나서 비흥(比興)의 의미를 구하였다. 그리하여 한 수의 잘 정제된 사랑 노래를 봉건 윤리의 규범을 반영한 시라고 해석하였으니, 이는 시를 보는 데에 크게 방해가 된다. 더욱이 이 《모전》은 한(漢)나라 학자들이 경을 주석할 때 통상적으로 사용한 훈고와 의리가 결합된 서적이었다. 옛사람이 탐구했던 의리를 취할 만한 점이 있기도 하지만, 경문 자체의 실제적인 의미를 벗어나서 의리를 구하는 것은 때로 견강부회하여 추측에 가까워져 버리기도 한다. 그렇게 되면 엉뚱한 길로 들어가 버린다.

문자 훈고형의 주석은 육덕명의 《경전석문》과 고형의 《시경금주》에 매우 잘 표현되어 있다. 이는 경문 자체의 문자, 음독, 사의(詞義)를 이해하는 과정에서 생길 수 있는 곤란함에 대해 충분히 짐작할 수 있어서, 선택적으로 주석을 달아 독자들에게 문자와 언어의 장애가 발생하지 않게 하였다.

또 의리형의 주석은 단지 필요할 때만, 예컨대 해제라든가 설명하지 않으면 독자들이 경문의 내용을 이해하기 어려운 부분에서만 설명하였다.

2) 장구류

'장구학'은 곧 '장을 나누고 구를 쪼개는 학문〔離章析句之學〕'이다. 한 편의 문장, 한 편의 시, 한 권의 저작은 모두 글자를 이어 구를 이루고 구를 이어 문장을 이루며, 문장을 이어 편이 되는 과정을 통해 완성된 것이다. 따라서 구의(句意)를 분석하고 장차(章次)를 구분하는 것은 고적을 읽고 연구할 때 반드시 거쳐야 하는 과정이다. 우리는 문자의 훈고가 독자들에게 언어 문자의 장애를 제거해 주도록 도와주며, 장구(章句)의 분석이 독자들에게 일반적으로 문장의 내용을 읽고 이해하는 데에 도움을 줄 수 있다는 것을 이미 알았다.

다음은 주희(朱熹)의 《사서장구집주(四書章句集注)》를 예로 들어 장구류의 특징을 말해 보겠다. 《대학》과 《중용》의 주석은 '장구'라 하고, 《논어》와 《맹자》의 주석은, 이정(二程)[91]과 그 문하의 제자들 및 기타 인물들의 견해를 인용한 것이 비교적 많아서 '집주(集注)'라고 한다. 《대학》과 《중용》은 본래 《예기》의 두 편명이었는데, 주희는 이 두 편을 특별히 추숭했기 때문에 《예기》에서 뽑아내어 《논어》, 《맹자》와 대등하게 한 것이다.

주희의 《대학장구》는 우선 경문(經文) 1장과 전문(傳文) 10장, 두 부분으로 나누어진다. 경문은 '공자의 말씀을 증자가 전술한 것〔孔子之言而曾子述之〕'이며, 전문은 '증자의 뜻을 증자의 문인이 기록한 것〔曾子之意而門人記之〕'이다.

주희는 전문의 차례에 대해, 경문을 해설하는 논리적 필요성에 따라 다시 새롭게 구성하였다. 이 때문에 우리가 보는 장구는 《십삼경주소본》의 《예기정의》와 다르다. 이제 그 일부를 발췌하면 다음과 같다.

91 이정(二程) : 정호(程顥)와 정이(程頤)를 말한다.

대학장구(大學章句)

주희 장구 : '대(大)'는 구음이 태(泰)이다. 이제 여자(如字)로 읽는다.
大，舊音泰，今讀如字.

주희 장구 : 자정자는 "《대학》은 공씨가 남긴 글이니, 처음 배우는 자가 덕에 들어가는 문이다. 지금 옛사람들이 학문을 한 차례를 볼 수 있는 것은 유독 이 편이 남아 있는 덕분이다. 그리고 《논어》와 《맹자》가 그다음이 되니, 배우는 자가 반드시 이로 말미암아 배운다면 거의 잘못되지 않을 것이다."라고 하였다.
子程子曰："《大學》，孔氏之遺書，而初學入德之門也. 於今可見古人爲學次第者，獨賴此篇之存，而《論》、《孟》次之. 學者必由是而學焉，則庶乎其不差矣."[92]

경문 : 《大學》之道，在明明德，在親民，在止於至善.

《대학》의 도는 명덕을 밝힘에 있으며, 백성을 새롭게 함에 있으며, 지선(至善)에 그침에 있다.

주희 장구 : 정자는 "'친(親)'은 '신(新)'이 되어야 한다."라고 하였다. '대학(大學)'은 대인의 학문이다. '명(明)'은 밝힘이다. '명덕(明德)'은 사람이 하늘에서 얻은 것으로, 허령불매하여 온갖 이치를 갖추고서 만사에 응하는 것이다. 다만 기품(氣稟)에 구애되고 인욕에 가리게 되면 어두워지는 때가 있으나, 그 본체의 밝음은 일찍이 단절이 없었다. 그러므로 배우는 자가 마땅히 그 발하는 것을 계기로 마침내 밝혀서 그 처음 상태를 회복해야 한다. '신(新)'은 옛것을 개혁함을 이른다. 이미 스스로 자신의 명덕을 밝혔으면, 또 미루어 남에게까지 미쳐서 그 사람도 마찬가지로 옛날에 물든 더러움을 제거함이 있게 해야 함을 말한 것이다. '지(止)'는 반드시 이에 이르고 옮겨 가지 않는 뜻이고, '지선(至善)'은 사리의 당연한 표준이다.
程子曰："親，當作新." 大學者，大人之學也. 明，明之也. 明德者，人之所得乎天，而虛靈不昧，以具衆理而應萬事者也. 但爲氣稟所拘，人欲所蔽，則有時而昏. 然其本體之明，則有未嘗息者. 故學者當因其所發而遂明之，以復其初也. 新者，革其舊之謂也，言旣自明其明德，又當推以及人，使之亦有以去其舊染之汚也. 止者，必至於是而不遷之意. 至善，則事理當然之極也.

92 원주 : 이 절은 주희가 제목을 풀이한 글이다.

경문 : 知止而后有定, 定而后能靜, 靜而后能安, 安而后能慮, 慮而后能得.

그칠 곳을 안 뒤에 정함이 있으니, 정한 뒤에 능히 고요하고, 고요한 뒤에 능히 편안하고, 편안한 뒤에 능히 생각하고, 생각한 뒤에 능히 얻는다.

주희 장구 : '후(后)'는 '후(後)'와 같으니, 뒤에도 이와 같다. '지(止)'는 마땅히 그쳐야 할 곳이니, 바로 지선이 있는 곳이다. 이것을 안다면 뜻이 정한 방향이 있을 것이다. '정(靜)'은 마음이 망녕되이 동하지 않음을 이른다. '안(安)'은 처한 바에 편안함을 이른다. '여(慮)'는 일 처리가 정밀하고 상세함을 이른다. '득(得)'은 그 그칠 바를 얻음을 이른다.

后, 與"後"同, 後放此. 止者, 所當止之地, 卽至善之所在也. 知之, 則志有定向. 靜, 謂心不妄動. 安, 謂所處而安. 慮, 謂處事精詳. 得, 謂得其所止.

경문 : 物有本末, 事有終始, 知所先後, 則近道矣.

사물에는 본(本)과 말(末)이 있고, 일에는 종(終)과 시(始)가 있으니, 먼저 하고 뒤에 할 것을 알면 도에 가까울 것이다.

주희 장구 : '명덕(明德)'은 '본'이고, '신민(新民)'은 '말'이며, '지지(知止)'는 '시'이고, '능득(能得)'은 '종'이니, 본과 시는 먼저 해야 하고, 말과 종은 뒤에 해야 한다. 이는 윗글의 두 절의 뜻을 총결하였다.

明德爲本, 新民爲末. 知止爲始, 能得爲終. 本始所先, 末終所後. 此結上文兩節之意.

경문 : 古之欲明明德於天下者, 先治其國; 欲治其國者, 先齊其家; 欲齊其家者, 先修其身; 欲修其身者, 先正其心; 欲正其心者, 先誠其意; 欲誠其意者, 先致其知; 致知在格物.

옛날에 명덕을 천하에 밝히고자 한 자는 먼저 자기 나라를 다스렸고, 자기 나라를 다스리고자 한 자는 먼저 자기 집안을 가지런히 했고, 자기 집안을 가지런히 하고자 한 자는 먼저 자기 몸을 닦았고, 자기 몸을 닦고자 한 자는 먼저 자기 마음을 바루었고, 자기 마음을 바루고자 한 자는 먼저 자기 뜻을 성실히 했고, 자기 뜻을 성실히 하고자 한 자는 먼저 자기 지식을 지극히 하였으니, 지식을 지극히 하는 것은 사물의 이치를 궁구함에 달려 있다.

주희 장구 : '치(治)'는 평성이니, 뒤에도 이와 같다. '명명덕어천하(明明德於天下)'는 천하 사람으로 하여금 모두 자기가 가진 명덕을 밝힘이 있게 하는 것이다. '심(心)'은 몸을 주관하는 것이다. '성(誠)'은 성실함이고, '의(意)'는 마음이 발하는 것이니, 그 마음이 발하는 바를 성실히 하여, 선(善)을 한결같이 하고 스스로 속임이 없고자 하는 것이다. '치(致)'는 미루어 지극히 함이고, '지(知)'는 식(識)과 같으니, 나의 지식을 미루어 지극히 하여 그 아는 바가 다하지 않음이 없고자 하는 것이다. '격(格)'은 이르는 것이고, '물(物)'은 '사(事)'와 같으니, 사물의 이치를 궁구하여 그 극처(極處)에 도달하지 않음이 없고자 하는 것이다. 이 8가지는 《대학》의 조목이다.

治, 平聲, 後放此. 明明德於天下者, 使天下之人皆有以明其明德也. 心者, 身之所主也. 誠, 實也. 意者, 心之所發也. 實其心之所發, 欲其一於善而無自欺也.[93] 致, 推極也. 知, 猶識也. 推極吾之知識, 欲其所知無不盡也. 格, 至也. 物, 猶事也. 窮至事物之理, 欲其極處無不到也. 此八者, 《大學》之條目也.

경문 : 物格而后知至, 知至而后意誠, 意誠而后心正, 心正而后身修, 身修而后家齊, 家齊而后國治, 國治而后天下平.

사물의 이치가 궁구된 뒤에 지식이 지극해지고, 지식이 지극해진 뒤에 뜻이 성실해지고, 뜻이 성실해진 뒤에 마음이 바루어지고, 마음이 바루어진 뒤에 몸이 닦이고, 몸이 닦인 뒤에 집안이 가지런해지고, 집안이 가지런해진 뒤에 나라가 다스려지고, 나라가 다스려진 뒤에 천하가 고르게 된다.

주희 장구 : '치(治)'는 거성이니, 뒤에도 이와 같다. '물격(物格)'은 사물의 이치가 지극한 곳에 도달하지 않음이 없는 것이다. '지지(知至)'는 내 마음의 아는 바를 극진하게 하지 않음이 없는 것이다. 지식이 이미 극진해지면 뜻이 성실해질 수 있고, 뜻이 이미 성실해지면 마음이 바루어질 수 있다. '수신(修身)' 이상은 '명명덕(明明德)'의 일이고, '제가(齊家)' 이하는 '신민(新民)'의 일이다. '물격'과 '지지'는

93 欲其一於善而無自欺也 : 통행본에는 '一於善'이 '必自慊'으로 되어 있다.

그칠 바를 아는 것이고, '의성(意誠)' 이하는 모두 그칠 바를 얻는 차례이다.

治, 去聲, 後放此. 物格者, 物理之極處無不到也. 知至者, 吾心之所知無不盡也. 知旣盡, 則意可得而實矣, 意旣實, 則心可得而正矣. 修身以上, 明明德之事也. 齊家以下, 新民之事也. 物格知至, 則知所止矣. 意誠以下, 則皆得所止之序也.

경문 : 自天子以至於庶人, 壹是皆以修身爲本.

천자로부터 서인에 이르기까지 일체 모두 수신을 근본으로 삼는다.

주희 장구 : '일시(壹是)'는 '일체'이다. '정심(正心)' 이상은 모두 수신하는 과정이고, '제가(齊家)' 이하는 수신한 상태로 시행하는 것뿐이다.

壹是, 一切也. 正心以上, 皆所以修身也. 齊家以下, 則擧此而措之耳.

경문 : 其本亂而末治者否矣, 其所厚者薄, 而其所薄者厚, 未之有也!

그 근본이 어지러운데 끝이 다스려지는 자는 없으며, 후히 할 것에 박하게 하면서 박하게 할 것에 후히 하는 자는 있지 않다.

주희 장구 : '본(本)'은 몸을 이르고, '소후(所厚)'는 집안을 이른다. 이 두 절은 윗글의 두 절의 뜻을 맺은 것이다.

本, 謂身也. 所厚, 謂家也. 此兩節結上文兩節之意.

주희 장구 : 이상은 경문 1장으로 공자가 말씀하신 것을 증자가 기술한 것이다. (모두 205자이다.) 이에 대한 전문 10장은 증자의 뜻을 문인이 기록한 것이다. 구본에 자못 착간이 있으므로 여기에서는 정자가 정한 것을 따르되, 다시 경문을 상고하여 별도로 경문의 차서를 다음과 같이 배열하였다.(모두 1546자이다.) 전문은 경과 전에서 잡다하게 인용하여 체계가 없는 듯하나, 문리가 이어지고 혈맥이 관통하여 깊고 얕음과 시(始)와 종(終)이 지극히 정밀하니, 익숙히 읽고 자세히 음미하면 오래되면 알 수 있을 것이므로 여기에서는 다 해석하지는 않는다.

右經一章, 蓋孔子之言, 而曾子述之. (凡二百五字.) 其傳十章, 則曾子之意, 而門人記之也. 舊本頗有錯簡, 今因程子所定, 而更考經文, 別[94]爲序次如左. (凡千五百四十六字.) 凡傳文, 雜引經傳, 若無統紀. 然文理接續, 血脈貫通, 深淺始終, 至爲精密. 熟讀詳味, 久當見之, 今不盡釋也.

94 別 : 저본에는 '則'으로 되어 있는데, 《대학장구》에 근거하여 바로잡았다.

전문 : 《康誥》曰 : "克明德."

〈강고〉에 이르기를 "능히 덕을 밝힌다." 하였다.

주희 장구 : 〈강고(康誥)〉는 《서경》 〈주서〉이다. '극(克)'은 '능함'이다.
《康誥》, 《周書》. 克, 能也.

전문 : 《大甲》曰 : "顧諟天之明命."

〈태갑〉에 이르기를 "이 하늘의 밝은 명을 돌아본다." 하였다.

주희 장구 : '대(大)'는 '태(泰)'로 읽는다. '시(諟)'는 '시(是)'의 고자이다. '〈태갑〉'은 《서경》 〈상서〉이다. '고(顧)'는 항상 눈이 거기에 있음을 이른다. '시(諟)'는 '차(此)'와 같다. 혹은 살피는 것이라고도 한다. 하늘의 밝은 명은 바로 하늘이 나에게 부여하여 나의 덕이 된 것이니, 항상 눈이 여기에 있으면 밝지 않은 때가 없을 것이다.
大, 讀作泰. 諟, 古是字. 《大甲》, 《商書》. 顧, 謂常目在之也. 諟, 猶此也, 或曰審也. 天之明命, 卽天之所以與[95]我, 而我之所以爲德者也. 常目在之, 則無時不明矣.

전문 : 《帝典》曰 : "克明峻德."

〈요전〉에 이르기를 "능히 큰 덕을 밝힌다." 하였다.

주희 장구 : '준(峻)'은 《서경》에는 '준(俊)'으로 되어 있다. '〈제전(帝典)〉'은 《서경》 〈요전〉이니, 〈우서〉이다. '준(峻)'은 '큼'이다.
峻, 《書》作俊. 《帝典》, 《堯典》, 《虞書》. 峻, 大也.

전문 : 皆自明也.

모두 스스로 밝히는 것이다.

주희 장구 : 인용한 글이 모두 스스로 자기의 덕을 밝히는 뜻을 말했다고 총결하였다.
結所引書皆言自明己德之意.
주희 장구 : 위는 전문의 첫 번째 장이다. '명명덕(明明德)'을 풀이하였다. 구본에

95 與 : 저본에는 '興'으로 되어 있는데, 《대학장구》에 근거하여 바로잡았다.

는 이로부터 아래 3장의 '지어신(止於信)'까지를 통틀어 '몰세불망(沒世不忘)' 아래에 잘못 놓여 있다.
右傳之首章. 釋明明德. 此通下三章至"止於信", 舊本誤在"沒世不忘"之下.

《대학장구》의 경문(經文)과 전문(傳文)은 모두 1751자이다. 사서(四書) 중에서는 작은 분량의 책이다. 위의 예문은 단지 경문과 전문 제1장 및 장구만을 초록한 것이다.

전문 제2장은 '신민(新民)'을 풀이하였다.

제3장은 '지어지선(止於至善)'을 풀이하였다.

제4장은 '본말(本末)'을 풀이하였다.

제5장은 '격물(格物)'과 '치지(致知)'의 뜻을 풀이하였으나 지금은 없다.

제6장은 '성의(誠意)'를 풀이하였다.

제7장은 '정심(正心)'과 '수신(修身)'을 풀이하였다.

제8장은 '수신'과 '제가(齊家)'를 풀이하였다.

제9장은 '제가'와 '치국(治國)'을 풀이하였다.

제10장은 '치국'과 '평천하(平天下)'를 풀이하였다.

주희는 《대학장구》 결어(結語)에서 다음과 같이 말하였다.

> 모두 전(傳) 10장이다. 앞의 네 장은 강령의 뜻을 총론하였고, 뒤의 여섯 장은 조목의 공부를 구체적으로 논하였다. 제5장은 바로 명선(明善)의 요점이고, 제6장은 바로 성신(誠身)의 근본으로 초학자들에게 더욱 급선무가 되니, 독자는 비근한 말이라고 하여 소홀히 해서는 안 된다.
> 凡傳十章 : 前四章統論綱領指趣, 後六章細論條目工[96]夫. 其第五章乃明善之要, 第六章乃誠身之本, 在初學尤[97]爲當務之急, 讀者不可以其近而忽之也.

96 工 : 저본에는 '功'으로 되어 있는데, 《대학장구》에 근거하여 바로잡았다.
97 尤 : 저본에는 '猶'로 되어 있는데, 위 자료에 근거하여 바로잡았다.

주희의 장구는 주석유형학의 각도에서 본다면, 매우 전형적인 의의를 갖추고 있다. 그 특징은 다음과 같다.

첫째, 문자 훈고를 기초로 삼았다.

《대학장구》의 문자 훈고는 주석 대상의 선택에 있어서 매우 정밀하여, 독해의 어려움을 초래할 수 있는 것에 대해 모두 주석을 달았다.

음독 중에 변하는 것에 대한 문자 훈고의 예로는 다음과 같은 것들이 있다.

"대(大)는 구음이 태(泰)이다. 여기에서는 여자(如字)로 읽는다."

"대(大)는 태(泰)로 읽는다."

"치(治)는 평성이다."

"치(治)는 거성이다."

글자 중에 가차나 고금자, 이체자에 대한 문자 훈고의 예로는 다음과 같은 것들이 있다.

"친(親)은 신(新)이 되어야 한다."

"후(后)는 후(後)와 같다."

"시(諟)는 시(是)의 고자(古字)이다."

"준(峻)은 《서경》에 준(俊)으로 되어 있다."

글자와 단어가 특별한 뜻이어서 혹 구(句) 중에서 풀이하지 않으면 구의 뜻을 이해하는 데에 장애가 있는 것에 대한 문자 훈고의 예로는 다음과 같은 것들이 있다.

"명(明)은 밝힘이다."[98]

"신(新)은 옛것을 개혁함을 이른다."

"지선(至善)은 사리의 당연한 표준이다."

"정(靜)은 마음이 망녕되이 동하지 않음을 이른다."

"여(慮)는 일 처리가 정밀하고 상세함을 이른다."

98 원주 : '명(明)'이 동사가 된다.

"득(得)은 그칠 바를 얻은 것이다."

"치(致)는 미루어 지극히 함이다."

"격(格)은 이르는 것이다."

"물(物)은 사(事)와 같다."

"일시(壹是)는 일체이다."

둘째, 한 편 중에서 내용의 단계를 구분하여 각 단계마다 그 대의(大意)를 해설하였다.

주희의 장구는 현대의 중국어 교과서에서 분석한 개괄적인 것과 흡사하다. 즉, 한 편의 문장은 몇 개의 단락으로 나누고 한 단락은 몇 개의 소단락(소절)으로 나누며, 하나의 소단락은 또 몇 개의 단계로 나누었다.

《대학장구》의 주석은 내용의 단계를 단위로 삼았다. "大學之道, 在明明德, 在親民, 在止於至善."이 한 단계이다.

《대학장구》의 경문 205자가 1장인데, 이것을 7단계로 나누었다. 매 단계의 해석은, 글자와 단어 외에도 구의(句意)에 대해 해석이 필요한 것은 모두 해석하였다. 예를 들어 '在止於至善'에 대해 장구에서는 "'명명덕'과 '신민'이 모두 마땅히 '지선'의 경지에 이르고 옮겨 가지 않음을 말한 것이니, 반드시 저 천리의 지극함을 다함이 있고 터럭만큼도 인욕의 사사로움이 없는 것이다.〔言明明德、新民皆當止於至善之地而不遷. 蓋必其有以盡夫天理之極, 而無一毫人欲之私也.〕"라고 해석하였다.

장구는 한 소절(단계)의 내용에 대한 분석이 상당히 자세한 때도 있다. 예를 들어 '物格而后知至'로부터 '國治而后天下平'까지의 주석은 '격물', '치지', '의성', '심정', '신수', '가제', '국치', '천하평'의 과정과 앞의 경지가 뒤의 경지가 되는 조건에 관해 모두 깊이 분석하였다. 이러한 것은 독자들이 원전(原典)의 심오한 뜻을 깊이 이해할 수 있게 해 준다.

셋째, 절(節)과 절, 장(章)과 장의 관계, 다시 말해 각 단계 간에 내제된 연관성에 대해 분석하였다.

주희의 장구는 이 점에서 매우 특색이 있다. 경문 부분의 주석에서 제1절은 "이 세 가지는 대학의 강령이다."라고 하였다. '명명덕', '신민', '지어지선' 이 세 가지는 편 전체의 뜻을 거느리는 사상과 정수가 있는 곳임을 설명한 것이다.

제3절은 "이는 앞의 두 절의 뜻을 맺었다."라고 하였다. '物有本末, 事有終始, 知所先後 則近道矣.'는 '在明明德, 在親民, 在止於至善.'과 '知止而后有定, 定而后能靜, 靜而后能安, 安而后能慮, 慮而后能得.'을 소결(小結)한 것임을 설명한 것이다. 다시 말해, 이 두 개의 절은 사람들에게 수양할 때의 내재된 규범을 감안하여 일을 진행하면 곧 도에 가깝게 된다고 말한 것이다.

제4절에서는 "이 8가지는 대학의 조목이다."라고 하였다. '격물', '치지', '성의', '정심', '수신', '제가', '치국', '명명덕어천하' 8가지가 총 강령에 속하는 8가지 조건임을 설명한 것이다. 이 8조목을 해내야만이 총 강령을 실현할 수 있는 것이다.

제6절과 제7절에서는 "이 두 절은 앞의 두 절의 뜻을 맺었다."라고 하였다. 이는 천자부터 서인까지 누구나 '수신'으로 근본을 삼아야 하며, 이 근본을 중시해야 차츰차츰 '물격', '지지'로부터 '국치'와 '평천하'를 하는 데까지 이를 수 있음을 가리킨 것이다.

전문의 10장 주석도 이와 같다.

결미 부분에서 전서(全書)의 전문(傳文)에 대해 쓴 총결에 대한 주석[99]은, 한 걸음 더 나아가 각 장 사이의 상호 관계와 내재된 논리의 연관성을 가지고 간결하고 명확하게 설명하였다. 이는 조예가 대단하고 매우 뛰어난 것이다.

'장구(章句)'를 서명으로 한 서적들이 반드시 이 세 가지의 특징을 모두

99 원주 : 인용문이 위에 보인다.

가지고 있는 것은 아니다. 왕일(王逸)의 《초사장구(楚辭章句)》는 문자의 훈고와 구의(句意)의 분석은 있으나 구와 구, 절과 절, 장과 장 사이의 상호 연관된 설명이 없다. 그러나 그 주석은 시구(詩句)를 단위로 하여 매 구 아래에 단어 주석을 달고 구(句)의 뜻을 설명하여 일반적인 문자 훈고류와는 다른데, 이것은 본래 장구의 특징이다.

〈구가(九歌)〉와 〈국상(國殤)〉을 예로 들면 다음과 같다.

정문 : 操吳戈兮被犀甲.

오과를 잡고 서갑을 입었네.

왕일 장구 : '과(戈)'는 '극(戟)'이다. '갑(甲)'은 '개(鎧)'이다. 국상이 처음 종군하던 때에 손에 오극(吳戟)을 잡고 몸에 서개(犀鎧)를 걸치고 출정했음을 말한 것이다. 혹자는 '오과를 잡다.'는 뜻이라고 한다. 오과는 방패의 이름이다.

戈, 戟也. 甲, 鎧也. 言國殤始從軍之時, 手持吳戟, 身被犀鎧而行也. 或曰 : 操吾科. 吾科, 楯之名也.

정문 : 霾兩輪兮縶四馬.

두 바퀴를 묻고 네 마리 말을 매었네.

왕일 장구 : '집(縶)'은 '반(絆)'이다. 《시경》에 "잡아맨다.〔縶之維之〕"라고 하였는데, 자기의 말이 비록 죽고 다쳤지만, 다시 두 수레바퀴를 땅에 묻고 네 마리 말을 매어 놓고 가서 끝내 돌아보지 않고 반드시 죽겠다는 각오를 보여 주었다는 것이다. '매(霾)'는 어떤 본에는 '매(埋)'로 되어 있다.

縶, 絆也.《詩》曰"縶之維之", 言己馬雖死傷, 更霾車兩輪, 絆四馬, 終不反顧, 示必死也. 霾, 一作埋.

정문 : 身旣死兮神以靈, 子魂魄兮爲鬼雄.

몸이 이미 죽어서 귀신이 되었으니, 그대의 혼백은 귀신 중에서도 빼어나리라.

왕일 장구 : '국상'이 죽은 뒤에도 정신이 건장하고 혼백이 꿋꿋하여 많은 귀신 중에서도 길이 영웅이 될 것이라는 뜻이다. '子魂魄'은 어떤 본에는 "魂魄毅〔혼백이 꿋

꿋하리라)"로 되어 있고, 어떤 본에는 "子魄毅〔그대의 넋 굳세리라〕"로 되어 있다.
言國殤旣死之後, 精神強壯, 魂魄武毅, 長爲百鬼之雄傑也. 一云"魂魄毅", 一云"子魄毅".

제목 : 國殤

왕일 장구 : 국사에 죽은 자를 이른다. 《소이아》에 이르기를 "주인 없는 귀신을 '상'이라 한다." 하였다.
謂死於國事者. 《小爾雅》曰 : "無主之鬼謂之殤."

장구가 주석의 한 형식인 만큼 다른 주석 형식과도 서로 유사한 부분이 많다. 그래서 우리는 명칭만으로 해당 책의 성질을 단정 지을 수가 없다.

청나라 사람 포기룡(浦起龍, 1679-1762)의 《독두심해(讀杜心解)》 역시 장구의 전형적인 특징을 갖추고 있는데, 실제로는 《두시장구(杜詩章句)》인 셈이다.

그의 《독두심해》는 문자 훈고 외에도 사장(辭章)의 이치를 힘써 탐구하였는데, 주희의 《대학장구》와 방법이 동일하다. 예를 들어, 〈전출새(前出塞)〉 9수에 대해, 《독두심해》에서는 한 장의 뜻을 강명했을 뿐만 아니라 그 장구나 어떤 구절의 어떤 뜻이 이 시 안에서 어떤 지위를 누리고 어떤 작용을 하는지에 대해서까지 주의 깊게 분석하여, 시 전체가 혼연히 하나의 정체(整體)가 되게 하였으니, 독자에게 매우 알기 쉽게 인도해 주는 의의가 있다.

3) 의리류

이른바 '의리류(義理類)'란 주석 가운데 문자 훈고 외에도 사상내용의 분석을 중시하는 것을 가리킨다.

이러한 주석은 주석 대상에 대해 그 언어 자체의 겉으로 드러난 뜻을 해석할 뿐만 아니라, 깊이 들어가 함축된 정밀한 뜻, 다시 말해 미언대의(微言大義)를 찾아낸다. 이러한 미언대의는 전적 자체에 있는 것일 수도 있고, 주석가만이 특별히 지닌 체득일 수도 있다. 이것이 의리류 주석의 기본 특징이다.

전형적으로 의리를 드러낸 것으로 《모시고훈전(毛詩詁訓傳)》보다 더한 것이 없다. 어떤 시구의 주석은 시가의 본뜻에서 매우 동떨어졌으며, 미언대의를 탐구한 부분은 《춘추》 삼전(三傳)보다도 훨씬 심하다.

예를 들어 〈주남(周南) 관저(關雎)〉는 매우 평범한 애정 노래로, 고형(高亨)은 《시경금주》에서 "이 시는 어떤 귀족이 한 아름다운 아가씨를 사랑하다가 나중에는 그녀와 혼인한 것을 노래하였다."라고 하였다. 그 시와 역문[100]을 발췌하면 다음과 같다.

水鳥兒鬧鬧嚷嚷, 요란하게 울어 대는 물새들 關關雎鳩
在河心小小洲上. 강 중앙 작은 모래톱 위에 있네 在河之洲
好姑娘苗苗條條, 날씬하고 어여쁜 아가씨를 窈窕淑女
哥兒想和她成雙. 도련님이 짝을 맺고 싶어 하네 君子好逑

水荇菜長短不齊, 수중의 들쭉날쭉한 행채를 參差荇菜
采荇菜左右東西. 이리저리 뜯는다네 左右流之
好姑娘苗苗條條, 날씬하고 어여쁜 아가씨를 窈窕淑女
追求她直到夢裏. 꿈속에서도 원한다네 寤寐求之

追求她成了空想, 그녀를 원해도 뜻대로 안 되어 求之不得
睜眼想閉眼也想. 자나 깨나 그리워한다네 寤寐思服
夜長長相思不斷, 그리움 끊임없어 밤은 길기만 한데 悠哉悠哉
盡翻身直到天光. 이리저리 뒤척이다 날이 밝았네 輾轉反側

長和短水邊荇菜, 물가의 행채 들쭉날쭉한데 參差荇菜

100 원주 : 여관영(余冠英)의 역문을 따랐다.

采荇人左采右采. 이리저리 뜯는다네 左右采之
好姑娘苗苗條條, 날씬하고 어여쁜 아가씨를 窈窕淑女
彈琴瑟迎她過來. 금슬을 타며 맞이한다네 琴瑟友之

水荇菜長長短短, 수중의 행채 들쭉날쭉한데 參差荇菜
采荇人左揀右揀. 이리저리 부지런히 뜯는다네 左右芼之
好姑娘苗苗條條, 날씬하고 어여쁜 아가씨에게 窈窕淑女
娶她來鐘鼓喧喧. 장가들어 종과 북을 두드린다네 鐘鼓樂之

여관영(余冠英)은 "시인이 노래한 것은, 강가에서 행채를 뜯는 아가씨가 한 남자의 사모하는 마음을 불러 일으켜서, 이리저리 뜯는 아리따운 모습이 그로 하여금 자나 깨나 잊지 못하게 하여 종일토록 생각하기를, 떠들썩하게 그녀에게 장가들어 집에 간다면 정말 좋겠다는 것이다."라고 하였다.

고형의 《시경금주》가 이와 다른 점은, 남자의 신분을 귀족으로 본 데 있다. 대체로 '군자(君子)'·'금슬(琴瑟)'·'종고(鐘鼓)' 등의 단어가 그 증거이다.

이 시는 본래 깊은 뜻이 없다. 공자는 "〈관저〉는 즐거워하되 지나치지 않고, 슬퍼하되 마음이 상하지는 않는다.〔《關雎》樂而不淫, 哀而不傷.〕"라고 하였는데, 이 또한 이 시를 무해하고 건전한 사랑 노래로 본 데에 불과하다.

이 시는 대모공(大毛公)과 소모공(小毛公)[101]에 이르러 곧 봉건 윤리도덕의 색채가 덧씌워지게 되었다. 그 소서(小序)에 이르기를 "〈관저〉는 후비의 덕이며, 풍의 시작이다. 천하를 감화하여 부부의 도를 바로잡는 것이다. 그러므로 시골 사람에게도 쓰고, 방국에도 쓰는 것이다.〔《關雎》, 后妃之德

101 대모공(大毛公)과 소모공(小毛公) : 오늘날까지 전해지는 《시경》은 노(魯)나라의 모형(毛亨)이 '고훈전(詁訓傳)'이라는 주를 만들어 조(趙)나라의 모장(毛萇)에게 전한, 이른바 《모시(毛詩)》라고 하는 것이다. 여기에서 말한 대모공과 소모공은 바로 모형(毛亨)과 모장(毛萇)을 이른다.

也，風之始也，所以風天下而正夫婦也．故用之鄉人焉，用之邦國焉．〕”라고 하였다.

〈관저〉에 대한 모전은 다음과 같다.

경문：關關雎鳩，在河之洲.

관관거리며 우는 저구새가 강의 모래톱에 있네.

모전：흥(興)이다. ‘관관(關關)’은 화목한 소리이다. ‘저구(雎鳩)’는 왕저(王雎)인데, 이 새는 정이 진지하면서도 분별이 있다. 물 가운데 머물 수 있는 곳을 ‘주(洲)’라 한다. 후비가 군자의 덕을 기뻐하여 화목하지 않음이 없고, 군자도 그 미색에 빠지지 않았다. 삼가고 정숙하여 〈관저〉와 같이 분별이 있은 뒤에야 천하를 감화할 수 있는 것이다. 부부가 유별하면 부자가 친해지고, 부자가 친해지면 군신이 공경하며, 군신이 공경하면 조정이 바로 서고, 조정이 바로 서면 왕의 교화가 이루어진다.

興也．關關，和聲也．雎鳩，王雎也，鳥摯而有別．水中可居者曰洲．后妃說樂君子之德，無不和諧，又不淫其色．愼固幽深，若關雎之有別焉，然後可以風化天下．夫婦有別則父子親，父子親則君臣敬，君臣敬則朝廷正，朝廷正則王化成.

경문：窈窕淑女，君子好逑.

아리따운 숙녀는 군자의 좋은 배필이로다.

모전：‘요조(窈窕)’는 그윽하고 얌전한 것이다. ‘숙(淑)’은 선(善)함이고, ‘구(逑)’는 짝이다. 후비가 화목하게 우는 저구새와 같은 덕이 있으니, 이는 얌전하고 정숙한 여인으로서 군자의 좋은 짝이 되기에 적당하다는 말이다.

窈窕，幽閒也；淑，善；逑，匹也．言后妃有關雎之德．是幽閑貞專之善女，宜爲君子之好匹.

이 네 구는 모공(毛公)의 주석을 한 번 거치자 그 미언대의가 참으로 가늠할 수 없을 만큼 고원하고 심오하게 되었다고 할 수 있다. 모공은 시의(詩義)를 거듭 발명하고 한도를 넘어 시구를 승화시켜 천하를 교화하고 나라를 경영할 수 있는 잠언(箴言)으로 만들었으니, 그 시구 밖의 사회적 의의 또한 참으로 위대하고 심원하게 되었다. 만약 제1장에 '군자(君子)'와 '숙녀(淑女)'라는 글자가 있어서 의리 면에서 깊이 발휘되는 조건을 구성할 수 있다면, 제2장의 주석은 거의 망녕된 말에 가깝게 될 것이다.

또 예를 들면 다음과 같다.

> 경문 : 參差荇菜, 左右流之.
>
> 들쭉날쭉한 행채를 이리저리 찾는다네.
>
> 모전 : '행(荇)'은 접여(接余)이다. '유(流)'는 구하는 것이다. 후비가 화목하게 우는 저구새와 같은 덕이 있어서, 마침내 능히 행채를 공급하고 여러 물건을 갖추어서 종묘에 제사 지내는 것이다.
>
> 荇, 接余也; 流, 求也. 后妃有關雎之德, 乃能共荇菜, 備庶物, 以事宗廟也.

기타 시구(詩句)는 《모전》에서 본래 깊이 궁구하지는 않았으나, 정현(鄭玄)의 전(箋)에서는 더욱 보충하고 발명하였다. 예를 들면 다음과 같다.

> 경문 : 窈窕淑女, 琴瑟友之.
>
> 그윽한 숙녀를 금과 슬을 연주하며 벗하도다.
>
> 모전 : 금과 슬을 가지고 벗하며 즐거워하는 것이 마땅하다.
>
> 宜以琴瑟友樂之.
>
> 정전 : 뜻을 함께하는 이가 '우(友)'이다. 현숙한 여자가 후비를 도와 행채를 바치는데, 그 뜻이 금과 슬의 화합하는 뜻과 같으므로 행채를 바칠 때에는 반드시 음악을 연주함을 말한 것이다.
>
> 同志爲友, 言賢女之助后妃共荇菜, 其情意乃與琴瑟之志同, 共荇菜之時樂必作.

주희는 《시집전(詩集傳)》을 지었는데, 의리의 탐구 방면에서 모전(毛傳)과 정전(鄭箋), 공영달(孔穎達)의 소(疏)를 근본으로 하고, 거듭 발명하여 다음과 같이 말하였다.

주나라의 문왕이 날 때부터 성인의 덕이 있고 또 성녀 사씨를 얻어서 배필을 삼았다. 궁중의 사람들이 그녀가 처음 왔을 때 얌전하고 정숙한 덕을 보았으므로 이 시를 지었다.
周之文王生有聖德, 又得聖女姒氏以爲之配. 宮中之人, 於其始至, 見其有幽閑貞靜之德, 故作是詩.

《모시고훈전》이 모든 곳에서 이렇게 함부로 의리를 해설하는 것은 결코 아니다. 어떤 시는 소서(小序)에서 그 내용의 실질적인 것을 잘 보여 주기도 한다. 예를 들면 다음과 같다.

〈벌단〉은 탐하는 것을 풍자하였다. 높은 자리에 있으면서 탐욕스럽고 비루하며 공이 없이 녹을 받으니, 이 때문에 군자가 벼슬에 나아갈 수 없는 것이다.
《伐檀》, 刺貪也. 在位貪鄙, 無功而受祿, 君子不得進仕爾.

〈석서〉는 세금을 과중하게 거두는 것을 풍자하였다. 국인이, 그 임금이 과중하게 거두어서 백성들을 잠식하고 그 정사를 닦지 않으며 탐하면서 남을 두려워하는 것이 큰 쥐와 같음을 풍자하였다.
《碩鼠》, 刺重斂也. 國人刺其君重斂蠶食於民, 不修其政, 貪而畏人, 若大鼠也.

위에서 든 몇 가지 예를 통해서 우리는 하나의 사실을 발견할 수 있다. 즉 옛사람이 주석을 달 때에는 언제나 문자 훈고에만 힘을 쓴 것은 결코 아니며, 그들의 눈은 종종 의리를 분석하고 주제를 제시하는 데에 있었다는 점이다. 지금의 시각으로 보면 조악함이 많아서 가르침으로 삼기에 부족하지만, 주를 단 방법이나 방향은 참조할 만한 적극적인 요소가 많이 있다.

의리를 제시할 경우, 그 기초는 언어 문자의 훈고에 있다. 이 때문에 의리를 중시하는 주석서는 모두 문자 훈고를 필수적인 내용으로 삼은 것이다. 의리를 제시하는 것은 장구와의 관계도 매우 밀접하다. 장구가, 한 구의 말이 무슨 뜻인지, 한 장이나 한 절이 또 무슨 뜻인지, 시 한 수, 문장 한 편이 또 무슨 뜻인지를 설명할 때에, 의리는 이러한 뜻을 밝힌 것을 토대로 한층 심화시켜 작품의 철학 사상이나 정치 견해, 사상 감정 등을 낱낱이 독자들의 눈앞에 드러나게 한다.

의리를 탐구하는 데에는 세 가지 형식이 있다. 하나는 주석학에서 말하는, 주석이 경문에 첨부된 형식이다. 바로 《모시고훈전》이나 《주례정의》와 같은 전(傳)·주(注)·전(箋)·소(疏)이다. 또 하나는 전적 안에서 몇 조목[102]을 뽑아내어 단독으로 주석을 단 것이다. 예를 들면 대진(戴震)의 《맹자자의소증(孟子字義疏證)》이나 유월(兪樾)의 《제자평의(諸子平議)》와 같은 것이다. 나머지 하나는 어떤 한 책 속에서 어떤 한 구나 어떤 한 개념을 찾아내어 고증하여 한 편의 독립된 논문을 만드는 것이다.

이러한 형식들은 의리를 탐구하는 데에는 매우 중요하지만, 이미 일반적인 주석학의 범주에는 속하지 않는다.

4) 종합류

《십삼경주소》에서 〈이아〉를 제외한 나머지 12경의 전(傳)·주(注)·전(箋)·소(疏)는 모두 종합적인 유형으로 볼 수 있다. 이러한 경전의 주석들은 의리만 말하고 훈고나 장구를 말하지 않았다든가, 반대로 문자 훈고와 장구만 말하고 의리를 말하지 않은 것은 단 하나도 없다. 우리가 주석의 내용에 따라 구분한 '문자 훈고류'·'장구류'·'의리류' 등 세 유형은 상대적인 구분일 뿐, 그 경계는 종종 명확하지 않은 것이다. 따라서 그 구분의 원칙은 상

102 원주 : 글자, 어휘, 구가 있다.

대적 경향을 살피는 데 있을 뿐이다.

이 유형의 특징은 바로 다음과 같은 점에 있다. 즉, 문자 훈고로부터 구의(句意)의 설명과 편장(篇章)의 연구, 사상 내용과 사회적 의의의 분석에 이르기까지 갖추어지지 않은 것이 없다는 것이다. 이는 가장 완비된 주석 형식으로, 독자들에게 제공하는 전면적인 지식은 각종 수요를 만족시킬 수 있다.

지금 우리는 고적을 정리하면서 일부분이나 일시적인 역량도 아직 갖추지 못하여 깊은 연구를 하지 못하므로 단지 언어 문자를 해석하는 공부만을 할 수밖에 없는 상황인데, 이것 말고도 일반적으로 모든 방면에 주석을 달아야만 한다.

요즘 사람들의 완비된 주석서는 번역하기까지 하였는데, 양백준(楊伯峻)의 《논어역주》·《맹자역주》 등은 번역한 것이 구주(舊注)에서 구의(句意)를 풀이한 것과의 차이가 매우 작다. 여기에서 우리는 또, 이러한 종합적인 유형에서 오늘날 우리에게 더 요구되는 것은 번역한 것까지도 포함되어야 한다는 것을 알 수 있다.

2 성질에 따라서 구분한 유형

1) 수주류

'수주(首注)'는 이 책에서 만든 명칭으로, 어떤 한 전적의 최초의 주석을 가리킨다. 가장 먼저 낸 주석은 참고할 만한 구주(舊注)가 없기 때문에 '수주'라고 한 것이며, '자위류(自爲類)'라고도 할 수 있다.

수주는 문자 훈고의 수주가 될 수도 있고, 장구와 의리의 수주가 될 수도 있다. 예를 들면 다음과 같다.

《춘추좌전》은 진(晉)나라 두예(杜預)의 주석(현존)이 가장 앞선다.

《춘추공양전(春秋公羊傳)》은 한(漢)나라 하휴(何休)의 주석(현존)이 가장 앞선다.

《맹자》는 한나라 조기(趙岐)의 주석(현존)이 가장 앞선다.

《논어》는 위(魏)나라 하안(何晏)의 주석(현존)이 가장 앞선다.

《초사》는 한나라 왕일(王逸)의 주석(현존)이 가장 앞선다.

이들은 모두 수주라고 할 수 있다.

선진 시대 전적의 '수주'는 진정한 수주라고 말하기는 매우 어렵다. 한유(漢儒)들이 경(經)을 전한 것은 경사(經師)가 구두로 전수한 것이어서 의거할 만한 문자가 없기 때문에, 현재 우리들은 지금까지 전해 오는 가장 앞선 주석을 수주라고 할 뿐이다. 오래된 주석들 중에 일부는 또 반드시 믿을 수 있는 것도 아니다.

예를 들어 《자하역전(子夏易傳)》 11권은 구본(舊本)에 "자하가 찬하였다.〔子夏撰.〕"라고 되어 있으나, 실제로는 후세 사람들이 전하면서 의탁한 것으로, 원래의 서적이 아니다.

또 《상서대전(尙書大傳)》의 경우, 구제(舊題)에는 "한나라 복승이 찬하였다.〔漢伏勝撰.〕"라고 되어 있는데, 정현(鄭玄)의 서문에 의하면 복승의 유설(遺說)로 그의 제자인 장생(張生)과 구양생(歐陽生)이 기록한 것이다.

《상서》 공안국(孔安國) 전(傳)의 경우는, 실제로는 삼국 시대 위(魏)나라 사람인 왕숙(王肅)이 위조한 것이다.

이러한 주석의 특징은 다음과 같다.

첫째, 개창성(開創性)이 있다.

그 책에 대해 이전 사람이 낸 주석이 없고 그때 비로소 주석을 낸 것이다. 이로 인해 주석은 모두 자신의 생각으로, 참고할 만한 구주(舊注)가 있는 다른 주석들과는 다르다. 개창한 것이므로, 왕왕 후세 사람의 주석에 참고로 제공되어 후세 사람이 주석을 낼 때 증거로 제시하거나 비평과 고증을 보충하는 대상이 된다.

예를 들어 《모시고훈전(毛詩故訓傳)》은, 이 모전(毛傳)이 없었다면 후세 사람이 《시경》을 읽고 이해하는 데 매우 어려웠을 것이다. 그리고 후세 사람들의 진보 발전된 《시경》 주석과 연구 또한 필연적으로 이것을 기초로 삼았다. 정현의 전(箋), 공영달의 소(疏), 진환(陳奐, 1786-1863)의 《모시전소(毛詩傳疏)》, 마서진(馬瑞辰, 1782-1853)의 《모시전전통석(毛詩傳箋通釋)》은 모두 모전을 떠날 수 없다.

둘째, 주석이 비교적 간단명료하다.

증거를 대거나 변론할 만한 구주가 없으므로 어휘와 명물을 주석한 것이 간결하고 이해하기 쉽다. 일반적으로 독자에게 이것은 무엇이라고만 알려 주고 증거를 대는 경우는 거의 없으며, 어떤 역사적 사실과 전고(典故)에 대해 필요한 소개만 한다. 《십삼경주소(十三經注疏)》에 있는 13종의 경적에 대한 전주(傳注)는 모두 이러한 특징을 가진다.

《이아(爾雅)》 〈석언(釋言)〉을 예로 들어 보자. "'진(振)'은 신(訊)이다.〔振, 訊也.〕"라는 것에 대해 곽박(郭璞)은 "'진(振)'은 분신(奮訊)이다.〔振者, 奮訊.〕"라고 주석하였고, "통(恫)은 통(痛)이다.〔恫, 痛也.〕"라는 것에 대해 곽박은 "《시경》에 '神罔時恫'이라고 하였다.〔《詩》曰 : 神罔時恫.〕"라고 주석하였다.

앞의 사례에서 곽박의 주석은 단지 네 글자이며, 뒤의 사례에서는 《시경》을 인용하여 증거로 삼았으나 겨우 여섯 자이다. 학의행(郝懿行, 1755-1823)의 《이아의소(爾雅義疏)》는, 앞의 사례에 대한 석문(釋文)은 124자이고 뒤의 사례에 대한 석문은 172자이다. 곽박의 주석과 비교했을 때, 뜻을 풀이한 것에 대한 상세한 정도와 증거를 댄 방증 자료에 있어 매우 차이가 난다.

이 문제는 다음에 논할 것이기에 여기에서는 더 이상 언급하지 않겠다.

2) 술보류

술보류(述補類)에는 두 가지 경우가 있다. 하나는, 스승의 학설이나 누군가의 학설을 조술(祖述)하고 발전시킨 것이다. 예를 들어 송(宋)나라 범처의(范處義)의 《시보전(詩補傳)》 30권은, 《시경》의 소서(小序)를 근거로 하고 여러 사람의 장점을 모은 데다 보충을 더하여 완성하였다. 남송 시대 주석가 가운데 소서를 가장 심하게 공격한 사람으로는 정초(鄭樵, 1104-1162)만 한 사람이 없으며, 소서를 가장 존중했던 사람으로는 범처의만 한 사람이 없다. 여조겸(呂祖謙, 1137-1181)의 《여씨가숙독시기(呂氏家熟讀詩記)》는 소서를 위주로 하고 여러 사람들의 장점을 아울러 모았다.

다른 하나는 구주(舊注)의 부족한 점을 보충한 것이다. 조술류에서 존중하는 것과 폐기하는 것은 모두 정해진 법칙이 없다. 주희의 《시집전(詩集傳)》 8권의 경우, 그 초고는 역시 소서를 인용하였다. 즉 여조겸의 《독시기》에서 "주씨가 말하기를〔朱氏曰〕"이라고 한 것은 모두 《시집전》의 초고이다. 그런데 뒤에 여조겸과 논쟁하고는, 마침내 방향을 바꾸어 소서를 폐기하고 정초의 설을 따랐다. 그리하여 '한나라 이래 사람들이 믿어 의심치 않던 《모시서》에 대한 총체적 비판을 하였다.'[103]

금본 《시집전》에서 여전히 소서를 인용한 것으로는 다음과 같은 것이 있다. 〈주남〉의 제목을 다음과 같이 풀이하였다.

> 소서에 "〈관저〉와 〈인지〉의 교화는 왕의 풍이기 때문에 주공에 연계시켰다. '남'은 교화가 북쪽에서 남쪽으로 퍼져 간 것을 말한다. 〈작소〉와 〈추우〉의 덕은 제후의 풍이다. 선왕이 교화한 것이기 때문에 소공에 연계시켰다."라고 하였는데, 이 말이 옳다.
> 小序曰 : "《關雎》、《麟趾》之化, 王者之風, 故繫之周公. 南, 言化自北而南也. 《鵲巢》、《騶虞》之德, 諸侯之風也. 先王之所以教, 故繫之召公." 斯言得之矣.

103 원주 : 《시집전(詩集傳)》(上海古籍出版社, 1979)의 출판 설명에 보인다.

또 〈갈담(葛覃)〉의 제목을 다음과 같이 풀이하였다.

> 이 시는 후비가 스스로 지은 것이므로 찬미의 말이 없다. 하지만 여기에서 귀해진 뒤에도 부지런하고, 부유해진 뒤에도 검소하고, 어른이 된 뒤에도 사부에게 공경하기를 소홀히 하지 않고, 시집간 뒤에도 부모에게 효도를 소홀히 하지 않은 것을 볼 수 있다. 이는 모두 덕이 후한 것으로 보통 사람들이 하기 어려운 것이다. 소서에 후비의 근본이라고 하였으니, 거의 가깝다.
> 此詩后妃所自作, 故無贊美之詞. 然於此可以見其已貴而能勤, 已富而能儉, 已長而敬不弛於師傅, 已嫁而孝不衰於父母, 是皆德之厚而人所難也. 小序以爲后妃之本, 庶幾近之.

《사고전서총목제요》에서는 이에 대해 "구설을 다 산삭하지 못한 것이다.〔舊者之刪改未完者.〕"라고 하였다. 여조겸과 주희 이후로 시를 말하는 자는 '소서를 공격〔攻序〕'하거나 '소서를 따르는〔宗序〕' 두 가지 부류로 나뉘었는데, 각각 한 쪽만을 주장하고 끝내 균형 잡힌 시각을 갖지 못하여 모범으로 삼을 만하지 않다.

'소(疏)'는 '주(注)'에 위배되지 않으니〔疏不破注〕, '소'는 조술의 전형적인 형식이다. 예를 들면, 《시》에는 모전(毛傳), 정전(鄭箋), 공영달소(孔穎達疏)가 있다. 정현은 《시》에 주를 달 때 모전을 따르는 것을 위주로 하였으며, 모전의 뜻이 은미하면 다시 밝히고 다른 것이 있으면 자신의 의견을 기록하였다. 공영달의 소는 대부분 정전을 따라 지었다.

청나라 왕인지(王引之)의 《경의술문(經義述聞)》은, 아버지 왕염손(王念孫)의 설을 조술하였기 때문에 '술문'이라고 하였다. 이 책은 고인이 경의 뜻을 잘못 풀이한 것을 바로잡기 위해 지은 것으로, 《역》·《시》·《서》·삼례(三禮)·《춘추》 삼전(三傳)·《국어》·《이아》 등의 경을 구분하였는데, 모두

28권이다. 해석을 하면서 방증을 널리 인용하였고, 정밀한 뜻이 특히 많아 훈고의 명저이다.

이른바 '술(述)'은 결코 조술만 하는 것이 아니다. 조술하고 또 그에 대한 보충 설명을 해야 진정한 '술'인데, 이 점은 '보주(補注)'와 또 매우 유사하다.

보주(補注)의 특징은, 한 사람 혹은 여러 사람의 주석을 먼저 나열한 뒤에 보충을 하는데, 앞에서 주석하지 않은 것과 비록 주석을 하였더라도 설명이 상세하지 않거나 틀린 것을 포괄한다. 보주는 일반적으로 '보(補)'라는 글자로 명시한다. 예를 들어 《초사보주(楚辭補注)》는 송나라의 홍흥조(洪興祖)가 왕일(王逸)의 《초사장구(楚辭章句)》를 보완하여 지은 것이다.

왕일의 《초사장구》는 현존하는 《초사》의 주석본 가운데 가장 앞선 책이다. 왕일이 살았던 때는 초사가 지어진 시기와 멀지 않아, 저작 배경, 제목의 뜻, 문자의 훈고, 장구에 대한 풀이에 취할 만한 것이 많다. 홍흥조는 왕일의 원주를 먼저 나열한 뒤에 보주를 더하였다.

> 정문 : 惜往日之曾信兮.
>
> 지난날 일찍이 신임받은 것 서글퍼라.
>
> 장구 : 전에는 신임을 받아 자신이 왕 가까이 있었다.
>
> 先時見任，身親近也.
>
> 보왈 : 《사기》에 "굴원은 아는 것이 많고 기억력이 좋았으며, 세상의 치란에 밝았고 사령문을 잘 지었다. 조정에 들어가서는 왕과 국사를 의논하여 호령을 냈고, 나와서는 빈객을 접대하여 제후를 응대하였다. 왕이 그를 매우 신임하였다."라고 하였다.
>
> 補曰 : 《史記》云 : "原博聞强志，明於治亂，嫻於辭令. 入則與王圖議國事，以出號令；出則接遇賓客，應對諸侯[104]. 王甚任之."

104 侯 : 저본에는 '候'로 되어 있는데, 일반적인 용례에 근거하여 바로잡았다.

정문 : 受命詔以昭《詩》.

임금의 명을 받아 《시》의 뜻을 밝혔다.

장구 : 임금이 굴원에게 고하여 법령을 밝힌 것이다. '시(詩)'는 어떤 본에는 '시(時)'로 되어 있다.

君告屈原, 明典文也. 詩, 一作時.

보왈 : 《국어》에 "장왕이 사미를 태자 잠의 스승으로 삼았는데, 신숙시에게 물어보자 숙시가 말하였다. '《시》를 가르쳐 밝은 덕을 넓혀서 그의 의지를 드러내게 하십시오.'"라고 하였다.

補曰 : 《國語》曰 : 莊王使士[105]亹傅太子箴, 問於申叔時, 叔時曰 : 教之《詩》, 而爲之導廣顯德, 以耀明其志.

정문 : 明法度之嫌疑.

법도의 의심스러운 부분을 밝혔다.

장구 : 법도를 초창하여 여러 어려운 곳을 정하였다.

草創憲度, 定衆難也.

보왈 : 《사기》에 "회왕이 굴원에게 법령을 만들도록 하였는데 아직 초고가 완성되지 않았다. 상관 대부가 보고는 빼앗고자 하였으나 굴원이 허락하지 않자, 그로 인해 참소하기를 '왕이 굴원에게 법령을 만들도록 한 것은 사람들이 다 아는 일인데도 매번 하나의 명령이 나올 적마다 굴원은 자신의 공을 자랑하며 자기가 아니면 할 수 없다고 합니다.'라고 하였다. 왕이 노하여 굴원을 멀리하였다."라고 하였다.

補曰 : 《史記》云 : "懷王使屈原造爲憲令, 屬草藁未定. 上官大夫見而欲奪之, 屈平不與, 因讒之曰 : '王使屈平爲令, 衆莫不知, 每一令出, 平伐其功, 曰非我莫能爲也.' 王怒而疎屈平."

정문 : 屬貞臣而日娭.

바른 신하에게 정치를 맡겨 나날이 즐겁다.

장구 : 충성스럽고 뛰어난 이에게 정치를 맡겨서 즐겁게 쉬는 것이다.

委政忠良, 而遊息也.

105 士 : 저본에는 '土'로 되어 있는데, 통행본 《국어》에 근거하여 바로잡았다.

보왈 : '촉(屬)'은 음이 '촉(燭)'이다. '맡기다'는 뜻이다. '애(娭)'는 음이 '희(嬉)'이다. '유희'라는 뜻이다. 어떤 본에는 '오(娛)'로 되어 있는데, 틀렸다.
補曰 : 屬音燭, 付也. 娭, 音嬉, 戲也. 一作娛, 非是.

왕일의 《초사장구》는 문자의 훈고, 장구의 대의 등 내용 전반에 걸쳐 주석하였다. 위에서 사례로 든 〈석왕일(惜往日)〉에 대한 풀이는 완전히 운문 형태를 취하여 주석도 시가 된다. 홍흥조는 《초사장구》의 미비한 점이나 자세하지 않은 부분을 보충하여, 독자의 연구에 매우 큰 도움을 준다.

보주와 원주가 일치하지 않는 것 역시 주석을 통해 알 수 있다. '身幽隱而備之'를 예로 들면, 왕일의 장구에서는 "비록 초야에 살더라도 행실은 더욱 독실하다.〔雖處草野, 行彌篤也.〕"라고 하였는데, 홍흥조의 보주에서는 "이는, 자신이 버림받은 것은 참소와 비방이 많았기 때문임을 말한 것이다.〔此言身被放[106]棄, 多讒謗也.〕"라고 하여 원주와 다르다.

청나라 왕선겸(王先謙, 1842-1917)의 《한서보주(漢書補注)》는 청대의 《한서》 관련 저작 가운데 대작이다. 《한서보주》 〈서례(序例)〉에 다음과 같은 내용이 있다.

안사고의 주석이 유통되면서부터 《한서》의 뜻이 드러났으니, 제일가는 공신이라 하겠다. 하지만 밝히지 못한 것이 많고 구두의 잘못된 곳과 해석이 뒤섞인 곳도 여기저기 보인다.
自顔監注行而班書義顯, 卓然號爲功臣. 然未發明者固多, 而句讀訛誤, 解釋踳駁之處亦迭見焉.

나라에서 문(文)을 중시하고 학교를 일으켜 여러 역사서를 정밀하게 간

106 放 : 저본에는 없는데, 《초사보주》에 근거하여 보충하였다.

행하자 국내의 노숙한 선비들이 시대의 풍조를 따라 반고의 뜻을 연구하고 주석을 고정(考正)하여 저술이 훌륭하고 풍부해지니, 이러한 융성함은 전대에는 없던 것이었다. 다만 여러 서적에 산견되어 학자들 가운데 모두 익힌 자가 드물었다. 나는 관리가 된 이래로 《한서》에 전념하여 그 뜻을 널리 연구하고 모아 엮기를 여러 해 동안 하여 모두 하나로 만들고는 《한서보주》라고 이름 붙였다.

國朝右文興學, 精刊諸史, 海內耆古之士, 承流向風, 研窮班義, 考正注文, 著述美富, 曠隆往代. 但以散見諸書, 學者罕能通習. 先謙自通籍以來, 卽究心班書, 博求其義, 薈最編摩, 積有年歲, 都爲一集, 命曰《漢書補注》.

당나라 안사고(顏師古)의 주석은 앞 시대 5종의 주석본[107]을 기본으로 하고, 다른 주석본을 증보하여 완성한 것이다. 왕선겸의 보주는, 먼저 안사고의 주석을 열기한 뒤에 '보주(補注)'라는 글자를 표시하여 보충하였다는 것을 밝혔다. 보주에서 인용한 서목(書目)은 수(隋)나라 소해(蕭該, ?-?)의 《한서음의(漢書音義)》, 송(宋)나라 왕응린(王應麟, 1223-1296)의 《예문지고증(藝文志考證)》, 청(淸)나라 전대소(錢大昭, 1744-1813)의 《한서변의(漢書辨疑)》, 전대흔(錢大昕, 1728-1804)의 《입이사고이(廿二史考異)》 등 47명의 저술이다. 이제 하나의 예를 발췌하면 다음과 같다.

정문 : 高祖
고조

107 원주 : 즉 복건(服虔), 응소(應劭), 진작(晉灼), 신찬(臣瓚), 채모(蔡謨) 5명의 주석이다. 진작의 주석은 옛 주석 가운데 복건, 응소를 제외하고 위소(韋昭), 맹강(孟康) 등 14명의 주석을 증보하였다.

순열 : 휘는 방(邦)이고 자는 계(季)이다. '방'은 '국(國)'이다.
장안 : 시법에 '고(高)'는 없다. 공이 가장 높아 한나라 황제의 태조가 되었기 때문에 특별히 이름을 붙인 것이다.
안사고 : "방은 국(國)이다."라고 한 것은, 신하가 피휘하여 대신한 것이다.
왕선겸 왈 : 《사기》에서 "자는 계이다."라고 한 것에 대해, 《사기색은》에서는 다음과 같이 말하였다. "《한서》에서는 '이름은 방(邦)이고 자는 계(季)이다.'라고 하였고 여기에서는 자만 말하였는데, 또한 의심스럽다. 살펴보면, 고조의 큰형은 이름이 '백(伯)'이고 다음은 '중(仲)'이며 다른 이름은 보이지 않는다. 그렇다면 '계' 또한 이름인 것이다. 그러므로 항백(項伯)이 '고조의 어릴 적 자가 계(季)인데 즉위하고 나서 이름을 방(邦)으로 바꾸었다. 뒤에 방을 피휘하고 계를 피휘하지 않음으로 인해 계포(季布)가 여전히 계를 성으로 쓸 수 있었다.'라고 하였다."
내가 살펴보건대, 금본 《한서》에는 이 문장이 없다. 《사기색은》에서 말한 것은 아마도 《한기》의 오류인 듯하다.(이하 생략)
荀悅曰：諱邦，字季．邦之字曰國．張晏曰：凡謚法無高．以爲功最高而爲漢帝之太祖故特起名焉．師古曰：邦之字曰國者，臣下所避以相代也．補注：先謙曰：《史記》云：字季．《索隱》按：《漢書》名邦字季，此單云字，亦又可疑．按高祖長兄名伯，次名仲，不見別名，則季亦是名也．故項伯云高祖小字季，卽位易名邦．後因諱邦不諱季，所以季布猶稱姓．先謙按：今《漢書》無此文，《索隱》所云殆《漢紀》之誤．（下略）

정문 : 母媼嘗息大澤之陂(注略)，夢與神遇．

어머니 유온이 일찍이 대택에서 쉬다가 (주석 생략) 꿈에 신과 만났다.

안사고 : '우(遇)'는 '만남'이다. 미리 기약하지 않고 만나는 것을 '우'라고 한다.
전대소 : 《석언》에 '우(遇)'는 '우(偶)'이니, 짝한다는 뜻이다.
왕명성 : 《시경》 〈초충〉의 "만나기만 한다면〔亦旣覯止〕"에 대해, 모전은 "구(覯)는 만남이다."라고 하였다. 정현의 전에서는 《주역》의 "남녀가 정을 맺다.〔男女覯精.〕"를 인용하였다. '구'는 '우(遇)'의 뜻과 같다.
심흠한 : 참위서는 대부분 요망한데, 후대 사람들이 공공연하게 이것으로 간독을 더럽혔다. 예를 들면, 〈희평사년제요비〉에서는 "경도가 적룡과 교합하여 이요를 낳았다."라고 하였고, 〈성양영대비〉에서는 "하수 가에서 노닐다가 적룡과 교감하여 요를 낳았다."라고 하였다. 이것으로 요를 신격화하고자 한 것이지만 도리어 성인을 모욕한 것이다. 반표의 〈왕명론〉에서는 "유온이 고조를 임신하고 꿈에 신과 만났다."라고 하였는데, 만약 요와 고조가 잉태되기 전에 괴물에 빙의되어 족성을

더럽혔다면 어찌 제왕이 천운에 응하는 근본이겠는가. 불경의 《수행도지경》에 "응하여 태어난 자는 부모의 정(精)이 합하여 다시 포태로 들어간다."라고 하였다. 그렇다면 고조는 용이 와서 육신을 받았을 뿐이다.

왕선겸 왈 : 심흠한의 설이 타당하고 이치에 맞다. 꿈꾸었던 신은 바로 용이다. 우(遇)의 뜻은 마땅히 안사고의 설과 같이 보아야 한다. 전대소와 왕명성은 글자에 얽매인 데서 잘못되었다.

師古曰 : "遇, 會也. 不期而會曰遇." 補注 : 錢大昭曰 : "《釋言》, 遇, 偶也, 對偶之義." 王鳴盛曰 : "《詩·草蟲》'亦旣覯止', 傳 : '覯, 遇也.' 鄭箋引《易》'男女覯精'. 此遇義同." 沈欽韓曰 : "讖緯之書大抵妖妄, 而後人公然以汚簡牘, 如《熹平四年帝堯碑》云'慶都與赤龍交而生伊堯', 《成陽靈臺碑》云'游觀河濱, 感赤龍交而生堯', 欲以神堯, 反爲侮聖. 班彪《王命論》云'劉媼任高祖而夢與神遇', 若堯與高祖先未有身而爲怪物所憑, 以汚族姓, 豈帝王應運之本乎? 釋典《修行道地經》云'應來生者, 父母精合, 便入胞胎', 然則高祖是龍來受身耳." 先謙曰 : "沈說允當正理. 所夢神卽龍也. 遇訓當如顔說, 錢、王失之泥."[108]

3) 변증류

변석(辨析)과 고증(考證)을 '변증(辯證)'이라고 하며, '변증(辨證)'이라고도 쓴다. 시비를 변별하여 밝히고 오류를 바로잡기 때문에 '변정(辯正)'이라고 하며, '변정(辨正)'이라고도 쓴다. 조술이나 보충도 간간이 고증과 변석이 있는데 '변증류'를 따로 세운 것은 변석(辨析)의 요소가 비교적 많기 때문에 성질에 따라 분류한 것이다. 이 종류의 주석은 일반적으로 모두 이전 사람의 주석에 기초하여 진행한다.

특징은 세 가지가 있다.

첫째, 이전 사람이 잘못 풀이했거나 정확하지 못한 곳에 대해 다시 새롭게 변석을 한다.

둘째, 새로운 서목을 인용하거나 새로운 자료를 열거하여 어떤 해설을 증명한다.

108 원주 : 이상은 《한서보주(漢書補注)》 〈고제기(高帝紀)〉에 나왔다.

셋째, 예전 주석에서 미비한 점을 보충하고 주해한다.

근래 진직(陳直, 1901-1980)이 지은 《한서신증(漢書新證)》의 자서(自序)에 다음과 같은 내용이 있다.

'신증(新證)'이라고 한 것은 옛 주석가들과는 다른 방식을 취하였기 때문이다. 인용한 자료는 거연(居延)[109]이나 돈황(敦煌)의 목간(木簡), 한나라의 동기(銅器)·칠기(漆器)·도기(陶器)·봉니(封泥), 한나라의 인장·화폐·석각 등이다. 이 자료들은 때로는 배인(裴駰)의 주석 방식을 모방하였는데, 이것은 증문식(證聞式)으로, 광범위하게 수집하고 옛날 사람의 자료까지 계승하였기 때문에 음의(音義)에 편중되지 않았다.

예를 들면 다음과 같다.

정문 : 起龍淵宮.

용연궁을 지었다.

복건 : 용연궁은 장안 서쪽에 있다.

여순 : 《삼보황도》에 용연궁이 있는데, 지금 장안성 서쪽이다.

안사고 : 《삼보황도》에서 말한 것은 용연묘(龍淵廟)로 무릉의 동쪽에 있는데, 궁이라고 하지는 않았다.

진직 안 : 《소교경각금문》 권11 57쪽에 용연정(龍淵鼎)이 있는데 원삭 3년(기원전 126)에 만들었다. 또 《선재길금록》 〈임기〉 24쪽에 용연궁호(龍淵宮壺)가 있는데 원삭 2년(기원전 127)에 만든 것이다. 또 《소교경각금문》 권11 76쪽에 용연궁행호(龍淵宮行壺)가 있는데 원삭 2년 1월에 만든 것이다. 용연궁은 원광 3년(기원전 132)에서 시작하여 원삭 2년까지 모두 6년을 내려오니, 시대가 딱 들어맞는다.

109 거연(居延) : 고대의 흉노(匈奴)에 대한 전위 거점(前衛據點)이었다. 옛 이름은 거연택(居延澤)·거연해(居延海)이다. 현재 내몽고자치구(內蒙古自治區) 액제납기(額濟納旗) 부근으로 한간(漢簡)이 출토되었다.

복건과 여순 두 사람의 설명이 본래 매우 정확한데, 안사고가 여순의 주석을 반박하다가 도리어 잘못되었다.

服虔曰："宮在長安西[110]." 如淳曰："《三輔黃圖》有龍淵宮，今長安城西有其處.[111]" 顏師古曰："《黃圖》云龍淵廟在茂陵東[112]，不言宮." 直按：《小校經閣金文》卷十一，五十七頁，有龍淵鼎，元朔三年造. 又《善齋吉金錄》任器二十四頁，有龍淵宮壺，元朔二年造. 又《小校經閣金文》卷十一，七十六頁，有龍淵宮行壺，元朔二年正月造. 龍淵宮起於元光三年，下距元朔二年，共有六年，時代正合. 據此服、如二家之說本甚正確，而顏師古駁如注反失之.

정문：征和[113]元年.

정화 원년이다.

응소：사방 오랑캐를 정벌하여 천하가 안정되었다는 말이다.

진직 안：'정화(征和)'는 '연화(延和)'가 되어야 한다. 형태가 비슷해서 생긴 오류이다. 서안에 있는 한나라 때 성터에서 '연화 원년(延和元年)'이라고 쓰인 기와 조각이 나왔는데, 필획이 매우 분명하다. 또 《거연한간석문》 권2 70쪽의 간문(簡文)에도 "미(糜)를 소석(小石)[114]으로 12섬을 내어, 연화 3년 10월 정유 1일에 제2정장 서(舒)가 제7정장 병이(病已)에게 보내 이졸(吏卒) 4인을 먹였다."라고 하였다. 또 같은 쪽의 간문에 "□를 6섬, □를 소석으로 10섬……. 연화 4년 10월 임진 1일 계사에 제2정장 서가 장군 종리 덕에게 받았다."라고 하였다. 기타 목간에도 모두 '연화'로 되어 있다. 〈고혜공신표〉에는 안도후 다음에 "연화 3년에 후흥이 계승하였다."라고 하였으며, 〈경무소선공신표〉에는 "갈역후 공손가가 연화 2년에 아들 경성의 죄로 하옥되어 죽다."라고 하여, 모두 '연화'로 되어 있고 '정화'

110 長安西：저본에는 '長安之西'로 되어 있는데, 《한서신증(漢書新證)》(陳直, 中華書局, 2008)에 근거하여 '之'를 삭제하였다.

111 今長安城西有其處：저본에는 '在長安西'로 되어 있는데, 위 자료에 근거하여 바로잡았다.

112 東：저본에는 없는데, 위 자료에 근거하여 보충하였다.

113 和：저본에는 '如'로 되어 있는데, 위 자료에 근거하여 바로잡았다.

114 소석(小石)：도량형기이다. 대석(大石)과 상대적으로 말한 것으로, 한대(漢代)에 대석의 6분의 1 정도 용량이었다. 예를 들면 곡(穀)은, 소석 15섬이 대석으로 9섬이었으며, 미(糜)는 소석 12섬이 대석으로는 7섬이었다. 《漢語大詞典 小石》

로 되어 있지 않다.[115] 또 살펴보면, 《예석》 권6 〈원량비〉에 '정화 3년'이라고 쓰고 모반자 공손용의 사건을 서술하였다. 이로 보면, 동한 중기와 후기에는 이미 보편적으로 '정화'로 썼기 때문에 망문생훈(望文生訓)한 것임을 알 수 있다.

應劭曰："言征伐四夷而天下和平." 直按：征和當爲延和，形近而誤，西安漢城遺址中曾出"延和元年"瓦片，筆劃很分明. 又《居延漢簡釋文》卷二，七十頁，有簡文云"出麋小石十二石，延和三年十月丁酉朔，第二亭長舒，付第七亭長病已，食吏卒四人"，又同頁有簡文云"□六石□小石十石[116]，延和四年十月壬辰朔，癸巳，第二亭長舒，受將軍從吏德". 見於其他木簡者，無不作延和. 又按：《高惠功臣表》按道侯下云"延和三年侯興嗣"，《景武昭宣功臣表》"葛繹侯公孫賀，延和二年以子敬聲有罪下獄死"，皆作延和，並不作征和.（《功臣表》中，僅擧二例）又按：《隷釋》卷六《袁良碑》敍征和三年[117]反者公孫勇事，可見在[118]東漢中晩期已普遍作征和，故應劭亦就文生訓也.

정문：氐羌徠服.

저족(氐族)과 강족(羌族)이 와서 신복(臣服)하였다.

안사고：'내(徠)'는 옛날의 '왕래하다'는 글자이다.

진직 안：〈예악지〉에 "천마가 왔다.〔天馬徠.〕"라고 하고, 《이아》 〈석언〉에 "격(格)과 회(懷)는 내(徠)이다."라고 하고, 《경전석문》에 "내(徠)는 지금 내(來)로 쓴다."라고 하고, 《예석》 권3 〈당공방비〉에 "아뢰고자 왕래한다.〔休謁往徠.〕"라고 하였다. '내(徠)'를 '내(來)'로 쓴 것이 모두 본문과 같다.

顔師古曰："徠，古往來之字也." 直按：《禮樂志》云"天馬徠"，《爾雅·釋言》"格、懷、徠也"，《經傳釋文》云"徠，今作來"，《隷釋》卷三，《唐公房碑》云"休謁往徠"，以徠爲來，皆與本文相同.[119]

이상 세 가지 사례는 잘못된 것을 바로잡거나 부족한 점을 보충하였는데,

115 원주：공신표 중에 두 가지 예만 들었다.

116 石：저본에는 '面'으로 되어 있는데, 《한서신증》에 근거하여 바로잡았다.

117 敍征和三年：저본에는 '敍征和三年敍'로 되어 있는데, 위 자료에 근거하여 뒤의 '敍' 자를 삭제하였다.

118 在：저본에는 없는데, 위 자료에 근거하여 보충하였다.

119 원주：《한서신증》 〈무제기(武帝紀)〉

인용이 자세하여 앞에서 말한 세 가지 특징과 부합한다.

서명 가운데 '평의(平議)'라고 하는 것도 이러한 종류에 속한다. 청나라 유월(兪樾)은 《군경평의(群經平議)》 35권을 편찬하였으며, 또 《제자평의(諸子平議)》 35권을 편찬하였는데, 그 서목(序目)에 다음과 같이 말하였다.

> 그러나 제자서는 문장이 심오할 뿐만 아니라 고문과 가차자가 많아 주석가들이 모두 다 통달할 수는 없었다. 그리고 유자들은 또 도가 아닌 것은 물리치고 버려두며 전사한 것이 구차한데도 누구 하나 정정하는 이가 없어서, 전도되고 착란되어 독자가 이를 어렵게 여긴다. 내가 경전을 연구하는 여가에 제자서까지 두루 연구하였기 때문에 얕은 식견을 돌아보지 않고 《군경평의》의 체례에 따라 《제자평의》를 지었다.
>
> 然諸子之書, 文詞奥衍, 且多古文假借字, 注家不能盡通, 而儒者又屛置弗道, 傳寫苟且, 莫或訂正, 顚倒錯亂, 讀者難之. 樾治經之暇, 旁及諸子, 不揣鄙陋, 用《群經平議》之例, 爲《諸子平議》.

정문 : 守國之道, 在飾四維.

나라를 지키는 방도는 사유(四維)를 바르게 하는 데 있다.[120]

유월 안 : 예의와 염치는 수식으로 말미암지 않는다. '식(飾)'은 '칙(飭)'으로 읽어야 한다. 《시경》 〈유월〉의 "융거가 바르다.〔戎車旣飭〕"에 대한 모전에 "칙(飭)은 바름이다."라고 하였으니, '칙사유(飭四維)'는 '사유를 바르게 하는 것'이다. '칙(飭)'과 '식(飾)'은 옛날에 통용되었다. 《주역》 〈잡괘전〉에 "고(蠱)는 삼가는 것이다.〔蠱則飭也.〕"라고 하였는데 《경전석문》에 "왕숙본에는 식(飾)으로 되어 있다."라고 하였으며, 《예기》 〈악기〉에 "復亂以飭歸"라고 되어 있는데 《사기》 〈악서〉에는 "復亂以飾歸"라고 되어 있으니, 모두 그 증거이다.

樾謹按 : 禮義廉恥, 非由修飾. 飾當讀爲飭. 《詩·六月》篇"戎車旣飭", 毛傳曰"飭, 正也", 飭四維者, 正四維也. 飭與飾, 古通用. 《易·雜卦》傳"蠱則飭也", 《釋文》曰"王肅

120 원주 : 《관자》 〈목민(牧民)〉

本作飾"，《禮記·樂記》篇"復亂以飭歸"，《史記·樂書》作"復亂以飾歸"，并其證矣.

정문 : 不璋兩原，則刑乃繁.

두 가지 근원을 막지 않으면 형벌이 마침내 번잡해진다.

유월 안 : 윤씨의 주석에 "'장(璋)'은 '장(章)'이 되어야 한다. '장(章)'은 밝힘이다. '두 가지 근원〔兩原〕'이란, 망녕됨〔妄〕과 넘침〔淫〕을 이르는데, '망녕됨'의 근원은 위에서 헤아림이 없는 것이고, '넘침'의 근원은 공교롭게 꾸미는 것을 금하지 않는 것이다."라고 하였다. 윤씨가 앞의 문장을 근거로 두 가지 근원을 설명한 것은 옳다. 그러나 '장(璋)'을 '장(章)'으로 읽은 것은 글자의 정확한 의미를 알지 못한 것이다. '장(璋)'은 바로 '장(墇)'의 오자이다. 《설문해자》 〈토부〉에 "장(墇)은 잡는다〔擁〕는 뜻이다."라고 하였는데, 경전에서는 대부분 '막는다〔障〕'는 의미로 쓰인다. 《여씨춘추》 〈귀직〉에 "이는 그 근원을 막고 물을 흐르게 하려는 것이다.〔是障其原而欲其水也.〕"라고 하였는데, 고유의 주석에 "장(障)은 막는다〔塞〕는 뜻이다." 라고 하였다. '장색(障塞)'은 바로 '장옹(墇擁)'이다. 여기에서 말한 '不璋兩原'은, 바로 《여씨춘추》에서 말한 '障其原'과 같은 뜻이다. 만약 '장(璋)'으로 잘못 쓴 것이 아니더라도 또한 반드시 고쳐서 '장(障)'이 되어야 한다.

樾謹按 : 尹注云 : "璋當爲章. 章，明也. 兩原，謂妄之原，上無量也；淫之原，不禁文巧也." 尹氏據上文以說兩原，是矣. 讀璋爲章，未得其字. 璋乃墇字之誤. 《說文·土部》"墇，擁也"，經典多以障爲之. 《呂氏春秋·貴直篇》"是障其原而欲其水也"，高誘注曰 "障，塞也"，障塞卽墇擁也. 此云"不璋兩原"，正與《呂氏春秋》所云"障其原"者同義. 若非誤作璋，亦必改而爲障矣.[121]

4) 교정류

오류를 교감하고 문자를 정정하는 것은 교정류(校訂類)의 주요한 임무이자 특징이다. 예를 들어 《관자》는, 청나라 때 대망(戴望)의 《관자교정(管子校正)》이 있고, 근대에는 곽말약(郭沫若) 등의 《관자집교(管子集校)》가 있다. 일본인 홍법대사(弘法大師)가 편찬한 《문경비부론(文鏡秘府論)》은, 중국에는 주유덕(周維德)이 교점한 《문경비부론》, 임학량(任學良)의

121 원주 : 이상은 《관자》에 나왔다.

《문경비부론교주(文鏡秘府論校注)》, 왕이기(王利器)의 《문경비부론교주》가 있다.

교정(校訂)은 교주(校注)나 교석(校釋)이라고도 하며, 교보(校補)·교전(校箋)·전교(箋校)라고도 한다. 그 내용에는 교감도 있고 주석도 있다. 단지 문자만 교정한 것도 있는데, 예를 들어 유월(兪樾)의 《제자평의보록(諸子平議補錄)》 가운데 《등석자(鄧析子)》의 경우, 유월은 9조목을 나열하면서 다음과 같이 모두 문자를 교감하였다.

정문 : 不以知慮, 則合於無然也.

지혜로써 하지 않으면 조짐이 없는 것에 합치된다.

유월 안 : '연(然)'은 바로 '짐(朕)'의 오자이다. '짐(朕)'이 '연(肰)'으로 잘못 쓰여서 '연(然)'이 된 것이다. '무짐(無朕)'은 위 문장의 '무형(無形)'이나 '무조(無兆)'와 한가지이다.

樾謹按 : 然乃朕字之誤. 朕誤爲肰, 因誤爲然矣. 無朕, 與上文無形, 無兆一律.

정문 : 一聲而非, 駡勿追[122]; 一言而怱, 駡不及.

한마디 소리라도 잘못하면 사마(駟馬)로도 좇을 수 없고, 한마디 말이라도 소홀히 하면 사마로도 미칠 수 없다.

유월 안 : '매(駡)'는 뜻이 없으니, 바로 '사마(四馬)'라는 두 글자의 오류이다. "한마디 소리라도 잘못하면 사마(四馬)로도 좇을 수 없고, 한마디 말이라도 소홀히 하면 사마(四馬)로도 미칠 수 없다."라는 것은, 바로 이른바 "사마(駟馬)로도 혀를 따를 수 없다."라는 것이다.

樾謹按 : 駡字無義, 乃四馬二字之誤. 一聲而非, 四馬勿追[123], 一言而怱, 四馬不及, 卽所謂駟不及舌也.

122 追 : 저본에는 '迫'으로 되어 있는데, 《제자평의보록(諸子平議補錄)》에 근거하여 바로잡았다.

123 追 : 저본에는 '迫'으로 되어 있는데, 위 자료에 근거하여 바로잡았다.

《문자(文子)》의 경우, 유월은 74개[124]의 조목을 나열하면서 평의(評議)를 더하였는데, 마찬가지로 모두 문자를 교정한 것이다.

정문 : 故與弱者金玉, 不如之尺素.

그러므로 물에 빠진 사람에게 금옥을 주는 것은 한 자의 밧줄을 주는 것만 못하다.

유월 안 : '약(弱)'은 '익(溺)'이 되어야 하고, '소(素)'는 '삭(索)'이 되어야 한다. 사람이 막 물에 빠지면 비록 황금과 보옥을 준다 할지라도 쓸모없으며, 부여잡고 물가로 올라올 수 있는 한 자의 밧줄만 못하다는 말이다. 《회남자》 〈설림〉에 "물에 빠진 사람을 황금과 보옥으로 구하는 것은 여덟 자나 열여섯 자의 밧줄로 구하는 것만 못하다."라고 하였으니, 그 뜻을 증명할 수 있다. 그런데 구주에서는 마침내 "약(弱)은 어리석고 약한 것이다. 한 자의 비단을 주면 혹여 보존할 수 있지만 금옥을 주는 것은 해가 된다."라고 하였다. 이는 전혀 문장 본래의 뜻이 아니다.

樾謹按 : 弱當作溺, 素當作索. 言人方溺水, 雖與金玉而無用, 不如一尺之索, 可以攀援而至岸[125]也. 《淮南子·說林》篇作"予拯溺者金玉, 不若尋常之纆索", 可證其義. 舊注乃云"弱者, 愚弱也. 與之尺素或可保, 與之金玉則爲害", 殊非其義矣.

청나라 왕염손(王念孫)은 매우 정밀하게 교감하여, 그가 지은 《독서잡지(讀書雜志)》는 교감의 모범이라고 할 수 있다. 완원(阮元)이 교각(校刻)을 주도한 십삼경주소는 선본(善本)이라고 부르는데, 각각의 경(經)에 대한 교감이 편장마다 모두 뒤에 붙어 있다. 다음에 별도의 장절(章節)이 있으니, 거기에서 교감 문제에 대해 전문적으로 논하겠다.

5) 찬집류

역사상 중요한 전적은 주석이 특히 많으므로 독자들이 분별하여 검색하기

124 74개 : 저본에는 '73'으로 되어 있는데, 《제자평의보록》에 근거하여 바로잡아 번역하였다.
125 岸 : 저본에는 '攀'로 되어 있는데, 위 자료에 근거하여 바로잡았다.

에는 매우 불편하다. 여러 주석을 합하여 하나의 주석으로 만들어서, 독자들로 하여금 여러 주석가들의 해설의 차이점을 일목요연하게 파악할 수 있도록 하여 열독과 연구에 모두 편리하게 하는 것이 바로 '찬집'이다.

예를 들면, 《사기》의 주석본은 현재 3종류가 있다. 즉 남조 송(宋)나라 배인(裴駰)의 《사기집해(史記集解)》 80권, 당나라 사마정(司馬貞)의 《사기색은(史記索隱)》 30권, 당나라 장수절(張守節)의 《사기정의(史記正義)》 30권이다. 송나라의 각본(刻本)에서는 세 사람의 주석을 《사기》의 정문 아래에 구분하여 열기(列記)하였는데, 이렇게 하자 바로 '회주(滙注)'나 '집주(集注)' 같은 찬집류(纂集類)가 성립되었다.

여러 주석을 모아서 편집하여 책을 만드는데, 자신의 생각으로 단정하지 않거나 자신의 생각을 가끔 아래에 덧붙이기만 하거나 여러 설의 시비에 대해 간단하게 판단한다.

왕선겸의 《한서보주(漢書補注)》도 이런 유에 속한다. 《한서보주》는 안사고의 고주(古注)에 대해 보충한 것으로, 그 성격과 방법이 여러 설을 나열하면서 서술하기만 하고 판단은 거의 하지 않았는데, 안사고가 "여러 유파를 재단하였는데 자신의 판단에 따랐다.〔截斷衆流, 自出心裁.〕"라고 한 것과는 성격이 크게 다르다.

근대 사람 노필(盧弼)이 지은 《삼국지집해(三國志集解)》는 청대 학자가 이미 이루어 낸 성과를 모으고 자신이 다시 한 번 교감작업을 얼마간 하였는데, 또한 찬집류에 속한다. 현대 사람 오칙우(吳則虞)가 지은 《안자춘추집석(晏子春秋集釋[126])》 또한 찬집류이다. 《안자춘추집석》이 참고한 《안자춘추》 판본은 원각본(元刻本), 명나라 활자본, 성화각본(成化刻本), 가정각본(嘉靖刻本) 등 24종이 있으며, 주석은 손성연(孫星衍)의 《안자춘추음의(晏子春秋音義)》, 노문초(盧文弨)의 《안자춘추습보(晏子春秋拾補)》,

126 釋 : 저본에는 '解'로 되어 있는데, 서명의 오류이므로 바로잡았다. 이하도 같다.

왕염손(王念孫)의 《독안자춘추잡지(讀晏子春秋雜志)》 등 44종을 수록하고 있다. 그 체례(體例)는 다음과 같다.

정문 : 景公疥且瘧.

경공이 옴을 앓더니 또 학질에 걸렸다.

손성연 : 《설문해자》에 "개(疥)는 긁는 것이다."라고 하였다. 안지추의 《가훈》에서는 '해(痎)'라고 하였다. 《좌전》 소공 24년 조에 "제후가 옴에 걸렸다가 학질이 되었다.〔齊侯疥遂店.〕"라는 문장의 두예 주석에 "점(店)은 학질(瘧疾)이다."라고 하였다.

소여 : '개(疥)'는 '해(痎)'가 되어서는 안 된다. 《주례》 〈질의〉에 "여름에는 개질을 앓고 가을에는 한질을 앓는다.〔夏時有痒疥疾, 秋時有瘧寒疾.〕"라고 하였는데, 가공언의 소에 "4월은 순양(純陽)이 용사한다. 5월 이후에 음기가 처음 일어나 수(水)가 화(火)를 해친다. 수(水)는 갑(甲)이 되는데, 옴〔疥〕에 껍질〔甲〕이 있으므로 옴병이 있게 된다."라고 하였다. 《황제내경소문》 〈생기통천론〉에서는 "봄에 풍(風)에 상하여 나쁜 기운이 이어지면 이에 동설(洞泄)이 되며, 여름에 더위에 상하여 가을에 학질이 된다."라고 하였고, 〈학론〉에서는 "풍(風)은 학질과 서로 비슷한 유이다."라고 하였다. 옴 또한 풍(風)의 소치이므로 바뀌어 학질이 되는 것이다.

오칙우 안 : 소씨의 설이 맞다. '개(疥)'를 '해(痎)'로 한 것은 육조 시대 사람의 잘못이다. 《안씨가훈》 〈서증〉과 《좌전》 소공 20년 조의 정의(正義)에서 원압(袁狎)의 설을 인용하여 "개(疥)는 해(痎)가 되어야 한다."라고 하고, 《경전석문》에서 양 원제(梁元帝)의 음이 '해(該)'라는 것을 인용하여 '해(痎)'라고 하였는데, 모두 틀린 것이다. 《설문해자》에서 '점(店)'의 전서 아래에 《좌전》의 "제후가 마침내 학질에 걸렸다.〔齊侯遂店.〕"라는 문장을 인용하였으니, 증험할 수 있다. '점(店)'은 《설문해자》에 "열학(熱瘧)이 있는 것이다."라고 하였다. '개(疥)'는 긁는 것이다. 제후의 질병이 일 년 만에 나았는데, 처음에는 옴을 앓다가 열이 장부에 들어가 학질이 되었다. 《좌전》에서 '疥遂店'이라 하고 여기에서 '疥且瘧'이라 하였으니, '수(遂)'라 하고 '차(且)'라 한 것은 선후의 순서를 밝힌 것이다. 송함희의 《석음일기》 권5에 고증이 있으니, 참고할 만하다.

孫星衍云 : "《說文》'疥, 搔也', 顏之推《家訓》以爲痎字. 《左傳·昭·二十年》'齊侯疥遂店', 杜預注'店, 瘧疾'." 蘇輿云 : "疥不當作痎. 《周禮·疾醫》'夏時有痒疥疾, 秋時有瘧寒疾', 賈疏云'四月純陽用事, 五月已後, 陰氣始起, 惟水沴火, 水爲甲, 疥有甲, 故有疥痒之疾',《素問·生氣通天論》'春傷於風, 邪氣流連[127], 乃爲洞泄, 夏傷於暑, 秋爲痎瘧',《瘧論》'風之與瘧也, 相似同類'. 疥亦風所致, 故轉而爲瘧也." 則虞案:蘇說是. 以"疥"爲"痎", 此六朝人之誤. 《顔氏家訓·書證篇》、《左傳·昭·二十年》正義引袁狎云"疥當爲痎",《釋文》引[128]梁元帝音"該", 作"痎", 皆誤. 《說文》痁篆下引《左傳》作"齊侯遂痁", 可證. 痁者,《說文》云"有熱瘧". 疥者, 搔也. 齊侯疾愈一年, 其初疥痒, 熱入於臟府, 遂成爲熱瘧. 《左傳》曰"疥遂痁", 此云"疥且瘧", 曰遂曰且, 以明先後之序. 宋咸熙《惜陰日記》卷五有考, 可參閱.

정문:期年不已.

일 년이 되도록 그치지 않았다.

오칙우 안:《좌전》에는 "일 년이 되도록 낫지 않았다."라고 하였으니,《안자춘추》〈외편〉의 제7장과 같다.

則虞案:《左傳》作"期而不瘳", 與《外篇》第七章同.[129]

당대의 저명한 《초사》 학자인 유국은(游國恩)이 편찬한 《이소찬의(離騷纂義)》와 《천문찬의(天文纂義)》는, 매 한 조목의 주석에 여러 사람의 설을 먼저 나열한 뒤에 자신의 안어(按語)를 붙였다.

예를 들면, 〈이소〉의 "고양씨의 후예여, 나의 아버지는 백용이라네.〔帝高陽之苗裔兮, 朕皇考曰伯庸.〕"라는 구절에 대해, 왕일(王逸), 여연제(呂延濟), 섭몽득(葉夢得), 홍흥조(洪興祖), 주희(朱熹), 전고지(錢杲之), 왕원(汪瑗), 이진옥(李陳玉[130]), 왕부지(王夫之), 하관(賀寬), 임운명(林雲銘), 유헌정(劉獻廷), 오세상(吳世尙), 해녹이(奚祿詒), 호문영(胡文

127 連:저본에는 없는데,《안자춘추집석》(中華書局, 1982)에 근거하여 보충하였다.

128 引:저본에는 '補'로 되어 있는데, 위 자료에 근거하여 바로잡았다.

129 원주:이상은《안자춘추》〈내편(內篇) 간 상(諫上)〉의 "경공이 병이 오래도록 낫지 않자 축사를 주살하여 안자의 직간에 사례하려 하였다.〔景公病久不愈欲誅祝史以謝晏子諫〕"에 보인다.

130 玉:저본에는 '王'으로 되어 있는데, 인명의 오기(誤記)이므로 바로잡았다.

英), 양장거(梁章鉅), 주명(朱銘), 왕개운(王闓運) 등 18명의 주석[131]을 먼저 나열한 다음에 안어(按語)를 붙여 자신의 판단을 표명하였다.

주석학에서의 찬집류는 자료를 모으기만 하는 것과는 다르다. 예를 들어 완원(阮元)의 《경적찬고(經籍纂詁)》는, 첫 글자를 기준으로 하여 아래에 경·사·자·집에 나오는, 이 글자와 관련된 주석을 나열하고 편자의 의견은 밝히지 않았다. 이 책은 일종의 유서(類書)와 비슷한 자서(字書)이다.

또 '고림(詁林)'이라는 종류가 있는데 고문자학에서 사용되는 명칭으로, 이 책의 논의에는 들어 있지 않다.

3 주석이 제공하는 지식 정보의 양에 따라서 구분한 유형

1) 간주

이른바 '간(簡)'이라는 것은 간명하게 요점을 잡아냈다는 뜻이다. 이것은 두 방면으로 이해할 수 있다.

첫째, 주석의 조목(내용)이 비교적 적고 범위도 비교적 좁다는 것이다.

둘째, 주석을 낼 때 일반적으로 주석의 대상이 무엇인지, 해석을 어떻게 하는지만을 설명하는 것이다.

일반적으로 증명을 하지 않거나 증명을 하는 것이 적으며, 얼마간의 고변(考辨)도 하지 않는다.

이로 인해 주석이 비교적 간단명료하다. 한(漢)나라 마융(馬融)이 편찬한 《충경(忠經)》 18장은 매 장(章)이 100자 내외인데, 정현(鄭玄)은 주석을 달면서 단지 구절의 뜻에 대해서만 간략하게 설명하였다. 즉 간주에 속한다.

131 18명의 주석 : 《이소찬의(離騷纂義)》(中華書局, 1982, 8쪽)에 따르면, 하이손(賀貽孫) 한 명이 더 있다.

정문 : 惟臣以天子之命, 出於四方以觀風. 聽不可以不聽, 視不可以不明.

오직 신하는 천자의 명으로 사방에 나가 풍속을 살필 때, 듣는 것은 밝게 듣고 보는 것은 밝게 보아야 한다.

정현 주 : 사신의 사행은 임금의 이목과 같으므로 밝게 보고 듣지 않으면 자신의 임무를 감당할 수 없다.

使臣之行如君耳目, 不聽不明, 不勝其任.

정문 : 聽則審於事. 明則辨於理.

밝게 들으면 일을 살필 수 있고, 밝게 보면 이치를 분변할 수 있다.

정현 주 : 밝게 듣지 않으면 소문에 미혹되고 밝게 보지 않으면 본 것에 가린다.

不聽則惑其所聞, 不明則蔽其所見.

정문 : 理辨則忠, 事審則分.

이치를 분변하는 것은 충이요, 일을 살피는 것은 분별이다.

정현 주 : 이치가 분변되지 않으면 판단이 치우치게 되고, 일이 제대로 살펴지지 않으면 믿음이 미혹되게 된다.

理不辨則其斷偏, 事不審則其信惑.

정문 : 君子去其私, 正其色.

군자는 사사로운 정을 떨쳐 버리고 용모를 바르게 해야 한다.

정현 주 : 사사로움이 제거되면 감정이 제거되고 용모가 바르게 되면 사특함이 멀어진다.

私去則情滅, 色正則邪遠.

정문 : 不害理以傷物,

이치를 해쳐 물을 상하게 하지 않는다.

정현 주 : 죄를 찾아내는 것으로 공을 삼으면 각박하게 된다.

求罪爲公則成刻薄.

정문 : 不憚勢以擧任.

권세에 구애되어 사람을 거용하지 않는다.

정현 주 : 거용하는 것은 반드시 재주를 기준으로 해야 하며 권세에 따라 해서는 안 된다.

擧必以才, 不必以勢.

정문 : 惟善是與, 惟惡是除.

오직 선하면 인정하고 악하면 배제한다.

정현 주 : 선하면 원수라도 천거하고 악하면 친척이라도 배제한다.

善雖讐必薦, 惡雖親必去.

정문 : 以之而陟則有成,

그것으로 등용되면 이룸이 있을 것이고,

정현 주 : 군자가 재능을 발휘하는 것이다.

君子效能也.

정문 : 以之而黜則無怨.

그것으로 내쳐지더라도 원망이 없다.

정현 주 : 소인이 죄를 인정하는 것이다.

小人伏罪也.

정문 : 夫如是則天下敬職, 萬邦以寧.

이와 같이 한다면 천하가 직분을 공경히 수행하여 세상이 평안해질 것이다.

정현 주 : 관리가 정사를 수행하는 데 힘쓰니, 사람들이 비로소 평안을 얻게 된다.

官務修政, 人始獲安.

정문 : 《詩》云 : "載馳載驅, 周爰諮諏."

《시경》에 "말을 달리고 채찍질하여 두루 자문한다."라고 하였다.

정현 주 : 부지런히 노력하며 안일하게 지내지 않아서 이 권유를 잘 따르는 것이다.
勤勞不寧，善斯勸矣.[132]

위 사례는 어휘를 풀이하지 않았다는 점에서 전형적인 주석은 아니다. 청대 사람 필원(畢沅)이 편찬한 《묵자교주(墨子校注)》도 비교적 간략하다. 〈상현(尙賢[133])〉은 상·중·하 3편으로 나뉘어 있는데, 필원이 교주한 상편은 겨우 열 조목이다. 예를 들면 다음과 같다.

정문 : 四鄙之萌人.

사비의 백성들

필원 교주 : '맹(萌)'은 '맹(氓)'의 가차자이다.
萌,氓字之假音.

정문 : 故古者堯擧舜於服澤之陽.

옛날에 요 임금이 복택(服澤)의 북쪽에서 순을 천거하였다.

필원 교주 : '복택'은 어디인지 자세하지 않다. '복(服)'과 '포(蒲)'는 음가의 완급 차이만 있으니, 혹 포택(蒲澤)인 듯하다. 포택은 지금의 포주부(蒲州府)이다.
未詳其地，服與蒲音之緩急，或卽蒲澤，今蒲州府.

정문 : 莫不敬懼而施.

삼가고 조심하여 베풀지 않음이 없다.

필원 교주 : 다음에 한 글자가 빠진 듯하다.
下疑脫一字.

132 원주 : 《충경》 〈관풍장〉 제9

133 賢 : 저본에는 '貢'으로 되어 있는데, 《묵자》에 근거하여 바로잡았다.

청대의 형당퇴사(蘅塘退士) 손수(孫洙, 1711-1778)가 편찬한 《당시삼백수(唐詩三百首)》는 단지 방비(旁批)[134]만 하고 어휘에 주석을 달지 않았으니, 간주에 속한다. 진완준(陳婉俊)이 이 책에 보주(補注)를 하였는데, 그 〈범례〉 첫 번째에 다음과 같이 말하였다.

> 이 책의 이름을 '보주'[135]라고 하였으니, 단지 사실을 설명하여 살펴보는 데에 도움이 되게 하였을 뿐이다. 시에 담긴 깊은 함의와 오묘한 의경은 독자가 마땅히 스스로 파악해야 하므로 억지로 나의 틀에 맞출 필요는 없다. 잘못된 설명은 도리어 초학자들의 마음을 매몰시킬 수 있으므로 식자들은 이를 살펴야 할 것이다.
> 是書名曰補注, 但詮事實, 以資檢閱. 若詩中義蘊之深, 意境之妙, 讀者宜自領取, 無庸强就我範, 曲爲之說, 反汩初學性靈也, 識者鑑諸.

이백(李白)의 〈월하독작(月下獨酌)〉을 예로 들면 다음과 같다.

꽃밭에서 한 동이 술을	花間一壺酒
혼자 마시나니 친한 이 없네	獨酌無相親
술잔 들어 달을 초대하니	擧杯邀明月
그림자까지 셋이 되었네	對影成三人
달은 술 마실 줄 모르고	月旣不解飮
그림자는 나만 따라 할 뿐	影徒隨我身
잠시 달과 그림자와 짝하노니	暫伴月將影
즐기는 것 봄날이어야 하리	行樂須及春

134 방비(旁批) : 본문 옆에 써 놓은 평어(評語)이다.
135 보주 : 전체 명칭은 《당시삼백수보주》이다.

내가 노래하면 달은 배회하고　　我歌月徘徊
내가 춤을 추면 그림자는 흔들흔들　　我舞影零亂
깨 있을 땐 함께 즐기더니　　醒時同交歡
취한 뒤에는 각자 흩어졌네　　醉後各分散
오래도록 정에 매이지 않는 교유를 맺어　　永結無情游
은하수 저 멀리서 만나기를 기약하노라　　相期邈雲漢

손수 방비 : 제목에서는 본래 '홀로 마시다〔獨酌〕'라고 하였는데, 시에서는 도리어 가상의 세 사람이 나온다. '달과 그림자와 짝하였다'는 말은, 거듭 생각해 보면 홀로 있음이 더욱 두드러진다.
題本獨酌, 詩偏幻三人, 月影伴說, 反復推勘, 愈形其獨.

위 방비는 3구에서 7구의 옆에 두었다. 이에 대한 진완준의 보주(補注)는 2개가 있다. 하나는 '月徘徊'이고, 다른 하나는 '雲漢'이다.

진완준 보주
월배회(月徘徊) : 조식의 시에 "밝은 달이 높은 누대 비추나니, 달빛은 흐르며 배회한다네."라고 하였다.
曹植詩 : "明月照高樓, 流光正徘徊."
운한(雲漢) : 《시경》〈역복〉 4장에 "저 큰 은하수 하늘에서 환하여라."라고 하였는데, 주석에 "운한(雲漢)은 은하수이다."라고 하였다.
《詩·棫樸》四章 : "倬彼雲漢, 爲章于天." 注 : "雲漢, 天河也."

현대의 마비백(馬非百, 1896-1984)이 주석한 《염철론(鹽鐵論)》은 《염철론간주(鹽鐵論簡注)》라고 한다. 이 책의 간주는 작자의 《염철론집주장편(鹽鐵論集注長編)》을 줄여서 만든 것이다. 주요한 특징은 다음과 같다.

첫째, 매 편마다 매우 간단하게 제목을 풀이한 것이 있다.

예를 들면 다음과 같다.

本議第一

제목 : 본의 제일

'본(本)'은 기본이고 '의(議)'는 토론이다. '본의(本議)'는, 이번 회의에서 토론의 중심 의제라는 말과 같은데, 염철(鹽鐵), 균수(均輸), 주각(酒榷) 등 관영사업과 관련이 있는 것을 가리켜 말한다.

둘째, 직접 주석을 내는 것으로, 일반적인 상황에서는 경(經)이나 전(傳)을 인용하지 않고, 가능한 한 통속 언어를 사용하였다.

예를 들면 다음과 같다.

惟始元六年

시원 6년

'유(惟)'는 어조사이다. '시원(始元)'은 한나라 소제(昭帝) 유불릉(劉弗陵)의 연호이다. '시원 6년'은 기원전 81년[136]이다.

셋째, 독자들이 비교적 쉽게 읽고 이해할 수 있도록 필요한 경우 구절마다 뜻을 풀이하였다.

예를 들면 다음과 같다.

文學對曰 : "① 竊聞治人之道, ② 防淫佚之原, ③ 廣道德之端, ④ 抑末利而開仁義, ⑤ 毋示以利, ⑥[137] 然後敎化可興而風俗可移也."

문학이 대답하였다. "삼가 들으니 백성을 통치하는 방도는, 사치와 부패

136 기원전 81년 : 저본에는 '公元前八十年'으로 되어 있는데, 《동양연표(東洋年表)》에 근거하여 바로잡았다.

137 ⑥ : 저본에는 '⑨'로 되어 있는데, 앞뒤 문맥을 살펴 바로잡았다.

의 근원을 막고 도덕의 단서를 넓히며 말단의 이익을 억제하고 인의를 열어 이끗을 보이지 않게 하는 것이니, 그런 뒤에야 교화가 흥기되어 풍속이 바뀔 수 있을 것입니다."

① '절(竊)'은 자신〔私〕이라는 뜻으로 겸사이다. '치인지도(治人之道)'는, 통치 계급이 백성들을 통치하는 방법을 가리킨다.

② '방(防)'은 담장이나 요새〔堵塞〕로, 막는 것이다. '음일(淫佚)'은 '음일(淫泆)'로도 쓰는데, 지나치게 사치하고 부패한 것이다. '원(原)'은 근원이다. 이 구절은 지나친 사치와 부패의 근원에 대한 생산을 막아야 한다는 말이다.[138]

넷째, 이 밖에 구주(舊注)의 오류에 대해서도 가늠하여 논의하였다.

하지만 자신의 독창적인 견해인 경우에는 주석이 조금 자세하다.

2) 상주

이른바 '상(詳)'이라는 것은 '자세하게 밝히다'는 뜻이다. 이는 두 가지 방면으로 이해할 수 있다.

첫째, 주석의 조목, 즉 내용이 비교적 많고 범위가 비교적 넓다는 것이다.

둘째, 주석은, 대상이 무엇이고 해석을 어떻게 하는지만 설명하는 것이 아니라 방증을 끌어들여 필요한 고변(考辨)을 행하고 왜 이렇게 풀이했는지를 설명해야 한다.

이 때문에 주석이 일반적으로 비교적 상세하다. 먼저 나온 관련 장절(章節)[139]에서 '소(疏)'나 '정의(正義)'와 같은 것들이 '상주'에 속한다고 이미 말하였다. 매우 전형적인 예가 《십삼경주소》의 '소'이다. 상세한 까닭은 '소'나

138 원주 : 이하의 주석은 생략한다.

139 장절(章節) : 제2장 1절을 이른다.

'정의'를 지으면서 주석에 대한 주석을 냈기 때문이다. 특징은 다음과 같다.

첫째, 문장의 전체적인 풀이 내용이 증가한다.

둘째, 주석에 대한 주석을 낸다.

《상서》〈요전(堯典)〉을 예로 들면 다음과 같다.

경문 : 曰若稽古帝堯, 曰放勳, 欽明文思安安, 允恭克讓, 光被四表, 格于上下.

옛 도를 잘 따르고 상고했던 제요는 앞 시대에 이룩했던 공적을 본받아, 공경하고 밝고 문채롭고 생각함이 편안하며 진실로 공손하고 능히 겸양하시어, 사방을 가득 뒤덮었으며 상하 천지에 이르렀다.

공안국(孔安國)의 전(傳)은 세 군데를 주석하였다.

공안국 전

'약(若)'은 '따르다'는 뜻이고, '계(稽)'는 '상고하다'는 뜻이다. 옛 도를 잘 살펴서 행하는 자가 요 임금이다.

若, 順; 稽, 考也. 能順考古道而行之者帝堯.

'훈(勳)'은 '공'이라는 뜻이고, '흠(欽)'은 '공경하다'는 뜻이다. 요가 앞 시대에 이룩했던 공적과 교화를 본받아 공경·밝음·문채·생각의 네 가지 덕으로 마땅히 편안히 해야 할 천하 사람을 편안하게 하였다는 말이다.

勳, 功; 欽, 敬也. 言堯放上世之功化, 而以敬明文思之四德安天下之當安者.

'윤(允)'은 '진실로'라는 뜻이고, '극(克)'은 '능히'라는 뜻이다. '광(光)'은 '꽉차다'는 뜻이고 '격(格)'은 '이르다'는 뜻이다. 이미 네 가지 덕을 소유하고 또 진실로 공손하며 능히 겸양한 까닭에 그의 이름이 사방에 가득하여 천지에 이른 것이다.

允, 信; 克, 能; 光, 充; 格, 至也. 旣有四德, 又信恭能讓, 故其名聞, 充溢四外, 至于天地.

공영달(孔穎達)의 소는 먼저 원문 '曰若'에서 '上下'까지의 대의를 풀이하고, 다시 세 부분으로 나누어 전(傳)의 '若順'에서 '帝堯'까지, 전(傳)의 '勳

功'에서 '安者'까지, 전(傳)의 '允信'에서 '天地'까지에 대한 소를 지었다. 전의 문장은 모두 75자인데, 소의 문장은 1103자에 이른다.

전의 '允信'에서 '天地'까지의 소는 다음과 같다.

> '允, 信; 格, 至'는 《이아》〈석고〉의 내용이고, '克, 能; 光, 充'은《이아》〈석언〉의 내용이다. 자신에게 있으면 덕이 되고, 이것을 베푸는 것을 '행(行)'이라고 한다. 정현은 "지위에 있으면서 나태하지 않는 것을 '공(恭)'이라 하고, 어진 이를 높이고 잘 대우하는 것을 '양(讓)'이라 한다."라고 하였으니, 공(恭)과 양(讓)은 시행하는 명칭이다. 위에서는 요 임금의 덕을 말하고, 여기서는 요 임금의 행실을 말하므로 전(傳)에서 문(文) 다음에 말하였다.
>
> 요 임금이 이미 공경·밝음·문채·생각의 네 가지 덕을 소유하고 또 진실함과 공손함으로 미루어 사양함을 잘하니, 아랫사람이 그의 공손함과 겸양을 사랑하여 그의 덕음을 전한 까닭에 그 이름이 멀리까지 퍼졌다. 두루 유전되면 사방에 가득하고 위아래로는 천지에 이르니, 공손함으로 자신을 다잡고 겸양으로 남을 대하여 자신으로부터 사물에 미치므로 먼저 공손하고 뒤에 겸양하는 것이다. 공손함은 진실됨을 말하고 겸양은 능함을 말하니, 글자를 서로 바꾼 것일 뿐 모두 진실함과 능함을 말한 것이다.
>
> 공안국 전에서 '일(溢)'을 '피(被)'로 해석하였으니, 넉넉하고 많아 가득 차서 넘치므로 미치게 된다는 말이다. 표리와 내외는 상대하는 말이므로 표를 외로 한 것이다. 위아래로 향한다는 것은 끝에 이르렀다는 것이고, 사방에 두루 퍼진 것은 끝이 없는 것이다. 그러므로 사표(四表)에는 피(被)라고 한 것이고 상하(上下)에는 지(至)라고 한 것이다. 사외(四外)는 한계가 없으므로 안으로부터 말한 것이니 멀리까지 이르렀음을 말한다. 바로 사방의 바깥 경계로 《이아》에서 이른 바 사해

(四海), 사황(四荒)의 지역이다.

사표를 앞에 두고 상하를 뒤에 둔 것은, 사람의 명성은 의당 사람에게 먼저 미치고 나서 사표에 이르는 것으로, 이는 사람이 먼저 알기 때문에 먼저 '至人'을 말하고 뒤에 '至于上下'를 말하고 '至于天地'를 말한 것이다. 그 소문이 멀리에 이르렀음을 비유한 것으로《예기》〈예운〉에 "성인이 정치를 하면 하늘에서 단비를 내리게 하고 땅에서 예천(醴泉)을 내게 한다."라고 하였으니, 명망이 멀리까지 전달되어 온 세상에 영험이 드러나게 하는 것으로, 이 또한 상하에 미치는 일이다.

正義曰：允, 信；格, 至,《釋詁》文. 克, 能；光, 充,《釋言》文. 在身爲德, 施之曰行. 鄭玄云"不懈於位曰恭, 推賢尙善曰讓", 恭讓是施行之名. 上言堯德, 此言堯行, 故傳以文次言之；言堯旣有敬明文思之四德, 又信實恭勤, 善能推讓, 下人愛其恭讓, 傳其德音, 故其名遠聞, 旁行則充溢四方, 上下則至于天地, 持身能恭, 與人能讓, 自己及物, 故先恭後讓. 恭言信, 讓言克, 交互其文耳, 皆言信實能爲也. 傳以溢解被, 言其饒多盈溢, 故被及之也. 表裏內外, 相對之言, 故以表爲外. 向下向上, 互有所限；旁行四方, 無復限極. 故四表言被, 上下言至, 四外者以其無限, 自內言之, 言其至於遠處, 正謂四方之外畔者, 當如《爾雅》所謂四海四荒之地也. 先四表後上下者, 人之聲名宜先及於人, 後被四表, 是人先知之, 故先言至人, 後言至于上下, 言至於天地, 喩其聲聞遠耳,《禮運》稱聖人爲政, 能使天降膏露, 地出醴泉, 是名聞遠達, 使天地效靈, 是亦格于上下之事.

전(傳)과 비교할 때 소(疏)는, 전이 뜻을 풀이한 근거와 유래를 설명하고 전문(傳文)에서 풀이한 대의를 분석하여 주석을 더욱 명료하게 하였다. 아울러 경문의 정확한 어휘 사용에 대해 필요한 보충과 설명을 하였다. 이러한 방식은 독자들로 하여금 더욱 자세한 지식을 얻게 한다.

다음에는 《독두심해(讀杜心解)》와 《두시상주(杜詩詳注)》를 예로 들어 비교 분석해 보겠다.

《독두심해》는 청나라 포기룡(浦起龍, 1679-1762)이 찬하였다. 포기룡은, 자가 이전(二田)으로, 무석(無錫) 사람이다. 옹정(雍正) 2년(1724)에 진사가 되었다. 저서에 또 《사통통석(史通通釋)》과 《양밀집(釀蜜集)》이 있다.

《독두심해》는, 포기룡이 송나라에서 청나라에 이르기까지 여러 사람들이 낸 두보(杜甫)의 시 주석본을 참고하여 만들었다. 포기룡은 여러 사람들의 해설을 취사선택하고 자신의 견해를 약간 덧붙였다. 주석은 간명하고 요약되어 지나치게 번잡한 인용과 고증은 하지 않았다. 주석 내용에는 시 전체의 의미, 절과 구의 뜻이 포함되어 있다. 어휘 풀이에는 고사(古事)·고어(古語)·시사(時事)가 포함되어 있다.

〈망악(望嶽)〉을 예로 들면 다음과 같다.

태산은 그 모양이 어떠한가	岱宗夫如何
제나라와 노나라에 걸쳐 푸르름 끝이 없구나	齊魯青未了
조물주는 신령스럽고 빼어난 것 모두 모아 놓았고	造化鍾神秀
산의 북쪽과 남쪽은 저녁과 새벽을 갈라놓았네	陰陽割昏曉
층층이 솟아오르는 구름은 가슴을 씻어내고	蕩胸生層雲
부릅뜬 두 눈엔 산으로 돌아가는 새 들어오네	決眥入歸鳥
모름지기 산꼭대기에 올라	會當臨絶頂
뭇 산들의 작음을 굽어보리라	一覽衆山小

《독두심해》는 우선 제목과 어휘를 풀이하였다.

포기룡 《독두심해》
이력을 보면, 두보가 제나라와 노나라 지역에 있을 때는 개원 25, 6년(737-738) 무렵이다. 두보의 시집에는 이 때문에 가장 먼저 기록하였다.

按履歷，公溺齊魯，在開元二十五六年間．公集當以是爲首．
《전한서》〈교사지〉에 "대종(岱宗)은 태산이다."라고 하였다.
《前漢·郊[140]祀志》："岱宗，泰山也."

다음으로 시의 의미를 풀이하였는데, 그 안에 편장(篇章)에 대한 강석(講釋)을 포괄하고 있다.

포기룡《독두심해》
두보의 〈망악〉 시는 모두 세 편인데, 이 시는 동악을 바라본 것이다. 경계를 넘어 푸른 봉우리가 끊임없이 이어진 산세를 단지 '청미료(靑未了)'라는 세 글자로 묘사하였으니, 매우 뛰어나다. '종신수(鍾神秀)'는 산세가 앞에 펼쳐진 모습이고, '할혼효(割昏曉)'는 산세가 위로 높이 솟은 모습이다. '탕흉(蕩胷)'과 '결자(決眥)'는 '망(望)'의 의미를 명확하게 이끌어 낸다. 미련(尾聯)에서는 앞으로 산에 올라 굽어보겠다는 의미로 지금 멀리서 바라만 보는 아쉬움을 떨쳐 냈으니, 이는 한 단계 더 나아가 그친 것이다. 구조오(仇兆鰲)는 《두시상주》에서 '멀리서 바라봄〔遠望〕', '가까이서 바라봄〔近望〕', '자세히 바라봄〔細望〕', '볼 수 있는 데까지 멀리 바라봄〔極望〕'을 네 개의 연에 나누어 배치하였는데, 명쾌하지 않다. 두보의 포부와 기백을 여기에서 볼 수 있다. 이 시를 맨 앞에 둔 것은 가장 훌륭한 작품이기 때문이니, 어찌 지어진 시기가 빠르기 때문이어서만이겠는가.
公《望嶽》詩凡三首，此望東嶽也．越境連綿，蒼峰不斷，寫嶽勢只"青未了"三字，勝人千百矣．"鍾神秀"，在嶽勢前推出；"割昏曉"，就嶽勢上顯出．"蕩胸"、"決眥"，明逗"望"字．末聯則以將來之淩眺，剔現在之遙觀，是透過一層收也．仇氏詳注以遠望、近望、細望、極望，分配四聯，未見淸楚．杜子心胸氣魄[141]，於斯可觀．取爲壓卷，屹然作鎮，豈惟鐫刻年月云爾．

《두시상주(杜詩詳注)》는 청나라 구조오(仇兆鰲, 1638-1717)가 찬하였다. 구조오는, 자가 창주(滄柱)로, 은현(鄞縣)[142] 사람이다. 강희(康熙) 연

140 郊 : 저본에는 '效'로 되어 있는데, 《한서》에 근거하여 바로잡았다.
141 魄 : 저본에는 '魂'으로 되어 있는데, 《독두심해》에 근거하여 바로잡았다.
142 원주 : 현재 절강성에 속한다.

간(1662-1722)에 진사가 되었다. 다른 저서로는 《사서설약(四書說約)》이 있다. 《두시상주》[143]는, 구조오가 20년 동안 공력을 들여 대량의 자료를 수집해서 몇 차례의 증보를 거쳐 완성하였다. 이 책은 두보의 시를 읽는 데 중요한 참고자료이다. 서명에서 '상주'라고 한 것은 주석이 상세하다는 의미이다. 구조오는 강희 이전의 여러 사람의 주석 대부분을 회집하여 집해(集解)의 성격을 갖게 하였다. 예를 들어 〈망악〉의 주석은 '보주(補注)'와 비교하면 훨씬 자세하다. 주석은 제목을 풀이하거나 어휘를 풀이하고 해석과 분석을 하고 또 필요한 보충설명을 하였다. 어휘 풀이는 시 전편 8구에 두루 걸쳐 있다. 예를 들면 다음과 같다.

구조오 상주
夫 : 음이 '부(扶)'이다.
夫, 音扶.
曾 : 《집운》에서는 통용해서 '층(層)'으로 썼다.
曾, 《集韻》通作層.

또한 "造化鍾神秀, 陰陽割昏曉."에 대한 주석은 다음과 같다.

구조오 상주
《장자》에 "조화가 시작하는 곳이요, 음양이 변화하는 곳이다."라고 하였다. 《좌전》 소공 24년 조에 "하늘이 이 여인에게 미를 모았으니.〔天鍾美於是.〕"라고 하였는데, '종(鍾)'은 '모으다〔聚〕'는 뜻이다. 손작의 〈천태부서〉에 "천태산은 산 중의 신령하고 빼어난 곳이다."라고 하였다. 《노자》 28장에 "큰 나눔은 나누지 않는 것이다.〔大制不割.〕"라고 하였는데, '할(割)'은 '나누다〔分〕'는 뜻이다. 조보좌(曹輔佐)가 대답하기를 "대인은 달관하여 임의로 혼효(昏曉)를 화한다."라고 하였다. 서증(徐增)은 "산의 뒤쪽은 음지여서 햇볕이 이르지 못하기 때문에 낮에도 어둡고 산의 앞쪽은 양지여서 햇볕이 먼저 이르므로 쉽게 환해진다."라고 하였다. 주학령

143 원주 : 일명 《두소릉집상주(杜少陵集詳注)》이다.

(朱鶴齡)의 주석에 "〈봉선기〉에 '태산 동쪽 모퉁이에 일관봉이 있다. 닭이 울 때 해가 뜨는 것을 볼 수 있다. 길이는 3장이다.'라고 하였는데, 바로 저녁과 새벽을 갈라놓는다는 의미이다."라고 하였다.

《莊子》:"造化之所始, 陰陽之所變."《左傳》:"天鍾美於是." 鍾, 聚也. 孫綽[144]《天台賦序》:"天台者, 山嶽之神秀."《老子》:"大制不割." 割, 分也. 曹輔佐對:"大人達觀, 任化昏曉." 徐增云:"山後爲陰, 日光不到故日昏. 山前爲陽, 日光先臨故易曉." 朱注:"《封禪記》'泰山東隅有日觀峰, 雞鳴時見日出, 長三丈', 卽割昏曉之義."

해석과 분석 역시 다음과 같이 매우 세밀하다.

구조오 상주

이는 동악을 바라보며 지은 것이다. 시는 4단계로 심정을 표현하였다. 첫 번째 연은 멀리서 바라본 경치이고〔遠望之色〕, 두 번째 연은 가까이서 바라본 형세이고〔近望之勢〕, 세 번째 연은 자세히 바라본 풍경이고〔細望之景〕, 네 번째 연은 멀리까지 바라보는 심정이다〔極望之情〕. 앞의 여섯 구절은 실제 풍경을 서술한 것이고, 나머지 두 구절은 가상을 표현한 것이다. '대종이 어떠하겠는가.〔岱宗如何〕'는 마음속으로 아련히 상상하는 말이다. '제나라에서 노나라에 이르기까지 그 푸르름이 끝이 없다.〔自齊至魯, 其靑未了.〕'는 것은, 산이 높고 멀리까지 펼쳐져 있는 것을 말한다. 땅에서 우뚝 솟아나 신령스럽고 빼어난 것이 모인 바이고, 하늘 높이 우뚝하여 저녁과 새벽이 여기에서 나누어진다. 두 구는 다 기이하고 빼어난 것을 말한다. 왕사석(王嗣奭)의 《두억》에 "'탕흉(蕩胸)' 구절은 흉금의 호탕함을 나타내고, '결자(決眥)' 구절은 시야가 탁 트임을 나타낸다."라고 하였다. 두보가, 몸은 태산의 기슭에 있으면서도 마음은 태산 정상에서 노닐고 있었으니 "한 번 바라보니 뭇 산이 작더라."라고 말한 것은 상상 속에서 얻은 것이지 반드시 정상까지 더 올라간 것은 아니다. 두보의 시는 상인(上因)과 하인(下因)의 법이 있다. 가슴을 씻어내는 것〔蕩胸〕은 겹겹이 깔린 구름에서 생겨난 것으로 앞의 두 글자는 다음 글자에 기인한다. 눈을 부릅뜨고〔決眥〕 돌아가는 새를 바라본다는 것은, 아래의 세 글자가 앞의 글자에 기인한 것이다. 앞이 뒤에 기인한 것은 뒤집힌 구절이고, 뒤가 앞에 기인하는 것은 순서에 따른 구절이다. 말련은, 태산에 올라 보니 천하가 작게 여겨진다는 뜻이다.

144 綽: 저본에는 '焯'으로 되어 있는데, 《두시상주(杜詩詳注)》에 근거하여 바로잡았다.

此望東嶽而作也．詩用四層寫意：首聯遠望之色，次聯近望之勢，三聯細望之景，末聯極望之情．上六實敍，下二虛摹．岱宗如何，意中遙想之詞，自齊至魯，其靑未了，言嶽之高遠．拔地而起，神秀之所特鍾．矗天而峙，昏曉於此判割．二語奇峭．王嗣奭《杜臆》云："蕩胸"句，狀襟懷之浩蕩．"決眥"句，狀眼界之空濶．公身在嶽麓，而神游嶽頂，所云"一覽衆山小"者，已冥搜而得之矣，非必再登絶頂也．杜句有上因、下因之法，盪胸由於層雲之生，上二字因下．決眥而見歸鳥入處，下三字因上．上因下者，倒句也；下因上者，順句也．末卽登泰山而小天下之意．

《당시삼백수》에 이 시가 수록되어 있는데, 단지 수련에 "글자마다 바라보는 것이다.〔字字是望.〕"라고 방비(旁批)하고, 미련에 "결론지어 '망(望)' 자를 밝혔다.〔結明望字.〕"라고만 방비하였다. 지금 진완준(陳婉俊)의 《당시삼백수보주》본에 보인다.

《보주》는 주석을 전문적으로 하였으나 상세하지는 않다. 이 〈망악〉 시에는 주석이 '대종(岱宗)'·'제로(齊魯)'·'할(割)'·'탕흉(蕩胸)'·'운(雲)'·'결자(決眥)' 등 겨우 몇 항목뿐이다. 풀이도 매우 간단한데, 예를 들면 다음과 같다.

진완준 보주

割：《노자》에 "큰 나눔은 나누지 않는 것이다."라고 하였으니 '할'은 나눈다는 뜻이다.

割，《老子》大制不割．割，分也．

決眥：〈자허부〉에 "활을 헛되이 쏘지 않았으며 적중하면 반드시 눈을 부릅뜬다."라고 하였는데, 두보가 차용하여 "사람이 눈을 부릅뜨니 돌아가는 새가 눈에 들어온다."라고 하였다.

《子虛賦》"弓不虛發，中必眥決"，公借用謂"人目眥決裂，入鳥之歸處"．

손수(孫洙)의 방비와 진완준의 보주는 《독두심해》와 함께 모두 간주(簡注)에 속한다. 《두시상주》와 비교하면 주석의 범위와 조목, 주석의 정도가 확연히 다르다.

상세함〔詳〕과 간단함〔簡〕의 구분은 본래 일정하지 않다. 어떤 경우는 간주의 주석 항목(어휘)이 도리어 상주(詳注)보다 많고, 어떤 경우는 상주가 어떤 조목의 해석에 있어서 도리어 비교적 간략한 것도 있다. 하지만 일반적인 경우, 상주는 간주에 비해 상세하다. 다만 상주이건 간주이건 간에 주석은 모두 사전에 확정한 목표와 서로 일치해야만 한다. 간주는 간단명료하고 요약되어야 하며, 상주는 상세하고 명확해야 한다. 만약 간략하기만 하고 명확하지 않거나 상세하기만 하고 일목요연하지 못하다면, 이는 주석의 유형 문제가 아니고 주석의 수준 문제이다.

3) 집주

'집주(集注)'는 앞에서 설명한 찬집류(纂集類)와 그다지 많은 차이가 나지 않는다. 찬집류의 주석은 본래 집주를 포함한다. 다만 구분하는 관점이 다르므로[145] 제공하는 지식의 양으로 분류 기준을 삼아서 또 '집주'라는 유형을 제시하여 논의하고자 한다.

집주는 여러 주석을 모아서 주석을 내는 하나의 형식이다. 그것은 주석의 성격에 따라 나눈 찬집류의 전형적인 형식[146]과는 조금 다르다. 집주는 반드시 여러 주석의 기초 위에서 자신의 의견을 가지고 단안(斷案)을 내려야 한다. 집주에서 증거로 인용한 구주(舊注) 자료는 비교적 풍부하기는 하지만 반드시 조목에 따라 여러 주석을 망라하지는 않으며, 아무개의 설을 받아들일지라도 반드시 모두 출처를 명시하지는 않는다. 주희(朱熹)의 《시집전》·《논어집주》·《맹자집주》가 그러하다.

145 구분하는 관점이 다르므로 : 주석의 성질에 따라 수주류(首注類)·술보류(述補類)·변증류(辨證類)·교정류(校訂類)·찬집류(纂集類)의 다섯 가지 유형으로 구분하고, 주석이 제공하는 지식 정보의 양에 따라 간주(簡注), 상주(詳注), 집주(集注)로 구분하였다.

146 원주 : 즉 여러 주석을 모아 배치하기는 하지만 자신의 견해로 단정 짓지 않는다. 단지 자신의 견해를 가끔 붙일 뿐이다.

《사고전서총목》 권35 〈경부 사서류〉에는 주희의 《대학장구》 1권, 《논어집주》 10권, 《맹자집주》 7권, 《중용장구》 1권이 소개되어 있는데, 예를 들면 다음과 같다.

> 《논어》와 《맹자》는 여러 학설을 융회하였기 때문에 '집주'라고 한다. 하안만이 《논어》를 주석하면서 여덟 명의 설명을 모아 '집해'라고 하였다. 하안의 주석에는 모두 성씨를 표시하였으나, 주희는 표시하기도 하고 표시하지 않기도 하여 체례에 있어 차이가 있다.
> 《論語》、《孟子》融會諸學之說, 故謂之集注. 猶何晏注《論語》, 裒八家之說稱集解也. 惟晏注皆標其姓, 朱子則或標或不標, 例有殊焉.[147]
>
> 《논어》와 《맹자》 또한 고주를 두루 취하였다. 예를 들어 《논어》의 '호련(瑚璉)' 조목은 《예기》 〈명당위〉와는 일치하지 않고, 《맹자》의 '조교(曹交)' 주석은 《춘추전》과 같지 않다. 논하는 자들 중에는 이것을 의심스럽게 여기는 사람도 있으나, 이는 '호련'에서는 포함(包咸)의 주석을 쓰고 '조교'는 조기(趙岐)의 주석을 쓴 것으로, 주희가 근거 없이 주석한 것은 아니라는 것을 모른 것이다.
>
> 또 예를 들면 '夫子之墻數仞'의 주석에서는 "7척을 인(仞)이라 한다."라고 하고, '掘井九仞'의 주석에서는 "8척을 인이라 한다."라고 하였다. 논하는 자들은 더욱 이것을 가지고 모순된다고 여기는데, 7척은 또한 포함의 주석이고 8척은 또한 조기의 주석이라는 것을 모른 것이다.
>
> 여기에서 여러 사람의 설명을 한데 녹인 것이지 자신의 견해를 내지 않았다는 것을 알 수 있다. 만약 출처를 자세하게 고찰하지 않으면 참으로 주희의 눈으로 이해할 수 없다.

147 논어와……있다 : 신편제자집성(新編諸子集成) 《사서장구집주》에 보인다.

《論語》、《孟子》亦頗取古注，如《論語》"瑚璉"一條與《明堂位》不合，《孟子》"曹交"一注與《春秋傳》不合．論者或以爲疑，不知"瑚璉"用包咸注，"曹交"用趙岐注，非朱子杜撰也．又如"夫子之牆數仞"注，七尺曰仞；"掘井九仞"注，八尺曰仞．論者尤以爲矛盾，不知七尺亦包咸注，八尺亦趙岐注也．是知鎔鑄羣言，非出私見．苟不詳考所出，固未可概目以師心矣．

여러 사람의 설명을 한데 녹여 주를 내는 것은, 집주의 가장 중요한 특징이다. 진기유(陳奇猷, 1917-2006)의 《한비자집석(韓非子集釋[148])》 또한 이러한 예를 고수하는데, 그 범례에 다음과 같이 말하고 있다.

본서에서는 전현(前賢) 90여 명의 교설(校說)을 인용하였는데, 모두 조목조목 기록하여 원문의 뒤에 붙였다. 여러 설이 다 통하는 것은 모두 나열하여 독자가 참고하게 하였고, 여러 설이 같은 것은 그중에 가장 좋은 설만을 취하였다. 나머지는 다만 "누구의 교설과 같다."라고 설명하고 문장을 다 싣지는 않았다. 다만 설명은 같지만 논증이 다른 것은 두 사람의 설을 모두 수록하였다.

수록한 전인의 교설은 대부분 시비를 밝혔는데, 틀린 것은 증거를 들어 밝히고 옳은 것도 소를 지어 증명하였다. 만약 내 견해가 있으면 앞에 '기유안(奇猷按)'이라는 세 글자를 덧붙이고 나의 의견을 그 뒤에 열거하였다.

本書引用前賢校說九十餘家，皆條錄而系於原文之後．凡數說幷通者，皆羅列以供讀者參考；凡數論相同者，則取其最完善之一說，餘則僅說明某人校說相同，不具行其文；但其說同而論證不同者，則仍二家

148 釋 : 저본에는 '解'로 되어 있는데, 서명의 오기(誤記)이므로 바로잡았다.

幷錄. 所錄前人校說, 多指明其是非, 其非者固加以證明, 卽其是者亦爲疏證. 苟有所得, 則冠以“奇猷按”三字附列焉.

제3장

주석의 기초 작업 1 : 판본의 선택

제1절 판본이란 무엇인가

섭덕휘(葉德輝, 1864-1927)는 《서림청화(書林淸話)》 〈판본의 명칭〔版本之名稱〕〉에서 다음과 같이 말하였다.

> 간각(刊刻)한 판목을 '판(版)'이라 하고, 장본(藏本)을 '본(本)'이라고 한다. '장본'이란 정부나 개인이 수장한 책 가운데 간각하기 이전의 선본을 말한다.
> 雕版謂之版, 藏本謂之本. 藏本者, 官私所藏未雕之善本也.

여기에서 말하는 '본'은 바로 간각하기 이전의 사본(寫本)으로, 오늘날 말하는 원고(原稿)와는 함의가 상반된다.

중국은 수·당 이래로 조판인쇄술이 발전하기 시작하자 도서의 복제는, 손으로 쓰고 여러 사람들이 베끼던 과거의 방식에서 조판인쇄로 바뀌었다. 이는 중국 출판기술사상 큰 도약이었다. 서적에 대한 사회적인 수요는 조판인쇄업의 발전을 촉진시켰다. 똑같은 서적을 어느 지역에서 간인하면 또 제2, 제3의 지역에서 간인할 수 있었고, 이전 시대에 초사(抄寫)·간인된 것을 지금에 와서 또 초사·간인할 수 있는 식이었다. 더구나 어떤 서적은 주석가들이 달라 판본의 구별도 생겼다. 이와 같은 방식으로 동일한 책에 서로 다른 판본들이 생겨났다.

우리들이 이야기하는 판본은 이미 "간각한 판목을 '판(版)'이라 하고 장본을 '본(本)'이라고 한다."라고 할 때의 개념이 아니다. 바로 앞서 말했던 것처럼, 판본이란 지역·시대·주석가 및 기타 요소에 의해 조성된 어떤 도서를 종류마다 구별시키는 매우 광범위한 개념이다.

《송사(宋史)》〈형병전(邢昺傳)〉에 다음과 같은 내용이 있다.

> 진종(眞宗, 재위 998-1022) 경덕(景德) 2년(1005)에 황제가 국자감에 거둥하여 서고의 서적들을 열람하고 형병(邢昺, 932-1010)에게 경적의 책판(冊版)이 얼마나 되느냐고 묻자, 형병이 대답하였다.
>
> "국초에 4천 판 미만이던 것이 지금은 10여만 판으로, 경과 전과 정의(正義)[1]들이 모두 구비되어 있습니다. 신이 젊은 시절 스승의 문하에서 유학을 배울 때에는 경문에 소(疏)가 모두 달린 판본이 백에 한둘도 되지 않았습니다. 그것은 소까지 전사할 여건이 되지 못했기 때문입니다. 지금은 판본이 많이 갖추어져 있어 지식인이든 서인이든 집집마다 모두 가지고 있으니, 지금이야말로 여러 유학자들에게는 좋은 시대입니다."
>
> 上幸國子監閱庫書, 問昺經版幾何, 昺曰:"國初不及四千, 今十餘萬, 經傳正義皆具. 臣少從師業儒時, 經具有疏者, 百無一二, 蓋力不能傳寫. 今版本大備, 士庶家皆有之, 斯乃儒者逢辰之幸也."

여기에서 "지금은 판본이 많이 있다.〔今版本大備.〕"라고 한 것은, 바로 다양한 주석본과 다양한 간본·사본을 포함하여 한 말이다.

서사(書寫)는 많이 이루어지는 경우가 있고, 판(版)도 여러 번 간인되는 경우가 있다. 1973년 장사(長沙) 마왕퇴(馬王堆)에서 출토된 《노자》 갑본(甲本)과 을본(乙本)은 다른 판본이다. 유향(劉向, 기원전 77-기원전 6)의 《별록(別錄)》은 바로 다른 판본들을 언급하고 있으며, 악가(岳珂, 1183-1234)는 구경(九經)을 간인했을 때 23종의 다른 유형의 판본을 수집하였다.

1 정의(正義) : 전대 사람들의 의소(義疏)를 바로잡았다는 뜻으로, 예컨대 당대(唐代)의 《오경정의(五經正義)》 등과 같은 주석을 말한다.《趙國璋 外, 文獻學大辭典, 廣陵書社, 2005, 267쪽》

제2절 판본에는 어떠한 것들이 있는가

옛날부터 지금에 이르기까지 판본의 명칭은 매우 많다. 서로 다른 간사(刊寫) 상황과 도서 자체의 다른 형태를 기준으로 판본의 유형을 나눌 수 있다. 예를 들면 《고전목록학천설(古典目錄學淺說)》[2]에서는 13가지 구분 방법을 제시하였으며, 《고적판본감정총담(古籍版本鑑定叢談)》[3]에서는 10가지 구분 방법을 제시하였다. 《고적판본감정총담》에 따라 발췌하면 다음과 같다.

첫째, 간각한 시대에 따라 당권자본(唐卷子本)·오대각본(五代刻本)·북송본(北宋本)·남송본(南宋本)·요각본(遼刻本)·금각본(金刻本)·원각본(元刻本)·명각본(明刻本)·청각본(淸刻本)·민국각본(民國刻本) 등으로 구분한다.

둘째, 서적을 간인한 기관의 성격에 따라 관각본(官刻本)·가각본(家刻本)·방각본(坊刻本) 등으로 구분한다.

관각본 : 관부에서 간인한 서적이다. 예를 들면 감본(監本)[4]·전본(殿本)[5]·양주시국본(揚州詩局本)[6]·국본(局本)[7] 등이다.

2 원주 : 중화사학총서(中華史學叢書)·내신하(來新夏) 저

3 원주 : 위은유(魏隱儒)·왕금우(王金雨) 편저

4 원주 : 오대(五代) 때부터 비롯된 것으로, 국가 최고의 학부(學府)인 국자감에서 간인(刊印)한 서적이다.

5 원주 : 청나라 때 중앙 간서(刊書) 기구가 무영전(武英殿)에 설치되었다. 여기서 간인한 책도 전본(殿本)으로 불렀다.

6 원주 : 청 강희(淸康熙) 연간(1662-1722)에 조인(曹寅)이 양주(揚州)의 시국(詩局)을 맡으면서 간인한 판본인데, 재료 선택 및 간인 기술 면에서 뛰어나 청대 간본의 대표가 되었다. 조인의 호는 연정(楝亭)이다.

7 원주 : 청나라 동치(同治) 3년(1864)에 증국번(曾國藩)이 안경(安慶)에서 치산서국

가각본 : 개인이 자본을 들여 간인한 책이다. 예를 들면 송나라 요영중(廖瑩中)의 세채당본(世綵堂本), 명나라 모진(毛晉)의 급고각본(汲古閣本), 청나라 설복성각본(薛福成刻本) 등이 있다.

방각본 : 서적상[8]에서 간인한 책이다.

셋째, 지역의 차이에 따라 절본(浙本)·민본(閩本)·촉본(蜀本)·조선본(朝鮮本)·일본본(日本本)·월남본(越南本) 등으로 구분한다.

넷째, 조판 인쇄 상황에 따라 정각본(精刻本)·사각본(寫刻本)[9]·단각본(單刻本)·총서본(叢書本)·도장본(道藏本)·조본(祖本)·원각본(原刻本)·번각본(飜刻本)·영인본(影印本)·초인본(初印本)·후인본(後印本)·체수본(遞修本)[10]·백납본(百衲本)[11]·삼조본(三朝本)[12]·구판(舊版)·통행본(通

(冶山書局)을 설치했다. 후에 강소(江蘇)·절강(浙江)·사천(四川)·안휘(安徽)·광동(廣東)·호북(湖北)·호남(湖南)·강서(江西)·산동(山東)·산서(山西)·직례(直隸)에 잇달아 관서국(官書局)을 설치했다. 이들 서국에서 간인한 책들을 통틀어 '국본(局本)'이라 부른다.

8 원주 : 서당(書堂)·서사(書肆)·서점(書店) 등이다.

9 사각본(寫刻本) : 간인 직전 판목에 올릴 목적으로 작성하는 사본을 서사(書寫)할 때 글씨를 잘 쓰는 사람한테 부탁하거나 저자 본인의 서체로 쓴 판본을 말한다.《趙國璋 外, 文獻學大辭典, 廣陵書社, 2005, 383쪽》

10 체수본(遞修本) : 인쇄를 오래 한 조판(雕版)들 가운데 글자가 훼손되는 등 수보(修補)가 필요한 판이 생기기 마련인데, 이때 수보 작업을 거쳐 인쇄된 것을 '수보본(修補本)'이라 하고, 수보 작업을 거듭하여 계속 인쇄한 판본을 '체수본(遞修本)'이라 한다.《瞿冕良, 中國古籍版刻辭典, 蘇州大學出版社, 2005, 634·748쪽》

11 백납본(百衲本) : 각기 다른 판본의 잔권(殘卷)이나 낙장(落張)을 모아 완정하게 만든 책이다. '衲'은 저본에는 '納'으로 되어 있는데, 일반적인 용례에 근거하여 바로잡았다.《趙國璋 外, 文獻學大辭典, 廣陵書社, 2005, 417쪽》

12 삼조본(三朝本) : 남송·원·명 세 왕조를 거쳤기 때문에 붙은 이름이다. 이 판본은 본래 남송 항주(杭州) 국자감에 소장되어 있던 것으로, 구성이 복잡하고 잔결이 많았다. 그러다가 원대에 와서 서호서원(西湖書院)으로 옮겨져 다시 수보(修補) 작업을 가했으며, 명대에 와서 다시 남경(南京) 국자감으로 옮겨졌다.《趙國璋 外, 文獻學大辭典, 廣陵書社, 2005, 39쪽》

行本) 등으로 구분한다.

다섯째, 증산(增刪) · 비점(批點) · 평주(評注) · 합각(合刻) 등의 상황에 따라 증정본(增訂本), 산절본(刪節本), 족본(足本), 부족본(不足本), 비점본(批點本), 평주본(評注本), 배본(配本)[13] 등으로 구분한다.

여섯째, 각판(刻版) 인쇄가 아닌 수초본(手抄本)에 따라 당사본(唐寫本)·당권자본(唐卷子本)·초본(抄本)·원초본(元抄本)·명초본(明抄本)·청초본(淸抄本)·구초본(舊抄本)·전초본(傳抄本)·영초본(影抄本)[14] 등으로 구분한다.

또 모초본(毛抄本)이 있다. 명나라 상숙(常熟)[15]의 모진(毛晉, 1599-1659)은 명말(明末)의 장서가이자 출판업자로, 그가 남에게 부탁하여 서적을 베낄 때에는 엄밀성과 성실성을 요구하였다. 그리하여 세상 사람들이 '모본(毛本)'으로 부르며 그 이름이 세상에 널리 알려졌다.

일곱째, 문화재적 가치와 사용 가치 및 가공하고 정리한 상황에 따라 고본(孤本)·진본(珍本)·선본(善本)·교본(校本)·비교제발본(批校題跋本)·과록본(過錄本)[16]·고본(稿本) 등으로 구분한다. 고대의 판본 상황은 주로 이러하며, 현대의 판본 상황도 대동소이하다. 중화서국(中華書局), 상무인서

13 배본(配本) : 잔결이 있어 불완전한 판본들을 짜 맞추어 완정하게 만든 판본을 말한다. 이렇게 만든 서적은 책 내에서 판식(版式)이 통일되어 있지 않을 수 있다.《趙國璋 外, 文獻學大辭典, 廣陵書社, 2005, 811쪽》

14 영초본(影抄本) : 선본(善本)을 대본(臺本)으로 삼아 재질이 좋은 종이를 그 위에 놓고 점획과 항관(行款)을 그리다시피 베낀 사본을 말한다.《趙國璋 外, 文獻學大辭典, 廣陵書社, 2005, 1075쪽》

15 상숙(常熟) : 현재의 강소성(江蘇省) 상숙시(常熟市)이다.

16 과록본(過錄本) : 조본(祖本)에 근거하여 초록한 판본을 말한다. 과록본은 사실 등록본(謄錄本)으로서 등초본(謄抄本)으로도 부르는데, 특정 판본에 따라 베꼈다는 뜻이다. 과록본으로 부르려면 다음과 같은 두 가지 요건이 있다. ① 과록(過錄)했을 때, 근거한 판본에 충실할 것이며 함부로 개찬한 것이 아니어야 한다. ② 반드시 모본(母本)이 존재하여 과록본과 대조할 수 있어야 한다.

관(商務印書館), 상해고적출판사(上海古籍出版社), 각 성(省)과 각 시(市), 그리고 각 기관의 출판사가 찍어내는 서적들도 모두 서로 다른 판본에 속한다. 수많은 고서들이 이미 표점 작업을 거쳤으며, 심지어 교감·주석 작업을 거치기도 했다. 이들도 서로 다른 판본을 구성하게 되었다.

제3절 왜 판본을 중시해야 하는가

1 고서를 원래 모습으로 환원시켜 고인의 뜻을 왜곡하지 않기 위해

고서를 읽거나 고적을 정리하는 것은 고인의 사상과 고대의 학문 문화를 이해하기 위해서이다. 고적을 주석하는 의의는 고서의 본의를 밝혀 고금을 소통시키는 데 있다. 이러한 소통은, 반드시 주석의 대상이 되는 문장이 고서의 원래 모습이었다는 점을 전제로 한다. 만약 고서를 원래 모습으로 환원시키지 못하여 주석을 잘못 낸다면, 잘못된 설을 전파하여 후학들을 오도하게 될 것이다. 바로 이러한 점 때문에 고적 정리와 문헌 주석에 종사하는 사람마다 제일 먼저 '고서를 원래 모습으로 환원시켜야 한다.〔正本淸源〕' 그러기 위해서는 우선 저본을 바로잡아야 한다.

청나라의 단옥재(段玉裁, 1735-1815)는 교감에 대해 이야기하면서 다음과 같이 말하였다.

> 우선 저본을 바로잡지 않으면 십중팔구 고인의 뜻을 왜곡하게 되며, 고인이 확립한 설의 시비를 판단하지 않으면 십중팔구 지금 사람들을 오도하게 된다.
>
> 不先正底本, 則多誣古人; 不斷其立說之是非, 則多誤今人.[17]

이 말에 나타난 두 가지 의미의 관계는 밀접하다. 우리는, 저본을 원래 모

17 원주 : 《경운루집(經韻樓集)》〈서적 교감의 어려움을 논한 주제로 여러 동지들에게 보낸 편지〔與諸同志論校書之難〕〉

습으로 환원시키는 것이 한 영역이고 확립한 설의 시비를 판단하는 것이 또 하나의 영역이라 이해할 수 있다. 저본을 원래 모습으로 환원시켰다고 해서, 반드시 확립한 설의 시비까지 동시에 판단할 수 있는 것은 아니다. 그러나 저본을 원래 모습으로 환원시키지 않으면, 결코 정확한 해석을 하거나 정확한 판단을 내리지 못할 것이다.

완원(阮元, 1764-1849)은 〈경의술문서(經義述聞序)〉에서 《한비자》에 나오는 고사 하나를 인용하였는데, 판본과 교감[18]의 문제를 매우 잘 설명하고 있다.

> 옛날 영(郢) 땅 사람이 연나라 재상에게 글〔書〕을 보냈다. 그런데 그가 글을 밤에 쓰느라 등불을 갖고 있던 이에게 이렇게 말했다. "등불을 들어라!〔擧燭〕" 이로 인해 '거촉(擧燭)'이라는 글자를 실수로 글에 써 넣고 말았다. 연나라 재상은 그 글을 받아 보고는 기뻐하며 말하였다. "등불을 들라는 말은 명철함을 숭상하라는 뜻이며, 명철함을 숭상하라는 것은 현능한 이를 등용하라는 뜻이다." 이 말을 계기로 연나라는 잘 다스려졌다. 나라가 잘 다스려지기는 하였지만, 글 본래의 의도는 아니었다.
>
> 昔郢人遺燕相書. 夜書, 曰 : "擧燭!" 因而過書"擧燭". 燕相受書, 說之曰 : "擧燭者尙明也, 尙明者擧賢也." 國以治. 治則治矣, 非書意也.[19]

만약 우리들이, 영 땅 사람이 보낸 '글〔書〕'을 책으로 본다면, 그가 손으로

18 원주 : 이 문제는 다음 절에서 논하기로 한다.

19 옛날……아니었다 : 《한비자》의 원문은 다음과 같다. "郢人有遺燕相國書者, 夜書, 火不明, 因謂持燭者曰'擧燭'云, 而過書'擧燭'. 擧燭, 非書意也, 燕相受書而說之曰 : '擧燭者, 尙明也. 尙明也者, 擧賢而任之.' 燕相白王, 王大說, 國以治. 治則治矣, 非書意也." 《陳奇猷, 韓非子新校注, 上海古籍出版社, 2000, 696쪽》

쓴 '서(書)'는 당연히 원고본(原稿本)이며, 동시에 조본(祖本)이 될 것이다. 연나라 재상은 '서'를 받은 뒤에 해설을 하였는데, 이는 주석으로 볼 수 있다. 영 땅 사람의 본의대로라면 '서'에 등불을 들라는 문구를 넣을 의도가 전혀 없었으므로, '거촉(擧燭)'이라는 글자도 있어서는 안 된다. 그리고 연나라 재상이 '거촉'에 대해 말한 것은, 실은 연문(衍文)에 주석을 단 것이다. 즉 먼저 저본에 문제가 있었기에 필연적으로 주석에도 문제가 생긴 것이다.[20]

완원의 본래 뜻은 교감과 훈고를 설명하는 데 있었지만, 우리는 이것으로 판본을 설명할 수 있다. 만약 영 땅 사람이 글을 다 쓴 뒤에 다시 한 번 읽어 보았더라면[21] 틀림없이 이 '거촉'이라는 두 글자가 잘못 쓰였다는 사실을 발견하고 반드시 삭제했을 것이며 이 '서'는 완전한 판본이 될 수 있었을 것이다. 그랬다면 연나라 재상이 구태여 '거촉'의 깊은 뜻을 설명할 필요가 없었을 것이다.

서적이 전파되면서 판본상 문제가 매우 많아지게 되었다. 《안씨가훈(顔氏家訓)》〈서증(書證)〉에 다음과 같은 기록이 있다.

> 《시경》에 "有杕之杜〔홀로 서 있는 아가위나무〕"라는 말이 있다. 강남본 《시경》에는 '체(杕)'를 모두 목(木) 변에 대(大) 자를 썼다. 《모전》에 "'체'는 혼자 있는 모양이다."라고 하였다. 서선(徐仙)의 방언으로는 '체'가 '도(徒)'와 '계(計)'의 반절이다. 《설문해자》에 "'체'는 세워진 모양이다."라고 하였는데, 〈목부(木部)〉에 있다. 《운집》에는 '체'의 음이 차제(次第)의 '第'로 되어 있다. 그러나 하북본 《시경》에는 '체'가 모두 이적(夷狄)의 '狄'으로 되어 있는 데다 읽는 것도 '적'으로 읽고 있는데, 이는 크게 잘못된 것이다.

20 원주 : 쓸데없는 짓을 하여 영 땅 사람이 생각하지 않았던 뜻을 날조한 것이다.

21 원주 : '검사해 보거나 교감을 해 보았더라면'이라는 말이다.

> 《詩》云："有杕之杜." 江南本幷木旁施大，《傳》曰："杕，獨貌也." 徐仙民音徒計反. 《說文》曰："杕，樹貌也." 在《木部》. 《韻集》音次第之第. 而河北本皆爲夷狄之狄，讀亦如字，此大誤也.

안지추(顔之推, 531-590)는 하북본(河北本)을 두고 "이는 크게 잘못된 것이다."라고 지적하였으니, 바로 판본에 존재하는 문제를 설명한 것이다.

도서를 마구 찍어 대는 문제에 대해, 송대의 시인 육유(陸游, 1125-1210)는 유감을 표한 적이 있다. 그는 다음과 같이 말하였다.

> 근세 사대부들은 부임하는 곳마다 서적을 판각하기를 좋아하면서도 교감은 전혀 하지 않고 있다. 그러다 보니 오류가 있는 책들이 천하에 널리 퍼져 있어 더욱 학자들을 오도하고 있으니, 차라리 판각을 하지 않느니만 못하다.
> 近世士大夫所至喜刻書版，而略不校讎，錯本書散滿天下，更誤學者，不如不刻爲愈也.[22]

도서를 마구 찍어 내는 문제로 인한 혼란은 명대(明代)에도 심하였다. 개인이 서적을 판각할 때, 서명(書名)을 고치기도 하고 내용을 바꾸거나 빼버리기도 하였다.

예를 들면, 풍몽정(馮夢禎, 1548-1605?)은 《대당신어(大唐新語)》를 판각할 때 서명을 《당세설신어(唐世說新語)》로 고쳤으며, 《북당서초(北堂書鈔)》는 처음에는 《대당유요(大唐類要)》로 고쳤다가 다시 《고당유범(古唐類範)》으로 고쳤다.

산동(山東) 사람은 《금석록(金石錄)》을 판각하면서 이청조(李淸照,

22 원주 : 〈《역대능명》에 대한 발문〔跋歷代陵名〕〉

1084-1155)의 서문에 있는 "紹興二年玄黓歲壯月朔〔소흥 2년(1132) 임자년 8월 1일〕"의 '장월(壯月)'을 '모란(牡丹)'으로 고쳤다. 이는, 《이아》〈석천(釋天)〉에 "7월은 상, 8월은 장, 9월은 현, 10월은 양이다.〔七月爲相, 八月爲壯, 九月爲玄, 十月爲陽.〕"라는 구절이 있는데, 열두 달에 모두 별칭이 있으며 '장월'은 바로 8월이라는 것을 모른 것이다. 그래서 고염무(顧炎武, 1613-1682)는 '만력(萬曆) 연간(1573-1620) 이후로 판각한 책들〔萬曆以來所刻之書〕'은 모두 '「모란」과 같은 오류를 범한 것들〔牡丹之類〕'이라고 지적하면서 그 열등한 품질에 대해 극력 비판하였다.

역대마다 모두 선본(善本)과 정각본(精刻本)이 있다. 주석학에서 요구하는 판본은 당연히 오류가 없거나[23] 오류가 비교적 적으면서 실용적 가치가 큰 판본이다. 그 판본은 문화재 감정이라는 측면에서의 가치 및 주석 외적인 가치를 고려할 필요가 없다. 만약 '오래된 것만 최고로 친다〔惟古是尙〕'면 주석학의 종지(宗旨)와는 어긋나게 된다.

그 어떤 판본도 완전무결한 것은 없다. 판본을 강구하는 것은, 좋은 판본의 기초 위에서 다른 판본들과 관련 자료들을 참고하여 문자 교감 작업을 하려는 것이다. 이 때문에 좋은 판본이 있어야만 고서를 원래 모습으로 환원시켜 고인의 뜻을 왜곡하지 않는 목적에 도달할 수 있다.

2 정확한 주석을 달아 지금 사람들을 오도하지 않기 위해

이는 주석에 요구되는 것이다. 이러한 요구를 실현하기 위해서는 반드시 전인(前人)의 연구 성과를 광범위하게 수집하고 참고해야 한다. 한 학자의 설이 때로는 원의(原意)에 모두 부합하는 것은 아니어서 어느 정도 한계를 드

23 원주 : 이는 불가능하다.

러내기도 하며, 심지어 틀릴 경우도 있다.

따라서 이본(異本)을 광범위하게 수집하고 문자들을 비교하고 검토하는 것은 경문에 있는 문자상의 오류를 줄이는 중요한 부분이며, 이본을 광범위하게 수집하고 여러 선본들을 폭넓게 채택하는 것은 정확하게 판단하여 정확한 주석을 다는 데 필수적인 준비이다.

고적을 정리하고 고서를 주석하는 목적은, 지금 사람들이 고인의 사상을 정확하게 이해하도록 하는 데 있다. 새로운 책이 출현하면 주석가들이 벌 떼처럼 달려들기 마련인데, 이때 각 주석가들의 주석이 반드시 똑같지는 않다. 그중에는 누가 옳은지 그른지 판단하기 어려운 경우도 있다. 고서의 주석에 이설(異說)이 많은 사실을 통해, 사람들이 고서를 읽을 때 이해 면에서의 차이가 매우 크다는 것을 알 수 있다.

예를 들면, 굴원(屈原)의 〈이소(離騷)〉는 중국 문학사상 매우 유명한 시편이지만, '이소'가 무슨 뜻인지는 매우 다른 해석들이 존재한다.

사마천(司馬遷, 기원전 145-기원전 86) : '이소'는 근심스러운 일을 만난다는 뜻과 같다.〔離騷者, 猶離憂也.〕

반고(班固, 32-92) : '이'는 만난다는 뜻과 같으며, '소'는 근심이라는 뜻이다. 자신이 근심스러운 일을 만나 이 글을 지었다는 사실을 밝힌 것이다.〔離, 猶遭也. 騷, 憂也. 明己遭憂作辭也.〕

왕일(王逸, 89?-158?) : '이'는 떠난다는 뜻이며, '소'는 시름이라는 뜻이다.〔離, 別也. 騷, 愁也.〕

항안세(項安世, 1129-1208) : 《국어》〈초어〉에 "오거가 말하기를 '덕과 의가 행해지지 않으면 가까운 지역에 있는 이들은 시름한 끝에 배반하고, 먼 지역에 있는 이들은 떠나가 버린다.' 하였다."라고 하였다. 위소의 주에 "'소'는 시름이라는 뜻이며, '이'는 등진다는 뜻이다."라고 하였는데, 이는 초나라 말이 예로부터 이러했기 때문이다.〔《楚語》 : "伍擧曰 : '德義不行, 則邇者騷離, 而遠者距違.'" 韋昭注 : "騷, 愁也, 離, 畔也." 蓋楚人之語, 自古如此.〕

'이소'의 의미에 대한 이설이 분분하므로, 여기에서는 일일이 열거하지 않겠다.

현대 사람 유국은(游國恩, 1899-1978)은 《이소찬의(離騷纂義)》를 지으면서 20가(家)의 주석을 먼저 나열한 뒤, 다음과 같이 안어(按語)를 썼다.

> 이소의 의미에 대해 이제까지 이치에 맞게 설명한 것들을 본서에 대략 수록하였다.
> 離騷之義, 自來言之成理者, 略備於斯.

> 우선 《초사》〈대초〉를 보면 "삼가 〈가변〉과 초나라 〈노상〉을 연주한다."라고 하였는데, 왕일의 주에 "〈가변〉과 〈노상〉은 모두 곡 이름이다."라고 하였다.
> 第攷本書《大招》有云:"伏戲《駕辯》, 楚《勞商》只." 王逸注:"《駕辯》、《勞商》皆曲名也."

> 유국은 안 : '노상(勞商)'과 '이소(離騷)'는 본래 쌍음자이다. 고음에 소(宵)·가(歌)·양(陽)·유(幽)는 모두 방뉴(旁紐)이기 때문에 통전(通轉)하니, 아마도 '노상'은 바로 '이소'의 전음(轉音)으로 똑같은 대상에 명칭만 다른 것일 뿐이다. 《초사》의 편명은 대부분 고대의 악가를 가지고 짓는데, 예를 들면 〈구가〉·〈구변〉과 같은 유이다. 그렇다면 〈이소〉도 아마 초나라 고유의 악곡일 것이다.……왕일은 〈노상〉이 바로 〈이소〉로, 이 역시 초나라의 고전이라는 사실을 몰랐기 때문에 별개의 곡명으로 생각했다. 그러나 실제로는 양자가 동일한 것이다.
> 按"勞商"與"離騷"本雙音字, 古音宵、歌、陽、幽幷以旁紐通轉, 疑"勞商"卽"離騷"之轉音, 一事而異名者耳. 蓋《楚辭》篇名, 多以古樂歌爲之, 如《九歌》、《九辯》之類. 則《離騷》或亦楚人固有樂曲,……王逸

不知《勞商》卽《離騷》，亦卽楚之古典，故以爲別一曲名，其實一也.

유국은의 설에서 '아마도〔疑〕'라는 표현을 쓴 부분은 일설로 참고할 만하다. 《이소찬의》에서 열거한 20가(家)에는 왕일의 《초사장구(楚辭章句)》, 홍흥조(洪興祖, 1090-1155)의 《초사보주(楚辭補注)》 등이 있는데, 다른 주석본에 속한다. 그리고 《사기》나 《한서》에 있는 일부 〈이소〉 관련 해석들이 판본과는 상관없지만, 제가(諸家)의 설을 열거한 것은 서로 다른 판본이나 주석본을 열거하는 기본 원칙과 다르지 않다.

제4절 판본을 어떻게 선택할 것인가

1 주석학에서 판본을 선택하는 기준이 있어야 한다

주석학에서 강구하는 판본의 기준은 장서가나 판본 감정인의 기준이 아니다. 묘전손(繆荃孫, 1844-1919)은 금본(今本)보다는 고본(古本)을, 간본(刊本)보다는 초본(抄本)을, 중국본보다는 외국본을 중시하는 원칙을 세웠다. 그는 명말(明末) 이후의 간본을 배척하고 '고본만 최고로 생각하여〔惟古是尙〕' 명말과 명나라 이전의 판본은 모두 선본(善本)으로 보았다. 그리고 간본을 배척하여, 초본이라면 구본(舊本)이든 신본(新本)이든 따지지 않고 모두 선본으로 보았다. 또한 비교(批校)가 있는 판본이라면 모두 우수하다고 보았으며, 일본·조선·월남에서 중각(重刻)한 고서는 구본이든 신본이든 따지지 않고 모두 선본으로 보았다. 묘전손의 주장은 장지동(張之洞, 1837-1909)에도 미치지 못하는 것이다.

장지동은 선본이 되려면 다음 세 가지 조건을 갖추어야 한다고 보았다.

첫째, 족본(足本)이어야 한다.

둘째, 정본(精本)이어야 한다.

셋째, 구본(舊本)이어야 한다.

'족(足)'은 온전하여 빠진 부분이 없다는 뜻이고, '정(精)'은 오류 없이 교감하여 인쇄했다는 뜻이며, '구(舊)'는 오래전에 판각하여 간인했다는 뜻이다.

앞의 두 가지 조건은 과학적인 관점이며, 뒤의 한 가지 조건은 형이상학적인 관점이다. 최초로 오래전에 간인한 것에 만약 앞의 두 가지 조건의 기초가 있다면, 그것은 당연히 선본이다. '족'과 '정' 두 가지 기초가 없다면 주석에도 무익하다.

주석학에서 요구하는 판본은 다음 네 가지 조건을 갖추어야 한다.

첫째, 족본(足本)이어야 한다.

이는 원본의 권차(卷次), 장절과 내용에 누락이 없는 것을 말한다.

둘째, 정본(精本)이어야 한다.

이는 초사(抄寫)와 간인에 오류가 없는 것을 말한다. 이 두 가지 조건을 갖추면 고서(古書)를 원래 모습으로 환원시켜 고인들의 뜻을 왜곡하지 않는 경지에 이를 수 있다. 이 두 가지는 주석하지 않았거나 정리 작업이 된 적 없는 문헌에 있어 가장 중요하다. 사본이나 간본에서 오류가 없거나 적은 것은 구본(舊本)인지 초간본인지와 상당한 관계가 있다. 이 때문에 구간본(舊刊本) 가운데 초인본(初印本)은 상당히 중시해야 한다.

셋째, 정교본(精校本)이어야 한다.

고전 문헌이 현재까지 유전(流傳)되는 동안 이렇게 저렇게 초사(抄寫)나 간인이 이루어지면서 오류와 탈루(脫漏)를 면하기는 매우 어려운 일이다. 이 때문에 역대의 학자들은 고서를 정리하고 주석을 달 때 모두 문자 교감 작업을 매우 중시하였다. 어떤 것은 교감이 잘 되었고, 어떤 것은 교감의 질이 좀 떨어진다. 초교본 외에 종종 또 재교본이 있기도 하다. 따라서 좋은 교감본이 있으면 주석에 있어 좋은 기초를 확보하게 되는 것이다. 그렇지 않으면 '영(郢) 땅 사람의 글을 보고 연나라 재상이 설명했던 것〔郢書燕說〕'처럼 잘못된 원문에 주석을 다는 것을 면치 못할 것이다.

넷째, 좋은 주석본이어야 한다.

고서의 정리와 연구는 점교(點校)·주석·번역·강평 및 종합적인 연구와 같은 광범위한 내용을 포괄한다. 이들은 개별적으로 작업할 수 있는데, 예를 들면 어떤 것은 점교를 하고, 어떤 것은 주석을 하며, 어떤 것은 번역만 하고, 어떤 것은 분석과 강평만 하는 것이다. 즉 한 책의 주석을 내용에 따라 약간의 층차를 나누어 진행할 수도 있고, 종합적으로 진행하여 각종 내용을 한 책에 모을 수도 있다는 말이다.

정리가 되지 않은 고서는 이러한 선택 기준을 얘기할 것도 없지만, 이미 주석을 달고 정리 작업을 한 고서는, 만약 정리와 연구를 꼭 새로 해야 한다면 반드시 좋은 주석본을 선택하는 데 주의를 기울여야 한다. 이렇게 하는 것은 우리의 고서 정리와 연구가 전인(前人)의 성과를 충분히 흡수하여 이미 있는 성과 위에서 한 걸음 더 발전하게 할 수 있다.

2 정리와 연구라는 다른 목적과 성질에 따라 판본의 선택 범위를 확정해야 한다

어떤 책을 주석하려면 당연히 각종 판본을 모두 수집해야 한다. 이렇게 했을 때 전인의 연구 성과를 충분히 흡수하는 데 유리하다. 일부 엄밀한 주석 서적은 종종 책 앞이나 뒤에 인용서목 일람표를 제시하며, 혹은 서발문 속에서 의거한 판본 및 참고 자료 정황을 설명하기도 한다.

완원(阮元, 1764-1849)이 교간(校刊)을 주관한 《십삼경주소》는 좋은 판본을 제공하는 데 목적이 있었다. 《십삼경주소》를 중간(重刊)할 때 완원 등은 교감을 하고 각 경(經)마다 앞에 교감기(校勘記)의 서(序)를 작성하였다. 그리고 서 뒤에는 〈인거각본목록(引據各本目錄)〉이 있다.

예를 들면 〈상서주소교감기서(尙書注疏校勘記序)〉 뒤에 있는 〈인거각본목록〉은 다음과 같다.

> 당(唐)나라의 석경(石經) : 위포(衛包, ?-?)가 고친 금문을 채용했다. 후대의 주소본은 모두 여기에서 나왔다.
> 송(宋)나라의 임안석경(臨安石經) : 현존하는 것은 〈우공(禹貢)〉의 중반부터 〈윤정(胤征)〉의 중반까지, 또 〈태서(泰誓)〉 끝에서부터 〈주고(酒誥)〉의 중반까지이다.

고본(古本) : 산정정(山井鼎, 1690-1728)의 《칠경맹자고문(七經孟子考文)》에 보인다. 바로 일본 아시카가학교(足利學校)에 소장된 사본이다. 물관(物觀)[24]의 서문에 당나라 이전의 것이라고 하였다. 여기에 쓰인 경문은 모두 고문이지만 글자체가 매우 특이하며 간간이 속체(俗體)가 끼어 있어 대부분 믿을 만하지 않다.

악본(岳本) : 송나라 때 악가(岳珂, 1183-1234)가 요영중(廖瑩中, ?-?)의 세채당본(世綵堂本)으로 다시 교감한 것이니, 이른바 상대본(相臺本)으로 세상 사람들이 중시한다. 이 판본을 살펴보면, 대부분 음독(音讀)·구두는 자세하고 자구(字句)의 차이는 소략하다. 또 이따금 소(疏)를 근거로 주(注)를 고쳤는데, 이는 소에서 설명하는 경전(經傳)이 반드시 경전 원문에 의거한 게 아닌 줄 몰랐기 때문이다. 그러나 23가(家)의 설을 모아 참고하고 교감하여 공력을 매우 많이 들였으니, 제가(諸家)의 판본보다 우수한 것이 참으로 당연하다. 원본은 발견되지 않았으며, 본 《상서주소》에서 의거한 판본은 무영전 번각본(武英殿翻刻本)이다.

갈본(葛本) : 바로 영회당본(永懷堂本)이다. 민각 주소본(閩刻注疏本)과 비슷하지만 오자가 비교적 많다. 이상 세 가지 판본은 모두 단주본(單注本)[25]이다.

이 다음에 열거한 참고 판본에는 또, 송판(宋板)·송십항본(宋十行本)·민본(閩本)·명감본(明監本)·모본(毛本)·《경전석문(經典釋文)》·《육경정오(六經正誤)》·《상서찬전(尙書纂傳)》·《석경고문제요(石經考文提要)》·

24 물관(物觀) : 저본에는 '物也'로 되어 있는데, 《상서정의(尙書正義)》(北京大學出版社, 2000, 6쪽)에 근거하여 바로잡았다. 물관은 《칠경맹자고문》을 교감한 사람이다.

25 단주본(單注本) : 경문의 주석만 달린 판본을 말한다.

《구경오자(九經誤字)》·《칠경맹자고문(七經孟子考文)》·《십삼경정자(十三經正字)》·《군서습보(群書拾補)》가 있다.

열거한 여러 판본과 그에 대한 설명들은 교감에 있어 중요하다. 지금 보는 《십삼경주소》본은 완원의 교감기가 부록되어 있는데, 학자들에게 중시되어 선본으로 간주되고 있다. 그 원인을 따져 보면 완원이 각종 판본을 확보한 데에 있다. 그런 뒤에야 문자를 비교·교감하고 오류를 변별할 수 있어서 세상 사람들이 인정하는 성과를 얻을 수 있는 것이다.

고서에 주석을 달 때에는 각종 관련 자료를 참고해야 하며, 각종 판본과 주소본도 수집해야 한다. 예를 들면 마비백(馬非白, 1896-1984)의 《염철론간주(鹽鐵論簡注)》는 《염철론집주장편(鹽鐵論集注長篇)》을 바탕으로 간추려서 만든 것이다. 이른바 '집주장편'이란, 바로 제가(諸家)의 주석을 모아 상세하게 초록하고 배열한 것을 말한다.

참고할 만한 고주(古注)는 매우 많다. 《논어》를 예로 들어 보자. 일본 학자 임태보(林泰輔, 1854-1922)가 《논어연보(論語年譜)》에 저록한 서적은 3천 종에 달하며, 청나라 정수덕(程樹德, 1877-1944)의 《논어집석(論語集釋)》에는 참고 서적이 680종에 달한다.

《논어연보》와 《논어집석》에 저록(著錄)된 참고 서적 모두가 반드시 《논어》의 판본과 관련이 있는 것은 아니지만, 《논어》의 이본과 갖가지 주석본들을 반드시 망라했으리라는 것은 의심의 여지가 없다. 시간의 추이에 따라 주석과 판본들은 더 많아졌을 것이므로, 지금의 연구자가 현대적인 자료 저장 수단을 활용하지 않으면, 혼자서 그렇게 많은 자료들을 파악하는 것은 불가능에 가깝다.

양백준(楊伯峻, 1909-1992)이 지은 《논어역주(論語譯注)》에 따르면 '자음과 어의, 어법 규칙, 수사 방법, 역사 지식, 지리 연혁, 명물 제도, 풍속 습관의 고증 등에 주의해야 한다.' 이 때문에 '장절의 분합 문제 및 역대 판본과 제가의 주해본에서 상호 간에 조금 차이가 나는 문제에 대하여, 저자는 이러한 사항들을 감안하여 취사선택한 뒤에……각종 중요 주해본의 차이점을 간략하게 기술했다.' 그리고 교감할 때에는 '근거가 될 만한 간본이 있으면, 그 간본에 있는 글자를 직접 인용하는 방식'을 채택하였다.

《논어역주》가 모든 판본을 중요한 자료로 삼아 참고한 것은 결코 아니었다는 것을 알 수 있다.

3 목록학의 연구 성과를 충분히 이용해야 한다

목록학의 학문적 연구 성과는 주석학에서 중요한 의의를 지닌다.

> 목록은, 관련 문헌들을 저록하고 일정한 순서에 따라 배열하여 만든 것으로, 문헌을 명시하고 알려 주는 도구이다.……문헌의 외형적인 특징을 명시하고 내용상의 개요를 알려 주는 것은, 생산 작업에 종사하는 이들과 학문 연구에 종사하는 이들에게 관련 문헌 정보를 제공하기 위한 것이다. 이것이 목록의 기본적인 사회적 기능이다.[26]

과학문화는 현대까지 발전해 오면서 축적한 성과들이 매우 풍부하다. 그리고 새로운 성과가 계속 나타나고 있어 지식이 폭발적으로 증가하는 시대가 되었다. 과학 관련 정보에 대한 소식을 장악하는 데 서툴면 어떤 분야에서 학문적으로 연구된 과거의 성과와 현재의 발전에 대해 잘 알지 못하기 때문에, 새롭고 수준 높은 성과를 얻기 힘들 것이다.

주석학도 똑같이 이러한 문제에 직면해 있다. 고적 정리와 연구에 종사하는 사람들은 목록학에 대한 지식을 갖추고 서목의 유형을 잘 알고 있어야 하

26 원주 : 《목록학개론(目錄學槪論)》(目錄學槪論 編寫組 編著, 武漢大學·北京大學)

는데, 특히 국가 서목(國家書目)·특수 분야 서목·출판물 색인의 현황을 잘 알고 있어야 한다. 이렇게 했을 때 어떤 서적을 주석하는 데 필요한 이본과 주석본을 수집해서 기존의 성과를 충분히 흡수하여 주석의 수준을 충실하고 풍부하게 할 수 있으며 제고(提高)할 수 있다.

제4장

주석의 기초 작업 2 : 문자의 교감

제1절 교감이란 무엇인가

'교감(校勘)'은 비교하고 판정하는 것이다. 즉 서적의 서로 다른 판본과 관련 자료를 비교하거나 문의(文意)를 자세하게 살펴 원문의 정오와 진위를 판단하는 것이다. 이것은 주석의 기초 작업이다.

'교(校)'는 《설문해자》에서 '목수(木囚)'라고 풀이하였는데, 즉 손과 발에 씌우는 족쇄나 수갑 같은 것이다. 《주역》〈서합(噬嗑)〉에 "상구는 목에 차꼬를 써서 귀가 없어진 것이다.〔上九, 何校滅耳.〕"라고 하였는데, '하교(何校)'는 차꼬를 쓰고 있는 것이고, '멸이(滅耳)'는 귀가 없어진 것으로, 이는 중형에 해당한다. 여기에서의 '교'는 본의(本義)로 쓰였다.

'교'에는 연구하여 판정한다는 뜻도 있다. 《국어》〈노어 하(魯語下)〉에 "옛날 정고보가 주나라 태사에게 상나라의 송(頌) 20편을 교감받아 〈나〉를 첫머리로 삼았다.〔昔正考父校商之名頌十二篇於周太師, 以《那》爲首.〕"라고 하였다. 이것은 우리들이 볼 수 있는 가장 이른 용례로, 정고보는 아마 제일 먼저 책을 교감한 사람일 것이다. 정고보는 주나라 선왕(宣王) 때의 송나라 대부였으며, 공자의 7세조이다. '교'가 가진 '고정(考訂)하다'는 뜻의 어원은 자세하지 않다.

혹자는 '확(搉)'과 뜻이 통한다고 한다. 《설문해자》에 "'확'은 치는 것이다.〔搉, 敲擊也.〕"라고 하였는데, 이 때문에 '고구(考求)'나 '고정(考訂)'으로 인신될 수 있는 것이다.

'각(隺)'과 '교(交)'의 고운(古韻)은 같은 운부(韻部)에 있었기 때문에 통가(通假)할 수 있었다. 다만 선진 시대 전적에는 '확(搉)' 자 본의를 사용한 것이 보이지 않아, 이를 고증할 용례가 없다. 통가할 수 있었다는 일설은 참고만 할 수 있을 뿐이다. '감(勘)' 자는 《설문해자》에 보이지 않는다. 《옥편(玉篇)》에서 '복정(覆定)'으로 풀이하였다.

'교감'이라고 두 글자를 연결하여 사용한 것은 당대(唐代)부터이며, '도서를 교감한다'는 뜻으로 사용한 것은 송대(宋代)부터이다. 구양수(歐陽脩)의 〈서춘추번로후(書春秋繁露後)〉에 "내가 관(館)에서 여러 책을 교감할 때 80여 편이 있는 것을 보았다. 그러나 뒤섞이고 중복된 것이 많았다.〔予在館中校勘群書, 見有八十餘篇, 然多錯亂重複.〕"[1]라고 하였다.

한대(漢代)에는 '교(校)'·'교리(校理)'·'교수(校讎)'라고 하였다. 유향(劉向)은 《별록(別錄)》에서 다음과 같이 말하였다.

> '교수(校讎)'란, 한 사람이 글을 읽으면서 앞뒤를 비교하여 오류를 찾는 것을 '교'라 하고, 한 사람은 책을 가지고 있고 또 한 사람은 글을 읽는 것이 마치 원수를 대하는 것과 같아서 '수'라 한다.
> 校讎, 一人讀書, 校其上下, 得謬誤, 爲校, 一人持本, 一人讀書, 若怨家相對, 爲讎.

1 원주 : 《구양문충공집》 권73

제2절 문자 교감의 필요성

《포박자(抱朴子)》〈하람(遐覽)〉에서는 '속어'를 인용하여 다음과 같이 말하였다.

> 글을 세 번 전사하면 '어(魚)'가 '노(魯)'로 되고 '허(虛)'가 '호(虎)'로 된다.
> 書三寫, 魚成魯, 虛成虎.

이렇듯 서적을 베끼거나 새길 때 오류가 매우 쉽게 발생한다.

청나라 왕염손(王念孫)의 고증에 따르면, 《묵자(墨子)》라는 책은 오류가 극히 많아서 〈상현(尙賢)〉 하편, 〈상동(尙同)〉 중편, 〈비악(非樂)〉 상편, 〈비명(非命)〉 중편 및 〈비성문(備城門)〉과 〈비혈(備穴)〉 2편의 착간(錯簡)이 10여 자부터 340자에 이르기까지, 고르지 않다.

왕염손의 《독서잡지(讀書雜志)》와 《광아소증(廣雅疏證)》은 청대의 유명한 훈고저작인데, 그중에서도 중요한 성과는 교감이다. 예를 들면 《독서잡지》에서는 《사기》의 460여 조(條)와 《관자》의 640여 조를 교정하였고, 《광아소증》에서는 오자 580자, 탈자 490자, 연자(衍字) 39자, 앞뒤로 뒤바뀐 글자 213자, 본문의 음을 달아 놓은 곳에 잘못 들어간 글자 19자, 음을 달아 놓은 글자가 본문에 잘못 들어간 글자 57자 등을 교정하였다. 이 한 권의 책에서만도 1398조의 오류를 교정하였다.

혜동(惠棟)은 모씨(毛氏)의 급고각본(汲古閣本) 《예기》에서 오류 4704자, 탈루(脫漏) 1147자, 궐문(闕文) 2217자, 연문(衍文) 2977자, 글자가 다른 것 2625곳을 교정하였다. 교감이 없었다면, 분명 엉뚱한 해석을 하고 주석을 잘못 달아 후학들을 오도했을 것이다.

먼저 근원을 바르게 하지 않고 경솔하게 주석을 다는 것은 주석학에서는 용납할 수 없는 일이다. 저본의 시비를 바로잡고 고서를 원래의 상태로 되돌려 하나의 선본(善本)에 기초하여 주석하도록 하는 것은 주석학에서 마땅히 중시해야 하는 과제의 하나이다. 그렇지 않으면 우리들이 고인들의 사상을 연구하는 데에 그 전제 조건을 잃게 되는 것이므로 정확한 결론을 도출할 수 없다.

제3절 역대 교감의 대략적 상황

청나라 왕명성(王鳴盛)은 "독서하려면 먼저 글을 정밀하게 교감해야 한다. 정밀하게 교감하지 않고 바로 독서하면 독서에도 많은 오류가 있게 될 것이다.〔欲讀書必先精校書, 校之未精而遽讀, 恐讀亦多誤矣.〕"라고 하였다.[2]

근대의 진원(陳垣) 또한 "교감은 역사서를 읽을 때 먼저 해야 할 일이다. 날마다 잘못된 글을 읽으면서도 모른다면 잘 배운 것이 아니니다.〔校勘爲讀史先務, 日讀誤書而不知, 未爲善學也.〕"라고 하였다.[3]

역대의 학자들은 교감작업을 매우 중시하였다.

전면적으로 전적을 정리하고 교감한 최초의 인물은 공자이다. 공자의 이름은 구(丘), 자는 중니(仲尼)이다. 기원전 551년에 태어나 기원전 479년에 죽었다. 춘추 시대 노(魯)나라 사람이다. 그의 7세조 정고보(正考父)는 일찍이 주나라 태사(太師)에게서 〈상송(商頌)〉을 교감받았다. 공자에 이르러 육경(六經)을 정리하고 수정하였는데, 이것을 비로소 진정한 교감이라고 할 수 있다.

장병린(章炳麟)은 《국고논형(國故論衡)》 〈명해고 상(明解詁上)〉에서 "공자가 《시》를 기록하면서 '사시(四始)'를 두자 〈아〉와 〈송〉이 각기 제자리를 찾았다. 《상서》를 산정하여 100편으로 만들면서 〈요전〉을 첫머리에 놓았다. 공자는 또한 교감을 잘한 사람이다.〔孔子錄《詩》有四始, 《雅》、《頌》各得其所. 刪《尙書》爲百篇而首《堯典》. 亦善校者矣.〕"라고 하였다.

공자는 책을 교감할 때 매우 주도면밀하고 신중하게 하였다. 《한서》 〈예문지〉에 다음과 같은 내용이 있다.

2 원주 : 《십칠사상각(十七史商榷)》 〈자서(自序)〉

3 원주 : 《통감호주표미(通鑑胡注表微)》 〈교감편(校勘篇)〉

옛 제도는 반드시 동일한 문자로 기록해야 하니, 알지 못하면 비워 두었다가 그것을 고로(故老)에게 물었다. 세상이 쇠퇴하자 시비를 바로잡지 않고 사람들이 자신의 생각대로 글자를 썼다. 그러므로 공자가 "나는 그래도 사관이 의심스러운 일을 빼놓고 적은 글을 볼 수 있었는데, 지금은 그런 일이 없어졌구나!"라고 하였으니, 이는 점차 바르게 쓰지 않게 된 것을 상심한 것이다.

古制, 書必同文, 不知則闕, 問諸故老, 至於衰世, 是非無正, 人用其私. 故孔子曰"吾猶及史之闕文也. 今亡矣夫", 蓋傷其寖不正.

고서의 잔결(殘缺)에 대해 보충할 수 있는 확실한 근거가 없을 때는 차라리 원래의 상태를 그대로 두어야지 결코 경솔하게 고쳐서는 안 된다.

공자의 제자 자하(子夏)가 그 학문을 전수하였다. 《여씨춘추》〈찰전(察傳)〉에 다음과 같은 기록이 있다.

자하가 진(晉)나라로 가는 길에 위(衛)나라를 들렀는데, 어떤 사람이 역사책을 읽으면서 "진나라 군대의 돼지 세 마리가 황하를 건넜다.〔晉師三豕涉河.〕"라고 하였다. 자하가 "틀렸다. 이것은 '기해'이다. '기(己)'와 '삼(三)'은 모양이 비슷하고, '시(豕)'와 '해(亥)'도 서로 비슷하다."라고 하였다. 진나라에 도착해서 물어보니 "진나라 군대가 기해년에 황하를 건넜다."라고 대답하였다.

子夏之晉過衛. 有讀史記者曰"晉師三豕涉河", 子夏曰"非也. 是己亥也. 夫己與三相近, 豕與亥相似". 至於晉而問之, 則曰"晉師己亥涉河也".

이는 교감사에 있어 하나의 재미있는 일화이다.

정부(조정)가 주도하여 조직적이고 대규모로 전적을 정리하고 도서를 교감한 것은 한대(漢代)부터 시작되었다. 《한서》〈예문지〉에 다음과 같은 내용이 있다.

> 한(漢)나라가 건립된 뒤에 진(秦)나라 실정(失政)을 고쳐 서적을 크게 모으고 책을 헌납할 수 있는 길을 널리 열었다.
>
> 효무제(孝武帝)에 이르러 서적은 결락되고 간책은 탈간이 되었으며 예악이 무너지자, 성상께서는 탄식하며 "짐은 매우 근심스럽다!"라고 하였다. 이에 장서의 정책을 마련하고 사서(寫書)의 관직을 두어, 아래로는 제자(諸子)의 전(傳)과 설(說)까지 모두 비부(秘府)에 보관하였다.
>
> 성제(成帝) 때에 이르러 서적이 매우 많이 유실되자, 알자 진농(陳農)으로 하여금 천하에서 일서(佚書)를 구하게 하였다. 그리고 조서를 내려 광록대부(光祿大夫) 유향(劉向, 기원전 77?-기원전 6)에게 경전, 제자서, 시부 등의 전적을 교감하게 하고, 보병교위(步兵校尉) 임굉(任宏)에게 병서를 교감하게 하고, 태사령(太史令) 윤함(尹咸)에게 술수에 관한 서적을 교감하게 하고, 시의(侍醫) 이주국(李柱國)에게 방기(方枝)에 관한 서적을 교감하게 하였다. 매번 한 책의 교감이 끝날 때마다 유향은 그 서적의 각 편목을 정리하고 요점을 간추려 기록하여 상주하였다.
>
> 유향이 죽자, 애제(哀帝)는 다시 그의 아들인 시중(侍中) 봉거도위(奉車都尉) 유흠(劉歆, ?-23)에게 아버지의 일을 마치게 하였다. 유흠은 이에 서적들을 총 정리하여 《칠략(七略)》을 지어 올렸다.
>
> 漢興, 改秦之敗, 大收篇籍, 廣開獻書之路. 迄孝武世, 書缺簡脫, 禮壞樂崩, 聖上喟然而稱曰:"朕甚閔焉." 於是建藏書之策, 置寫書之官, 下及諸子傳說, 皆充秘府. 至成帝時, 以書頗散亡, 使謁者陳農求遺書於天下. 詔光祿大夫劉向校經傳諸子詩賦, 步兵校尉任宏校兵書, 太史令尹咸校數術, 侍醫李柱國校方技. 每一書已, 向輒條其篇目,

撮其指意，錄而奏之．會向卒，哀帝復使向子侍中奉車都尉歆卒父業．歆於是總群書而奏其《七略》．

유향은, 자가 자정(子政)으로, 서한 때의 경학가, 문학가, 교감학가, 목록학가이다. 한나라 성제(成帝) 때 광록대부(光祿大夫)를 지냈으며, 성제가 그에게 비부(秘府)에 소장된 오경(五經)을 교감하게 하였다. 유향은 19년 동안 책을 교감하였는데, 그 방법은 이본(異本)을 망라하여 차이를 비교하여 정본(正本)을 정한 것이다.

유향은 《상서》를 교감하고 다음과 같은 교감기를 적었다.

> 신은 비부(秘府)의 《고문상서》를 가지고 구양·대하후·소하후 3가의 경문을 교감하였는데, 〈주고〉에는 탈간이 하나이고 〈소고〉에는 탈간이 둘이었습니다. 대체로 간(簡)이 25자면 빠진 글자도 25자였고, 간이 22자면 빠진 것도 22자였습니다. 글자의 모양이 다른 것이 7백여 자였고, 빠진 글자가 수십 자였습니다.
> 臣以中古文校歐陽、大、小夏侯三家經文，《酒誥》脫簡一，《召誥》脫簡二．率簡二十五字者，脫亦二十五字，簡二十二字者，脫亦二十二字．文體異者七百有餘，脫字數十．[4]

동한의 경학자 정현(鄭玄, 127-200)은 여러 경서에 두루 주를 달았는데, 교감에 대해서도 많은 공헌을 하였다. '정현은 경전을 빠짐없이 모으고 여러 학자들의 학설을 망라하여 번잡하고 거친 것을 삭제하고 빠지고 잘못된 것을 바로잡았다. 이로부터 학자들이 귀결되는 바를 대략 알 수 있게 되었다.〔鄭玄囊括大典，網羅衆家，刪繁裁蕪，刊改漏失，自是學者略知所歸.〕'[5]

4 원주 : 《칠략별록일문(七略別錄佚文)》, 사씨산방총서본(師氏山房叢書本)

단옥재(段玉裁)는 교감의 역사를 다음과 같이 개괄하였다.

> 책을 교감하는 것은 언제 비롯되었는가?
>
> 공자와 자하에서 비롯되었다. 공자와 자하 이후 한나라 성제 때 유향 및 임굉·윤함·이주국은 각자의 능력을 발휘하여 황제에게 상주하였다. 유향이 죽자 유흠이 그 일을 마쳤다. 이때는 수(讎)도 있고 교(校)도 있었으며, 죽(竹)도 있고 소(素)도 있었으니 지극히 상세하였다. 그러나 천고의 대업에 있어서 정현보다 훌륭했던 자는 없었다.
>
> 校書何放乎? 放於孔子、子夏. 自孔、卜後, 漢成帝時, 劉向及任宏、尹咸、李柱國, 各顯其能奏上. 向卒, 歆終其業. 于時有讎有校, 有竹有素, 蓋綦詳焉. 而千古之大業, 未有盛於鄭康成者也.

유향과 정현 이후 교감에 힘쓴 학자는 대대로 적지 않아, 다음과 같은 사람들이 모두 교감학에 걸출한 공헌을 하였다.

남조 제(齊)나라의 왕검(王儉)

남조 양(梁)나라의 완효서(阮孝緖)

당나라의 안사고(顔師古)와 육덕명(陸德明)

송나라의 정초(鄭樵)와 악가(岳珂) 등

교감은 역대로 많은 조정에서 중시되었다. 서한의 난대(蘭臺)와 동한의 동관(東觀)은 조정의 장서실이었으며, 아울러 학사(學士)들을 그곳에 두고 장서를 교감하게 하였다. 삼국 시대 위(魏)나라는 해당 관직을 처음 설치하였다. 그 뒤로 각 시대마다 대부분 전문기구와 관원을 두어 서적을 교감하는 작업을 주관하게 하였다. 예를 들면 송대와 청대는 모두 조정이 이를 매우 중시하였고, 또한 교감으로 이름난 학자를 많이 배출한 시대였다.

5 원주 : 《후한서(後漢書)》 〈정현전(鄭玄傳)〉

송대에는 교감의 조례에 대해 다음과 같은 명확한 규정이 있었다.

> 글자에 오자가 있으면, 자황(雌黃)으로 칠하고 따로 쓴다.
>
> 혹 연문(衍文)이 있으면 자황으로 동그라미를 치고, 탈문이 있으면 글자 옆에 첨입한다.
>
> 혹 글자 옆에 주를 써넣을 수 없는 곳에는, 붉은색으로 동그라미를 치고 같은 줄의 위아래 빈 공간인 천두(天頭)나 지각(地脚)에 쓴다.
>
> 도치된 것은, 두 글자 사이에 '을(乙)' 자를 쓴다.
>
> 말이 끊기는 곳에 구두점을 찍을 때는, 옆에 찍는 것을 정식으로 한다. 그 인명·지명·물명 등 세분해야 할 것이 있으면, 중간에 가늘게 점을 찍는다.
>
> 諸字有誤者，以雌黃塗訖，別書．或多字以雌黃圈之；少者於字側添入；或字側不容注者，卽用朱圈，仍與本行上下空紙上標寫；倒置，於兩字間書乙字；諸點語斷處，以側爲正；其有人名、地名、物名等合細分者，卽中間細點.[6]

이것은 잘못을 바로잡고 표점을 수행하는 것에 관한 구체적 규정인데, 북송 때부터 이미 실행된 교감방법이다. 심괄(沈括)의 《몽계필담(夢溪筆談)》에도 이와 유사한 기록이 있다.

악가(岳珂, 1183-1234)는 남송 사람으로, 자는 숙지(肅之), 호는 권옹(倦翁)·역재(亦齋)·동기(東幾)이다. 하남(河南) 탕음(湯陰) 사람이다. 악비(岳飛)의 손자이며 악림(岳霖)의 아들이다. 벼슬은 호부 시랑(戶部侍郎), 회동총령 겸 제치사(淮東總領兼制置使)에 이르렀다. 저서에는 《금타수편(金陀粹編)》·《우천변무집(吁天辯誣集)》·《천정록(天定錄)》·《구경삼전연

6 원주 : 《남송관각록(南宋館閣錄)》 권3

혁례(九經三傳沿革例)》·《정사(桯史)》·《당호시고(棠湖詩稿)》 등이 있다.

청나라의 전태길(錢泰吉)은 《폭서잡기(曝書雜記)》에 다음과 같이 쓰고 있다.

> 악가 권옹이 구경(九經)과 삼전(三傳)을 간행했는데, 가숙에 소장하던 여러 각본과 아울러 흥국 우씨, 건안 여인중본까지 모두 20본을 저본으로 하였다. 또 월중 구본 주소와 건본으로 음석(音釋)이 있는 주소와 촉본 주소를 이용하였는데, 모두 23본이다. 각 경전에 정통한 명사에게 반복해서 정정하게 하고서야 비로소 우수한 장인에게 명하여 판각하게 하였다.
>
> 그가 편찬하여 상대서숙에서 간행한 《구경삼전연혁례》는 즉 판본·자획·주석·음석·구두·탈간·고이에 대해 모두 조목별로 나열하였으니, 치밀함을 알 수 있다.
>
> 岳珂倦翁刊九經三傳，以家塾所藏諸刻，并興國于氏，建安余仁仲本，凡二十本．又以越中舊本注疏，建本有音釋注疏，蜀注疏，合二十三本．專屬本經名士，反復參訂，始命良工入梓．其所撰相臺書塾刊正《九經三傳沿革例》，於書本、字畫、注文、音釋、句讀、脫簡、考異，皆羅列條目，可見其詳審矣．[7]

위의 기록은 악가가 전문적인 인재를 조직하여 책을 교감한 실상을 소개한 것이며, 그 교감의 순서와 내용에 대해서도 분명하게 설명하였다. 내신하(來新夏, 1923-)가 "교감이 송대에 이르러 교감학이라는 하나의 독립된 학문으로 성립되었다고 할 수 있다."[8]라고 한 말은 일리가 있다.

7 원주 : 《감천향인고(甘泉鄉人稿)》 권7
8 원주 : 《고전목록학천설(古典目錄學淺說)》 208쪽

교감이 하나의 독립적인 학문으로 성립된 것에 대해, 혹자는 북제(北齊)의 안지추(顔之推)로부터 시작되었다고 한다. 만약 실천과 이론의 두 방면에서 고찰한다면, 송대는 풍부한 실천이 있었을 뿐만 아니라 교감 이론에 있어서도 이미 성숙한 경지에 이르렀다고 볼 수 있다. 정초(鄭樵, 1104-1162)가 쓴《통지(通志)》에 20략(略)이 있는데, 그중에서 〈교수략(校讎略)〉은 중국의 도서관련 사업에서 중요한 지위를 차지하고 있다.

정초는 남송의 걸출한 사학자로, 자는 어중(漁仲)이며, 보전(莆田)[9] 사람이다. 협제산(夾漈山) 아래에서 살았기 때문에 학자들이 '협제(夾漈) 선생'이라 불렀다. 평생 동안의 저작이 풍부하여《씨족략(氏族略)》·《동식지(動植志)》 등 80여 종을 남겼다. 만년에는《통지》를 편찬하였는데, 이는 백과전서의 체제로 편찬한 통사이다. 그중에 20략(略)은 매우 독창적인 견해를 지니고 있으며, 〈교수략〉의 영향이 가장 크다.

청나라 사람 장학성이 쓴《교수통의(校讎通義)》에는 정초에 대한, 많은 반박과 비난이 있으나 그 실제 내용을 따져 보면 도리어 정초의 업적에 기초하여 쓴 것이다. 정초는《통지》〈총서(總敍)〉에서 다음과 같이 말하였다.

> 주부(州府)에서는 소장하는 곳에 책이 없어도 걱정하지 않고, 교감의 일을 맡은 자는 그 방법도 모른다. 그리하여 내가 삼관(三館)에서 녹만 축내는 사람을 없게 하고, 사고(四庫)에 벌레 먹는 책이 없게 하며, 수많은 책이 날로 유통되게 하고자, 〈교수략〉을 지었다.
> 州府所藏不患無書, 校讎之司, 未聞其法. 欲三館無素餐之人, 四庫無蠹魚之簡, 千章萬卷, 日見流通, 故作《校讎略》.

이른바 "교감의 일을 맡은 자는 그 방법도 모른다."라는 말은, 바로 그가

9 원주 : 현재 복건성(福建省)에 속해 있다.

이 〈교수략〉을 쓴 것에 대한 목적과 해결해야 할 문제가 이론과 방법 방면임을 설명한 것이다.

교수학은 청대(淸代)에 크게 번성하였다. 이는 비록 문자옥(文字獄)이라는 사회적 배경의 영향도 있지만, 학술발전의 자체적인 규칙이 일으킨 작용이 주요한 요인이었다. 청대의 대대적인 고적 정리 전개는 교수학의 번성을 촉진하였다.

평생 교감에 종사하여 탁월한 성취를 낸 사람은 다음과 같다.

지위성(支偉成, 1899-?)의 《청대박학대사열전(淸代樸學大師列傳)》의 교감 부문에 열거된 사람이 21명이고, 장지동(張之洞, 1837-1909)의 《서목답문(書目答問)》 뒤쪽에 실린 〈국조저술제가성명략(國朝著述諸家姓名略)〉의 교감 부문에 열거된 사람이 31명이다.

청대 교감학의 단초를 연 사람은 고염무(顧炎武, 1613-1682)이다. 그의 《구경오자(九經誤字)》 1권은 바로 교감에 대한 명저이다. 고염무 이후 뛰어난 학자들이 계속해서 나왔는데, 노문초(盧文弨)와 고광기(顧廣圻) 두 사람의 성취가 가장 높다. 그들은 필생의 정력을 고적 정리에 쏟아 부어 후학들에게 신뢰할 만한 자료를 제공하였다.

노문초(盧文弨, 1717-1795)는 절강성 여요(余姚) 사람이다. 자는 소궁(召弓), 호는 기어(磯漁)이다. 자신의 서실(書室) 이름을 '포경(抱經)'으로 지었기 때문에 '포경 선생'이라고도 부른다. 건륭(乾隆) 연간(1736-1795)에 진사가 되고 벼슬은 시독 학사(侍讀學士)에 이르렀다. 호남학정(湖南學政)에 충원되었으나 귀향을 청해서 관직에서 물러났다. 절강서원(浙江書院)에서 20년간 강의를 주관하였다.

교감하고 주석한 경(經)과 자(子), 제서(諸書)를 모아 《포경당총서(抱經堂叢書)》로 간행하였다. 저서에 《포경당문집(抱經堂文集)》이 있다.

노문초의 교감작업은 그 다루는 분야가 매우 넓다. '경·전·자·사에서부터 설부와 시집에 이르기까지 책을 보았다 하면 교감 사항에 대해 표시하지 않은 것이 없었다.〔自經、傳、子、史，下逮說部詩文集，凡經披覽，無不丹黃.〕'[10] 예컨대, 《군서습보(群書拾補)》 39권은 바로 일생의 정력을 쏟아 《위서(魏書)》·《송사(宋史)》·《금사(金史)》·《신당서(新唐書)》·《신서(新書)》·《신론(新論)》에 대해 교정과 보일(補佚)을 한 것이다. 교감성과를 모은 이 책은 학자들에게 높은 평가를 받아 왔다.

노문초의 교감 자세 역시 학자들에게 칭송을 받아 왔다. 단옥재(段玉裁)는 "공은 책을 교감하는 것을 좋아하여 죽을 때까지 그만두지 않았다.……비록 늙어서도 근면하였으며 태만하지 않았다. 아침 일찍 일어나 자세히 열람하고 꼼꼼히 교감하면서 붉은 먹과 검은 먹을 함께 사용하였는데, 탁자 위가 꽉 차서 찻잔을 둘 곳도 없었다. 저물녘이 되어서야 비로소 방에서 나와 마당에서 산보하고는 곧 등을 전과 같이 켜서 한밤중이 되어서야 쉬었다. 몹시 추운 겨울이나 무더운 여름에도 조금도 쉬지 않았다.〔公好校書，終身未曾廢.……雖耄，孳孳無怠. 早昧爽而起，翻閱點勘，朱墨幷作，几間繽紛，無置茗盌處，日且冥，甫出戶，散步庭中，俄而篝燈如故，至夜半而後卽安. 祁寒酷暑不稍間.〕"라고 하였다.

전대흔(錢大昕)은 "노문초는 집에 수장(收藏)하고 있는 도서 수만 권을 모두 손수 교감했는데, 자세히 살펴 오류가 없었다. 교정(校定)할 때는 반드시 선본을 참고하고 다른 책으로 증명하였으며, 친구나 후배의 한 마디 말이라도 좋은 것은 따랐다.〔家藏圖書數萬卷，皆手自校勘，精審無誤. 凡所校定，必參稽善本，證以它書，卽友朋後進之片言，亦擇善而從之.〕"[11]라고 하였다.

고광기(顧廣圻, 1170-1839)는, 자가 천리(千里)이고, 호는 간빈(澗薲) 또는 사적거사(思適居士)이다. 가경(嘉慶) 연간(1795-1820)의 제생(諸生)

10 원주 : 엄원조(嚴元照)의 〈서노포경선생찰기후(書盧抱經先生札記後)〉

11 원주 : 《군서습보(群書拾補)》 〈전서(錢序)〉

이었다. 원화(元和)[12] 사람으로 사부(四部)의 도서를 널리 열람하였으며, 교감학에 조예가 깊었다. 그의 사회적 지위나 경제적 조건은 노문초보다 훨씬 못하여 교감작업은 종종 다른 사람에게 고용된 채 하였다.

황비열(黃丕烈)·손성연(孫星衍)·진은복(秦恩復)·장돈인(張敦仁)이 간행한 책들은 모두 그의 정밀한 교감을 거쳐 찰기(札記) 형태로 쓴 것이다. 완원(阮元)의 《십삼경주소》 또한 고광기가 교감한 것이다.

그는 일생 동안 수많은 책을 교감하였는데, 《문선(文選)》·《자치통감(資治通鑑)》·《예기정주(禮記鄭注)》·《설문해자(說文解字)》·《당률의소(唐律義疏)》·《한비자(韓非子)》·《단소의례(單疏儀禮)》·《염철론(鹽鐵論)》·《고문원(古文苑)》·《안자(晏子)》·《양자법언(揚子法言)》·《낙빈왕집(駱賓王集)》·《여형주집(呂衡州集)》·《열녀전(列女傳)》·《초씨역림(焦氏易林)》·《포박자내편(抱朴子內篇)》·《화양국지(華陽國志)》·《이원빈집(李元賓集)》·《황제본초경(黃帝本草經)》·《헌원황제전(軒轅黃帝傳)》·《송명신언행록(宋名臣言行錄)》·《이아(爾雅)》 등이 있다. 교감은 다 했으나 미처 간행하지 못한 책도 적지 않다.

고광기는 세상에서 신망이 두터웠기 때문에 그가 교정해서 간행한 모든 책들은 문인들이 매우 귀중하게 여겼다. 그리고 장서가들도 이본을 얻을 때마다 늘 그에게 조언을 구하였다. 이같이 후학들에게 혜택을 준 학자가 존경을 받는 것은 당연한 일이다. 일본의 학자 신전희일랑(神田喜一郎)은 《고천리연보(顧千里年譜)》에서 '청대 교감학의 제일인자[淸代校勘學第一人]'라고 그를 칭송하였는데, 그는 그런 칭호를 받더라도 손색이 없는 인물이다.

청대의 교감학은 성과가 크고 훌륭한 학자도 많았다. 근현대의 교감 방면에 있어 공헌을 한 사람이 적은 것은 아니지만, 노문초나 고광기처럼 평생의 정력을 쏟아 이 일에 매진하여 이처럼 눈부신 성취를 얻은 전문가는 없었다.

12 원주 : 현 강소성(江蘇省) 소주(蘇州)이다.

해방 후 대규모의 고적 정리를 진행하였는데, 특히 중화서국(中華書局)이 국가의 위탁을 받아 전국의 학술적인 힘을 규합하고 조직하여 24사(史)에 표점을 달고 문자 교감을 진행한 것은 교감의 역사에 있어 또한 대서특필할 만한 일이다.

지금 고적 정리의 임무가 시급한 상황에서 교감은 하나의 중요한 임무이므로 진지하게 대해야 한다. 노신(魯迅)은 일찍이 "중국은 작가도 필요하고 문호도 필요하지만, 또한 진정한 학자도 필요하다."라고 하였다. 학술의 발전을 위해 학술상의 고행승(苦行僧)이 되는 것도 가치가 있는 일이다. 이는 이미 선인들이 우리 후학들을 위해 본보기를 보여 주었다.

제4절 교감의 두 가지 형식

1 독립적인 교감

이것은 교감에 있어 정통적인 방법이라 할 수 있다. 이 임무는 단지 판본에서부터 고려하여 옛것과 옳은 것을 구하는 것이다. 즉 고서의 본래 면목을 얻는 것이다. 이런 교감은 주석을 고려하지 않고 단지 문자와 편차(篇次)에만 힘을 기울인다. 앞에서 우리가 말한 노문초와 고광기 두 사람의 교감 방법이 이런 유에 속한다. 예를 들면 《십삼경교감기(十三經校勘記)》는 완전히 판본 교감의 내용에 속한다.

이제 《맹자》 〈양혜왕장구 상(梁惠王章句上)〉의 완원(阮元)의 교감기를 예로 들면 다음과 같다.

> 孟子見梁襄王, 出語人曰 : "望之不似人君."
>
> 맹자가 양나라 양왕을 만나 보고 나와서 어떤 사람에게 말하였다. "그를 멀리서 바라보니 임금 같아 보이지 않았다."
>
> 조기(趙岐)의 주 : '양(襄)'은 시호이다. 위나라의 왕위를 이은 임금인데 멀리서 보자 엄연한 위의가 없었다는 말이다.
>
> 襄, 謚也, 魏之嗣王也, 望之無儼然之威儀也.
>
> 완원의 교감기
>
> 魏之嗣王也 : 민본·감본·모본은 같다. 요본·공본·한본·족리본은 '위(魏)'가 '양(梁)'으로 되어 있다.
>
> 閩、監、毛三本同. 廖本、孔本、韓本、足利本魏作梁.

> 就之而不見所畏焉.
>
> 그런데 가까이 다가가서 보아도 그 위엄을 볼 수 없었다.

조기의 주 : 가까이 가서 함께 있어 보니 임금이 지니고 있는 위엄이 없어서 두려워할 만하지 못함을 알게 되었다는 말이다.
就與之，言無人君操柄之威，知其不足畏.
완원의 교감기
操柄之威 : 민본·감본·모본 등 3본은 같고, 요본·공본·한본에서는 '병(柄)'이 '병(秉)'으로 되어 있다. 살펴보건대 '병(秉)'은 '병(柄)'의 고자(古字)이니, 고서에서 '병(柄)'은 대부분 '병(秉)'으로 썼다.
閩、監、毛三本同，廖本、孔本、韓本柄作秉. 按秉、柄古今字，古書柄多用秉者.

王知夫苗乎? 七八月之間旱，則苗槁矣. 天油然作雲，沛然下雨，則苗浡然興之矣.

왕께서는 싹에 대해 아십니까? 7, 8월 사이에 가물면 싹은 말라 있다가 하늘에 구름이 뭉게뭉게 일어나 세차게 비가 내리면 싹은 바로 불쑥 일어납니다.

조기의 주 : 싹이 생장하는 것을 가지고 사람들이 귀의하는 것을 비유하였다. 주나라의 7, 8월은 하나라의 5, 6월이다. '유연(油然)'은 구름이 일어나는 모습이다. 세차게 비가 내려 마른 싹을 적시면 불쑥 무성하게 일어나니 누가 막을 수 있겠는가.
以苗生喩人歸也，周七八月，夏之五六月也. 油然，興雲之貌，沛然下雨以潤槁苗，則浡然已盛，孰能止之.
완원의 교감기
沛然下雨 : 《맹자음의》에 '패(沛)'를 표제어로 잡고, "이 글자는 패(霈)로도 쓴다."라고 하였다. 살펴보면, 《초학기》에서는 이 글을 인용하면서 '패(霈)'로 바로잡았다.
《音義》出沛字云 : "字亦作霈." 按《初學記》引此文正作霈.
以苗生喩人歸也 : 민본·감본·모본 등 3본과 악본·공본·한본은 같다. 송본·고문고본[13]에 '귀(歸)'가 '상(象)'으로 되어 있다.
閩、監、毛三本、岳本、孔本、韓本同. 宋本、考文古本歸作象.
夏之五六月也 : 민본·감본·모본 3본과 한본은 같고, 요본·공본·고문고본에는 '야(也)'가 없다.
閩、監、毛三本、韓本同，廖本、孔本、考文古本無也字.

13 고문고본 : 일본의 《칠경맹자고문(七經孟子考文)》에서 말한 '고본(古本)'을 뜻한다.

교감기는 주소(注疏) 각 권 뒤에 모아서 쓰여 있는데, 저자는 매우 신중한 태도를 취하여 객관적으로 타본(他本)의 상황을 소개했을 뿐, 자신이 가볍게 결론을 내리지 않았다.

2 주석과 병행하는 교감

이런 형식은 매우 많은데, '교주(校注)'나 '교석(校釋)' 유가 모두 이에 속한다. 어떤 주석본의 서명에는 교(校) 자를 붙이지 않았지만 주석 중에 교감의 내용이 있기도 하다.

범상옹(范祥雍)의 《낙양가람기교주(洛陽伽藍記校注)》[14]는 바로 교감과 주석이 병행된 책이다. 그 책의 범례에 "본서는 교(校)와 주(注)의 두 부분을 나누어 교문(校文)은 정문(正文) 뒤에 붙이고, 교문 앞에 '校'를 붙여 눈에 띄기 쉽게 하였으며, 주문(注文)은 정문의 각 장 뒤에 붙였고 번호로 표시하였다."라고 하였다. 예를 들면 다음과 같다.

閶闔門前

校 오집증본(吳集證本)에는 '전(前)' 자가 없다.

어도(御道) 동쪽에 좌위부(左衛府)가 있다. 부의 남쪽에 사도부(司徒府)가 있다.〔6〕

司徒府

校 오관본(吳琯本)·한위본(漢魏本)에는 '사도부(司徒府)' 3자가 중복되지 않았다.

14 원주 : 상해고적출판사(上海古籍出版社)에서 출판하였다.

남쪽에는 국자학당(國子學堂)이 있는데, 그 안에 공구(孔丘)의 초상이 있고, 공자의 초상 옆에 안연이 인(仁)을 묻고 자로가 정사를 묻고 있다.〔7〕

閭闔門前 校 (吳集證本無前字) 御道東, 有左衛府. 府南有司徒府〔六〕. 司徒府 校 (吳琯本, 漢魏本司徒府三字不重) 南有國子學堂, 內有孔丘像, 顏淵問仁, 子路問政在側〔七〕[15]

校 뒤에 있는 글자는 원래 작은 글자이지만, 이 책에서는 큰 글자로 바꾸고 별도로 괄호를 더하였다. 〔6〕·〔7〕은 주석의 번호이다.

마비백(馬非百, 1896-1984)의 《염철론간주(鹽鐵論簡注)》는 주석을 위주로 한 책이나, 교감도 더러 보인다. 예를 들면 다음과 같다.

정문 : 是以王者不珍無用以節其民, 不愛其貨以富其國.

그러므로 임금이 쓸모없는 것을 보배로 여기지 않아 그 백성을 절약하게 하고, 그 재화를 아끼지 않아 그 나라를 부유하게 한다.

주 : '不珍無用'은 쓸모없는 물건을 보물로 여기지 않은 것이고, '以節其民'은 그 백성들로 하여금 절약하게 하는 것이다. '不愛其貨'는 각 판본에서 '其'가 모두 '奇'로 되어 있는데, 이것이 옳다. 그 재화를 아끼지 않는다는 것은, 바로 위의 문장에서 '임금이 진귀한 물건을 좋아한다.〔上好珍怪〕'와 반대되는 말이다.

不珍無用, 不以無用之物爲寶. 以節其民, 使其民節儉. 不愛其貨, 各本"其"都作"奇"是. 不愛其貨, 卽上文"上好珍怪"的反詞.[16]

15 원주 : 권1 〈성내(城內)〉

16 원주 : 〈역경(力耕)〉

제5절 교감의 내용

교감의 내용은 매우 광범위하여, 서적에 있는 일체의 오류 및 원고의 저본과 합치하지 않는 것 모두가 교감해야 할 내용이다. 목차의 편차와 자구(字句)부터 서사의 격식에 이르기까지 오류가 있는 것은 모두 교감해야 한다.

양계초(梁啓超)는 《청대학술개론(淸代學術槪論)》에서 "혹은 그 문자를 바로잡고, 혹은 그 구두를 바로잡으며, 혹은 그 뜻과 체례를 해석하고 고증한다.〔或是正其文字, 或厘定其句讀, 或疏證其義例.〕"라고 하였는데, 이는 비교적 개괄적으로 말한 것이다.

1 완원의 《십삼경주소교감기》의 내용

완원(阮元)의 《십삼경주소교감기(十三經注疏校勘記)》는 매우 전면적으로 교감을 진행한 사례이다. 예를 들면 《논어주소(論語注疏)》 〈학이 제일(學而第一)〉의 교감기는 다음과 같다.

> 학이 제일. 하안 집해, 형병 소
> 學而第一 何晏集解 邢昺疏
>
> 疏[17]
> 제2행 아래에 '위 하안 집해(魏何晏集解)', 제3행 아래에 '송 형병 소

17 원주 : 10행본의 표제는 이와 같다. 민본(閩本)·모본(毛本)의 제1행은 10행본과 같다.

(宋邢昺疏)', 제4행에 1자를 낮추어서 '학이 제일(學而第一)'이 쓰여 있고 소가 바로 이어 쓰여 있다. 뒤의 권도 이와 마찬가지다.

북감본은 제1행 아래에 '위 하안 집해'와 '송 형병 소'가 쓰여 있고, 제2행과 3행에는 명나라 때 교감하여 간행하고 중수했던 사람들의 이름이 쓰여 있다. 제4행은 민본, 모본과 같다. 뒤의 권도 마찬가지다.

第二行下書魏何晏集解, 第三行下書宋邢昺疏, 第四行低一格書學而第一, 與疏接寫, 後卷放此. 北監本第一行下書魏何晏集解, 宋邢昺疏, 第二三行書明校刊、重修等姓名, 第四行與閩本、毛本同. 後卷放此.

亦說乎 : '열(說)'이 황본(皇本)에는 '열(悅)'로 되어 있다. 뒤도 마찬가지다. 《경전석문》에는 '亦說'을 표제어로 잡아서 "음은 '열(悅)'이다. 주석도 같다."라고 하였다. 살펴보건대, 《설문해자》에는 "열(說)은 설명하는 것이다. 언(言)은 의미 부분이고 태(兌)는 발음 부분이다. 담설(談說)이라고도 한다."라고 하였다. 옛사람들은 '기쁘다'는 글자를 쓸 때 흔히 '열(說)'로 가차하였다. 황본만 모두 '열(悅)'로 썼는데, 〈선진〉에서는 "無所不說", 〈자로〉에서는 "君子易事而難說也."라고 하여 여전히 '열(說)'로 썼다.

皇本說作悅, 後幷放此. 《釋文》出 "亦說"云"音悅, 注同". 按《說文》"說, 說釋也, 從言兌聲, 一曰談說." 蓋古人喜悅字多假借說字, 唯皇本俱作悅, 而《先進》篇 "無所不說", 《子路》篇 "君子易事而難說也" 又仍作說.

馬曰 : 황본에는 '馬融曰'이라고 하였다. 뒤에서도 마찬가지다.

皇本作"馬融曰", 後放此.

男子之通稱 : 황본에는 "男子之通稱也"로 되어 있다. 북감본에는 '통

(通)'을 '도(道)'로 잘못 쓰고 있다.
皇本作"男子之通稱也". 北監本通誤道.

有朋自遠方來 : 《경전석문》에는 '有朋'을 표제어로 잡고서 "'유(有)'가 어떤 판본에는 '우(又)'로 되어 있는데, 잘못이다."라고 하였다. 살펴보면, 《백호통》〈벽옹〉에서는 "朋友自遠方來"라고 인용하였고, 또 정현은 이 문장에 주석을 달면서 "동문을 붕(朋)이라 하고 동지를 우(友)라 한다."라고 하였으니, 이는 구본에는 모두 '우(友)' 자로 되어 있었던 것이다.
《釋文》出"有朋"云 : "有或作友, 非." 按《白虎通·辟雍篇》引 : "朋友自遠方來", 又鄭氏康成注此云"同門曰朋, 同志曰友", 是舊本皆友字.

則扞格而不勝 : '한(扞)'은 본래 '한(扞)'인데, '간(杆)'으로 잘못 되어 있어 여기에서는 정정한다.
本扞, 誤杆, 今訂正.

弦謂以絲播時 : 《예기》〈문왕세자〉 주에 "시(時)가 시(詩)로 되어 있는데, 이것이 옳다."라고 하였다.
《禮記·文王世子》注"時"作"詩", 是也.

其爲仁之本與 : 고문고본은 족리본을 인용하였는데, '위(爲)'가 없다.
考文引足利本無爲字.

十井爲乘 : 고문고본은 족리본을 인용하였는데, '십정(十井)'은 '정십(井十)'으로 되어 있다.
考文引足利本十井作井十.

敬事而信 : 송석경에서는 묘휘를 피하여[18] '경(敬)'을 '흠(欽)'으로 썼는데, 뒤에서도 마찬가지다. 오직 〈자로〉 이하에서는 궐필하여 '경(敬)'이라고 하였다.
宋石經避廟諱敬作欽, 後放此. 唯《子路》篇以下則闕筆爲敬.

居地方三百一十六里有畸 : 각 판본에 '일(一)'이 모두 '이(二)'로 잘못되어 있는데, 여기에서는 정정한다.
各本一幷誤二, 今訂正.

若童汪踦也 : '왕기(汪踦)'는 '왕기(汪錡)'로 잘못되어 있는데, 여기에서는 정정한다.
汪踦誤汪錡, 今訂正.

言人不能敦重 : 황본에는 "言人不敢重"으로 되어 있다. 살펴보건대, '감(敢)'은 마땅히 '돈(敦)' 자로 되어야 한다. 자형이 서로 비슷하여 잘못된 것이다.
皇本作"言人不敢重". 按"敢"當作"敦"字, 形相近而訛.

위에서는 10여 조항만 기록하였는데, 그 내용이 상당히 광범위하다. 글을 쓰는 격식에 대한 내용이나 가차자와 이체자에 대한 내용도 있으며, 또 오자나 피휘자에 대한 내용도 있고, 한 글자가 많기도 하고 적기도 해서 연문인지 누락된 것인지 분간할 수 없다는 내용도 있다.

18 묘휘(廟諱)를 피하여 : 묘휘는 황제의 아버지나 할아버지의 휘를 말한다. 여기에서는 송나라 태조의 할아버지 조경(趙敬)의 휘를 피한 것이다.

2 주희의《대학장구》의 교감 내용

주희의《대학장구》[19]는 경문과 전문으로 구분되어 있는데, 우리가 보는《십삼경주소》본《예기》중의《대학》과는 체제가 크게 다르다.《대학》은 모두 1751자이다. 주희는 경문 205자와 전문 1546자로 나누고, 경문의 주석 뒤에 다음과 같이 말하였다.

> 이상은 경문 1장으로 공자가 말씀하신 것을 증자가 기술한 것이다.(모두 205자이다.) 이에 대한 전문 10장은 증자의 뜻을 문인이 기록한 것이다.(모두 1546자이다.)
>
> 구본에 자못 착간이 있으므로 여기에서는 정자가 정한 것을 따르되, 다시 경문을 상고하여 별도로 경문의 차서를 다음과 같이 배열하였다. 전문은 경과 전에서 잡다하게 인용하여 체계가 없는 듯하나 문리가 이어지고 혈맥이 관통하여 깊고 얕음과 시(始)와 종(終)이 지극히 정밀하니, 익숙히 읽고 자세히 음미하면 오래되면 알 수 있을 것이므로 여기에서는 다 해석하지 않는다.
>
> 右[20]經一章, 蓋孔子之言, 而曾子述之.(凡二百五字.) 其傳十章, 則曾子之意而門人記之也. 舊本頗有錯簡, 今因程子所定, 而更考經文, 別爲序次如左.(凡千五百四十六字.) 凡傳文, 雜引經傳, 若無統紀, 然文理接續, 血脈貫通, 深淺始終, 至爲精密. 熟讀詳味, 久而見之, 今不盡釋也.

19 원주 :《사서장구집주》

20 右 : 저본에는 '古'로 되어 있는데,《사서장구집주》에 근거하여 바로잡았다.

3 진원의 《교감학석례》의 내용

근대 사람 진원(陳垣)의 《교감학석례(校勘學釋例)》[21]는, 내용이 풍부한 교감학 전문 저작으로, 고서의 판각과 서사(書寫) 문제, 즉 교감에서 언급하는 내용을 이해하는 데 있어서도 매우 의미가 있다.

《원전장(元典章)》은 내용이 풍부하고 또 매우 통속적인 책으로, 원대(元代)의 정치·풍속·언어문자를 고찰하고 연구하는 데 중요한 자료이다. 이 책에는 원각본(元刻本), 심각본(沈刻本) 및 기타 여러 판본이 있다. 심각본 《원전장》은 '서사와 판각은 매우 정교하지만 교감은 매우 형편없으며, 오류와 누락이 매우 많은 만큼 교감학의 반면교사로 아주 적합하여 책을 펴 보기만 해도 각종 오류의 예를 볼 수 있다.'[22] 여기에 그 책의 목차를 초록해 보면 다음과 같다.

권1. 행관(行款)이 잘못된 예

제1. 목차만 있고 내용이 없거나, 내용은 있으나 목차가 없는 예

제2. 조목(條目)이 세목(細目)으로 잘못된 예

제3. 목록이 아닌데 목록으로 잘못된 예

제4. 윗글에 잘못 이어진 예

제5. 착간이 된 예

제6. 궐문이 된 예

제7. 마멸된 글자를 함부로 삭제한 예

제8. 비워 두어야 할 글자를 잘못 연결하거나, 비워 두어서는 안 되는 예

제9. 정문이 소주로, 소주가 정문으로 잘못된 예

제10. 대두(擡頭)한 흔적을 다 바꾸지 못한 예

21 원주 : 원명은 《원전장교보석례(元典章校補釋例)》

22 원주 : 진원(陳垣)의 《교감학석례》 〈중인후기(重印後記)〉

제11. 표가 잘못된 예

권2. 일반적으로 볼 수 있는 자구의 잘못된 예

제12. 자형이 비슷해서 잘못된 예

제13. 자음이 비슷해서 잘못된 예

제14. 같은 글자로 연이어 있어 글자가 빠진 예

제15. 거듭 써서 글자가 잘못 더해진 예[23]

제18. 한 글자가, 잘못하여 두 글자가 된 예

제19. 함부로 고친 세 가지 예

제20. 함부로 덧붙인 세 가지 예

제21. 함부로 삭제한 세 가지 예

제22. 함부로 도치한 세 가지 예

권3. 원대의 글자를 몰라서 잘못된 예

제23. 원대에 글자의 필획을 간략히 한 것을 알지 못하여 잘못된 예

제24. 필획을 간략히 한 것이라고 생각하여 도로 고쳐서 잘못된 예

제25. 원대에 음역(音譯)된 글자를 몰라서 잘못된 예

제26. 후대에 나타난 글자로 원대의 글자를 바꾼 예

제27. 원대의 글자 운용이 지금과 같지 않은 예

권4. 원대의 용어를 몰라서 잘못된 예

제28. 원대의 어법을 몰라서 잘못된 예

제29. 원대의 용어를 몰라서 잘못된 예

23 진원의 《교감학석례》에 따르면, 제16은 "오자로 인해 글자가 잘못 더해진 예[因誤字而衍字例]"이며, 제17은 "중문이 두 글자로 잘못 나누어진 예[重文誤爲二字例]"이다.

제30. 원대의 용어를 그대로 따라 잘못된 예
제31. 교정자의 상용어로 인하여 잘못된 예
제32. 후대의 용어로 원대의 용어를 바꾼 예
제33. 원대의 용어가 지금과 도치된 예

권5. 원대의 명칭을 몰라서 잘못된 예
제34. 원대의 연대를 몰라서 잘못된 예
제35. 원대의 제호나 묘호를 몰라서 잘못된 예
제36. 원대의 부족을 몰라서 잘못된 예
제37. 원대의 지명을 몰라서 잘못된 예
제38. 원대의 인명을 몰라서 잘못된 예
제39. 원대의 관명을 몰라서 잘못된 예
제40. 원대의 물명을 몰라서 잘못된 예
제41. 원대의 고유명사를 몰라서 잘못된 예
제42. 원대의 체제를 몰라서 잘못된 예

권6. 교법(校法)
제43. 교법의 네 가지 예
제44. 원본의 오자가 심각본의 개정을 거쳤기 때문에 교감하지 않은 예
제45. 원본의 차용자를 교감하지 않은 예
제46. 원본의 통용자를 교감하지 않은 예
제47. 통용자를 원본에서 사용하지 않은 예
제48. 착간(錯簡)을 통해 심각본의 저본으로 삼은 것이 다르다는 것을 알 수 있는 예
제49. 연월일의 중입을 통해 심각본의 다른 저본이 있다고 의심되는 예
제50. 한 글자의 잘못이 글 전체에 관계되는 예

이 목차는 우리에게 몇 가지 중요한 문제를 제시해 준다.

첫째, '무엇을 교감할 것인가?'이다.

《교감학석례》의 교감은 6개의 권차로 되어 있는데, 실제로는 행관, 자구, 명물, 교법 네 단계이다. 단락과 편차의 여러 가지 문제는 물론이고, 서적의 각인(刻印)의 오류까지 모두 다루고 있다.

둘째, 오류에 이르게 된 원인이다.

어떤 내용을 교감한다는 것은 우리에게 그 판각에 어떤 잘못들이 있다는 것을 알려 주는 것이다. 바꾸어 말하면, 교감자가 어떤 측면에서 작업을 시작해야 할 것인가를 알려 주는 것이다.

'오류에 이르게 된 원인'이라는 말은 진원(陳垣)이 교감 시에 자구(字句), 명물의 오류가 일어나는 각종 현상에 대해 분석한 것이다. 즉 모종의 잘못과 그 발생 원인을 말하는 것이다. 이 점은 매우 중요하다. 우리가 만약 고서의 유전(流傳) 과정 중에 자주 나타나는 오류와 그 발생 원인을 알지 못한다면, 작업을 하더라도 자각성이 떨어지게 될 것이고, 더욱이 문제에 대한 인식을 이론적인 수준에까지 끌어올릴 수 없게 될 것이다.

셋째, 교감자가 마땅히 갖추고 있어야 할 지식함양이다.

진원은 중국 현대의 저명한 학자로, 그의 깊고도 넓은 지식으로 교감을 진행하였기 때문에 순조롭고도 여유롭게 작업을 진행할 수 있었다. 그러나 보통 사람, 특히 초학자가 이런 일을 진행하고자 한다면 그리 쉬운 일이 아니다.

안지추(顏之推)는 《안씨가훈(顏氏家訓)》 〈서증(書證)〉에서 다음과 같이 말하였다.

> 서적을 교정하는 것이 어찌 쉽겠는가. 양웅이나 유향이라야 비로소 이 일에 걸맞을 수 있을 것이다. 온 천하의 책을 두루 보지 못하고 함부로 고쳐서는 안 될 일이다. 혹 저쪽은 그르다고 하나 이쪽은 옳다고 하며, 혹 근본은 같지만 끝이 다르며, 혹 두 문장에 모두 보이는 것이 있으니,

한 쪽만을 믿어서는 안 될 것이다.

校定書籍亦何容易, 自揚雄、劉向方稱此職爾. 觀天下書未遍, 不得妄下雌黃. 或彼以爲非, 此以爲是, 或本同末異, 或兩文皆見, 不可偏信一隅也.

넷째, 정확한 교감이 있어야 한다.[24]

청나라 사람 유월(兪樾)의 《고서의의거례(古書疑義擧例)》 권5에서 권7까지는 전부 교감에 해당하는 것으로, 모두 37조목을 열거하고 있다. 고서의 자구·편장의 갖가지 오류 및 그 오류가 일어나게 된 경위를 예를 들어 설명하고 있는데, 참고할 가치가 많으므로 읽어 볼 만하다.

종합하면, 효과적으로 교감을 진행하려면 반드시 판각과 전사 과정에서 일어나는 갖가지 오류 및 오류에 이르게 된 원인을 알아야 하며, 반드시 가능한 한 폭넓게 관련된 지식을 습득하고 아울러 교감의 기본 방법과 원리를 알아야만 한다. 이렇게 하지 않는다면 이런 작업을 감당할 수 없다.

24 원주 : 이 문제는 다음에 소개하고 여기서는 생략한다.

제6절 교감 방법

교감 방법은 광의와 협의의 두 방면에서 이해할 수 있다. 광의의 이해는 교감과 관련 있는 분야를 모두 포함한다. 청대의 학자들은 유향(劉向)의 교수(校讎) 방법에서 다룬 분야를 23조로 귀결시키고 간략한 설명을 더하였는데, 통훈고(通訓詁)·정구두(定句讀)·징고실(徵故實)·교이동(校異同)·정연탈(訂衍奪)·변성가(辨聲假)·정착오(正錯誤)·원방증(援旁證)·집일문(輯逸文)·계편목(稽篇目)이 그것이다.

이 안에는 주석의 주된 내용을 거의 포함하고 있다. 참된 교감방법은 마땅히 판각과 전사 과정에서 일어나는 오류를 개정하고 저본의 시비를 바로잡는 방법이어야 한다.

청대에는 교감학이 크게 번창하였고, 그 방법 또한 매우 과학적이었다. 오승지(吳承志)의 〈교관자서후(校管子書後)〉에 "선본에 의거하여 교정할 수 있는 것이 있고, 고서(古書)에 의거하여 교간(校刊)할 수 있는 것도 있으며, 주석에 의거하여 교정할 수 있는 것도 있고, 본문에 의거하여 교정할 수 있는 것도 있으며, 문의에 의거하여 교정할 수 있는 것도 있다.〔有可據善本校改者, 有可據古書校刊者, 有可據注文校改者, 有可據本書校改者, 有可據文義校改者.〕"[25]라고 하였다.

전대흔(錢大昕)은 노문초(盧文弨)의 교서(校書)를 소개하면서 "교정한 것들은 모두 반드시 선본을 참고하여 타서로 증명하였고 설사 친구나 후생들의 한 마디 말이라도 좋은 것을 택해서 따랐다.〔凡所校定, 必參稽善本, 證以它書, 卽友朋後進之片言, 亦擇善而從之.〕"[26]라고 하였다.

25 원주 : 《손재문집(遜齋文集)》 권6

26 원주 : 《잠연당문집(潛硏堂文集)》 권25 〈노씨군서습보서(盧氏群書拾補序)〉

두 가지를 종합한 것이, 곧 진원이 《교감학석례》 〈교법사례(校法四例)〉에서 말한 대교(對校)·본교(本校)·타교(他校)·이교(理敎)의 네 가지 방법이다.

이 네 가지 방법이 교감방법의 전부는 아니지만, 가장 중요한 방법은 이 네 가지를 벗어나지 않는다. 내신하(來新夏)는 《고전목록학천설(古典目錄學淺說)》에서 바로 이 네 가지 방법을 채용하고 있다. 이제 이 네 가지 방법을 그대로 수록하고 아울러 몇 가지 예를 아래와 같이 들어 본다.[27]

1 대교법

대교법(對校法)은 같은 책의 조본(祖本)이나 혹은 별본(別本)을 대조하여 읽으면서 다른 곳을 만나면 그 옆에 주를 단다. 유향의 《별록(別錄)》에서 이른 바 "한 사람이 책을 가지고 있고 또 한 사람은 책을 읽어서 마치 원수가 마주 보고 있는 것 같다.〔一人持本, 一人讀書, 若怨家相對者.〕"라는 것이 이 방법이다. 이 방법은 가장 간단하면서도 합당하지만, 순전히 기계적인 방법에 속한다. 이 방법의 요지는, 차이를 교감하며 시비를 교감하는 것이 아니다. 그러므로 시비에 대해 책임을 지지 않아서, 조본이나 별본에 잘못된 곳이 있어도 그대로 기록하게 되는 단점이 있다. 그러나 자기의 주관적인 견해를 끼워 넣지 않는다는 장점도 있다. 이 방법으로 교감한 대본을 얻으면 조본 혹은 별본의 본래 모습을 알 수 있다. 그러므로 한 책을 교감할 때에는 반드시 먼저 대교법을 쓴 뒤에 다시 다른 교감방법을 써야 한다.

대교하지 않으면 오류를 모르는 경우가 있는데, 그 문의(文義)가 표면상

27 원주 : 문장은 고친 부분이 있으며, 《주석학개론》의 정문(正文)에 넣고 인용문으로 인용하지는 않았다.

으로는 의심할 만한 오류가 보이지 않기 때문이다. 예를 들면 심각본(沈刻本)의 《원전장》에는 "원관본 전이십정(元關本錢二十定)"으로 되어 있는데 원각본(元刻本)에는 "이천정(二千定)"으로 되어 있다. 심각본에서는 "연우 4년 정월(延祐四年正月)"로 되어 있는데, 원각본에는 "윤정월(閏正月)"로 되어 있다.

저본에 잘못이 있는 줄을 알아도, 대교를 하지 않으면 잘못이 일어나게 된 원인을 알기 어렵다. 예를 들면, 심각본에는 "매월55일(每月五十五日)"로 되어 있지만, 원각본에는 "매5월15일(每五月十五日)"로 되어 있다.

2 본교법

본교법(本校法)은 본서(本書)의 전후를 서로 증명하여 그 차이점을 찾아내어 그 속의 오류를 아는 것이다.

오진(吳縝)의 《신당서규류(新唐書糾繆)》, 왕휘조(汪輝祖)의 《원사본증(元史本證)》은 이 방법을 사용하였다. 이 방법은 조본(祖本) 혹은 별본(別本)을 얻지 못했을 때 사용하기 가장 좋다.

진원은 《원전장》에서 강목(綱目)으로 목록을 교정하고, 목록으로 본서를 교정하고, 본서로 표(表)를 교정하고, 정집(正集)으로 신집(新集)을 교정하여, 그 절목(節目)에서 잘못된 몇 개를 찾아냈다. 자구의 경우는, 상하의 문의를 두루 살펴보아 작게는 몇 쪽, 많게는 몇 권씩 서로 비교하면 모순된 것이 스스로 나타나므로 반드시 모두 다 이본(異本)에 의거할 필요는 없다.

예를 들면 "9개월 미만에는 좌천·전직을 미리 고하는 것을 허락하지 않는다.〔未滿九箇月不許預告遷轉.〕"로 되어 있는데, 상·하문에는 모두 "90개월(九十個月)"로 되어 있다. 또한 "범간방화 대덕 5년(犯奸放火大德五年)"이 목록에는 "지원 5년(至元五年)"으로 되어 있다.

3 타교법

타교법(他校法)은 다른 책으로 본서를 교감하는 방법이다. 그 책이 선인에게서 인용한 것이 있으면 선인의 책을 가지고 교감할 수 있고, 후인에게 인용된 것이 있으면 후인의 책을 가지고 교감할 수 있으며, 사료 중에 같은 시기의 책에 함께 기재된 것이 있으면 같은 시기의 책으로 교감할 수 있다. 이런 교감법은 범위가 비교적 넓고 힘이 좀 들기는 하지만, 때로는 이 방법이 아니면 그 오류를 증명할 수 없는 경우가 있다. 정국균(丁國鈞)의 《진서》 교문(校文), 잠각(岑刻)의 《구당서》 교감기 등은 모두 이 방법을 원용한 것이다.

예를 들면, 심각본과 원각본의 《원전장》에는 모두 "蕁麻林納尖尖", "蕁麻林納失失"이라는 구문이 있다. '납첨첨(納尖尖)'과 '납실실(納失失)'의 시비는 대교법으로도 확정할 수 없고 본교법으로도 확정할 수 없다. 그 이유는 단지 이 두 조만 보이기 때문이다. 진원은 《원사(元史)》 〈제사지(祭祀志)〉와 〈여복지(輿服志)〉의 본문과 주석에 의거하여, '납실실'이 옳고, 심각본과 원각본의 '납첨첨'이 잘못되었음을 알아냈다.

또 예를 들면 심각본의 "始死如有窮"이 원각본에는 "始死充於有窮"으로 되어 있는데, 이것은 《예기》 〈단궁 상(檀弓上)〉의 문자를 인용한 것으로, 지금 〈단궁〉에는 "始死充充如有窮"으로 되어 있으니, 그렇다면 심각본과 원각본은 모두 잘못된 것이다.

4 이교법

단옥재(段玉裁)가 이른 바 "책을 교감할 때 어려운 점은, 판본을 대조하거나 글자를 고칠 때 틀리지 않고 누락하지 않는 것이 어려운 것이 아니라, 그 시비를 정하는 것이 어렵다.〔校書之難, 非照本改字不訛不漏之難, 定其是非之難.〕"라는 것은, 이교법(理校法)을 말한 것이다.

근거할 만한 고본(古本)이 없거나, 여러 판본이 서로 달라서 따를 만한 것이 없을 때는 이 방법을 사용해야 한다.

이런 방법은 반드시 통달하고 식견이 높아야 한다. 그렇지 않으면 무책임하게, 잘못되지 않은 것을 잘못된 것으로 여겨 혼란이 더욱더 심해질 것이다. 그러므로 가장 높은 수준의 방법도 이교법이고 가장 위험한 방법도 이교법이다.

전대흔은 《후한서》〈곽태전〉의 "곽태가 남주에 이르러 원봉고를 지나다가〔太至南州過袁奉高〕"라는 말로 시작하는 문단의 74자에서 그 어구(語句)가 잘못된 점을 의심하여 네 가지 증거를 들었는데, 후에 민 가정본(閩嘉靖本)을 얻고 나서야 비로소 이 74자가 장회태자(章懷太子)의 주에 인용된 사승(謝承)의 글에 있는 문장임을 알게 되었다. 여러 본에서는 정문(正文)으로 섞여 들어갔으나 오직 민본(閩本)만은 그 옛 모습을 잃지 않았던 것이다.

《이십이사고이(二十二史考異)》 중에 이른 바 "모(某)는 마땅히 모(某)로 되어야 한다.〔某當作某.〕"라는 것은, 후에 고본(古本)을 얻어 인증한 것과 때때로 서로 합치된다. 고우(高郵)의 왕염손이나 금단(金檀)의 단옥재도 이렇게 그 시비를 확정하였다.

진원이 《원전장》에서 이런 방법을 채용한 것은 매우 신중하여, 가장 명백하고 쉽게 알 수 있는 곳에서만 사용하였다. 예를 들면 심각본 "合無滅半支俸"의 '멸반(滅半)'은 '감반(減半)'의 오류이며, 심각본 "赤銀每兩入加價鈔, 一十四兩八錢."의 '적은(赤銀)'은 마땅히 '적금(赤金)'이라고 해야 한다는 것이다.

제7절 주의해야 할 문제

교감의 목적은 저본의 시비를 바로잡는 데 있는데, 단옥재는 책을 교감하는 데 있어 이것이 가장 어려운 일이라고 말하였다. 이는 조금만 어긋나도 고서(古書)를 함부로 고쳐 후학들을 그르칠 수 있기 때문이다. 고적을 정리하는 사람이라면 늘 이를 신중하게 처리해야 한다.

1 학문을 연구하는 데 있어 엄밀한 태도를 지녀야 하고 경솔하게 결론을 내려서는 안 된다

이 점은 학문을 연구하는 모든 분야에 적용할 수 있다. 우리가 여기에서 이에 대해 말하는 까닭은, 저본의 시비 문제는 가장 중요한데 만약 경솔하게 결론을 내리면 아래에서 논의하는, '자기 멋대로 산개(刪改)하는 문제점'을 불러일으킬 수 있기 때문이다. 이것은 사람들에게 적지 않은 해를 끼치는 것이다.

원(元)나라의 오사도(吳師道)는 《전국책》을 중교(重校)하면서 다음과 같이 말하였다.

> 학자가 천 년 이전을 고증할 때는 이치와 실제적 근거로써 할 뿐이다. 시간과 명칭이 어긋나는 것은 마땅히 널리 자료를 취하여 증명하고 이치의 시비로 분석하여 그 증명할 수 있는 것을 믿어야 한다. 혹은 서로 의거할 곳이 있다면 함께 남겨 두어도 좋을 것이다.
>
> 夫學者考訂於千載之上，義理事徵[28]而已．歲月名字之差互者，當博

取徵驗，而析以義理之是非，信其可徵者．或彼此有據，則幷存之可也．

"널리 자료를 취하여 증명하고 이치의 시비로 분석한다."라는 것은，주석과 교감에 있어 하나의 중요한 원칙이다．

1) 유월(兪樾)의 《고서의의거례(古書疑義擧例)》 권7 〈다른 책에 근거하여 오류를 고친 사례〉

《禮記·坊記篇》引《詩》："橫從其畝"

《예기》〈방기〉에서 인용한 《시》의 '橫從其畝'

유월 안：《모시》에 "衡從其畝"로 되어 있는데，정현의 전에는 "衡獵之，從獵之."라고 하였다．《경전석문》에서는 《한시》를 인용하여 "橫由其畝"라고 하였다．동서로 밭가는 것을 '횡(橫)'이라 하고，남북으로 밭가는 것을 '유(由)'라고 한다．《예기》에 《시》를 인용한 것이 앞의 글자가 《한시》와 같이 '횡(橫)'으로 되어 있으니，뒤의 글자도 반드시 《한시》와 같이 '유(由)'라고 해야 할 것이다．정현은 남북으로 밭가는 것을 '유(由)'라 할 수 없다고 여겼으므로，《한시》의 뜻을 따르지 않고 "횡으로 가면서 그 밭을 다스린다.〔橫行治其田也.〕"라고 하였다．《광아》〈석고〉에 "'유(由)'는 가는 것이다.〔由，行也.〕"라고 하였는데，정현이 '횡유(橫由)'를 '횡행(橫行)'으로 풀이한 것은 그 뜻이 이와 같다．후인이 《모시》에 의거하여 《예기》를 고치면서 주석의 뜻이 분명하지 않게 되었다．

《毛詩》作 "衡從其畝"，傳曰"衡獵之，從獵之"．《釋文》引《韓詩》作 "橫由其畝"．東西耕曰橫，南北耕曰由.[29] 此經引《詩》，上字旣同《韓詩》作 "橫"，下字亦必同《韓詩》作 "由"．鄭君疑南北耕不可謂之由，故不從韓義而別爲之說曰："橫行治其田也."《廣雅·釋詁》曰 "由，行也." 鄭訓 "橫由" 爲 "橫行"，其意如此．後人據《毛詩》以改《禮記》而注義晦矣．

28 徵：저본에는 '微'로 되어 있는데，오사도(吳師道)의 《전국책교주(戰國策校注)》(四部叢刊打印本)에 근거하여 바로잡았다．

29 東西耕曰橫，南北耕曰由：저본에는 '東西曰橫，南北曰由.'라고 되어 있는데，유월(兪樾)의 《고서의의거례(古書疑義擧例)》에 근거하여 '西' 뒤와 '北' 뒤에 '耕'을 보충하였다．

살펴보면 유월의 뜻은, 《예기》의 "횡종기묘(橫從其畝)"는 마땅히 "횡유기묘(橫由其畝)"로 되어야 한다는 것이다. 그러나 현대 사람 마서륜(馬敍倫)은 이 결론에 동의하지 않고, 《고서의의거례교록(古書疑義擧例校錄)》에서 다음과 같이 말하였다.

> 마서륜 안 : 《모시》에는 "형종(衡從)"으로 되어 있고 《한시》에는 "횡유(橫由)"로 되어 있다. '횡종(橫從)'은 바로 '횡유(橫由)'로, 그 뜻에는 사실 차이가 없다. '횡(橫)'과 '형(衡)'은 통가자로, 고서의 예증이 매우 많기 때문에 번거롭게 인증하지는 않겠다. '유(由)'는 가차하여 '종(從)' 자로 쓸 수 있다. 손이양은 '유(由)'와 '용(用)'은 한 글자라고 하였는데,[30] 그가 인용하여 증명한 것이 매우 확실하다.[31] '용(用)'과 '종(從)'은 소리가 모두 동(東) 유이므로 통가할 수 있다. 《한시》에서 동서를 '횡(橫)'이라 하고 남북을 '유(由)'라 한 것은, 바로 《모시》의 '횡종(橫從)'이다. 기록하는 사람이 《시》를 인용할 때 반드시 《한시》를 따른 것은 아니었으며, 그때는 그래도 '종(從)'과 '유(由)'가 일의지전(一義之轉)임을 알고 있었다는 것을 증명할 수 있다. 정현은 아마 그 뜻을 알지 못했던 듯하다.
>
> 《毛詩》作 "衡從", 《韓詩》作 "橫由", "橫從" 卽 "橫由", 義實無別, "橫" "衡"通假, 古書例證甚多, 不煩引證. "由"可借爲"從"者, 孫詒讓謂 "由" "用"一字(說見《籀廎述林》惟於"用"字, 仍從衛宏卜中之說, 未是. 詳拙著《說文解字六書疏證》), 其所援證極塙. (古逸叢書本《玉篇》"由"字作 "㽕" 卽 "用" 之古文. 傳寫微訛其形, 又音余同反, 尤可證其爲 "用" 音.……)用、從幷東類, 故得通假. 《韓詩》謂東西曰橫, 南北曰由, 卽《毛詩》之 "橫從". 記者引《詩》, 不必定從韓氏, 而其時尙知從、由一義轉, 可證也. 鄭君殆不達其義矣.

두 가지 설을 비교하면, 마서륜의 설이 낫다.

30 원주 : 이 설은 《주경술림(籀廎述林)》에 보인다. 오직 '용(用)'에 대해서만은 여전히 위굉(衛宏)과 복중(卜中)의 설을 따르고 있는데, 옳지 않다. 졸저 《설문해자육서소증(說文解字六書疏證)》에 자세하다.

31 원주 : 고일총서본 《옥편》에 '유(由)'가 '㽕'로 되어 있는데, 이것은 '용(用)'의 고문이다. 전사 형태가 '유(由)'와는 약간 다르고, 또 그 음이 '여(余)'와 '동(同)'의 반절이므로, 더욱 '유(由)'가 '용(用)'의 음이라는 것을 증명할 수 있다.

2) 《고서의의거례》 권7 〈'불(不)' 자를 잘못 보탠 사례〉

《장자》는 문장이 매우 오묘하기 때문에 독자가 그 속뜻을 파악하지 못하고 문의에 얽매여 '불(不)' 자를 멋대로 첨가한 곳이 많다. 예를 들면 다음과 같다.

然卽鄕之所謂知者，乃爲大盜積者也.

〈거협〉 : 그러면 앞에서 말한 지혜라고 하는 것은 큰 도둑을 위해 모아 놓은 것이다.

유월 : 이것은 위의 문장에 대하여 판단한 것이다. 아래에서 "그러므로 한번 논해본다면, 세속의 이른바 지혜라는 것은 큰 도둑을 위하여 축적해 놓지 않은 것이 있는가. 이른바 성(聖)이라는 것은 큰 도둑을 위하여 지키지 않은 것이 있는가." 라고 한 것은, 또 이것을 이어받아 미루어 말한 것으로, 이 글과는 같지 않다. 독자가 아래의 글에 잘못 근거하여 이 글에서도 역시 '불(不)'을 보태어 '不乃爲大盜積者也.'라고 하여 문장이 이루어지지 않게 되었다.

此卽上文而斷之. 下曰: "故嘗試論之，世俗所謂知者，有不爲大盜積者乎? 所謂聖者，有不爲大盜守者乎?" 又承此而推言之，與此文不同. 讀者 據下文，於此文亦增不字，作 "不及爲大盜積者也"，則文不成義矣.

世人以形色名聲爲足以得之. 夫形色名聲，果足以得彼之情，則知者不言，言者不知，而世豈識之哉?

〈천도〉 : 세상 사람들은 모양, 빛, 이름, 소리로 도의 진실을 알 수 있다고 생각한다. 모양·빛·이름·소리로 과연 그 실정을 알 수 있다면, 아는 자는 말하지 않고, 말하는 자는 알지 못할 것이니, 세상 사람들이 어찌 그것을 알 수 있겠는가.

유월 : 42자가 단숨에 서로 이어진 것인데, 지금 함부로 '불(不)' 자를 보태어 '果不足以得彼之情.'이라고 하여 서로 이어지지 않게 되었다.

四十二字 一氣相屬; 今妄增"不"字，作"果不足以得彼之情"，則不相屬矣.

世之人以爲養形足以存生，而養形果足以存生，則世奚足爲哉?

〈달생〉 : 세상 사람들은 형체만 기르면 생명을 보존할 수 있다고 생각한다. 만약 형체를 길러 생명을 보존한다면, 세상을 어찌 다스릴 수 있겠는가.

유월 : 25자가 단숨에 서로 이어져 있고, '이(而)'는 마땅히 '여(如)'로 읽어야 하는데, 지금 함부로 '불(不)' 자를 보태어 '而養形果不足以存生'이라고 하여 서로 이어지지 않게 되었다.

二十五字 一氣相屬, "而"字當讀爲 "如"; 今妄增"不"字作 "而養形果不足以存生", 則不相屬矣.

이것들은 모두 문의에 얽매인 사람들이 글자를 보탠 것이다.

마서륜의 《고서의의거례교록》에는 다음과 같이 되어 있다.

마서륜 : 이 세 '불(不)' 자는 모두 함부로 보탠 것이 아닌 듯하다.

〈거협〉의 '불내(不乃)'는 '부도(不徒)'와 같은 것이다.[32] 아래의 글은 '不乃竊齊國'인데, '제나라만을 훔친 것이 아니라〔不徒竊齊國〕'의 뜻이다. 이것은 큰 도둑을 위하여 축적해 놓은 것을 말한 것으로, 바로 아래의 글에 "아울러 그 성지(聖知)의 법까지 훔친 것이다.〔幷與其聖知之法而竊之.〕"를 일으킨 것이다.

〈천도〉의 뜻은 "세속의 사람은 모양·빛·이름·소리로 참된 도를 얻을 수 있다고 하지만, 모양·빛·이름·소리로는 과연 참된 도를 얻지 못하는 것이다. 그렇다면, 도를 아는 자는 분명 말하지 않을 수 있으니, 말하는 자는 모두 모양·빛·이름·소리를 떠나지 못한 것이다. 명자(名者)는 반드시 도를 알지 못하니, 말로 해야 하는 것은 바로 도가 아니다. 도를 알고 있는 자는 말하지 않고, 말한 자는 도를 알지 못하니, 세인이 또 어찌 그것을 알 수 있겠는가."라는 말이다.

〈달생〉의 '양형(養形)'은 즉 '세상을 다스린다〔爲世〕'는 뜻이다. "형체를 기르는 것이 넉넉히 목숨을 존속시킬 수 없다면, 세상을 어찌 넉넉히 다스릴 수 있겠는가." 라고 한 말은, 그 뜻이 비교적 명백하다.

疑三"不"字, 皆非妄增, 《胠篋篇》之"不乃"猶"不徒"也.(徒借爲乃, 詳余撰《莊子義證》.)

32 원주 : '도(徒)'를 가차하여 '내(乃)'로 한 것은 졸저 《장자의증(莊子義證)》에 자세하다.

下文則是"不乃竊齊國", 謂"不徒竊齊國"也. 此言爲大盜積者也, 正起下文"幷與其聖知之法而竊之".《天道》之義, 若云"世人以形色名聲, 爲足以得道之實. 形色名聲, 果不足以得道之實, 則知道得必不言, 以言者皆不離形色名聲也. 名者必不知道, 以所言者卽非道也. 旣知者不言, 言者不知, 世人又豈能識之哉?"《達生》所謂"養形", 卽是"爲世", "養形旣不足以存生, 則世又奚足爲哉?", 義較明白.

두 사람의 설을 비교해 보면, 마서륜의 설이 합당하다.

교감은 어휘를 주석하고 의리를 풀이할 때 서로 다른 관점으로 이해할 수 있는 것과는 차이가 있다. 교감 작업은 저본의 시비에 관한 일이며 일의 근본을 바로잡는 기초 작업으로, 이 한 걸음이 잘못되면 그 뒤의 결과는 상상도 할 수 없을 만큼 잘못된다. 본래 잘못된 책이 아닌데 교감을 잘못하여 오류가 생기면, 그것을 바로 "사람이 독서하여 책이 해를 당한다.〔子讀書而書受其害.〕"라고 하는 것이다.

위에서 두 가지 예를 들었는데, 유월(兪樾)이 사용한 방법은 이교(理校)에 해당한다. 바로 진원이 말한 '가장 우수하면서도〔最高妙〕 가장 위험한〔最危險〕' 교감 방법이다. 유월의 《고서의의거례》는 성공적으로 이 방법을 쓴 예가 매우 많으며, 열거한 교감의 예는 37목, 100여 조이다. 마서륜의 《고서의의거례교록》에서 불과 두 가지 조목만을 반박하였으니, 이것이 그 명백한 증거이다.

그러나 유월의 어투는 모두 지나치게 독단적이고 자만하여 마서륜의 지론이 공평함만 못하다. 이것은 바로 '가장 수준 높은〔高妙〕' 교감 방법을 사용하다가 매우 험한 길로 들어서게 된 것이라고 할 수 있으니, 마땅히 이를 경계로 삼아야 할 것이다.

2 함부로 고쳐서는 안 된다

함부로 고치고〔改〕, 산삭하고〔刪〕, 첨가하고〔添〕, 순서를 뒤바꾸는 것〔乙〕은 교감에서 크게 금기하는 것이다. 어떤 사람은 명대 사람들이 고서를 간행하는 것을 좋아하여 고서가 망하게 되었다고 말한다. 이것은 간행하는 사람이 교감을 생각하지 않고 함부로 산삭하고 고친 것과 관계가 있다. 교감의 목적은 오류를 바로잡는 데 있지만, 함부로 고치면 오류가 늘어나게 된다. 이렇게 되면 일은 생각과는 다르게 되어 버린다.

1) 함부로 고친 사례

《주역》〈곤(坤)〉: 初六履霜.

초육은 서리를 밟는다.

《경전석문》: 정현은 '이(履)'를 '예(禮)'로 읽었다.

《釋文》曰: "鄭讀履爲禮."

유월 안: '이상(履霜)'의 뜻은 명백하여 의문이 없는데, 정현이 '예(禮)'로 읽은 것은 뜻이 통하지 않는다. 정씨가 의거한 책은 '예상(禮霜)'으로 되어 있었던 것으로 의심되며, 정현의 주에는 "'예(禮)'는 '이(履)'로 읽는다."라고 하여, 가차자를 버리고 본자로 읽었다. 후인이 주석의 설을 가지고 경을 개정하고, 또 이미 개정한 경문으로 주를 개정하였으며, 육씨가 그 오류를 답습했을 뿐이다.

履霜之義, 明白無疑, 鄭讀爲"禮", 義不可通. 疑鄭氏所據本作 "禮霜", 鄭注則曰 "禮讀爲履" 破叚字而讀以本字也. 後人用注說改經, 又以旣改之經文改注, 而陸氏承其誤耳.[33]

《순자》〈비상(非相)〉: 傳者 久則論略, 近則論詳.

전해지는 것도 오래된 것은 내용이 간략하고, 가까운 일은 내용이 상세하다.

유월 안: 여기에서 두 '논(論)'은 모두 '유(俞)'의 잘못이다. '유(俞)'는 '유(愈)'로

33 원주: 《고서의의거례》 권5 〈주설(注說)로 정문을 고친 사례〔以注說改正文例〕〉

읽고, 고자는 통용되었으니, 본서 〈영욕〉의 주에 보인다. 《한시외전》에는 바로 "오래되면 더욱 간략하고, 가까우면 더욱 상세하다.〔久則愈略, 近則愈詳.〕"라고 되어 있으니, 증명할 수가 있을 것이다. '유(俞)'가 '윤(侖)'으로 잘못되고, 교정자는 또 잘못하여 '논(論)'으로 고친 것이다.

兩"論"字皆"俞"字之誤. "俞"讀爲"愈"古字通用, 見本書《榮辱篇》注. 《韓詩外傳》正作"久則愈略, 近則愈詳", 可證也. "俞"字誤作"侖"而校者又誤改作"論".[34]

垂

가장자리

유월 안 : 고문은 '수(𠂹)'로 쓰는데, 《설문해자》〈아부〉에 보인다. 《관자》〈지원〉에 '山之𠂹'라고 하였으니, 즉 산의 수(垂)이다. 《설문해자》〈토부〉에 "수(垂)는 가장자리이다."라고 한 것은, 산의 가장자리를 이르는 것이다. 학자가 '수(𠂹)'자를 몰라 '재(才)'로 잘못 쓰고 또 그 옆에 '목(木)'을 더하여 '재(材)'라고 한 것은 잘못된 것이다.

古文作"𠂹", 見《說文·我部》. 《管子·地員篇》"山之𠂹", 卽山之垂也. 《說文·土部》"垂, 邊遠也." 謂山之邊側也. 學者不識"𠂹"字, 誤作"才"字, 又加木旁作"材", 失之矣.[35]

《묵자》〈칠환(七患)〉: 爲者疾, 食者衆, 則歲無豐.

생산하는 사람이 적고 먹는 자들이 많으면 풍년이 들어도 소용이 없다.

유월 안 : '질(疾)'은 마땅히 '과(寡)'의 뜻으로 읽어야 한다. 일하는 사람은 적고 먹는 사람이 많으면 비록 풍년이 들어도 넉넉히 공급할 수 없기 때문에 그 해가 풍요롭지 않은 것이다. 지금 '爲者疾'이라고 되어 있는 것은 후세 사람들이 《대학》에 근거하여 고친 것이다.

"疾"當作"寡". 爲者寡而食者衆, 雖豐年不足供之, 故歲無豐也. 今作"爲者疾", 後人據《大學》改之.[36]

34 원주 : 《고서의의거례》 권5 〈오자로 인해 잘못 고친 사례〔因誤字而誤改例〕〉

35 원주 : 《고서의의거례》 권7 〈고자를 몰라서 잘못 고친 사례〔不識古字而誤改例〕〉

36 원주 : 《고서의의거례》 권7 〈다른 책에 근거하여 잘못 고친 사례〔據他書而誤改例〕〉

송나라 사람 황조영(黃朝英, ?-?)의 《정강상소잡기(靖康緗素雜記)》에는 당(唐)나라의 대문호인 한유(韓愈)의 아들 한창(韓昶, 799-855)이 고서를 자기 멋대로 고친 사실을 다음과 같이 기록하고 있다.

> 한창이 집현 교리로 있을 때 역사 전기에 '금근(金根)'이라고 말한 곳이 있으면 모두 마음대로 판단하고서는 "아마 잘못된 것이리라. 반드시 '금은거'일 것이다."라고 하고는, 재빨리 '근(根)' 자를 '은(銀)' 자로 고쳤다.
> 昶嘗爲集賢校理, 史傳中有說金根處, 皆臆斷之, 曰"豈其誤歟? 必金銀車也", 急改根字爲銀字.

'금근(金根)'은 본래 수레 이름으로, 은(殷)나라 때 '승근(乘根)'이라 부르다가 진(秦)나라 때 '금근'으로 고쳐 불렀는데, 이 설이 《후한서》〈여복지(輿服志)〉에 보인다.

한창은 《후한서》에 '금근'의 해석이 있는 것을 몰라서 후세의 웃음거리가 되는 잘못을 저질렀던 것이다.

청나라 사람 이조락(李兆洛, 1769-1841)은 이에 대해 매우 개탄하였다.

> 교정자가 거칠고 고루해서, 모르는 것은 그대로 남겨 둔다는 경계를 지킬 줄 모르고 함부로 의심하여 잘못을 초래하였으니, 멀쩡한 살을 긁어 부스럼을 만드는 격이라고 하겠다. 심지어는 '황고(皇考)'라고 잘못 칭하기도 하고,[37] 함부로 은(銀)과 근(根)을 바꾸기도 하였다. 본래 잘못

37 심지어는……하고 : 건륭(乾隆) 43년(1778) 산서성 출신 거인(擧人) 왕이양(王爾揚)은 〈이범묘지(李范墓志)〉를 지으면서 '考' 위에 '皇'을 썼다. 그런데 '皇考'라는 단어 때문에 산서 순무(山西巡撫) 파연삼(巴延三)이 반역행위로 여기고 사람을 보내 왕이양 및 그와 관련된 사람들을 성도로 데리고 와 엄히 심문하였다. 그러나 이는 전고를 사용한 것으로 '황고(皇考)'라는 글자는 예경(禮經)과 굴원의 〈이소〉, 구양수의 〈상강천표

되지 않았는데 교정하여 잘못되었으니, 이것은 간본이 생기고부터 경솔하게 수정을 한 것에서 비롯되었다. 만약 세 번만 간행하게 되면 고인의 진서(眞書)는 모두 사라지게 될 것이다.

有校者荒陋不知守闕如之戒，妄緣疑而致誤，至剜肉而成瘡，至有謬稱皇考，妄易銀根者．本初不誤，校乃至誤，此自書有刊本，輕有雌黃．倘經三刻，而古人之眞書失矣.[38]

이 교훈은 마땅히 취해야만 한다. 고서에 대해 오류가 확실하면 반드시 고쳐야 하겠지만, 자신이 없는 부분은 의문으로 제시하고 두 설이 통하는 것은 참고하도록 하여 절대로 함부로 고쳐서는 안 된다. 자신은 근거 없이 짐작하면서 도리어 각박한 언사로 다른 사람을 비판하는 일은 더욱 해서는 안 된다.

2) 함부로 산삭한 사례

연문(衍文)이 있으면 산삭하는 것이 당연하다. 그러나 산삭한 것이 합당하지 않으면 도리어 본래 면목을 잃게 된다.

진원(陳垣)의 심각본(沈刻本) 《원전장(元典章)》의 "함부로 산삭한 사례"를 예로 들면 다음과 같다.

첫째, 연문이라 생각하여 함부로 산삭한 것

원각본 《원전장》 〈호부(戶部)〉 권8에 "仍督各處巡捕官司嚴行巡禁.〔인하여 각처 순포 관아에 독촉하여 순금을 엄히 행하다.〕"이라고 하였는데, 심각본에는 '사(司)'를 잘못 산삭하였다.

(瀧岡阡表)〉에서 모두 사용했기 때문에, 왕이양은 전고를 사용하는 데 빠져 있어 반역죄라는 것을 생각하지 못한 것이다.

38 원주 : 《양일재문집(養一齋文集)》 권11 〈간빈고군묘지명(澗蘋顧君墓志銘)〉

원각본《원전장》〈형부(刑部)〉 권8에 "追燒埋銀五十兩給主.〔소매은[39] 50냥을 추궁하여 주인에게 주라.〕"라고 하였는데, 심각본에는 '오십냥(五十兩)' 세 글자를 잘못 산삭하였다.

원각본《원전장》〈성정(聖政)〉·〈대강(臺綱)〉의 "肅政廉訪司(숙정염방사)"[40]는 '숙정(肅政)' 두 자를 대부분 산삭하였다.

원각본《원전장》〈형부〉 권8, 9의 성지(聖旨)에는 "那般者麽道(나반자마도)" 다섯 자를 대부분 산삭하였다.

진원은 이에 대해 다음과 같이 말하였다.

> 고적을 번각하는 것은 사서를 편찬하는 것과 다르며, 사서의 편찬에는 구별해서 선택하는 것을 높게 사지만, 고적의 번각에는 마땅히 그 본색을 보존해야 한다. 하물며 '그렇게 이렇게〔那般者麽道〕'는 원대의 방언인데, 멋대로 지우고 산삭하여 그 말뜻을 전부 잃게 되었다.
> 飜刻古籍, 與編撰史籍不同, 編撰史籍, 貴有別裁, 飜化古籍, 應存本色, 況"那般者麽道", 元代方言, 信筆塗刪, 語意全失矣.

3) 함부로 첨가한 사례

함부로 첨가하고 보충하는 잘못은, 옳은 것 같으나 실은 옳지 않을 때 또는 모호하여 시비를 분간하기 어려울 때 많이 발생한다. 예를 들면 다음과 같다.

《논어》〈안연〉: 子貢問政. 子曰: "足食, 足兵, 民信之矣." 子貢

39 소매은: 죽은 자를 장사 지내기 위해 모금하는 돈이다.
40 肅政廉訪司: 원대(元代)의 관서이다.

曰："必不得已而去，於斯三者何先？" 曰："去兵." 子貢曰："必不得已而去，於斯二者何先？" 曰："去食. 自古皆有死，民無信不立."
자공이 정치에 대해 묻자, 공자가 말하였다. "식량을 풍족하게 하고, 군사를 충분케 하며, 백성의 신뢰를 얻어야 한다." 자공이 "부득이하여 버린다면 셋 중 무엇을 버려야 합니까?" 라고 묻자, 공자는 "군사를 버려야 한다."라고 하였다. 자공이 다시 "부득이하여 버린다면 둘 중에 무엇을 버려야 합니까?"라고 묻자, 공자는 "식량을 버려야 한다. 예부터 백성이 죽는 일을 겪지 않는 나라가 없었지만 백성의 신뢰를 얻지 못하면 나라가 설 수 없는 것이다."라고 하였다.

"子貢曰：必不得已而去，於斯二者何先."은，황본(皇本)에는 '자공(子貢)' 두 자가 없다. 그러나 어느 것이 옳고 어느 것이 그른지 단정하기 어렵다. 황본에 없는 것은 문의에 손실이 없으니 독자들이 위의 문장으로 또한 이 '왈(曰)' 자가 반드시 '자공왈(子貢曰)'이라는 것을 알 수 있다.

《논어》〈안연〉：子張問崇德辨惑. 子曰："主忠信，徙義，崇德也. 愛之欲其生，惡之欲其死，旣欲其生，又欲其死，是惑也."
자장이 덕을 높이며 미혹됨을 분별하는 것에 대하여 묻자, 공자가 말하였다. "충과 신을 주로 하며 의로 옮겨 가는 것이 덕을 높이는 것이다. 사랑하면 그것이 살기를 바라고 미워하면 그것이 죽기를 바라는 법인데, 이미 그것이 살기를 바라고서 또 그것이 죽기를 바라는 것이 미혹된 것이다."

"崇德也."는，황본에는 '야(也)'가 없다. 상하의 문의를 살펴보면, '야(也)'는 마땅히 보충해야 한다.

원각본《원전장》〈형부〉 권13에 "仍關戶部照會.〔인하여 호부에 조회를 받았다.〕"라고 하였는데, 심각본은 "仍關照戶部照會."라고 하여 '조(照)'를 함부로 첨가하였다.

원각본《원전장》〈호부〉[41] 권3[42]에 "不問罪名輕重.〔죄명의 경중을 묻지 않는다.〕"이라고 하였는데, 심각본은 "不問罪名輕罪重罪."라고 하여 '경(輕)' 자와 '중(重)' 자 아래 '죄(罪)' 자를 함부로 첨가하였다.

원각본《원전장》〈이부〉[43] 권3[44]에 "諸色戶籍地畝干照文冊.〔여러 종류의 호적에 실린 토지는 문책에 의거한다.〕"이라고 하였는데, 심각본에는 "諸色戶籍地畝若干照文冊."이라고 하여 '약(若)' 자를 멋대로 첨가하였다. '간조(干照 의거함)'는 당시의 상용어이다.

경솔하게 글자를 고치지 않고 멋대로 글자를 보충하지 않는 것은 고서를 정리하는 사람이라면 모두 가져야 할 올바른 태도이다.

공자는 경적(經籍)을 정리하는 데 있어서 매우 신중하였다.《좌전》환공(桓公) 14년 조에 다음과 같은 구절이 있다.

경 14년 봄 정월, 환공이 정백을 조에서 만났다. 얼음이 없었다. 여름 5월, 정백이 그 동생을 보내와서 동맹을 맺자고 하였다.
經十有四年, 春, 正月, 公會鄭伯于曹. 無冰. 夏五, 鄭伯使其弟語來盟.

41 호부 : 저본에는 '吏部'로 되어 있는데, 원각본《원전장》에 근거하여 바로잡았다.
42 권3 : 저본에는 '卷八'로 되어 있는데, 위 자료에 근거하여 바로잡았다.
43 이부 : 저본에는 '史部'로 되어 있는데, 위 자료에 근거하여 바로잡았다.
44 권3 : 저본에는 '卷十三'으로 되어 있는데, 위 자료에 근거하여 바로잡았다.

경(經)은 《춘추》의 경문으로, 공자가 정리한 것이다. 《춘추》는 봄, 여름, 가을, 겨울의 순서에 따라 국가의 대사를 기록하였다. 계절 뒤에 나오는 숫자 뒤에는 반드시 '월(月)'이 있는데, '하오(夏五)'에는 '월(月)'이 없으니, 이는 분명히 궐문(闕文)이다. 두예의 주에는 "월(月)을 쓰지 않은 것은 궐문이다.〔不書月, 闕文.〕"라고 하였다. 빠져 있는 것은 그것을 그대로 두어 고서의 면목을 보존하게 해야 하는데, 두예의 주에서는 '월(月)'이 빠져 있다고 지적하고서, 별다른 설명을 하지 않았다.

노문초(盧文弨, 1717-1795)는 《포경당문집(抱經堂文集)》 권8의 〈춘추존왕발미발(春秋尊王發微跋)〉에서 이러한 신중한 태도에 대해 다음과 같이 평가하였다.

> '하오(夏五)' 아래에 그것이 '월(月)'임은 의심할 여지가 없는 것이다. 그러나 성인이 더하지 않은 것은 그 문장이 어쩌면 이와 같을 뿐만은 아니라고 생각했기 때문이다. '월(月)'을 더하고서 "정백이 그 동생을 보내와서 동맹을 맺자고 하였다."라고 한 사실이 5월의 일이라고만 말하고 이렇게 기술해 버리면, 그 위에 탈문이 있을 수 있다는 의심을 더 이상 할 수 없게 될 것이다.
>
> "夏五"之下, 其爲"月"也無疑矣. 而聖人不益者, 謂其文或不僅於此也. 益之以"月", 將謂"鄭伯使其弟語來盟"爲五月之事, 所書僅此, 無復更疑其上之容有脫文者矣.

4) 함부로 순서를 뒤바꾼 사례

'을(乙)'은 독서를 하거나 책을 교감할 때의 부호로, 두 가지 뜻을 포함하고 있다.

첫째는 독서할 때 문장의 휴지(休止) 부분에 기입하는 부호이다.

《사기》 〈골계열전〉의 저소손(褚少孫)의 보(補)에 "동방삭은 처음 장안에 들어가 공거[45]에 이르러 상소할 때 모두 3천 개의 주독을 사용하였다. ……임금이 위에서부터 읽으면서, 문장이 끊기는 곳에 매번 '을(乙)'을 표시하여 두 달 동안 읽고 나서야 끝냈다.〔(東方)朔初入長安, 至公車上書, 凡用三千奏牘.……人主從上方讀之, 止, 輒乙其處, 讀之二月乃盡.〕"라는 구절이 있다.

둘째는 문자의 도치로, 두 글자 사이에 '을(乙)'을 써서 문자의 순서를 바로잡는 것이다.

《남송관각록(南宋館閣錄)》 권3에 "도치는 두 글자 사이에 '을'을 쓴다.〔倒置, 於兩字間書乙字.〕"라고 하였다. 도치를 정정하는 부호로, 당나라 사람들이 벌써 흔히 사용하였다. 여기에서 말하는 '망을(妄乙)'은, 고서의 문자 순서를 함부로 뒤바꾼 것을 이른다.

《고서의의거례》 권5 〈잘못된 연문으로 인해 잘못 뒤바꾼 사례〔因誤衍而誤倒例〕〉에서는 다음과 같은 하나의 전형적인 사례를 들고 있다.

> 양자(揚子)의 《태현(太玄)》 〈현영(玄瑩)〉: 嘖情也, 抽理也, 瑩事也, 昭君子之道也.
>
> 만물의 정을 내고 천지의 이치를 밝히고 천하의 일을 밝히는 것이 군자의 도이다.
>
> 유월 안 : 이 글 앞에서 "음양은 만물의 정을 내는 것이고, 종횡은 천지의 이치를 밝히는 것이며, 명회는 천하의 일을 밝히는 것이다.〔陰陽所以抽嘖也, 從橫所以瑩理也, 明晦所以昭事也.〕"라고 하였으니, 마땅히 "만물의 정을 내고 천지의 이치를 밝히고 천하의 일을 밝히는 것이다.〔抽嘖也, 瑩理也, 昭事也.〕"라고 해야 비로소 위의 글과 뜻이 합치된다. 지금 '추책(抽嘖)'은 '책정(嘖情)'으로 잘못되어 있는데, 이것은 '정(情)'이 '책(嘖)' 자의 오자로 잘못 덧붙은 것이다. 그리하여 '추(抽)'를

45 공거 : 한나라 때의 관서 이름이다. 위위(衛尉)에 속하는 기구로, 공거령(公車令)을 설치하였다. 상주문과 징소(徵召)가 모두 이곳을 거쳐 처리되었다.

아래 구의 '영(瑩)'과 바꾸어 '영리(瑩理)'가 '추리(抽理)'로 잘못되고, 또 '영(瑩)'을 아래 구의 '소(昭)'와 바꾸어 '소사(昭事)'가 '영사(瑩事)'로 잘못되게 된 것이다. 그런데 '소(昭)' 자는 바꿀 수가 없으므로 마침내 아래 구의 첫머리로 옮겼으니, 이에 '君子之道也.'가 '昭君子之道也.'로 잘못되게 되었다. 이것은 한 글자의 잘못된 첨가로 인해 마침내 여러 글자를 차례대로 다음 구로 밀려 내려가게 하고서 이것으로 책을 교감한 것이니, 참으로 수고로이 괜한 일을 한 것이라 할 수 있을 것이다.

上文云："陰陽所以抽嘖也，從橫所以瑩理也，明晦所以昭事也." 此當云"抽嘖也，瑩理也，昭事也." 方與上合. 今"抽嘖" 誤作"嘖情"，"情"字蓋卽"嘖"字之誤而衍者. 於是移"抽"字以易下句"瑩"字，而"瑩理"誤作"抽理"矣. 又移"瑩"字以易下句"昭"字，而"昭事"誤作"瑩事"矣. 至"昭"字無可易，乃移置下句之首，而"君子之道也" 誤作 "昭君子之道也". 蓋因一字之誤衍，而遂使諸字以次而疊降，以此校書，亦可云不憚煩矣.

또 권6 〈위아래 두 구가 뒤바뀐 사례〔上下兩句易置例〕〉에서는 다음과 같은 사례를 들고 있다.

《회남자》〈숙진(俶眞)〉：勢利不能誘也，辯者不能說也，聲色不能淫也，美者不能濫也，知者不能動也，勇者不能恐也，此眞人之道也.
재물과 이익도 유혹할 수 없고 변론하는 자도 유세할 수 없으며, 성색(聲色)도 음란하게 할 수 없고 아름다운 자도 어지럽힐 수가 없으며, 지혜로운 자도 움직일 수 없고 용감한 자도 겁줄 수 없으니, 이것이 진인의 도이다.

유월 안：'성색(聲色)' 구는 마땅히 '변자(辯者)' 구 앞에 있어야 한다. 성색(聲色)과 화리(貨利)는 같은 종류로 아우를 수 있고, 변자(辯者)·미자(美者)·지자(知者)·용자(勇者) 또한 같은 종류로 아우를 수 있기 때문이다. 《문자》〈구수〉에는 바로 이와 같게 되어 있으니, 이를 근거로 정정할 수 있다.

"聲色" 句當在 "辯者" 句前. 則聲色貨利以類相從；辯者、美者、知者、勇者，亦以類相從矣.《文子·九守篇》正如此，可據以訂正.

《교감학석례(校勘學釋例)》 권2 〈함부로 순서를 뒤바꾼 세 가지 사례〔妄乙三例〕〉에는 심각본 《원전장》에서 함부로 순서를 뒤바꾼 원각본의 구절에 대해 세 가지 상황을 분석하였다.

> ① 고어를 몰라서 함부로 순서를 뒤바꾸어 그 뜻을 잃은 것
> 심각본 〈호부〉 권7의 "依添上答價値"가 원각본에는 "依上添答價直[46]"으로 되어 있는데, '첨답(添答)'이 방언인 줄 모르고 '첨상(添上)'으로 함부로 순서를 뒤바꾼 것이다.
> ② 흔히 보이는 상용어인데, 함부로 순서를 뒤바꾸어 그 뜻을 잃은 것
> 심각본 〈호부〉 권8의 "場官知情賣貨者"가 원각본에는 "貨賣者"로 되어 있는데, '매화(賣貨)' 두 글자는 흔히 보이기 때문에 함부로 순서를 뒤바꾼 것이다.
> ③ 함부로 순서를 뒤바꾼 것이 비록 원뜻과 다르지 않지만, 따져 보면 당시의 원문은 아닌 것
> 심각본 〈형부〉 권3의 "用刀割去囊腎"이 원각본에는 "割囊去腎"으로 되어 있다.
> 不知古語而妄乙，失其意義者：沈刻《戶部》卷七："依添上答價値"，元刻作"依上添答價値"，不知"添答"方言，妄乙爲"添上"．習見常語而妄乙，失其意義者：沈刻《戶部》卷八："場官知情賣貨者"，元刻作"貨賣者"，因習見"賣貨"二字而妄乙之．所乙雖與元義不殊，然究非當日元文者：沈刻《刑部》卷三："用刀割去囊腎"，元刻作"割囊去腎"．

함부로 고치고, 함부로 산삭하고, 함부로 첨가하고, 함부로 순서를 뒤바꾸는 것은 모두 유해한 것이다.

46 直：저본에는 '値'로 되어 있는데, 원각본 《원전장》에 근거하여 바로잡았다.

《논어》〈자한(子罕)〉에 "공자는 네 가지가 전혀 없었으니, 억측하지 않고, 기필하지 않으며, 고집하지 않고, 아집이 없었다.〔子絶四, 毋意, 毋必, 毋固, 毋我.〕"라는 말이 있다. 이는 공자가 네 가지의 병폐를 근절한 것을 말한다. 즉 근거 없이 추측하지 않고, 절대적으로 긍정하지 않고, 얽매어 고집을 부리지 않고, 스스로 옳다고 하지 않았다는 말이다.

동한의 하휴(何休, 129-182)가 지은 《공양전해고(公羊傳解詁)》에서는 공자의 이런 정신에 대해 열렬하게 찬양하였다.[47] 우리들도 마땅히 '절사(絶四)'하여 가능한 한 주관적이고 억측하는 잘못을 범하지 않아야 할 것이다.

3 고서에서 잘못을 범한, 일반적인 법칙을 분명하게 이해하고 청대 사람과 현대 사람들의 교감성과를 충분히 이용해야 한다

이것은 교감의 자각성과 질을 높이는 중요한 조건이 된다. 고서의 번각과 전사(傳寫)에서 저본 자체의 오류에 이르기까지 그 표현 형식은 단지 와자(訛字), 연자(衍字), 탈자(脫字), 전도(顚倒) 등의 몇 가지에 지나지 않는다.

그렇다면 왜 이런 잘못들이 발생하는가? 간행과 전사 과정 중에 소홀히 해서 잘못에 이르게 된 경우 외에도, 형(形)·음(音)·의(義) 방면에서 한자 자체의 특징과 어휘·어법·수사 방면에서 중국어의 특징, 그리고 경문(經文)과 전주(傳注)에서 가끔씩 발생하는 약간의 훈석(訓釋) 현상과 밀접한 관계가 있다. 이런 것들은 때때로 오류를 일으키는 원인이 되기도 한다. 업적을 이룬 훈고학자와 교감학자들은 그들 스스로가 가진 광범위한 교양 지식과 세밀하고 깊은 전문적인 소양으로 이러한 오류를 일으키는 내부 법칙들에 대해 비교적 분명하게 알고 있다. 이 때문에 그들은 그들이 가진 지식의 장점

47 원주 : 설명은 《공양전(公羊傳)》 소공(召公) 12년 조에 보인다.

을 충분히 이용하여 탁월한 안목과 식견으로 의문점을 발견하는 능력이 뛰어났으며, 수많은 문헌 자료 중에서 방증을 찾아내는 데도 뛰어나고 판단을 내리는 데도 뛰어났다. 특히 청대의 학자들이 더욱 그러하였다.

우리는 송나라 학자들이 책을 교감하는 데 있어 매우 부지런하였지만, 청나라 학자들은 책을 교감하는 일에 부지런할 뿐만 아니라 정밀하기도 했다는 것을 알고 있다.

청나라 말기 손이양(孫詒讓)은 《주경술림(籒廎述林)》 권5의 〈찰이서(札迻序)〉에서 다음과 같이 말하였다.

> 근세의 거유들은 학문을 닦고 옛것을 좋아하여 옛 서적을 교감하고 간행하였는데, 모두 기술한 것이 있다. 관찰 왕회조 및 그 아들 상서 왕백신, 학사 노소궁, 관찰 손연여, 문학 고간빈, 주판 홍균헌, 문학 엄철교, 명경 고상지 및 선배인 편수 유음보 등은 그중에서도 논저가 더욱 많다.
>
> 이런 기풍이 크게 번창하여 이역까지 뻗치게 되었는데, 예컨대 안정형, 포판원이 전교(箋校)한 것은 비록 소루하고 얕으나 또한 고증에 도움이 된다.
>
> 그 장점을 종합하여 논하면, 대체로 구간(舊刊)의 정교(精校)한 것에 의거해서 그 미묘한 뜻을 탐구하고 큰 예(例)에 통달한다. 정밀히 생각하고 널리 고찰하되 선입견을 섞지 않고 문자의 오류를 바로잡아 혹은 본서에서 구하고 혹은 다른 서적과 인용한 유서에서 방증하여 성류(聲類)의 통전(通轉)을 관건으로 삼는다. 그러므로 의문을 발견하고 바로 읽어 부절을 맞춘 것 같다.
>
> 近世鉅儒修學好古，校刊舊籍，率有記述．而王懷祖觀察及子伯申尚書，盧紹弓學士，孫淵如觀察，顧澗薲文學，洪筠軒州判，嚴鐵橋文學，顧尚之明經，及年丈俞蔭甫編修，所論著尤衆．風尚大昌，覃及異

域，若安井衡，蒲版圓所箋校，雖疏淺，亦資考證．綜論厥善大抵以舊刊精校爲依據，而究其微指，通其大例．精思博考，不爹成見，其是正文字訛舛，或求之於本書，或旁證之他籍及援引之類書，而以聲類通轉爲之鈐鍵，故能發疑正讀，奄若合符．

이 한 단락은 청대의 교감학에 대한 총괄적인 성질을 띤 글로, 방법론상 몇 가지 가치 있는 점을 제시하고 있다.

첫째, 선인들이 이룩한 성과를 이용하며, 구간(舊刊)의 정교본(精校本)에 의거한다.

둘째, 문장의 미묘한 뜻을 연구하여 문자의 교감과 의리의 변석(辨析)을 결합하여 이교(理校)의 효용을 충분히 발휘한다.

셋째, 충분히 자료를 확보하여 본서와 타서 혹은 유서(類書)에서 방증을 얻어 주관과 억측을 피한다.

넷째, 체계적으로 교감의 원리와 방법을 파악하여 그 내부의 법칙을 숙지한다.

다섯째, 성류(聲類)의 통전(通轉)을 관건으로 삼는다.

이 몇 가지 점은 우리가 서로 다른 관점에 따라 서로 다른 각 장절 아래에 두었으나, 그 첫 번째와 네 번째 및 다섯 번째는 본절에서 토론하는 문제와 밀접한 관련이 있다.

오류를 일으키는 내부적 혹은 외부적인 요인들은 왕염손(王念孫), 왕인지(王引之), 유월(兪樾), 진원(陳垣)의 저작에서 서로 다른 관점을 통해 귀납적인 방법으로 정리되어 있다.

장순휘(張舜徽)는 《중국고대사적교독법(中國古代史籍校讀法)》〈관어교서(關於校書)〉 1장 중에서 왕염손·왕인지 부자와 유월의 이 분야의 성취에 대하여 다음과 같이 매우 높은 평가를 하였다.

청대의 학자들은 이미 고대 한자의 구조, 음독 및 어법 방면의 지식에 대해 전문적이고 정밀한 연구가 있어서 책을 교감한 것이 정밀할 뿐만 아니라 적지 않게 의미를 밝히거나 발견했으며, 아울러 또한 고서 오류의 원천 문제로부터 규율성의 조례를 찾아내어 후인들에게 끼친 계발이 더욱 크다.

예컨대, 왕인지의《경의술문》권32에는 여러 경서 중의 '연문', '자형이 비슷해서 잘못된 것', '상·하문이 연계되어 잘못된 것', '후인이 주소와 석문을 고친 것' 등을 통해 모두 종합적인 결론을 내렸다.

清代諸儒，旣對古代漢字的結構、音讀以及語法方面的知識有專精研究，不獨校書精審，取得了不少發明或發現；幷且還能從古書訛誤的來源問題，找出了規律性的條例，給與後人的啓發尤大．例如王氏《經義述聞》三十二，將群經中的"衍文"、"形訛"、"上下相因而誤"、"後人改注疏釋文"，都作出了綜合性的總結．

왕인지는 고서의 오류에 대해 깊이 있고 세밀한 조사를 하였다. 예를 들면 '형와(形訛)' 1절에서 전문(篆文) 및 고문(古文)의 형체가 비슷해서 잘못된 것,[48] 예서의 형체가 비슷해서 잘못된 것,[49] 초서의 형체가 서로 비슷해서 잘못된 것,[50] 혹체(或體)와 비슷해서 잘못된 것[51] 등의 현상을 열거하였다.

왕인지가 든 예는 매우 많다. 예컨대 음(淫)과 회(淮), 양(暘)과 상(傷), 미(美)와 업(業), 좌(左)와 우(右), 천(天)과 대(大)와 같은 경우

48 원주 : '四'의 고문이 '三'과 비슷해서 '三'으로 잘못되고, '神'의 고문이 '旦'과 비슷해서 '旦'으로 잘못되고, '人'의 전문(篆文)이 '九'와 비슷해서 '九'로 잘못되었다.

49 원주 : '宣'과 '寡'는 예서가 비슷하여 잘못되고, '斗'의 예서는 '升'과 비슷해서 '升'으로 잘못되었다.

50 원주 : '斬'의 초서는 '覇' 자와 비슷해서 '覇'으로 잘못되었다.

51 원주 : '辟'은 '辭'의 혹체자와 비슷하여 '辭'로 잘못되었다.

가 있는데, 여기서는 일일이 옮기지 않는다. 이는 다량의 구체적인 글자 중에서 어떤 법칙성이 있는 것을 개괄해 낸 것으로, 문장의 이론적 가치를 강화시켜 독자에 대한 의의를 더욱 증대시켰다.

본장의 앞쪽에서 우리는 왕염손의 《독서잡지(讀書雜志)》에서 《묵자》를 교정한 상황을 제시하였는데, 그는 또한 강령 성질의 관점을 제련하여 구체적인 자료를 총괄하는 데에도 뛰어났다. 그는 《회남자》를 교정하면서 오류를 일으키는 원인으로 64가지 사례를 귀납하였다.

유월(兪樾)의 《고서의의거례(古書疑義擧例)》 권5에서 권7에 열거된 37가지 사례 또한 매우 완비된 것이다. 장순휘는, 37가지 사례는 "고서 중의 연문·오자·도치·탈락·잘못된 수정·잘못된 해석·잘못된 첨가·잘못된 산삭 및 책의 내용이 뒤섞이고 편장이 뒤바뀌는 등의 많은 현상을 거의 모두 분석해서 결론을 내렸다.〔差不多將古書中的衍文、訛體、倒置、脫落、誤改、誤解、誤增、誤刪, 以及簡策錯亂、篇章顚倒等多種現象, 都完全總結出來了.〕"라고 말하였다.

이러한 예들은 한편으로는 교감의 기본 법칙에 대한 인식과 총결이라 할 수 있으며, 다른 한편으로는 또 교감자의 학식과 수양을 드러내고 있다. 우리는 그들이 이미 총결한 경험을 통해 점차 기본 법칙을 이해하고, 또 지식과 소양을 끊임없이 높여서 교감의 능력과 수준을 높이고 고적 정리의 작업을 잘 진행하여 주석의 질을 높여야 한다. 예를 들면 《원전장》의 심각본과 원각본은, 만약 진원처럼 박식하고 심오한 학식과 원대의 전장제도 및 언어문자에 대한 깊은 이해를 갖추고 있지 않으면 《교감학석례》와 같은 수준으로 교감해 낼 수 없을 것이다.

근현대의 성과를 이용하는 것을 말하자면 "전인들은 치밀하지 못하지만 후에 나올수록 점점 정밀해진다.〔前修未密, 後出轉精.〕"라는 말이 보편적인 의미가 있다는 것을 우선 인정해야 한다. 고서의 주석이 그렇고 교감은 더욱 그렇다.

나중에 교감한 책은 앞서 교감한 책보다 과학적 성과의 누적이 많아지고, 나중에 주석을 단 책은 앞서 주석을 단 책보다 참고할 만한 관점과 자료가 많아지는 것이다. 그러므로 거칠고 함부로 만든 것들은 제외하고, 근현대의 신중한 학자들이 한 교감 작업들은 모두 마땅히 중시할 만한 것이다.

예를 들면 중화서국(中華書局)의 24사(史)는 국가가 전국의 학술적인 역량을 결성하여 협력해서 완성한 것이다. 각 사(史)의 점교(點校)는 모두 해당되는 역사의 가장 명망 있는 학자가 주도하여 진행한 것이다.

또 《관자》의 경우 역시 청대의 교정(校訂)하고 전석(箋釋)한 명가(名家)는 10여 명이고, 근대 사람 허유련(許維遹)·문일다(聞一多)도 교석(校釋)을 하였는데, 곽말약(郭沫若)은 허유련과 문일다 두 사람이 교정한 것을 토대로 삼아 인력을 구성하여 수정하고 증보한 후, 1956년에 《관자집교(管子集校)》를 출판하였다. 이 책은 자료를 채택한 것이 풍부하고 고증이 더욱 정밀하였기 때문에, 자연히 나중에 나왔는데도 더 높은 평가를 받게 되었다.

송간본 《십삼경주소》는 좋은 판본이지만, 완원(阮元)의 교감기가 부록되어 있는 것과는 비교할 수 없다.

우리는 고적을 정리하는 데 있어 청대의 정각본(精刻本)·정교본(精校本)과 전인(前人)[52]이 이룩한 토대 위에서 진행한 근대 사람의 교감에 대하여 모두 매우 중시해야만 한다. 좋은 교감본을 마련해 두고서 어휘에 대한 주석과 기타 작업을 진행한다면, 좋은 기초를 마련해 두게 되어 노력은 적게 하고도 큰 효과를 얻을 수 있는 것이다.

52 원주 : 주로 청대 사람이다.

4 자료를 충분히 확보하고 교감의 방법을 강구해야 한다

한 책의 전문적인 점교(點校)든 혹은 주석하는 가운데 교감을 진행하든, 반드시 광범위하게 자료를 확보하는 것을 전제로 해야만 한다. 우리는 치밀한 주석과 교감을 한 책의 앞면과 뒷면에서 종종 사용하고 참고한 서적의 일람표를 볼 수 있는데, 이는 반드시 있어야 하는 것으로, 교감이나 주석본의 신뢰와 명예를 높이는 장점이 있다. 예를 들면《십삼경주소》[53]는 각 경서 앞에 모두 참고 서목을 나열하고 있다. 이렇게 하면 금본(今本)의 완성과 전인의 연구 성과가 어떠한 관계인가를 설명할 수 있고, 성과를 입수한 출처도 설명할 수가 있다.

오직 자료만 확보하고 과학적 방법을 잘 운용하지 못하면 또한 큰 성과를 얻기가 어렵다. 예를 들어 대교(對校)·본교(本校)·타교(他校)의 경우 단지 다른 상황을 한쪽에 비주(批注)해 놓기만 하고 시비를 판단하지 않는다면, 이런 교감은 여전히 초급 단계에 속하는 것이다.

여기에서 이교(理校)는 매우 중요하다. 물론 근거로 삼을 자료가 없다면, 또한 매우 위험하게 된다. 확보할 수 있는, 가능한 한 충분한 자료에 나아가 과학적, 종합적으로 각종의 유효한 방법을 운용하면 교감의 질은 높아질 것이다.

왕염손의《독서잡지》는 이런 점에 있어 매우 뛰어난 것이다. 아래에 두 가지 사례를 들어 보겠다.

> 《관자》〈법법(法法)〉: 是故先王制軒冕, 所以著貴賤, 不求其美, 設爵祿, 所以守其服, 不求其觀也.
>
> 이 때문에 선왕이 수레와 면류관을 만든 것은 귀천을 드러내기 위함이

53 원주 : 교감기를 부록으로 두었다.

지 아름답기 위해서가 아니며, 작록을 설정한 것은 복장 제도를 지키기 위함이지 관람하기 위해서가 아니다.

송본 : 앞에 나온 '소이(所以)'가 '족이(足以)'로 되어 있다.

왕염손 : 두 '소이(所以)' 모두 '족이(足以)'가 되어야 한다. '족(足)'은 '불구(不求)'와 문의가 서로 이어진다. 다음 문장에 "현명한 군주가 종묘를 지을 때는 빈소·제사를 차릴 만큼만 하고 아름답게 짓지 않는다. 집·누대·정자를 지을 때는 건조·습기와 추위·더위를 피할 만큼만 하고 크게 짓지 않는다. 무늬를 아로새기고 조각할 때는 귀천을 분별할 만큼만 하고 보기 위해서 하지 않는다."라고 하였으니, 이것이 그 명백한 증거이다. 후대 사람이 '족이(足以)'를 '소이(所以)'로 고친 것은 본래의 뜻이 아니다. 《군서치요》 및 《예문유취》 〈봉작부〉와 《태평어람》 〈봉건부1〉에는 이것을 인용하여 모두 '足以著貴賤', '足以守其服'으로, 《문선》 〈우렵부〉 주에는 '足以章貴賤'으로 인용되어 있다.

宋本上"所以"作"足以". 王念孫曰 : "案兩所以皆當作足以, 足與不求, 文義正相承. 下文曰 : '明君制宗廟, 足以設賓祀, 不求其美; 爲宮室臺榭, 足以避燥濕寒暑, 不求其大; 爲雕文刻鏤, 足以辨貴賤, 不求其觀.' 是其明證也. 後人改足以爲所以, 則非其指矣. 《群書治要》及《藝文類聚·封爵部》《太平御覽·封建部一》引此幷作'足以著貴賤'、'足以守其服'. 《文選·羽獵賦》注引作'足以章貴賤'."

《안자춘추》 〈내편(內篇) 잡 상(雜上)〉 : 景公遊於壽宮, 睹長年負薪者, 而有饑色, 公悲之, 喟然嘆曰 令吏養之!

경공이 수궁에서 놀다가 땔나무를 진 늙은 사람을 보았는데, 얼굴에 굶주린 기색이 있었다. 경공이 슬퍼하고 한숨을 쉬며 한탄하기를 "관리로 하여금 부양해 주도록 하라." 하였다.

왕염손 : 살펴보건대, '탄왈(嘆曰)' 두 자는 후대 사람이 더한 것이고, '公悲之, 令吏養之!'는 기록자의 말이다.[54] 후대 사람이 '탄왈' 두 자를 더하였는데 '令吏養之'를 경공의 말이라고 생각한 것이니, 이는 매우 잘못된 해석이다. 《설원》 〈귀덕〉

54 원주 : 《안자춘추(晏子春秋)》 〈간 상(諫上)〉에는 "令吏誅之"라고 하였고, 〈간 하(諫下)〉에는 "令吏謹守之"라고 하였으며, 〈잡 하(雜下)〉에는 "令吏葬之"라고 하였는데, 모두 기록하는 사람의 말이다.

에 '탄왈' 두 자가 있는 것도, 후대 사람이 속본《안자》에 의거하여 더한 것이다. 《예문유취》〈화부(火部)〉에서《안자》를 인용한 곳에는 '公喟然令吏養之'로 되어 있어 '嘆曰' 두 자가 없다. 〈간 상〉의 '公喟然曰'은 후대 사람들이 '탄(嘆)' 자를 더한 것이고, 〈간 하〉의 '喟然流涕'는 후인이 '탄왈' 두 자를 더한 것으로, 잘못된 점이 모두 이와 같다.[55]

案"嘆曰"二字, 後人所加"公悲之, 喟然令吏養之", 該記者之詞(《諫上篇》"令吏誅之"《下篇》"令吏謹守之",《雜下篇》"令吏葬之", 皆記者之詞). 後人加"嘆曰"二字, 則以"令吏養之"爲景公語, 謬以千里矣.《說苑·貴德篇》有"嘆曰"二字, 亦後人依俗本《晏子》加之.《藝文類聚·火部》引《晏子》作"公喟然令吏養之", 無"嘆曰"二字.《諫上篇》"公喟然曰", 後人加"嘆"字,《下篇》"喟然流涕", 後人加"嘆曰[56]"二字, 謬皆與此同". (辨見《諫上》、《諫下》.)

이와 같이 각종의 교감 방법을 종합적으로 운용하여 믿을 수 있는 자료를 토대로 내린 판단은 그 신뢰성이 매우 높은 것이다. 《안자》의 판본은 매우 많고, 지해본(指海本)은 곧 왕씨의 설을 취해 '탄왈(嘆曰)' 두 자를 산삭하였다.[57]

교감에 주의해야 할 문제는 비교적 많다. 예를 들어 고주(古注)와 유서(類書)를 다 믿어서는 안 된다는 점은, 선인이 모두 논술해 놓은 것이 있다.

55 원주 : 변석은《안자춘추》의 〈간 상〉과 〈간 하〉에 보인다.

56 曰 :《속수사고전서(續修四庫全書)》 1153 (《讀書雜志》, 天津圖書館所藏本, 上海古籍出版社, 1995, 218쪽)에는 '而'로 되어 있다.

57 원주 : 오칙우(吳則虞)의《안자춘추집석(晏子春秋集釋)》 312쪽 및《안자춘추집석(晏子春秋集釋)》 부록(附錄) 〈편목고(篇目考)〉 및《판본제지(版本題識)》를 참고하였다.

제5장

구두

제1절 구두란 무엇인가

'구두(句讀)'란 바로 '구를 끊는 것〔斷句〕'을 말한다. 이는 고서를 읽으면서 가장 먼저 맞닥뜨리는 문제이다. 인간의 사유에는 일정한 리듬과 층차가 있다. 따라서 생각이 뒤죽박죽인 사람을 제외하고는, 어떤 과정을 기술하거나 어떤 문제를 설명하거나 어떤 현상을 묘사하는 것이 모두 조리 있게 이루어지게 마련이다. 언어는 사유의 발현이다. 사람들은 말을 할 때 휴지(休止)가 있게 되는데, 이는 생리적인 필요성에 의한 것이기도 하지만, 또 그 휴지를 통하여 사유의 리듬과 층차를 반영하기도 한다. 휴지에는 시간의 장단과 어조의 차이가 존재하는데, 이런 것들은 모두 말하는 내용, 즉 말하는 사람이 전달하고자 하는 사상이나 감정과 일치한다.

이러한 휴지들과 문장의 휴지가 아닌 표시성 부호에 대한 연구는 학문의 한 분야를 이루었다. 바로 현대에서 말하는 표점부호학(標點符號學)이다.

'구두'가 바로 '구를 끊는 것'이라는 말은, 고서를 읽는다는 각도에서 나온 협의적인 해석이다. 이러한 연구는, 단지 말을 하거나 글을 쓸 때 내용의 층차별 간격의 시간 차이를 표시할 뿐이다. 그러나 이러한 차이를 말하는 사람의 감정이나 어조와 연관시키고, 또는 모종의 부호로 특정한 명칭을 표시하는 것과 연관시키려 한다면, 구두의 의미를 광의의 표점부호 사용으로 해석해야 한다.

이 책에서 논의할 '구두'는 주로 고서에 구를 끊는 것이지만, 아울러 고서의 표점 부호 문제도 간단히 소개할 것이다.

> 《예기》〈학기(學記)〉: 一年, 視離經辨志.
>
> 일 년 차에는 경전의 구두를 끊고 뜻을 분별하는 것을 본다.

정현 주 : '이경(離經)'은 구두를 끊는 것이다. '변지(辨志)'는 마음이 향하는 바를 구별함을 이른다.

離經, 斷句絶也, 辨志, 謂別其心意所趣鄉也.

공영달 소 : '이경(離經)'은 경전의 의리를 분석하여 장구를 나누는 것이다.

離經, 謂離析經理, 使章句斷絶也.

정현의 해석에서는 구두만을 말하였고, 공영달의 소에서는 한 걸음 더 나아가 편장(篇章)까지 언급하였다.

청나라 사람 황이주(黃以周, 1828-1899)는 〈이경변지설(離經辨志說)〉을 지었는데, 그의 설은 정현과 같다. 내용은 다음과 같다.

옛날 '이경(離經)'에는 두 가지 방법이 있다. 하나는 구단(句斷)이고, 하나는 구절(句絶)이다. 구단은 오늘날 구두(句逗)라 이르는데, 옛날에는 구투(句投)라고도 했다. '단(斷)'과 '두(逗)'와 '투(投)'는 모두 발음이 비슷한 글자이다. 구단은, 말은 여기서 끊어지나 뜻이 끊어지지 않는 것이다. 구절은, 말과 뜻이 모두 끊어지는 것이다. 정현의 주에서 '이(離)'를 단절로 풀이한 것은, 구단과 구절 두 가지 방법을 한데 아울러 말한 것이다.

古離經有二法：一曰句斷，一曰句絶．句斷，今謂之句逗，古亦謂之句投，斷與逗、投，皆音近字．句斷者，其辭於此中斷而意不絶．句絶，則辭意俱絶也，鄭注離訓斷絶，兼兩法言．[1]

한대(漢代)에는 구두와 관련된 두 글자가 있었는데 바로 '주(丶)'와 '궐(亅)'이다.

1 원주 : 황이주(黃以周)의 《경계잡저(儆季雜著)》〈군경설(群經說) 3〉

《설문해자》〈주부(丶部)〉: 丶, 有所絶止, 丶而識之也.

'주(丶)'는 끊거나 멈출 부분이 있을 때 표시하는 부호이다.

단옥재 주 : 이 글자는 육서 중 지사자이다. 사물에는 분별이 있고 일에는 가부가 있는데, 생각의 주안점에 마음속으로 그곳을 표시하는 것이 모두 여기에 해당한다. 그러므로 단순히 글을 읽다가 멈추는 부분을 표시하는 것만 이르는 것은 아니다.

此於六書爲指事. 凡物有分別, 事有可不, 意所存主, 心識其處者皆是, 非專謂讀書止[2], 輒乙其處也.

'주(丶)'는 바로 '주(主)'의 고자(古字)인데 "글을 읽다가 멈추는 부분을 표시한다.〔讀書止輒乙其處.〕"라는 의미를 포함하고 있다. 이것이 바로 "끊거나 멈출 부분이 있을 때 '주(丶)'로 표시한다.〔有所絶止, 丶而識之.〕"라는 것이다.

《설문해자》〈궐부(亅部)〉: ㇙, 鉤識也.

'궐(㇙)'은 갈고리 표시이다.

단옥재 주 : 갈고리 표시는, 갈고리를 사용하여 그곳을 표시하는 것이다. 저소손(褚少孫, ?-?)이 보완한 〈골계전〉에 따르면, 동방삭이 글을 올렸는데 모두 3천 주독(奏牘)을 사용하였다. 임금이 앞에서부터 읽었는데 멈추는 곳이 있으면 그곳을 표시하면서 2개월 만에 다 읽었다고 하였다. 여기에서 '표시한다〔乙〕'는 것은 '갑을(甲乙)'의 '을(乙)'이 아니라, 바로 '궐(㇙)' 자이다.

鉤識者, 用鉤表識其處也. 褚先生補《滑稽傳》, 東方朔上書, 凡用三千奏牘. 人主從上方讀之, 止輒乙其處, 二月乃盡. 此非甲乙字, 乃正㇙字也.

이 말로 보면 '주(丶)'와 '궐(㇙)'은 후대에 글을 읽을 때 사용한 권(圈, ◦)·점(點, 、)과 유사하지만, 결코 후대의 권·점은 아니다.

옛사람이 책을 읽을 때 문장의 의미가 완결되는 곳에 하나의 권(圈)을 글

2 止 : 저본에는 없는데, 《설문해자주(說文解字注)》에 근거하여 바로잡았다.

자 옆에 찍었는데, 이는 오늘날 사용하는 구호(句號 종결부호)와 같다. 그리고 문장의 의미가 아직 완결되지는 않았으나 휴지가 필요한 곳에 하나의 작은 점을 자구(字句) 사이에 찍었는데, 이는 오늘날의 두점(逗點 휴지부호)과 같다. 이러한 '권'과 '점'이 바로 '구두'이다.

그러나 《설문해자》와 《예기》 〈학기〉의 정현 주를 통해 살펴보면 한대에는 이 같은 구두 관념과 부호가 없었다. 옛사람이 책을 읽으면서 권·점을 표시한 것은, 의사가 완결되는지 아닌지와 한 문장 속에 휴지가 있어야 하는지 아닌지에 중점을 둔 것이다. 현재 사용하는 표점 부호가 세분된 것과는 달리, 의미의 완결과 어감과 정감의 표시 및 문장과 문장 사이의 관계는 다른 부호 표시가 없었다. 이 때문에 고서의 구두를 논의할 때 협의로 이해하는 것은 현대의 표점 부호와는 매우 다르다.

제2절 왜 구두를 중시해야 하는가

유전(流傳)되는 고서는 현대인의 표점·교감과 주석을 거친 것을 제외하고는 대부분 구두가 없는 이른바 '백문(白文)'이다. 바로 표점이 없는 글을 가리킨다.

1 구두를 끊지 못하면 고서를 읽을 수 없다

언어는 고금과 지역에 따라 차이가 있다. 현대인이 고서를 읽을 때 이러한 이유만으로도 많은 어려움에 부딪히게 되는데, 백문 상태의 고서는 고인이 쓴(말한) 리듬과 층차를 명백히 알 수 없기 때문에 이해하기가 더욱더 어렵다. 솔직히 말해 구두는 고서를 읽는 첫 걸음으로, 이 과정이 없으면 고서를 읽었다고 말할 수 없다.

그래서 어떤 사람은 "배우는 자가 고서를 즐겨 읽는다면 마땅히 세심하게 구두점을 찍어야 한다. 한 책을 읽고 그 책에서 구두점을 찍는 용법을 터득한다면 잘 읽은 것이다.〔學者喜讀古書, 惟當細心點讀, 讀一書而得一書之用, 則善矣.〕"[3]라고 하였다. 또한 "구두점을 찍는 방법에 통달하지 못하면 잘못 이해하는 문제가 생길 것이다.〔不達用點之法, 且有失解之患.〕"라고 하고 "구두가 분명하면 의미 또한 아는 것이 어렵지 않다. 구두점을 분명히 사용하여 앞뒤 문장을 잘못 연결시키지 않는다면 글의 의미는 분명 명확해질 것이다.〔句讀旣明, 而義理亦不難得矣. 蓋用點爲分, 於上下文不致誤爲牽

3 원주 : 손덕겸(孫德謙)의 《고서독법약례(古書讀法略例)》 권4

連, 則書之義理, 必能瞭然也.〕"라고도 하였다. 사례를 하나 들어 보겠다.

> 育而不苗者吾家之童烏乎九齡而與我玄文.
>
> 태어나서 장성하지 못한 것은 우리 집 아이 오(烏)로구나. 아홉 살에 나와 함께 《태현경(太玄經)》 저술에 참여하였다.[4]

이 10여 자의 문장은 구를 끊기가 쉽지 않다.

송나라 원문(袁文, 1119-1190)은 《옹유한평(甕牖閑評)》에서 '오가지동(吾家之童)'에 구두를 끊고, '오호(烏乎)'를 하나의 구로 하여 설명하기를 "양웅은 자신의 아들이 어려서 일찍 죽은 것을 탄식하였기 때문에 '슬프다.〔烏乎〕'라고 한 것이니, 바로 '오호(嗚乎)'이다.〔子雲嘆其子童蒙而早亡, 故曰'烏乎', 卽'嗚乎'字.〕"라고 하였다.

손덕겸(孫德謙, 1869-1935)도 "동(童) 자 아래에 구두점을 찍어야 한다. 원문이 글을 읽을 때 구두를 소홀히 하지 않았음을 알 수 있다.〔於'童'下用點, 可知袁氏讀書頗以點讀爲不可忽也.〕"[5]라고 하였다.

손덕겸은 원문(袁文)이 구두를 중시했다고 평가하였는데, 이 구두점이 정확한지는 회의적이다.

양수달(楊樹達)은 《고서구두석례(古書句讀釋例)》에서 몇 가지 자료를 증거로 들어 원문의 설에 대해 부정하는 뜻을 표시하였다.

> 송나라 요관(姚寬, 1105-1162)은 《서계총화》에서 "어떤 노선생이 《법언》을 읽고, '오가지동(吾家之童)'을 한 구로 삼고, '오(烏)'를 '호(乎)' 자와 이어서 하나의 구로 보고는 탄식하는 소리라고 하였다. 복

4 원주 : 《법언(法言)》〈문신(問神)〉

5 원주 : 손덕겸의 《고서독법약례》 권4 〈서용점두례(書用點讀例)〉

관의 〈한낭중정고비(漢郎中鄭固碑)〉에서는 '사내아이로 양오(楊烏)와 같은 재능을 가졌으나, 일곱 살 때 요절했다.'라고 하였다. 소순부에서는 '동오(童烏)는 어찌하여 그 수를 다하여 장성하지 못했는가?'라고 하였다. 이 시점은 시기적으로 양웅과 많이 떨어지지 않으니 여기에서 한 말은 틀리지 않을 것이다. 여기에서 '동오'가 양웅 아들의 어릴 적 이름임을 알 수 있다."라고 하였다.

장주의 《촉전》 권2에 "〈문사전〉에 실린 한나라 환린이 객에게 답한 시에 '저 양오는 세상에 현인으로 이름이 났다.'라고 하였고, 객이 환린에게 지어 보인 시에서도 '양오는 9세이다.'라고 하였으니, 이것을 어찌 탄식하는 소리로 해석할 수 있겠는가."라고 하였다.

《태평어람》 권385에서는 유향의 《별록》을 인용하여 "양신은 자(字)가 자오(子烏)이니, 양웅의 둘째 아들이다."라고 하였다.

'오(烏)'가 양웅의 아들 '자오'의 자(字)임은 조금도 의심의 여지가 없다. 요관과 장주의 설이 옳고, 원문(袁文)의 구두는 틀렸다.

宋姚寬《西溪叢話[6]》云：有一老先生讀《法言》, 謂"吾家之童" 爲一句, "烏"連"乎"字作一句讀, 謂嘆聲也. 僕觀《鄭固碑》曰："大男有楊烏之才, 年七歲而夭."[7] 蘇傾賦："童烏何壽之不將." 是時去子雲未遠, 所擧爲不謬. 於是知 "童烏" 爲子雲之子小名. 張澍《蜀典》卷二云："《文士傳》漢桓驎答客詩曰：'伊彼楊烏, 命世稱賢.'[8] 客示桓驎詩亦云：'楊烏九齡.'[9] 此豈作嘆詞解乎!" 樹達按《御覽》三百八十五引劉向

6 話：저본에는 '語'로 되어 있는데, 양수달(楊樹達)의 《고서구두석례(古書句讀釋例)》(上海古籍出版社, 2007, 151쪽)에 근거하여 바로잡았다.

7 大男有楊烏之才, 年七歲而夭：〈한낭중정고비(漢郎中鄭固碑)〉에는 "君大男孟子有楊烏之才……年七歲而夭."로 되어 있다.

8 伊彼楊烏, 命世稱賢：시의 전문은 다음과 같다. "邈矣甘羅, 超等絶倫. 卓彼楊烏, 世稱賢人. 嗟予惷弱, 殊才棄年. 仰慙二子, 俯愧前言." 《說郛 卷58上》

《別錄》云："楊信，字子烏，雄第二子." 烏爲雄子之字，毫無可疑. 姚、張說是，袁讀非也.[10]

원문의 설에 따르면, 이 10여 자 안에는 양웅의 아들 이름이 없다. 그러나 요관과 장주의 설을 따르면 '오(烏)'는 양웅의 아들 이름이 된다. 구두점 하나의 차이가, 구두를 끊은 사람이 고서를 정확히 이해했는지를 나타내고 있다는 것을 알 수 있다.

2 구두의 잘못은 문장의 의미와 역사 사실에 대한 오해를 부르고, 주석의 과실을 초래한다

《한비자》〈외저설 좌하(外儲說左下)〉에 구두와 관련된 다음과 같은 기록이 있다.

> 애공이 공자에게 물었다. "저는 기(夔)의 다리가 하나뿐이라고 들었는데 사실입니까?" 공자가 대답했다. "기가 사람인데, 어찌 발이 하나뿐이겠습니까. 그는 다른 특별한 점은 없고 음률에만 능통하였습니다. 그래서 요 임금께서 '기는 한 가지 재주를 가지고 있으니 충분하다.'라고 말씀하고 그를 악정으로 삼았습니다. 그래서 군자가 '기는 한 가지 재주를 가지고 있으니 충분하다.'라고 한 것이지, 다리가 하나뿐이었다는 것은 아닙니다."

9 楊烏九齡 : 시의 전문은 다음과 같다. "甘羅十二，楊烏九齡. 昔有二子，今則桓生. 參差等蹤，異世齊名."《說郛 卷58上》

10 원주 : 양수달의《고서구두석례》〈구두를 떼지 않아야 하는데도 구두를 뗀 것〔不當讀而誤讀〕〉

哀公問於孔子曰："吾聞夔一足，信乎？" 曰："夔，人也，何故一足？彼其無他異，而獨通於聲．堯曰'夔一而足矣'，使爲樂正．故君子曰'夔有一足'，非一足也．"

노나라 애공의 질문에는 '夔一足' 세 글자를 연이어 읽어서 중간에 구두가 없다. 그러나 공자의 대답으로 보면 '일(一)' 아래에서 끊어야 한다. 즉 '夔一，足'이 된다.

구두가 달라지면 내용을 이해함에 있어서 그 차이가 결국 이처럼 커진다. 애공은, 기가 다리가 하나뿐이라고 여겼는데, 공자의 대답은, 기와 같은 이런 음악가는 악정을 시키는 데 한 가지 재주만 있어도 충분하다는 것이다. 《서경》〈순전(舜典)〉에 "순 임금이 말하였다. '기야, 너를 전악으로 임명하노니 주자(胄子)들을 가르쳐라.……' 기가 말하였다. '아! 제가 석경(石磬)을 쳐서 연주하자, 온갖 짐승들이 모두 그 소리에 맞추어 춤을 췄습니다.'〔帝(舜)曰：'夔，命汝典樂，敎胄子．……' 夔[11]曰：'於予擊石拊石，百獸率舞．'〕"라고 하였고,[12] 또 《여씨춘추》〈고악(古樂)〉에 "요 임금이 즉위하여 기에게 음악을 만들라고 명하였다.……(순 임금이 즉위하여) 기에게 〈구소〉·〈육렬〉·〈육영〉을 정리하여 임금의 덕을 밝히라고 명하였다.〔帝堯立，乃命[13]質[14]爲樂……(舜立)乃令質[15]修《九招》、《六列》、《六英》，以明

11 夔：저본에는 '舜'으로 되어 있는데, 《서경》〈순전(舜典)〉에 근거하여 바로잡았다.

12 서경……하였고：《서경》〈순전〉의 "帝曰：'夔！命汝典樂，敎胄子，直而溫，寬而栗，剛而無虐，簡而無傲，詩言志，歌永言，聲依永，律和聲，八音克諧，無相奪倫，神人以和．'"라는 문장 뒤에 나온다. 그러나 '夔曰' 이하는 소씨(蘇氏)가 말하기를 "순(舜)이 이제 막 아홉 관원을 명하매 제제(濟濟)하게 서로 겸양하였는데 기(夔)가 홀로 여기에서 자기의 공을 말할 이유가 없다. 이는 〈익직(益稷)〉의 글이니, 간편(簡編)이 탈오(脫誤)하여 여기에 중복되어 나온 것이다."라고 하였다.

13 命：저본에는 '令'으로 되어 있는데, 통행본 《여씨춘추》에 근거하여 바로잡았다.

14 質：저본에는 '夔'로 되어 있는데, 위 자료에 근거하여 바로잡았다.

帝德.〕"라는 구절이 있다.

공자의 대답은 바로 기가 악정이 된 이 일을 말한 것이다. 노나라 애공의 질문은 어쩌면 기라는 인물을 신화 속의 "기일족(夔一足)"과 혼동했을 가능성이 크다.

《산해경》〈대황동경(大荒東經)〉에 "동해에 유파산(流波山)이 있는데 바다로 7천 리나 들어가 있다. 그 위에 짐승이 있는데 모습이 소와 같고 푸른 몸에 뿔이 없으며 다리는 하나이다. 물속을 드나들 때 항상 비바람이 인다. 해와 달처럼 빛이 나고, 소리는 우레와 같다. 그 짐승의 이름은 기(夔)이다.〔東海中有流波山, 入海七千里. 其上有獸, 狀如牛, 蒼身而無角, 一足, 出入水則必風雨. 其光如日月, 其聲如雷, 其名曰夔.〕"라고 하였고, 《설문해자》에서는 기의 모습을 "용과 같으며 다리는 하나이다.〔如龍一足.〕"라고 하였다.

《국어》〈노어(魯語)〉에 위소(韋昭)가 주석하기를 "기는 다리가 하나로, 월나라 사람들은 그를 산조(山繰)라고 불렀다. 사람 얼굴에 원숭이 몸을 하고 말을 할 줄 알았다.〔夔一足, 越人謂之山繰, 人面猴身能言.〕"라고 하였다.

공자 시대에 이러한 신화와 전설을 알았는지는 알 수 없다. 그러나 노나라 애공의 질문과 신화의 '기일족(夔一足)'은 관계가 없다. 애공의 질문은 사람에 대한 것이었으니, 사람의 다리가 하나뿐이라는 것이 믿을 수 없기 때문에 질문한 것이다. 이것은 구두 문제가 초래한, 매우 전형적인 이야기이다.

《노자》 제1장의 구두도 내용에 대한 이해와 관련이 있다.

> 道, 可道, 非常道; 名, 可名, 非常名. 無名, 天[16]地之始; 有名, 萬物之母. 故常無, 欲以觀其妙, 常有, 欲以觀其徼. 此兩者同出而異

15 質 : 저본에는 '夔'로 되어 있는데, 통행본 《여씨춘추》에 근거하여 바로잡았다.

16 天 : 저본에는 '无'로 되어 있는데, 통행본 《노자》에 근거하여 바로잡았다.

名. 同謂之玄, 玄之又玄, 衆妙之門.[17]

임계유(任繼愈, 1916-2009)는 위와 같이 표점을 찍고, 다음과 같이 번역하였다.

> 도를 말할 수 있다면 그것은 영원한 도가 아니고, 이름을 부를 수 있다면 그것은 영원한 이름이 아니다. '무명(無名)'은 천지의 시작이요, '유명(有名)'은 만물의 근본이다. 그러므로 항상 형상이 없는 곳에서 '도(道)'(무명(無名))의 오묘함을 알고, 항상 형상이 있는 곳에서 만물(萬物 유명(有名))의 종착점을 안다. 이 두 가지(유형과 무형)는 하나의 근원에서 나왔으나 다른 명칭을 갖고 있다. 그것들은 모두 심원한 것이라고 일컬을 수 있다. 매우 심원하니, 그것은 온갖 오묘한 것이 나오는 근원이다.
>
> "道", 說得出的, 它就不是永恒的"道"; 名, 叫得出的, 它就不是永恒的名. "無名"是天地的原始; "有名"是萬物的根本. 所以經常從無形象處認識"道"(無名)的微妙, 經常從有形處來認識萬物(有名)的終極. 這兩者(有形和無形)是同一個來源而有不同的名稱. 它們都可以說是深遠的, 極遠極深, 它是一切微妙的總門.

《노자》의 '도'는, 임계유의 번역에 따르면 언어문자를 사용해서 표현할 수 없는 신비한 정신의 본체로, 그것은 천지만물의 본원이다. 그 현묘함은 어떠한 성질의 규정성도 갖추고 있지 않음에 있으므로 일반적인 방법으로는 그것을 알 수 없다.

17 道……門 : 《노자》 제1장에는 구두 및 해석에 있어 차이가 매우 크기 때문에 여기에서는 논지에 따라 임계유(任繼愈)의 구두와 해석만을 제시하였다.

삼국 시대 위(魏)나라의 현학가(玄學家) 왕필(王弼, 226-249)은《노자》를 주석하면서 무욕(無欲)과 유욕(有欲)을 이어서 "그러므로 항상 욕심이 없고 공허해서 그 만물이 시작하는 오묘함을 볼 수 있고, 항상 욕심이 있어 만물이 귀결되는 종착점을 볼 수 있다.〔故常無欲空虛, 可以觀其始物之妙, 常有欲, 可以觀其終物之徼.〕"라고 하였다.

손덕겸(孫德謙)은 이에 대해 다음과 같이 비평하였다.

> 왕필의 무욕·유욕설은 이 장의 의미를 제대로 이해하지 못하여 뒤에 있는 '욕(欲)' 자를 앞으로 끌어와서 훈석한 것인데, 그의 잘못은 '常無'와 '常有'에서 정확히 구두점을 찍지 못했기 때문에 발생한 것이다.
> 王氏無欲、有欲之說, 是未融會此章之義, 因增出欲字爲訓, 其失卽在常無、常有, 不明用點之法耳.[18]

그러나 사실상 문제는 구두점을 찍는 방법〔用點法〕에 밝지 못했다는 점이 아니라,《노자》 1장의 철학적 개념을 어떻게 이해해야 하는가이다. 다르게 이해하면 필연적으로 달리 구두를 끊게 되니, 서로 다른 구두는 서로 다른 이해를 보여 준다.

마왕퇴(馬王堆)의 한묘(漢墓)에서 백서(帛書)로 된《노자》가 출토됨으로 인해 한 고조(漢高祖, 기원전 206-기원전 195) 시기의 초사본(抄寫本 갑본(甲本))과 한 혜제(漢惠帝, 기원전 194-기원전 180)나 여후(呂后) 시기의 초사본(抄寫本 을본(乙本)[19])의 실상을 볼 수 있게 되었다. 위에 기술한 제1장은 갑본과 을본에 모두 실려 있다. 두 종의 백서본(帛書本)의 내용은 기본적으로 일치한다.

18 원주 : 손덕겸의《고서독법약례》 권4〈서용점두례(書用點讀例)〉
19 을본(乙本) : 저본에는 없는데, 앞 문장에 근거하여 보충하였다.

문물출판사(文物出版社)에서 1976년에 출판한 갑본(甲本)은 다음과 같다.

> 道可道也，非恒道也．名可名也，非恒名也．無名，萬物之始也；有名，萬物之母也．故恒無欲也，以觀其眇(妙)；恒有欲也，以觀其徼．兩者同出，異名同胃(謂)．玄之有(又)玄，衆眇(妙之)〔門〕．

물론 한묘(漢墓)의 백서(帛書)가 가장 오래된 본(本)은 아니다. 그러나 '道可道也', '名可名也', '故恒無欲也', '恒有欲也', '兩者同出, 異名同謂' 몇 구절을 보면, 손덕겸의 설과 임계유의 표점 및 금역(今譯)이 정확한 해석인지는 의심해 볼 필요가 있다. 왕필은 시간적으로 한대(漢代)와 그리 오래 떨어지지 않은 사람이니, 무욕(無欲)과 유욕(有欲)의 이해에 있어 잘못했는지는 여전히 단정하기 어렵다.

앞에서 말한 것처럼 구두는 문장을 어떻게 이해했는지를 반영한다. 그러므로 결과적으로 이 《노자》 1장의 의미를 어떻게 이해해야 하는지, 진일보한 고변(考辨)을 기다려야 한다. 백서의 구두[20]와 손덕겸·임계유의 구두는 이해의 차이를 현저하게 드러내 보이고 있다.

앞에 든 예를 통해서 구두가 얼마나 중요하며, 또 얼마나 어려운지를 알 수 있다. 옛사람들은 의심나고 어려운 자구(字句)가 있는 곳에는 종종 구두를 어떻게 끊어야 할지, 어떤 글자가 앞 구절에 이어서 끊어지는지 다음 구절에서 끊어지는지를 알지 못했다.

청대(淸代)의 학자들은 이 방면에서 많은 사례를 제시하고, 구두와 사의(詞義)·구의(句義) 해석과의 밀접한 관계를 설명하였다. 그런 변석은 상당

20 백서의 구두 : 여기에서 말하는 백서의 구두는 앞에서 언급한, 문물출판사에서 1976년 출판한 갑본의 구두를 가리킨다. 백서의 내용으로 보면 이와 같이 구두를 끊을 수 있다.

한 학식 수준을 필요로 한다. 옛날 속담에 "학식 수준은 글에 구두점을 찍는 것을 보면 알 수 있다.〔學識何如觀點書.〕"[21]라는 말이 있듯, '글에 구두점을 찍는 것〔點書〕'은 매우 중요한 일이다.

3 잘못된 구두는 교감의 오류를 가져온다

구두는 주석과 관계가 밀접하며, 교감과의 관계도 매우 밀접하다. 잘못된 구두는 교감의 오류를 야기하여, 잘못 수정〔誤改〕하거나 잘못 산삭〔誤刪〕하고, 잘못 보충〔誤補〕하며 잘못 도치〔誤乙〕하게 만든다.

왕염손(王念孫)의 《독서잡지(讀書雜誌)》를 통해 잘못된 구두가 잘못된 교감을 초래한 예를 다음과 같이 들어 보겠다.[22]

1) 구두의 오류로 잘못 수정한 사례

《한서》〈고오왕전(高五王傳)〉: 會漢將欒布平陽侯等兵至齊擊破三國兵解圍已後聞齊初與三國有謀將欲移兵伐齊.[23]

21 원주: 《자가집(資暇集)》 권상(卷上)에서 직하(稷下)의 속담을 인용한 것에 보인다.

22 왕염손(王念孫)의……보겠다: 이하의 여러 예는 모두 양수달의 《고서구두석례》에 보인다.

23 會……齊: 저본에서는 구두를 끊지 않고 붙여서 제시하였는데, 이는 구두를 잘못 끊게 되는 문제를 설명하기 위한 것이다. 왕염손이 《독서잡지》에서 논의한 것을 양수달이 다시 《고서구두석례》에서 왕염손의 고증을 예로 들었다. 그러나 이는 통행본과는 차이가 있어 가독성과 이해를 높이기 위해 《이십사사전역(二十四史全譯)》(安平秋, 張傳璽 分史主編, 漢語大詞典出版社, 2004)의 〈한서〉에 근거한 통행본의 구두와 번역을 제시하기로 한다. 〈3. 잘못된 구두는 교감의 오류를 가져온다〉에 거론된 모든 예는 이와 같다. "會漢將欒布、平陽侯等兵至齊, 擊破三國兵, 解圍. 已後聞齊初與三國有謀, 將欲移兵伐齊.〔그때 한나라 장수 난포와 평양후 등의 군대가 제나라에 도착하여 삼국의 군대를 격파하여 포위를 풀어 주었다. 곧이어 제나라가 처음에 삼국과 모의하였다는 것을 듣고 군대를 옮겨 제나라를 치려고 하였다.〕"

왕염손 : '已後聞' 세 글자는 글의 의미가 순조롭지 못하니, '후(後)'는 마땅히 '부(復)'가 되어야 한다. 난포(欒布) 등이 삼국의 군대를 격파하여 제나라의 포위를 풀어 주었다. 이윽고 다시 제나라가 삼국과 모의한 사실이 있음을 듣고, 마침내 제나라를 치고자 했다는 것을 말한 것이다. 《자치통감》 〈한기 8〉에는 '후(後)'라고 쓰여 있으니 참고한 《한서》본이 이미 잘못되었던 것이다. 《사기》에는 '已而復聞齊與三國有謀.'라고 바로 쓰여 있다.……'부(復)'와 '후(後)' 두 글자는 글자체가 전서와 예서 모두 비슷하기 때문에 '부(復)'가 '후(後)'로 잘못 쓰인 것이다.

"已後聞"三字文義不順, 後當爲復. 言欒布等破三國兵解齊圍. 已而復聞齊與三國有謀, 遂欲伐齊也. 《通鑑·漢紀八》作後, 則所見《漢書》本已誤. 《史記》正作 "已而復聞齊與三國有謀."……復後二字篆隸皆相似, 故復訛作後.

양수달(楊樹達) : 구두를 잘못 끊고서 글자를 고치려고 한 왕염손의 말은 틀렸다. '解圍已'를 한 구로 보아야 하니, 포위를 풀어 주는 일이 끝났음을 이른다. 이 부분은 반고가 《사기》를 수정한 곳이기 때문에 《사기》와는 구두가 같지 않다. 《한서》 〈소무전〉에 "그때 우상을 논죄하면서 이 일로 인하여 소무를 항복시키고자 하였다. 검으로 우상을 베고 나서 위율(衛律)이 말하였다. '한나라 사신 장승이 선우의 근신인 나를 죽이려고 하였다.'"라고 하였다. 《한서》 〈왕존전〉에서는 "식사를 마치고 조서를 전달했다."라고 하였으며, 《한서》 〈왕망전〉에서는 "왕우의 처 언이 임신하였는데, 옥에 가두었다가 출산한 뒤에 죽였다."라고 하였는데, 구두의 예가 모두 같다.

王氏誤讀, 故欲改字, 其說非也. 此當以'解圍已'爲句, 謂解圍事終了也. 此班改《史記》處, 故與《史記》讀不同. 《蘇武傳》云 : "會論虞常, 欲因此事降武. 劒斬虞常[24]已, 律曰 : '漢使張勝[25]謀殺單于近臣.'" 《王尊傳》云 : "食已, 乃還致[26]詔." 《王莽傳》云 : "宇妻焉懷子, 繫獄, 須產子已, 殺之." 句例幷同.

2) 구두의 오류로 잘못 산삭한 예

《사기》 〈맹상군열전(孟嘗君列傳)〉 : 馮驩乃西說秦王曰天下之游士憑軾結靷西入秦者無不欲彊秦而弱齊憑軾結靷東入齊者無不欲彊齊而

24 常 : 저본에는 '帝'로 되어 있는데, 통행본 《한서(漢書)》에 근거하여 바로잡았다.
25 勝 : 저본에는 '武'로 되어 있는데, 위 자료에 근거하여 바로잡았다.
26 致 : 저본에는 '改'로 되어 있는데, 위 자료에 근거하여 바로잡았다.

弱秦此雌雄之國也勢不兩立爲雄雄者得天下矣[27]

왕염손이 고자명(顧子明)의 설을 인용 : '위웅(爲雄)' 아래의 '웅(雄)' 자는 잘못 덧붙은 글자이며, '위웅(爲雄)' 두 글자는 아래의 구에 속한다.

"爲雄"下衍一"雄"字, "爲雄"二字屬下讀.

양수달 : 오여륜(吳汝綸, 1840-1903)은 '위웅(爲雄)'을 앞의 구에 붙였는데, 옳다. '웅(雄)' 자가 꼭 잘못 덧붙은 글자는 아니다. 다음 문장에 "풍환이 제왕을 설득하여 '진나라와 제나라는 자웅과 같은 나라이니, 진나라가 강해지면 제나라는 약해질 것입니다. 이는 형세상 두 웅(雄)이 양립할 수 없기 때문입니다.'라고 하였다."라는 내용이 있다. 본 문장의 '勢不兩立爲雄.'은 바로 여기에서 말한 '勢不兩雄.'의 뜻이다. 그러므로 고자명의 설은 옳지 않다.

吳汝綸以"爲雄"屬上讀, 是也. 不必衍"雄"字. 下文"驩說齊王云 : '夫秦齊, 雌雄之國, 秦强則齊弱矣. 此勢不兩雄.'" 此文之"勢不兩立爲雄", 卽彼文之[28]"勢不兩雄"也. 顧說非是.

3) 구두의 오류로 잘못 보충한 예

《한서》 〈원앙전(爰盎傳)〉 : 且陛下從代來[29]郎官者上書疏未嘗不止輦受其言不可用置之言可采未嘗不稱善[30]

27 馮……矣 : 《이십사사전역》(安平秋, 張傳璽 分史主編, 漢語大詞典出版社, 2004)의 〈사기 맹상군열전〉을 참조하여 구두를 끊고 번역하면 다음과 같다.
馮驩乃西說秦王曰 : "天下之游士馮軾結靷西入秦者, 無不欲彊秦而弱齊, 馮軾結靷東入齊者, 無不欲彊齊而弱秦. 此雄雌之國也, 勢不兩立爲雄, 雄者得天下矣."〔풍환이 곧바로 진나라로 달려가 진왕을 설득했다. "천하의 유세가들 중에 수레를 몰아 서쪽으로 와서 진나라에 들어오는 자들은 모두 진나라를 강하게 만들고 제나라를 약하게 만들려고 하며, 수레를 동쪽으로 몰아 제나라에 들어가는 자들은 제나라를 강하게 만들고 진나라를 약하게 만들려고 합니다. 이 두 나라는 자웅(雌雄)과 같은 나라들이라서 양립할 수 없으며 웅(雄)이 되는 나라가 천하를 병합할 것입니다."〕

28 之 : 저본에는 없는데, 《고서구두석례》(上海古籍出版社, 2007, 186쪽)에 근거하여 보충하였다.

29 且陛下從代來 : 《고서구두석례》(上海古籍出版社, 2007, 189쪽)에는 뒤에 '每朝' 두 글자가 더 있다.

30 且……善 : 《이십사사전역》(安平秋, 張傳璽 分史主編, 漢語大詞典出版社, 2004)의 〈한서 원앙전〉을 참조하여 구두를 끊고 번역하면 다음과 같다. "且陛下從代來, 郎官者

왕염손 : '受其言' 다음에 '언(言)' 자가 하나 더 있어야 한다. '言不可用'은 바로 '言可采'와 상대되는 문장이다. 금본에는 '언(言)' 자가 하나 빠져 있다. 《태평어람》〈인사부〉에서는 이것을 인용하면서 '言不可用'이라고 했는데,[31] 《사기》도 마찬가지다.[32]
"受其言"下當更有一"言"字. "言不可用"正與"言可采"對文. 今本脫一"言"字. 《御覽·人事部》引此正作"言不可用", 《史記》同.

양수달 : 이것은 왕염손이 구두를 잘못 찍은 것이다. 이 문장은 '수(受)' 자에서 구를 끊어야 한다. 받는다〔受〕는 것은 보고서〔書疏〕를 받는다는 말이지 말을 받는다는 것이 아니다. 《풍속통의(風俗通義)》 권2에 유향의 말을 인용하여 "문제께서는 언관을 예우하여 신하의 마음을 상하지 않게 하셨습니다. 대소 신하들이 황제께서 오시면 조용히 진언하였는데, 황제께서는 수레를 세우고 그들의 말을 들으셨습니다. 괜찮은 말은 좋다고 칭찬하셨고, 그렇지 않은 말에는 그저 웃으셨습니다."라고 하였다. 이것이 '기언(其言)' 두 글자가 다음 구에 속해야 한다는 증거이다. 왕염손은 구두를 잘못 찍고 그 때문에 글자를 보충하려고 하였으니, 옳지 않다.
此王氏屬讀之誤也. 此文當於"受"字斷句. 受者, 受書疏, 非謂受言也. 《風俗通》卷二引劉向語云 : "文帝禮言事者,不傷其意, 群臣無小大, 至卽便從容言, 上止輦聽之, 其言可者, 稱善, 不可者, 喜笑而已."此"其言"二字當下屬之證. 王氏因誤讀而欲增字, 非也.

4) 구두의 오류로 잘못 도치시킨 예

《한서》〈두주전(杜周傳)〉 : 杜欽字子夏茂陵杜鄴與欽同姓字俱以材能稱京師故衣冠謂欽爲'盲杜子夏'以相別[33]

上書疏, 未嘗不止輦受. 其言不可用, 置之, 言可采, 未嘗不稱善.〔폐하께서 대(代)에서 돌아오셨을 때, 낭관이 보고서를 올리면 항상 연(輦)을 세우고 직접 받아 보셨습니다. 받아들일 수 없는 것은 내버려 두고, 채용할 만한 것은 항상 좋다고 칭찬하셨습니다.〕"

31 태평어람……했는데 : 해당 원문은 다음과 같다. "且陛下從代來, 每朝, 郎官者上書疏, 未嘗不止輦受其言. 言不可用, 置之, 言可採, 未嘗不稱善."

32 사기도 마찬가지다 : 《사기》〈원앙조조열전(袁盎鼂錯列傳)〉의 해당 원문은 다음과 같다. "且陛下從代來, 每朝, 郎官上書疏, 未嘗不止輦受其言. 言不可用, 置之, 言可受採之, 未嘗不稱善."

33 杜……別 : 《이십사사전역》(安平秋, 張傳璽 分史主編, 漢語大詞典出版社, 2004)의 〈한사 두주전〉을 참고하여 구두를 끊고 번역하면 다음과 같다.
"杜欽, 字子夏……茂陵杜鄴與欽同姓字, 俱以材能稱京師, 故衣冠謂欽爲'盲杜子夏'以

왕염손 : '俱以材能稱'으로 구를 끊고, '고(故)' 자를 '경사(京師)' 앞에 두어 '故京師衣冠' 다섯 글자로 이어서 읽어야 한다. '京師衣冠'은 경사의 사대부들을 이른다. 《백씨육첩(白氏六帖)》 12에서는 이것을 '京師衣冠謂欽爲盲杜子夏'라고 인용하였고, 《태평어람》 〈질병부 3〉도 마찬가지니, '京師衣冠' 네 글자가 연속되는 것은 분명하다. 그리고 《한기》에 '俱好學以才能稱, 故京師謂欽爲盲子夏.'라고 하였으니 '故京師' 세 글자가 연속되는 것 또한 분명하다.

"俱以材能稱"絶句, "故"字當在"京師"上, 而以"故京師衣冠"五字連讀. 京師衣冠謂京師士大夫也. 《白帖》十二引此作"京師衣冠謂欽爲盲杜子夏", 《御覽·疾病部三》同, 則"京師衣冠"四字連讀明矣. 《漢紀》作"俱好學以才能稱, 故京師謂欽爲盲子夏" 則"故京師"三字連讀又明矣.

양수달 : '稱京師'는 경사에서 칭찬을 받았음을 이른다. 《한서》의 글은 간단하여 '어(於)' 자가 생략된 것이다. 원문의 의미가 통하므로 왕염손처럼 글자를 도치해서 읽어서는 안 된다. 《한기》와 《백씨육첩》은 모두 구두를 잘못 끊었으니, 어찌 믿고 따르겠는가. 왕염손은 여기에서 오류를 범한 것이 분명하다.

"稱京師"謂見稱於京師也. 斑文簡, 省去, "於"字耳. 原文可通, 不當如王讀倒字. 《漢紀》、《白帖》皆誤斷句, 豈可信從! 王氏於此爲誤信矣.

왕염손의 《독서잡지》는 청대(淸代)의 훈고학 명저로, 고서의 교감에 매우 힘썼으며 변석이 정밀한데도 구두의 잘못으로 인하여 교감의 오류를 면치 못했다. 이를 통해 구두의 의의가 중대하니 경솔하게 구두점을 찍어서는 안 된다는 것을 알 수 있다.

相別.〔두흠은 자가 자하이다.……무릉 사람 두업은 두흠과 성과 자가 같았다. 두 사람 모두 재능이 뛰어나다는 칭송이 경사에 자자했다. 그래서 사대부들은 두흠을 '맹두자하'로 불러 구별하였다.〕"

제3절 구두를 잘못 끊게 되는 원인

옛날에는 고서에 권점(圈點)이 없었다. 권점을 붙이는 것은 바로 지식수준이 낮음을 나타내는 것과도 같았다. 더구나 한(漢)에서 청(淸)에 이르는 2천여 년 동안 일련의 표점 부호는 전혀 없었다. 이는 후세의 독자들에게 많은 어려움을 남겨 주어, 옛사람이 글을 쓴 호흡과 층차를 짐작하는 데 많은 시간과 정력을 낭비하게 하였다. 원래 고문헌에 남겨진 언어 대부분은 구어(口語)와는 매우 동떨어진 문어(文語)라서 아무리 학식이 깊고 넓은 사람일지라도 전인(前人)의 문어를 작자 본인처럼 분명하게 이해하는 것은 불가능하다.

전인의 문어를 확실히 알고 싶다면, 반드시 예전에 그 당시의 학자들이 받았던 그 시대의 교육을 갖추고 그 당시의 언어 규칙과 지식 소양을 그들과 똑같이 숙지해야 한다. 후인의 학식이 전인을 뛰어넘을 수는 있겠지만, 고대의 언어 수준과 그 사용 습관을 숙지하는 것은 모두 분명히 시대적 제한을 받으며, 독자가 작자의 글 속에 녹아 있는 작자 개인의 특성을 이해하는 데 따르는 한계도 분명히 존재하고 있다. 여기에 교감상의 원인까지 더해지니, 후대 학자들이 고서를 연구할 때 구두(句讀)에서 문제가 발생하는 것도 그리 이상한 현상이 아니다.

구두의 오류는 다음 몇 가지에 지나지 않는다.

구두를 끊어야 하는데 끊지 않은 것

구두를 끊어서는 안 되는데 끊은 것

본래 앞 구에 붙여서 끊어야 하는데 다음 구에 붙인 것

다음 구에 붙여서 끊어야 하는데 앞 구에 붙인 것 등[34]

34 구두의……등 : 이 부분은 양수달(楊樹達, 1885-1956)의 《고서구두석례》에 자세히 설명되어 있다. 목록을 개략적으로 소개하면 다음과 같다.

이는 순전히 구두를 끊는 것에 불과할 뿐, 예전에는 전혀 없었고 오늘날에 비로소 생겨난 표점 부호 체계의 사용을 가리키는 것은 결코 아니다. 구두를 잘못 끊게 되는 원인은 위에서 제기한 일반적인 문제 외에도 다음의 두 가지로 귀납해 볼 수 있다.

1 언어 문자학 지식의 한계로 인하여 범한 오류

고서에 구두를 끊을 때에는 풍부하고 체계적인 고대 한어에 대한 지식이 필요하다. 그것은 문자학, 음운학, 어휘, 훈고학, 어법 등 각 방면과 연관되어 있어서 조금이라도 신중하지 않으면 구두를 잘못 끊을 수 있다.

1) 고자의 통가[35]를 분별하지 못하여 구두를 잘못 끊은 경우

《예기》〈학기(學記)〉: 今之教者, 呻其佔畢, 多其訊, 言及于數.[36]

요즘 가르치는 사람은 책에 보이는 문자나 읊조리고, 어려운 질문이나

《古書句讀釋例》(楊樹達)

誤讀的類型	誤讀的貽害	誤讀的原因	特殊的例句
(1) 當讀而失讀	(1) 原文不誤因誤讀而誤改	(1) 因文省而誤讀	數讀皆可通
(2) 不當讀而誤讀	(2) 原文不衍因誤讀而誤刪	(2) 因不識古字通假而誤讀	
(3) 當屬上讀而誤屬下	(3) 原文不脫因誤讀而誤補	(3) 因不識古韻而誤讀	
(4) 當屬下讀而誤屬上	(4) 原文不倒因誤讀而誤乙	(4) 因字誤而誤讀	
		(5) 因字衍而誤讀	
		(6) 因字脫而誤讀	

35 통가 : 통가자(通假字)로, 고서에 글자가 사용되는 현상의 하나이다. '통가'는 곧 '통용되다', '빌려쓰다'는 말인데, 독음이 서로 같거나 비슷한 글자로 본자를 대체한 것이다. 훈고 주석에 쓰이는 '同'은 이체자를 가리키고, '通'은 일반적으로 통가자를 가리킨다.

36 저본에서는 구두를 끊지 않고 붙여서 제시하였다. 각 해석가의 주석을 가지고 구두를 잘못 끊게 되는 문제를 설명하였으나, 번역문은 가독성을 높이기 위해 북경대학출판사에서 2000년 출간한 《예기정의》에 근거하여 구두를 끊고 번역하였다. 왕인지의 주석대로라면 "今之教者, 呻其佔畢, 多其訊言及于數."와 같이 구두가 끊어져야 한다.

많이 제기하며, 말만 하면 본받을 만하다고 한다.

정현은 '언(言)'을 아래 구에 붙여서 구두를 끊고 주석 : '신(呻)'은 '읊조린다〔吟〕'는 뜻이고 '점(佔)'은 '본다〔視〕'는 뜻이다. '간책〔簡〕'을 '필(畢)'이라 한다. '신(訊)'은 '묻는다〔問〕'는 말과 같다. 오늘날의 스승들은 경문의 뜻은 잘 모르면서 그저 간책에 보이는 문장이나 암송하고 대답하기 어려운 질문이나 많이 한다는 말이다. '신(呻)'을 '그리워한다〔慕〕'는 뜻이라고 하기도 하고, '신(訊)'을 '헐뜯는다〔訾〕'는 뜻이라고 하기도 한다.

呻, 吟也, 佔, 視也; 簡謂之畢; 訊猶問也. 言今之師自不曉經之義, 但吟誦其所視簡之文, 多其難問也. 呻或爲慕, 訊或爲訾.

言及于數 : 설명을 할 때에는 그 의미를 우선시하지 않고 걸핏하면 "본받을 점이 있다."라고만 한다.

其發言出說, 不首其義, 動云"有所法象"而已.

왕인지 : '언(言)'을 아래 구에 붙여서 구두를 끊은 것은 '신(訊)'과 '수(誶)'가 통가자임을 몰라서이다. '수언(誶言)'은 '알리는 말〔告語〕'이다.

以言屬下讀, 不知訊與誶通. 誶言猶告語也.[37]

《한서》〈가의전(賈誼傳)〉: 諸侯之地其削頗入漢者, 爲徙其侯國及封其子孫也, 所以數償之.[38]

제후의 토지를 대폭 삭감하여 한나라 조정에 귀속시킨 경우에는 제후국을 옮겨 주고 자손들은 다른 곳에 봉하여 원래의 토지만큼 보상하였다.

안사고 : '야(也)' 자에서 구두를 끊었다.

37 원주 : 《경의술문(經義述聞)》 권32 〈통설 하(通說下)〉에 근거하였다.

38 諸……之 : 저본에서는 구두를 끊지 않고 붙여서 제시하였다. 각 해석가의 주석을 가지고 구두를 잘못 끊게 되는 문제를 설명하였으나, 번역문은 가독성을 높이기 위해 《이십사사전역》(安平秋, 張傳璽 分史主編, 漢語大詞典出版社, 2004)의 〈한서 가의전〉에 근거하여 구두를 끊고 번역하였다.
이 주석에 따르면, 안사고(顏師古)의 경우에는 "諸侯之地其削頗入漢者, 爲徙其侯國及封其子孫也, 所以數償之."로, 심동(沈彤)의 경우에는 "諸侯之地其削頗入漢者, 爲徙其侯國及封其子孫也所, 以數償之."로 구두를 끊었는데, 양수달은 심동의 구두가 옳다고 보았다.

심동(沈彤, 1688-1752) : '야(也)'는 '타(他)'로 써야 한다. 제후가 혹 죄를 지어 쫓겨나게 되면 그 토지가 삭감되어 한나라 조정으로 귀속되는 것이 많았다. 만약 그들이 남은 영토를 가지고 나라를 이루게 되면, 나라가 작아서 그 자손들을 봉할 수도 없기 때문에 그들을 위해 제후국을 옮겨 주고, 그 자손들을 다른 곳에 봉하여 삭감된 만큼 보상하였다. 그러므로 안사고의 주는 틀렸다.

也當作他. 謂諸侯或以罪黜, 其地被削, 多入於漢者. 若因其所存地爲國, 則國小而其子孫亦不得封, 故爲之徙其侯國, 幷封其子孫於他所, 如其被削之數償之也. 顏注誤.

양수달 : 심동의 말이 옳다. '야(也)'와 '타(他)' 두 자는 옛날에 음이 같아서 통가한 글자이니, '타(他)'로 고칠 필요는 없다.

沈說是也. 也、它二字古音同通假, 不必改作 "他".[39]

2) 고운古韻을 잘 몰라서 구두를 잘못 끊은 경우

《한서》 〈고오왕전(高五王傳)〉 : 趙王餓, 乃歌曰 : "諸呂用事兮, 劉氏微; 迫脅王侯兮, 彊授我妃. 我妃旣妬兮, 誣我以惡; 讒女亂國兮, 上曾不寤. 我無忠臣兮, 何故棄國? 自快中野兮, 蒼天與直! 于嗟不可悔兮, 寧早自賊!"[40]

조왕이 굶주림에 노래하였다. "여씨 집안이 권력을 휘두르니 유씨의 힘 미약하고, 왕과 제후 협박하여 강제로 왕비를 정해 주었네. 왕비는 시샘하여 죄 있다고 무고하고, 참소하는 여자가 나라를 어지럽혀도 황제께선 깨닫지 못하시네. 나에게는 충신도 없으니 어찌하여 나라를 버리게 되었는가? 스스로 통쾌하게 들판 가운데서 푸른 하늘에 나의 곧음을 말해 주리! 아아 후회한들 무엇하리, 차라리 일찌감치 자결하리!"

39 원주 : 양수달의 《고서구두석례》에 근거하였다. 아래의 예도 모두 같다.

40 趙……賊 : 저본에서는 구두를 끊지 않고 붙여서 제시하였다. 각 해석가의 주석을 가지고 구두를 잘못 끊게 되는 문제를 설명하였으나, 번역문은 가독성을 높이기 위해 《이십사사전역》(安平秋, 張傳璽 分史主編, 漢語大詞典出版社, 2004)의 〈한서 지리지〉에 근거하여 구두를 끊고 번역하였다. 안사고의 경우 "……我無忠臣兮何故. 棄國自快中野兮, 蒼天與直.……"으로 구두를 끊었다는 말이다.

안사고

我無忠臣兮何故 : 이해할 수 없음을 말한다.

謂不能明白之也.

유반(劉攽, 1023-1089) : '기국(棄國)'은 앞 구에 붙여야 한다.

棄國當屬上句.

양수달 : 유반의 구두가 옳다. 안사고는 아마도 '고(故)'가 앞에 나온 '투(妬)'·'오(惡)'·'오(寤)'와 운이 된다고 생각했겠지만, 이 구절에서의 '고(故)' 자는 운이 될 수 없으며 '국(國)'이 다음에 나오는 '직(直)'·'적(賊)'과 함께 운이 되어야 함을 알지 못하였다.[41]

劉讀是也. 顔意蓋以"故"與上"妬"、"惡"、"寤"爲韻, 不知此句"故"字不當入韻, 而當以"國"與下"直"、"賊"爲韻也.

3) 교감의 문제로 구두를 잘못 끊은 경우

《순자》〈비상(非相)〉 : 故君子之行仁也無厭. 志好之, 行安之, 樂言之, 故言君子必辯.[42]

그러므로 군자는 인(仁)을 실천하는 일에 싫증을 내지 않는다. 진정으로 인을 좋아하고, 편안히 인을 실천하며, 인에 대하여 이야기하기를 즐기기 때문에 군자는 반드시 변설한다고 말한다.

양경(楊倞, ?-?)

故言 : 말하기를 좋아하는 까닭은 이 세 가지 이유 때문이다.

所以好言說, 由此三者也.[43]

왕염손 : 양경의 말은 옳지 않다. '故君子必辯'이 하나의 구로 '고(故)' 다음에는 원래 '언(言)' 자가 없다. 이는 군자가 진정으로 인을 좋아하고, 편안히 인을 실천하

41 국(國)이……못하였다 : 고운(古韻)에서는 모두 '직운(職韻)'에 해당된다.

42 故……辯 : 저본에서는 구두를 끊지 않고 붙여서 제시하였다. 각 해석가의 주석을 가지고 구두를 잘못 끊게 되는 문제를 설명하였으나, 번역문은 가독성을 높이기 위해 왕선겸(王先謙)의 《순자집해(荀子集解)》(上海書店, 諸子集成本)에 근거하여 구두를 끊고 번역하였다.

43 所以好言說, 由此三者也 : 양경(楊倞)의 주석대로라면 '志好之, 行安之, 樂言之, 故言. 君子必辯.'으로 구두가 끊어져야 한다.

며, 인을 애기하기를 즐기기 때문에 변설한다는 말이다. 앞의 글에서 "그러므로 군자가 말을 함에 있어서 진정으로 인을 좋아하고, 편안히 인을 실천하며, 인에 대하여 애기하기를 즐긴다. 그렇기 때문에 군자는 반드시 변설한다."라고 한 것이 그 증거이다. 여기에서 '故言君子必辯'이라고 하였는데 '언(言)' 자는 앞의 글과 연관되어 잘못 덧붙은 것이다. 양경은 '고언(故言)'을 하나의 구로 끊어서 앞의 글을 총결하였으니, '君子必辯' 넉 자는 결국 군더더기가 되어 버렸다.

楊說非也. "故君子必辯"爲一句, "故"下本無"言"字. 此言君子志好之, 行安之, 樂言之, 是以必辯也. 上文云"故君子之於言也, 志好之, 行安之, 樂言之, 故君子必辯", 是其證. 今作 "故言君子必辯", "言"字乃涉上文而衍. 楊斷"故言"爲一句以結上文, 則"君子必辯"四字竟成贅語矣.

양수달 : 왕염손의 말이 옳다.

王說是也.

4) 어휘 훈고의 문제로 구두를 잘못 끊은 경우

《서경》〈강고(康誥)〉: 用康乃心, 顧乃德, 遠乃猷裕, 乃以民寧, 不汝瑕殄.

그대의 마음을 편안케 하고, 그대의 덕을 돌아보고, 그대의 계책을 원대하게 가져서 백성들이 편안해지면 그대를 벌하거나 멸망시키지 않으리라.

공안국(孔安國)[44]

猷 : 이러한 진실된 도리로 그대의 마음을 편안케 하고 그대의 덕을 돌아보아 잘못이 없게 하며, 그대의 계책을 원대하게 가져 장구하게 할 것을 생각하라.

用是誠道安汝心, 顧省汝德, 無令有非; 遠汝謀, 思爲長久.

裕[45] : 관대하게 정사를 펼쳐서 백성을 편안하게 하면 나는 그대를 벌하거나 멸망시키지 않으리라.

行寬政乃以民安, 則我不汝罪過, 不絶亡汝.

44 공안국(孔安國) : 저본에는 '鄭玄'으로 되어 있는데, 《상서정의(尙書正義)》(北京大學出版社, 2000)에 근거하여 바로잡았다.

45 裕 : 저본에는 '猷'로 되어 있는데, 위 자료에 근거하여 바로잡았다.

왕인지 : '遠乃猷裕'를 해석한 사람이 '유(裕)' 자를 다음 구에 붙였는데, 이는 '유(猷)'와 '유(裕)'가 모두 '도'임을 알지 못한 것이다.

"遠乃猷裕", 解者以裕字屬下讀, 不知猷裕皆道也.

양수달 : 왕인지의 말이 옳다. '유(猷)'와 '유(裕)'는 같은 뜻이다. 정현은 '유(猷)'를 '모(謀)'로 풀이하고 '유(裕)'를 '관(寬)'으로 풀이하였는데, 이는 경전(經傳)에서 대등하게 나열된 두 글자는 앞뒤로 같은 뜻임을 몰랐기 때문에 잘못하여 '유(猷)'를 앞 구에 붙이고 '유(裕)'는 다음 구에 붙인 것이다.

王說是. 猷、裕同義. 鄭訓猷爲謀, 訓裕爲寬, 不知經傳平列二字上下同義, 故誤以猷屬上讀, 裕屬下讀.

《서경》〈반경(盤庚)〉: 無弱孤有幼.

어린 사람을 가볍게 여기지 말라.

정현 : 이주시키지 않으면 외롭고 어린 사람들은 해를 입게 되니, 이는 그들을 가벼이 여기는 것이다.

不徙則孤幼受害, 是弱易之.

왕인지 : 〈반경〉의 '無弱孤有幼'를 해석한 사람이 '고(孤)'를 '유유(有幼)'와 붙여서 보았는데 '약고(弱孤)'는 '약과(弱寡)'라는 말과 같으니, 두 글자 모두 가볍게 여긴다는 뜻임을 모른 것이다.

《盤庚》"無弱孤有幼", 解者以"孤有幼"連讀, 不知"弱孤"猶言弱寡, 皆輕忽之義也.

양수달 : 정현의 주는 구두에 대한 언급은 없었으나 주석의 의미대로 읽으면 자연스레 '고(孤)' 앞에서 끊게 된다. 반경편의 대의는 앞에서 이미 설명하였다. 이 문장은 정현의 주에 따르면 '無弱 — 孤有幼〔외롭고 어린 사람을 가볍게 여기지 말라.〕'로 읽어야 하고, 왕인지의 말을 따르면 '無弱孤 — 有幼〔어린 사람을 가볍게 여기지 말라.〕'로 읽어야 한다. 왕인지의 말이 옳다.

鄭注不涉句讀, 而闕讀時自然停頓. 《盤庚》篇大意, 前已說明. 此句按鄭注, 當讀爲"無弱 — 孤有幼", 按王說, 當讀爲"無弱孤 — 有幼."王說是.

《문선》 중 사마천의 〈보임소경서(報任少卿書)〉[46] : 要之死日, 然後是非乃定.

46 원주 : 상무인서관(商務印書館) 《국학총서(國學叢書)》본의 경우이다.

죽을 날이 정해진 뒤에야 시시비비가 가려질 것이다.

양수달 : '요지(要之)'는 쓰임이 대략 '총지(總之)'와 같다. 접속사의 성질을 지닌 다음절(多音節)의 허사로, 앞에 나온 글을 받아서 총결함을 나타낸다. 그러므로 표점은 '要之, 死日然後是非乃定.〔요컨대 내가 죽은 뒤에야 시시비비가 가려질 것이다.〕'이 되어야 한다.

"要之", 用法略同於"總之", 爲連詞性復音虛詞, 表示承接幷總結上文. 應標點爲"要之, 死日然後是非乃定".

2 고문화에 대한 지식의 한계로 구두를 잘못 끊은 경우

《한서》〈지리지〉: 戶, 十四萬七百六十一; 口, 六十四萬二千八百八十四. 縣十四: 東平陵, 鄒平, 臺, 梁鄒…….[47]

가구수는 14만 761호요, 인구는 64만 2884명이다. 14개 현이니 동평릉, 추평, 대, 양추……이다.

'縣十四' 이하 현(縣) 이름에 대한 구두를, 청 이전에는 '추(鄒)'를 하나의 구로 하고 '평대(平臺)'를 하나의 구로 했는데, 하나의 구가 바로 하나의 현이 된다.

고염무(顧炎武, 1613-1682)는 《일지록(日知錄)》 권31[48]에서 다음과 같이 고변(考辨)하였다.

47 戶……鄒 : 저본에서는 구두를 끊지 않고 '戶, 十四萬七百六十一; 口, 六十四万二千八百八十四. 縣十四 : 東平陵鄒平臺梁鄒……'와 같이 현 이름을 붙여서 제시하고 각 해석가의 주석을 가지고 구두를 잘못 끊게 되는 문제를 설명하였다. 번역문은 가독성을 높이기 위해 《이십사사전역》(安平秋, 張傳璽 分史主編, 漢語大詞典出版社, 2004)의 〈한서 지리지〉에 근거하여 구두를 끊고 번역하였다.

48 권31 : 저본에는 '卷三十'으로 되어 있는데, 《일지록(日知錄)》에 근거하여 바로잡았다.

《한서》에 "제남군의 14현은 첫째, 동평릉현, 둘째, 추평현, 셋째, 대현, 넷째, 양추현……"이라고 하였는데, 후세 사람들이 《한서》를 읽을 때 잘못하여 '추(鄒)' 자에서 구를 끊었다. 그리하여 추현과 평대현을 각각 하나의 현으로 여기게 되었다. 급기야 《제승》에서는 한나라 제남군에 추현이 있었는데 후한 때 추평현으로 고쳤다고 하고, 또 대현과 평대현을 두 현으로 보기도 하였으니, 이는 제대로 구두를 파악하지 못하여 제멋대로 한 말이다.

《漢書》濟南郡之縣十四; 一曰東平陵; 二曰鄒平; 三曰臺; 四曰梁鄒……後人讀《漢書》, 誤從"鄒"字絶句, 因以"鄒"爲一縣, "平臺"爲一縣. 《齊乘》遂謂漢濟南郡有鄒縣, 後漢改爲"鄒平", 又以"臺", "平臺"爲二縣, 此不得其句讀而妄爲之說也.

《사기》〈진시황본기(秦始皇本紀)〉: 彗星復見西方十六日. 夏太后死.
혜성이 다시 16일 동안 서쪽에 나타났다. 하 태후가 죽었다.

《사기회주고증(史記會注考證)》에서는 "彗星復見西方. 十六日, 夏太后死.〔혜성이 다시 서쪽에 나타났다. 16일에 하 태후가 죽었다.〕"로 구를 끊었다.

《사기》에서는 일반적으로 간지를 사용하여 날짜를 기록하였다. "十六日, 夏太后死."라고 한 것은, '십육일(十六日)'을 한 달 중의 하루로 본 것이다. 그러나 《사기》의 원래 뜻은 혜성이 서쪽에 다시 나타난 기간을 가리키는 것이지 하 태후가 죽은 날을 가리킨 것은 아니다. 약간의 예외는 있지만, 《사기》에서 숫자와 '일(日)' 자를 이어서 쓰는 경우는 기간을 말하는 것이다. 《사기회주고증》에서는 중국 고대의 날짜 표기 규칙〔紀日制度〕을 잘 파악하지 못하여 구두를 잘못 끊은 것이다.

《역대직관표(歷代職官表)》 권23에 인용된《산당고색(山堂考索)》: 凡他官入院, 未除學士, 謂之直院. 學士俱闕, 他官暫行院中文書, 謂之權直.

다른 관서에서 한림원으로 들어와 학사로 제수되지 못한 이를 '직원(直院)'이라 한다. 학사 자리가 모두 결원이 되면 다른 관원이 임시로 한림원의 조령 초안을 작성하는 일을 수행하는데 이를 '권직(權直)'이라 한다.

《총서집성(叢書集成)》본《역대직관표(歷代職官表)》: 凡他官入院未除學士, 謂之直院學士. 俱闕他官暫行院中文書, 謂之權直.

다른 관서에서 한림원으로 들어와 학사로 제수되지 못한 이를 '직원학사(直院學士)'라 한다. 모두 결원이 되면 다른 관원이 임시로 한림원의 조령 초안을 작성하는 일을 수행하는데 이를 '권직(權直)'이라 한다.

이 구절의 내용은 송대(宋代) 한림원(翰林院)의 일을 말한 것이다. 송대에는 '직원학사'라는 명칭이 없었다. 이른바 '직원'은 한림학사에 임명되지 않은 관원이 한림원에 들어온 자를 가리킨다. 한림학사에 결원이 생겼을 때 그들이 문서[49]를 다루는 직무를 임시로 수행하였는데 이를 '권직(權直)'이라고 하였다.《총서집성》의 구두는 송대 한림원의 관제를 몰라서 오류를 범한 것이다.

고서에서 구두를 잘못 끊게 되는 원인을 더 세밀하게 분석할 수도 있다. 그러나 고대 한어 어법과 수사(修辭) 방면의 요소는 여기에서 더 논의하지 않았다. 또한 명물(名物)·전장 제도(典章制度)와 역사적 사실 방면의 요소에서도 더 상세히 분석하지 않았다. 우리는 구두를 잘못 끊게 되는 데에 여러 방면의 원인이 있음을 이미 알았으니 그러한 오류를 범하지 않기 위해 노

49 원주: 조령의 초안 작성이다.

력해야 한다. 오류를 일으키는 주요 원인을 알면 구두의 규칙을 어느 정도 알 수 있게 된다. 이제부터는 구두보다 훨씬 광범위한 문제에 대해 논의하고자 한다.

제4절 고서 정리에서 표점 부호의 사용

1 현대 고서 정리에 사용되는 표점 부호

구두에서 논의한 것은 단지 '구두를 끊는 것〔斷句〕'에 불과하였다. 그러나 고적을 정리하고 고서를 주석한다는 측면에서 보면 구두를 잘 끊는 것만으로는 충분하지 않다. 문장을 중간에서 끊는 부호는 두호(逗號) 하나만이 아니고, 문장의 끝을 표시하는 부호도 구호(句號) 하나만이 아니다. 현대에 사용되는 표점 부호는 두호나 구호 외에도 매우 많다. 예를 들면 다음과 같다.

> 自《風》、《雅》寢聲，莫或抽緖；奇文鬱起，其《離騷》哉！固已軒翥詩人之後，奮飛辭家之前；豈去聖之未遠，而楚人之多才乎？
>
> 昔漢武愛《騷》，而淮南作《傳》，以爲："《國風》好色而不淫，《小雅》怨誹而不亂，若《離騷》者，可謂兼之；蟬蛻穢濁之中，浮游塵埃之外，皭然涅而不緇，雖與日月爭光可也."
>
> 班固以爲：露才揚己，忿懟沈江；羿、澆、二姚，與《左氏》不合；昆侖、懸圃，非經義所載．然其文辭麗雅，爲詞賦之宗，雖非明哲，可謂妙才．
>
> 王逸以爲：詩人提耳，屈原婉順．《離騷》之文，依經立義；駟虯、乘翳，則時乘六龍；昆侖、流沙，則《禹貢》敷土；名儒辭賦，莫不擬其儀表；所謂"金相玉質，百世無匹"者也．
>
> 及漢宣嗟嘆，以爲皆合經術；揚雄諷味，亦言體同《詩·雅》．四家擧以方經，而孟堅謂不合傳．褒貶任聲，抑揚過實，可謂鑒而弗精，玩而未覈者也．

將覈其論，必徵言焉．故其陳堯、舜之耿介，稱湯、武之祗敬：典誥之體也．譏桀、紂之猖披，傷羿、澆之顚隕：規諷之旨也．虯龍以喩君子，雲蜺以譬讒邪：比興之義也．每一顧而掩涕，嘆君門之九重：忠怨之辭也．觀玆四事，同於《風》、《雅》者也．至於托雲龍，說迂怪，豐隆求宓妃，鴆鳥媒娀女：詭異之辭也．康回傾地，夷羿彈日，木夫九首，土伯三目：譎怪之談也．依彭咸之遺則，從子胥以自適：狷狹之志也．士女雜坐，亂而不分，指以爲樂，娛酒不廢，沈湎日夜[50] 擧以爲歡：荒淫之意也．摘此四事，異乎經典者也．

故論其典誥則如彼，語其夸誕則如此．固知《楚辭》者，體慢於三代，而風雅於戰國[51]；乃《雅》、《頌》之博徒，而詞賦之英傑也．（下略）

《시경》의 〈풍〉과 〈아〉의 노랫소리가 점점 그친 뒤로 그것을 계승한 사람이 없었다.[52] 그러다가 갑자기 훌륭한 작품이 찬란하게 탄생하였으니, 그것이 바로 〈이소〉이다.[53] 《시경》 작가의 뒤를 이어 높이 날아올랐으

50 亂而不分……沈湎日夜：저본에는 없는데, 《문심조룡》에 근거하여 보충하였다.

51 體慢於三代，而風雅於戰國：당사본(唐寫本)에는 '慢'과 '雅'가 '憲'과 '雜'으로 되어 있다. 전체적인 문맥으로 볼 때 당사본의 글자가 타당하므로 본 역주에서는 당사본을 따라 번역하였다. 범문란(范文瀾)의 《문심조룡주》에서도 "'體慢'과 '風雅'는 당사본을 따라 '體憲'과 '風雜'으로 고쳐야 한다."라고 하였다.

52 풍과……없었다：원문은 '自《風》、《雅》寢聲，莫或抽緖'이다. 반고(班固)의 〈양도부서(兩都賦序)〉에 "옛적 주나라 성왕과 강왕이 죽자 송(頌)의 음악이 그쳤다.〔昔成康沒而頌聲寢.〕"라고 하였다. 《한서》 〈예악지(禮樂志)〉에 "한나라에서는 경전이 그치고 지어지지 않았다.〔漢典寢而不著.〕"라고 하였는데, '寢'은 '그치다'는 뜻이다. '抽緖'는 실을 뽑는다는 뜻인데, 여기서는 '뒤를 이어 계속해서 지어지다'는 의미로 쓰였다.

53 갑자기……이소이다：원문은 '奇文鬱起，其《離騷》哉'이다. '奇'는 여기서 '진귀하고 진부하지 않으며 새롭고 뛰어나다'는 의미로 쓰였다. '奇文'은 '독창적이면서도 뛰어난 글'을 의미한다. 유협은 《문심조룡》에서 '奇'를 '독창적이고 뛰어나다'는 긍정적인 의미로 쓰기도 하고 '괴이하고 사특하다'는 부정적인 의미로 쓰기도 한다. 여기서는 굴원의 〈이소〉의 특징과 장점을 칭찬하는 긍정적인 의미로 '奇'를 사용하고 있다. '鬱'은 '사물이 왕성한 모양'을 뜻한다. 굴원은 이름이 평(平)으로, 초나라 왕실과 동성이다. 초나라의 좌

며 사부가(辭賦家)보다 앞서서 힘차게 날아올랐으니[54] 아마 굴원(屈原, 기원전 340?-기원전 278)이 살았던 시대가 성인의 시대와 그다지 멀리 떨어져 있지 않았고, 초나라 사람이 재주가 많았기 때문일 것이다.

옛날에 한 무제(漢武帝, 기원전 156-기원전 87)는 〈이소〉를 몹시 좋아하여 회남왕(淮南王) 유안(劉安)에게 〈이소전〉을 짓게 하였는데, 그 글에서 유안은 이렇게 말하였다. "〈국풍〉은 연정을 노래하였으나 지나치지 않았고, 〈소아〉는 위정자를 원망하고 비난하였으나 질서를 어지럽히지는 않았다. 〈이소〉는 이 둘의 장점을 겸비하였다고 할 수 있다. 이것은 마치 매미가 지저분한 흙 속에서 허물을 벗고 나온 것처럼 먼지와 티끌로 얼룩진 세상에서 홀로 맑고 밝아 아무리 물들여도 검게 물들지 않으니 해와 달과 함께 빛을 다투어도 좋을 것이다."

한편 반고(班固, 32-92)는 이렇게 평하였다. "굴원(屈原)은 자신의 화려한 재능을 드러내어 스스로 뽐냈으며 원망과 분노의 마음을 품고 강물에 몸을 던져 죽었다. 〈이소〉에 나오는 후예(后羿)[55]나 과요(過

도(左徒)가 되었는데 왕이 매우 그를 신임했다. 상관 대부(上官大夫)가 그를 참소하자, 왕이 노하여 굴원을 멀리하였다. 이로 인해 근심과 슬픔에 빠져 〈이소〉를 지었는데, 후세 사람들이 이를 〈이소경(離騷經)〉이라고 불렀다. 이 외에 〈구가(九歌)〉·〈천문(天問)〉·〈구장(九章)〉·〈원유(遠遊)〉·〈복거(卜居)〉·〈어부(漁父)〉 등 여러 편을 지었다. 왕일(王逸)은 〈이소서(離騷序)〉에서 "'離'는 헤어짐을 말한다. '騷'는 수심에 싸인다는 뜻이다. 자신이 쫓겨나 헤어지게 되자 마음에 수심이 가득한 것을 말한 것이다. 〔離, 別也. 騷, 愁也. 言己放逐離別, 中心愁思.〕"라고 하였다. 《史記 卷84 屈原列傳》

54 시경……날아올랐으니 : 원문은 '軒翥詩人之後, 奮飛辭家之前.'이다. '軒翥'는 높이 나는 것을 뜻한다. '奮飛'는 힘차게 날갯짓을 하며 날아오르는 것을 뜻한다. 여기서는 모두 적극적인 창작활동을 비유한 것이라고 할 수 있다. '詩人'은 《시경》을 지은 이들을 말하며, '辭家'는 후대의 사부(辭賦) 작가들을 말한다.

55 후예(后羿) : 태고 때 유궁국(有窮國)의 군주이다. 하(夏)나라의 태강(太康)을 폐하고 제위를 찬탈하였으나 사냥을 지나치게 좋아하여 정무를 돌보지 않다가 한착(寒浞)에게 죽음을 당하였다. 한착은 예의 아내를 자신의 아내로 삼았는데 그들 둘 사이에서 난 아들이 바로 요(澆)이다. 그는 하나라의 소강(少康)에게 죽음을 당하였다.

澆)[56]와 이요(二姚)[57]에 관한 고사의 내용은 《좌전》의 기록과 합치되지 않으며, 곤륜(昆侖)이니 현포(懸圃)[58]니 하는 허무맹랑한 것도 전혀 경서에 실려 있지 않다. 그런데도 문장 표현상의 아름다움과 우아함은 사부가들의 모범이 되었으니, 명철한 사람은 아니지만 재주가 뛰어나다고는 할 수 있다."[59]

왕일(王逸, 89?-158?)은 이렇게 평하였다. "《시경》 작가는 귀를 잡아당겨 말해 주듯이 간절하게 표현하였지만, 굴원은 그에 비해 원망의 감정 표현이 훨씬 부드러웠다. 〈이소〉는 경서를 바탕으로 이루어졌다. '규룡에게 수레를 끌게 하고〔駟虯〕' '봉황에 올라탄다.〔乘鷖〕'라는 말은 '때때로 여섯 마리의 용으로 수레를 끌게 한다.〔時乘六龍.〕'[60]라는 《주역》의 내용을 근거로 한 것이며, '곤륜'이니 '유사(流沙)'니 하는 말은 《서경》 〈우공〉에 나오는 '토지를 다스리다.〔敷土〕'의 내용에 근거한 것이다.[61] 그리하여 후대의 저명한 문장가들이 사를 지으면서 굴원의 작품을 모범으로 삼지 않은 것이 없으니, 이른바 '백세동안 그 누구도 필적할 수 없는 금이나 옥과 같이 훌륭한 작품〔金相玉質, 百世無匹〕'인 것이다."

56 과요(過澆) : 한착의 아들로, 과(過)라고 하는 땅에 봉해져 '과요(過澆)'라고 불린다. 하제(夏帝) 상(相)을 멸하였으나 후에 상(相)의 아들 소강(少康)에게 멸망당하였다.

57 이요(二姚) : 하대(夏代) 유우국(有虞國)의 국군(國君) 유우씨(有虞氏)의 두 딸이다. 과요(過澆)가 상(相)을 멸한 뒤 상의 아들 소강(少康)이 유우국으로 도피하였는데 유우군(有虞君)이 두 딸을 소강에게 시집보냈다. '요(姚)'는 그의 성(姓)이다.

58 현포(懸圃) : 곤륜산(崑崙山) 꼭대기에 있다는 거대한 꽃밭으로, 신선들이 사는 곳이다.

59 굴원(屈原)은……있다 : 저본에서는 원문을 그대로 인용한 것이 아니라 반고의 대체적인 의도를 설명한 것이라 모호(冒號)만 사용했으나 번역문에서는 가독성을 높이기 위해 인호(引號)를 사용하였다. 아래 왕일(王逸)이 평론한 경우도 마찬가지다.

60 때때로……한다 : 《주역》 〈건괘(乾卦) 단(彖)〉에 나오는 "時乘六龍以御天"을 말한다.

61 토지를……것이다 : 《서경》 〈우공(禹貢)〉에 구주(九州)로 하천과 토지를 나누어 다스린 내용이 나오는데 이 부분에 곤륜(昆侖)과 유사(流沙)에 대한 언급이 있다.

급기야 한 선제(漢宣帝, 기원전 91-기원전 49)는 〈이소〉에 감탄하여 모든 부분이 경서와 부합한다고 하였고, 양웅(揚雄, 기원전 53-기원전 18)은 그것들을 읊조려 보고는 그 체제가 《시경》의 〈아〉와 일치한다고도 하였다.

이상에서와 같이 네 사람은 〈이소〉가 경서와 부합한다고 보았고, 반고는 《좌전》과 합치되지 않는다고 보았다. 그들은 모두 〈이소〉에 대하여 주관적이고 실제보다 지나치게 평가하였으니, 감식은 하였으나 정밀하지 못하며 감상은 하였으나 제대로 하지 못했다고 할 수 있다. 따라서 〈이소〉에 대한 기존의 평론을 제대로 고찰하기 위해서는 원문을 가지고 증명해야 한다.

〈이소〉에서 요(堯)와 순(舜)의 광명정대함을 진술[62]하고 탕왕(湯王)과 무왕(武王)의 하늘에 대한 공경을 칭송한 것[63]은 《서경》의 〈전(典)〉과 〈고(誥)〉의 체제와 부합한다. 걸(桀)과 주(紂)의 방자함과 사악함을 비난한 것[64]이나 후예(后羿)와 과요(過澆)의 몰락을 애석해한 것[65]은 《시경》의 권계와 풍자의 취지와 부합한다. 규룡으로 군자를

62 요(堯)와……진술 : 《초사》 〈이소〉에 "저 요순의 빛나는 덕행이여, 이미 도리를 좇아 제 길을 얻었도다.〔彼堯舜之耿介兮, 旣遵道而得路.〕"라는 내용이 있다.

63 탕왕(湯王)과……것 : 저본의 '湯武'가 《초사》 〈이소〉 원문에는 '湯禹'로 되어 있다. 〈이소〉에 "탕왕과 우왕은 존엄하고 공경하였노라, 주나라는 도를 논하고 어긋남이 없도다.〔湯禹儼而祗敬兮, 周論道而莫差.〕"라는 내용이 있다.

64 걸(桀)과……것 : 《초사》 〈이소〉에 "어찌 걸왕과 주왕의 창피스러운 행동은 오직 지름길로만 허둥대는가?〔何桀紂之猖披兮, 夫唯捷徑以窘步.〕"라는 내용이 있다.

65 후예(后羿)와……것 : 《초사》 〈이소〉에 "후예는 방탕하여 돌아다니며 사냥에 빠지고 활쏘기도 좋아하여 여우만 기르네. 본래 음란한 기풍은 좋은 결과 드무니 한착이 또 그의 아내를 탐하였네.〔羿淫游以佚田兮, 又好射夫封豬. 固亂流其鮮終兮, 浞又貪夫厥家.〕"라는 내용과 "과요는 몸이 굳세고 힘이 장사로다. 제멋대로 방종하고 참을 줄을 몰랐네. 날마다 즐기면서 자신마저 잊었노라. 그러다 그의 목 달아났네.〔澆身被服强圉兮, 縱欲而不忍. 日康娛而自忘兮, 厥首用夫顚隕.〕"라는 내용이 있다.

비유[66]하고 구름과 무지개로 간신을 비유한 것[67]은 《시경》의 비(比)와 흥(興)의 표현 방법과 부합한다. 궁궐을 향하여 고개를 돌릴 때마다 흘러내리는 눈물을 닦는다[68]거나 군왕이 계신 궁궐의 문이 아홉 겹이나 된다고 탄식한 것[69]은 《시경》에 나오는 충성과 원망의 말과 부합한다. 이 네 경우를 살펴보면 그것들은 《시경》의 〈풍〉·〈아〉와 일치한다.

그러나 용과 구름에 의탁[70]하여 말이 터무니없고 괴이하며, 구름의 신인 풍륭(豐隆)에게 낙수(洛水)의 신인 복비(宓妃)를 찾게 하고,[71] 유융(有娀)의 딸에게 짐조(鴆鳥)를 보내 구혼하게 하였다[72]는 식의 진술들은 실로 괴이한 말이다. 강회(康回)가 하늘을 떠받치고 있는 기둥

66 규룡으로 군자를 비유 : 《초사》 〈이소〉에 "네 마리 흰 규룡이 끄는 봉황 수레를 타고, 갑자기 부는 회오리바람에 나는 하늘로 올라간다.〔駟玉虯以椉鷖兮, 溘埃風余上征.〕"라는 내용이 있다.

67 구름과……것 : 원문은 '雲蜺以譬讒邪'이다. 《초사》 〈이소〉에 "회오리바람은 불어 모였다가 흩어지고, 구름과 무지개를 맞이해 이끌어 온다.〔飄風屯其相離兮, 帥雲霓而來御.〕"라는 내용이 있는데, '雲霓'는 '나쁜 기운'으로 바르지 못한 사람을 비유하는 말이다.

68 궁궐을……닦는다 : 《초사》 〈구장(九章) 애영(哀郢)〉에 "큰 가래나무를 바라보며 크게 탄식하니, 흐르는 눈물이 싸라기눈처럼 내리는구나. 하수의 어구를 지나서 서쪽으로 떠나며, 용문을 돌아보니 보이지 않는다.〔望長楸而太息兮, 涕淫淫其若霰. 過夏首而西浮兮, 顧龍門而不見.〕"라는 내용이 있다.

69 군왕이……것 : 《초사》 〈구변(九辯) 송옥(宋玉)〉에 "어찌 가슴 치며 임금 생각 않겠는가마는, 군왕 계신 곳은 구중궁궐이라네.〔豈不鬱陶而思君兮? 君之門以九重.〕"라는 내용이 있다.

70 용과 구름에 의탁 : 《초사》 〈이소〉에 "꿈틀거리는 여덟 용을 몰고, 휘날리는 구름 깃발 꽂고 가네.〔駕八龍之婉婉兮, 載雲旗之委蛇.〕"라는 내용이 있다.

71 구름의……하고 : 《초사》 〈이소〉에 "풍륭에게 구름을 타고 복비가 있는 곳을 찾아가라 했네.〔吾令豐隆乘雲兮, 求宓妃之所在.〕"라는 내용이 있다. 복비(宓妃)는 복희씨의 딸로, 낙수(洛水)에 빠져 죽어 그곳의 여신이 되었다고 한다.

72 유융(有娀)의……하였다 : 《초사》 〈이소〉에 "높이 솟은 요대를 바라보니 유융의 딸 보이네. 짐새를 중매로 삼았는데 짐새는 나에게 좋지 않다 말해 주네.〔望瑤臺之偃蹇兮, 見有娀之佚女. 吾令鴆爲媒兮, 鴆告余以不好.〕"라는 내용이 있다.

을 넘어뜨려 하늘과 땅의 균형이 무너지게 하였고,[73] 후예가 화살을 쏘아 아홉 개의 태양을 떨어뜨렸다[74]는 〈천문〉의 진술이나 아홉 개의 머리를 가진 거인[75]이니 세 개의 눈이 달린 땅의 신[76]이니 하는 〈초혼〉의 설명 역시 모두 기이하고도 괴상한 말들이다. 〈이소〉에서 은대의 대부인 팽함(彭咸)이 강물에 몸을 던진 것을 모범으로 여긴 것[77]과 〈구장〉에서 오자서(伍子胥)의 예를 좇으면서 스스로 만족한 것[78]은 매우 편협한 생각이다. 그리고 〈초혼〉에서 남녀가 섞여 앉아 어지러이 분별없음을 가리켜 즐거운 일이라 한 것과 끝없이 즐기면서 밤낮으로 술에 빠져 있는 것을 들어 환락이라 한 것은 거칠고 음란한 생각이다. 이상에서 지적한 네 경우는 경전과 합치되지 않는 것들이다.

73 강회(康回)가……하였고 : 강회는 기주(冀州) 지방에 출현했던 괴인(怪人)으로, 머리는 구리이고 이마는 쇠로 되어 있으며, 붉은 색을 띠는 뱀과 같은 형상이다. 역사서에서는 공공씨(共工氏)라고도 부른다. 《초사》〈천문(天問)〉에 "강회가 불같이 화가 났을 때 대지는 왜 동남쪽으로 기울었는가?〔康回馮怒, 地何故以東南傾?〕"라는 내용이 있다.

74 후예가……떨어뜨렸다 : 《초사》〈천문〉에 "예는 어째서 해를 쏘았으며, 까마귀는 어디에 깃을 떨어뜨렸나?〔羿焉彃日, 烏焉解羽?〕"라는 내용이 있다.

75 아홉……거인 : 《초사》〈초혼(招魂)〉에 "아홉 개의 머리를 가진 사내가 9천 그루의 나무를 뽑는다.〔一夫九首, 拔木九千些.〕"라는 내용이 있다.

76 세 개의……신 : 《초사》〈초혼〉에 "토백(土伯)의 구약(九約)……눈이 세 개이고 호랑이의 머리를 지녔다.〔土伯九約……參目虎首.〕"라는 내용이 있다.

77 은대의……것 : 팽함(彭咸)은 《초사》에 여러 차례 등장한다. 그러나 선진(先秦) 시대의 다른 글에서는 그와 관련된 내용이 보이지 않는다. 왕일(王逸)의 《초사장구(楚辭章句)》에 "팽함은 은(殷)나라의 어진 대부(大夫)이다. 임금에게 간언하였으나 그것이 받아들여지지 않자 강에 몸을 던져 스스로 목숨을 끊었다.〔彭咸, 殷賢大夫. 諫其君不聽, 自投水而死.〕"라고 하였으나 근거를 분명히 밝히지 않았다. 《초사》〈이소〉에 "요즈음 사람에게는 맞지 않아도 팽함이 남긴 법도를 따르리라.〔雖不周於今之人兮, 願依彭咸之遺則.〕"라는 내용이 있다.

78 오자서(伍子胥)의……것 : 오자서는 춘추 시대 초나라 사람으로 오나라 왕 부차(夫差)를 도와 월나라를 공격하여 이겼으나 후에 모함을 받아 부차가 자결을 강요하자 자결하였다. 《초사》〈구장 비회풍(悲回風)〉에 "오자서를 따라서 스스로 만족하리라.〔從子胥而自適.〕"라는 내용이 있다.

그러므로 경서와 부합하는 측면을 논하자면 앞의 네 가지와 같고 과장되고 황당한 측면을 말하자면 나중에 말한 네 가지와 같다. 이렇듯 《초사》는 체제에 있어서는 하, 은, 주 삼대의 경전을 모범으로 하였으나 그 기풍에 있어서는 전국 시대의 것이 뒤섞여 있음을 알 수 있으니 그것이 〈아〉·〈송〉보다는 수준이 떨어지나 사부의 영역보다는 뛰어난 작품임을 알 수 있다.[79] (이하 생략)

이상은 유협(劉勰, 465?-520)의 《문심조룡(文心雕龍)》〈변소(辨騷)〉에서 두 단락을 뽑고 표점을 붙인 것으로,[80] 현대 표점 부호를 이용하여 고서에 표점을 단 일례(一例)이다.

현대 표점 부호에는 모두 16가지가 있는데, 다음과 같다.

1. 구호(句號)〔。〕: 한 문장이 완전히 끝난 뒤의 휴지(休止)를 나타낸다.
2. 두호(逗號)〔,〕: 한 문장 중간의 휴지를 나타낸다.
3. 돈호(頓號)〔、〕: 문장 안에서 병렬되는 어휘나 구 사이의 휴지를 나타낸다.
4. 분호(分號)〔;〕: 한 문장 안에서 병렬된 문장 사이의 휴지를 나타낸다.
5. 모호(冒號)〔:〕: 다음 문장을 제시하는 데 사용한다.
6. 문호(問號)〔?〕: 의문문의 뒤에 사용한다.
7. 감탄호(感嘆號)〔!〕: 강렬한 감정을 표시하며, '감정호(感情號)' 또는 '경탄호(驚嘆號)'라고도 한다.
8. 인호(引號)〔" " ' '『 』「 」〕
   ① 인용한 부분을 표시한다.

79 시경의 풍과… …있다 : 번역과 주석은 《문심조룡》(최동호 역, 민음사, 1991)을 참고하여 수정하고 보완하였다.

80 원주 : 육간여(陸侃如), 모세금(牟世金)의 《문심조룡역주(文心雕龍譯注)》본의 표점을 이용하였고, 전명호(專名號)는 《주석학개론》에서 붙인 것이다.

② 특정한 칭호 혹은 특별히 강조할 필요가 있는 부분을 표시한다.

③ 풍자나 부정의 의미를 표시한다.

“ ”『 』는 쌍인호(雙引號)라고 하고, ‘ ’「 」는 단인호(單引號)라고 한다. “ ”‘ ’는 가로쓰기에 사용하고, 『 』「 」는 세로쓰기에 사용한다. 그러나 하나의 인용 부호만 필요할 때에는 가로쓰기에는 “ ”를 사용하고, 세로쓰기에는 『 』나 「 」 어느 것을 써도 무방하다. 인용 부호 속에 또 인용 부호를 거듭 쓸 때에는[81] 일반적으로 쌍인호를 밖에 쓰고 단인호를 안에 쓰는데, 세로쓰기의 경우에는 단인호를 밖에 쓰기도 한다.

9. 괄호(括號)〔( )〕: 문장 속의 주석 부분을 표시한다. 주석 안에 또 다른 주석이 있으면 괄호 안에 다시 괄호를 넣는다. 즉 (( ))의 형태가 된다. 흔히 볼 수 있는 괄호에는 〔 〕[ ]도 있는데, 원문을 교감하여 글자를 보충하거나 오자를 정정할 때에는 모두 〔 〕를 사용한다.

이 밖에 모종(某種)의 표시를 나타내기 위해 〔 〕를 사용하기도 한다.

10. 생략호(省略號)〔……〕: 문장 속에 생략된 부분을 표시한다. 두 칸을 차지한다. 생략호 앞뒤로는 표점 부호를 덧붙이지 않는다. 고서의 표점에 일반적으로 생략호는 사용하지 않는다.

11. 파절호(破折號)〔 — 〕: 두 칸을 차지한다.

① 다음 글이 주석의 성격을 갖는 부분이라는 것을 표시하며 괄호의 역할을 한다.

② 생각의 점층성을 표시한다.

③ 생각의 전환을 나타낸다.

12. 연접호(連接號)〔－〕: 시간·지점·숫자 등의 처음과 끝 또는 서로 관련된 사람이나 사물이 상호 관련되어 있음을 표시한다. 고서의 표점에

81 인용 부호 속에……때에는 : 저본에는 ‘引號中不用引號時’로 되어 있는데, 의미가 통하지 않아 앞뒤 문맥을 살펴 ‘不’을 ‘再’로 바로잡아 번역하였다.

는 일반적으로 사용하지 않는다.

13. 전명호(專名號)〔＿〕: 가로쓰기에서는 글자 아래에 사용하고, 세로쓰기에서는 글자의 오른쪽이나 왼쪽에 사용한다. 문장 속의 인명, 지명, 단체명 등을 표시한다. 부호의 길이는 명칭의 길이만큼 표시한다. 오늘날에는 고서 정리와 주석에 이 부호를 사용하는 경우[82]도 있고, 사용하지 않는 경우도 있다. 예를 들면 앞에서 예로 든 《문심조룡》에는 사용되지 않았고, 양백준(楊伯峻)의 《논어역주》·《맹자역주》에는 사용되었다.

14. 서명호(書名號)〔《 》〈 〉 또는 ～～～ 〕: 문장 속의 서명이나 편명 등을 표시한다. 고서의 주석에는 '～～～'를 많이 사용한다. 서명이나 편명 속에 다시 서명이나 편명이 있을 경우에는 《〈 〉》와 같이 사용한다.

15. 간격호(間隔號)〔·〕

① 달과 날짜의 구분을 표시한다.

② 어떤 민족명과 인명 사이의 경계를 표시한다.

③ 서명과 편명을 《 》 안에 함께 써넣을 때 서명과 편명 사이에 "·"를 사용하여 표시한다. 만일 '～～～'를 사용하려면 서명과 편명 사이에 간격을 두어 '～～～ ～～～'로 나타낸다.

16. 착중호(着重號)〔●〕: 글자 아래 또는 오른쪽에 사용한다. 글 속에서 특별히 중요한 부분을 표시한다. 고서의 표점에는 일반적으로 사용하지 않는다.

고서의 표점에는 일반적으로 구호(句號)·두호(逗號)[83]·돈호(頓號)·분호

82 원주 : 예컨대 중화서국(中華書局) 표점본 이십사사(二十四史)를 들 수 있다.

83 두호(逗號) : 저본에는 '逗句'로 되어 있는데, 앞뒤 문맥에 근거하여 '句'를 '號'로 바로잡아 번역하였다.

(分號)·모호(冒號)·문호(問號)·감탄호(感嘆號)·인호(引號)·괄호(括號)·전명호(專名號)·서명호(書名號)[84] 11가지를 사용한다. 앞에서 든《문심조룡》〈변소〉의 예는 11가지 표점 부호를 모두 사용한 하나의 전형이다.

2 고서 정리에 표점 부호를 사용하는 데 있어서의 몇 가지 문제

1) 같은 문장인데 표점 부호가 다르게 사용된 문제

같은 문장에 대해 사람마다 다른 표점을 찍을 수 있다. 이런 현상은 매우 보편적인 것으로, 아무거나 손에 잡히는 대로 글을 한 편 본다고 하자. 여기에 둘 또는 그 이상의 판본이 있기라도 하면 반드시 서로 간에 표점이 다 같지는 않게 된다.

《문심조룡》〈변소〉 한 편을 예로 들어 보겠다.[85]

	원문	《문심조룡역주》	《문심조룡주》
1	自風雅寢聲，莫或抽緒[86]	自《風》、《雅》寢聲，莫或抽緒；	自風雅寢聲，莫或抽緒，
2	豈去聖之未遠，而楚人之多才乎[87]	豈去聖之未遠，而楚人之多才乎？	豈去聖之未遠，而楚人之多才乎！
3	以爲國風好色而不淫，小雅怨誹而不亂[88]	以爲《國風》好色而不淫，《小雅》怨誹而不亂，	以爲國風好色而不淫，小雅怨誹而不亂。
4	若離騷者，可謂兼之[89]	若《離騷》者，可謂兼之；	若離騷者，可謂兼之。
5	以爲國風……與日月爭光可也[90]	以爲："《國風》……與日月爭光可也。"	以爲國風……與日月爭光可也。
6	以爲國風……與日月爭光可也[91]	以爲："《國風》……與日月爭光可也。"	以爲國風……與日月爭光可也。
	서명호	사용함	사용 안함

84 원주 : 어떤 경우에는 간격호를 포함한다.

85 문심조룡 변소……보겠다 : 이해를 쉽게 하기 위하여 서술형의 문장을 간단히 도표로 만

104자뿐인 이 단락에 모두 18곳에만 구두를 끊었는데, 여기에 사용된 표점 부호가 서로 다른 곳이 일곱 군데나 된다. 그중에 서명호·모호·인호의 사용 방법은 주석가 사이에서 차이가 있을 수 있지만 기타 표점 부호의 차이가 지나치게 큰 것은 정상적이라고 할 수 없다.

예를 들어 '豈去聖之未遠, 而楚人之多才乎?'의 '기(豈)'는 조사로, 반문을 나타내는데 '어찌〔哪裏〕', '어떻게〔如何〕', '어찌〔怎麼〕', 혹은 '설마〔難道〕'[92]의 뜻이 있다. '豈……乎'에 감탄호를 써도 틀린 것은 아니지만 문호를 쓰는 것만 못하다.

육간여(陸侃如)와 모세금(牟世金)의 《문심조룡역주》에는 분호 사용이 비교적 많은데, 범문란(范文瀾)의 《문심조룡주》에 두호나 구호를 사용한 것에 비해 독자들이 문장의 뜻을 이해하는 데 더 편리하다.

표점 부호 사용에 있어서 통일되지 않는 현상은 용인되고 있다. 각종 표점 부호가 모두 명확한 의미를 갖고 있지만, 사람마다 어떤 한 단락의 글을 읽

들고 원문의 내용을 주석으로 처리하였다. 《주석학개론》에서 차이가 나는 곳을 일곱 가지로 명시했기 때문에 연번을 매겨 구분하였다.

86 自……緖 : 육간여(陸侃如)와 모세금(牟世金)은 분호(分號)를 사용하고, 범문란(范文瀾)은 두호(逗號)를 사용했다.

87 豈……乎 : 육간여와 모세금은 문호(問號)를 사용하고, 범문란은 감탄호(感歎號)를 사용했다.

88 以……亂 : 육간여와 모세금은 '亂' 다음에 두호를 사용하고, 범문란은 구호(句號)를 사용했다.

89 若……之 : 육간여와 모세금은 '之' 다음에 분호를 사용하고, 범문란은 구호를 사용했다.

90 以……也 : 육간여와 모세금은 '以爲' 다음에 모호(冒號)를 사용했는데 범문란은 사용하지 않았다.

91 以……也 : 육간여와 모세금은 '國風'에서 '與日月爭光可也'까지 인호(引號)를 사용했는데 범문란은 사용하지 않았다.

92 설마〔難道〕: 주로 '嗎〔ma〕', '不成〔bùchéng〕'과 함께 쓰여 반어의 어기를 강조하여 '설마……하겠는가.'의 뜻을 나타낸다.

으면서 다르게 이해할 수도 있기 때문이다. 예를 들면 두호· 구호· 분호의 사이에서, 문호와 감탄호 사이에서, 인용문의 경우는 직접 인용 방식으로 나타낼지 아니면 간접 인용 방식으로 나타낼지에 따라 관련된 모호와 인호의 사용에서 모두 이견이 생길 수 있다.

어떤 이의 통계에 의하면《사기》〈항우본기(項羽本紀)〉에 대한 왕백상(王伯祥)의 《사기선(史記選)》[93]과 장우란(張友鸞)의 《사기선주(史記選注)》의 경우, 만여 자로 쓰인 문장 중에 표점 부호가 다른 곳이 270여 곳이나 된다. 이는 주의할 필요가 있다.

구두의 차이는 원칙적으로 피해야만 한다. 이는 광의의 표점 부호가 사용되는 과정에서 나타나는 일종의 융통성과는 다르다. 구두의 중요성은 앞에서도 이미 언급했지만, '여러 구두가 모두 통할 수 있다〔數讀皆可通〕'는 것도 분명한 사실이다.

양수달의 《고서구두석례》에 '여러 구두(句讀)가 모두 통할 수 있다.'[94]라는 예가 있다. 아래에 두 가지 예를 들어 보겠다.

> 《논어》〈위정(爲政)〉: 子曰: "吾與回言終日, 不違, 如愚. 退而省其私, 亦足以發, 回也不愚."[95]
>
> 선생께서 말씀하셨다. "내가 회와 종일토록 이야기하여도 내 뜻을 어기지 않아 마치 어리석은 것 같았다. 그가 물러간 후에 그의 개인적인 행동

93 원주 : 1957년판이다.

94 여러 구두(句讀)가……있다 : 저본에는 '數讀皆可能'으로 되어 있는데, 앞 문장에 근거하여 '能'을 '通'으로 바로잡아 번역하였다.

95 子……愚 : 저본에서는 '子曰吾與回言終日不違如愚退而省其私亦足以發回也不愚'와 같이 구두를 끊지 않고 이어서 제시하고 각 해석가의 주석을 가지고 구두를 잘못 끊게 되는 문제를 설명하였다. 번역문은 가독성을 높이기 위해 《십삼경주소》〈논어주소 위정〉(十三經注疏整理委員會, 北京大學出版社, 2000)에 근거하여 구두를 끊고 번역하였다.

을 살펴보니 역시 내 말의 대의를 충분히 발휘하니 회는 어리석지 않다."

《이문공집(李文公集)》 〈왕재언에게 답하는 편지〔答王載言書〕〉 : "子曰吾與回言.〔선생께서 '나는 회와 말하였다.'라고 하셨다.〕"을 인용하면서 다음 문장과 연결시키지 않았다.

《논어집주고증(論語集注考證)》 : 장사증(張師曾)이 교감하고, 장달선(張達善)이 표점한 본에는 '吾與回言終日.'이라고 하였는데, 《논어집주》에서 이문공의 설을 취하고부터 이곳에 구두를 끊게 되었다. 이전 선유들은 '吾與回言'을 하나의 구로 보았다.

張師曾校張達善點本謂"吾與回言終日", 自《集注》取李氏之說, 始讀爲句絶. 前此先儒亦以"吾與回言"爲句.

양수달 : '종일(終日)'은 시간을 나타내는 부사로, 앞에 나온 '언(言)' 자를 꾸미거나 뒤에 나오는 '불위(不違)'를 꾸미는 것이 모두 통한다.

"終日"爲表時狀字, 或狀上"言"字, 或狀下"不違", 兩皆可通.

《논어》 〈술이(述而)〉 : 子在齊聞《韶》, 三月不知肉味, 曰 : "不圖爲樂之至於斯也."[96]

선생님께서 제나라에서 〈소〉를 듣고는 석 달 동안이나 고기 맛을 모르셨으며 "음악을 연주하는 것이 이러한 경지에 이르리라고는 생각하지 못했다."라고 말씀하셨다.

근래에는 '소(韶)' 자에서 구두를 끊는다.

무억(武億) : 마땅히 '子在齊〔선생께서 제나라에 계실 때〕'에서 구두를 끊어야 하니, '子在陳〔선생께서 진나라에 계실 때〕'과 같은 예이다. 다음의 '聞《韶》三月'은 당연히 하나의 구가 되어야 한다. 《사기》 〈공자세가〉에 나오는 '聞《韶》音, 學之三月.〔〈소〉를 들으시고 3개월간 배우셨다.〕'이라는 이 문장을 잘 음미해 보면 '聞《韶》'를 '三月'에 붙여야 뜻이 통한다.

此宜以"子在齊"爲讀, 與"子在陳"同例. 下文"聞韶三月"當作一句. 《史記·孔子世家》 :

96 子……也 : 저본에서는 구두를 끊지 않고 붙여서 제시한 뒤, 각 해석가의 주석을 가지고 구두를 잘못 끊게 되는 문제를 설명하였다. 번역문은 가독성을 높이기 위해 《십삼경주소》 〈논어주소 술이〉(十三經注疏整理委員會, 北京大學出版社, 2000)에 근거하여 구두를 끊고 번역하였다.

"聞《韶》音，學之三月." 詳玩此文，正以"聞《韶》"屬三月爲義.[97]

양수달 : '삼월(三月)'은 시간을 나타내는 부사로, 앞에서 인용한 〈위정〉 '종일(終日)'의 예와 같다. 앞에 붙이거나 뒤에 붙이거나 다 뜻이 통한다.

"三月"爲表時狀字，與前引《爲政篇》例[98]"終日"同. 上下兩屬皆可通[99].

"여러 구두가 모두 통할 수 있다.〔數讀皆可通〕"라고 한 것은, 지금 사람들이 고문의 참된 구두를 알지 못해 고민하는 상황에서 부득이하게 취하게 된 관점이다.

양수달은 감개하여 말하기를 "여러 가지 구두가 모두 통한다고 한 것은 저자가 일부러 후세 사람들을 미혹시키고 괴롭힌 것이 아니라, 단지 지금 사람들이 아쉽게도 참된 구두를 알지 못하기 때문이다.〔數讀皆可通，非著書之人故以此爲迷苦後人也，乃今人苦不得其眞讀耳.〕" 하였다.

우리는 이미 부득이해서 그렇게 되었다는 것을 안 이상, 이를 빌미로 임의로 고서에 표점을 달아서는 안 된다. 우리가 고서에 표점을 달 때에는 반드시 고인이 책을 쓴 본래 취지에 부합시켜 고인의 뜻을 왜곡하지 않도록 해야 한다. 여러 가지 해석이 가능한 상황에서 좋은 쪽을 골라 따르든지 스스로 새로운 해석을 하든지 모두 조심하고 신중해야 할 일이다.

2) 서명호 문제

서명호는 원래 깊은 뜻이 없어서 파악하기 쉽다. 그러나 고인의 글을 읽을 때 우리는 약간의 곤란을 겪게 되는데, 이는 고인이 상당히 임의적으로 서명을 거론하는 경향이 있었기 때문이다. 간단히 생략하기도 하고 고쳐 쓰기도

97 마땅히……통한다 : 무억(武億)의 주석에 따르면 「子在齊，聞《韶》三月，不知肉味，曰 : "不圖爲樂之至於斯也."」로 구두를 끊어야 한다는 말이다.

98 例 : 저본에는 없는데, 《고서구두석례》에 근거하여 보충하였다.

99 通 : 저본에는 없는데, 위 자료에 근거하여 보충하였다.

하고 또 이명(異名)을 사용하기도 했는데, 이러한 몇 가지 정황은 곳곳에서 볼 수 있다.

栟, 栟櫚, 椶也.

'병(栟)'은 병려(栟櫚)이니, 종려나무이다.

각 본에는 '종(椶)' 자가 빠져 있는데, 지금 《운회》에 의거하여 보충하였다. 《광아》와 유규가 인용한 《이물지》에는 모두 "병려(栟櫚)이니, 종(椶)이다."라고 되어 있다. 〈상림부〉와 〈감천부〉에는 '병려(幷閭)'로 되어 있고, 〈남도부〉와 〈오도부〉에는 '병려(栟櫚)'로 되어 있다. 《설문해자》에는 표제자로 '병(栟)' 자는 있고 '여(櫚)' 자는 없는데, '여(櫚)'는 '병(栟)'이 '목(木)' 부수자이기 때문에 함께 쓴 것뿐이다.

各本奪椶字. 今依《韻會》本補. 《廣雅》、劉逵引《異物志》, 皆曰"栟櫚, 椶也." 《上林》、《甘泉賦》字作幷閭,《南都》、《吳都賦》字作栟櫚, 許書有栟無櫚, 櫚因栟之木旁而同之耳.

楸, 梓也.

'추(楸)'는 가래나무이다.

《좌전》·《사기》·《한서》에는 '추(萩)'를 '개오동나무〔楸〕'라고 하였다.

《左傳》、《史》、《漢》以萩爲楸.

椋, 卽來也.

'양(椋)'은 즉 '내(來)'이다.

《이아》 〈석목〉에 "'양(椋)'은 곧 푸조나무〔棶〕이다."라고 하였다. 《경전석문》에서는 '내(棶)'라고 하였는데 《비창》과 《자림》에서는 '내(來)'라고 하였으니 《설문해자》에 근거한 것이다.

《釋木》曰 : 椋, 卽棶. 《釋文》曰 : 棶, 《埤蒼》《字林》作來, 本《說文》也.

杶, 杶木也.

'춘(杶)'은 참죽나무이다.

《서경》〈우공〉에 "참죽나무, 산뽕나무, 자귀나무, 측백나무이다."라고 하였다.
《禹貢》："杶、榦、栝[100]、柏."

榛, 榛木也, 從木, 秦聲. 一曰叢木也.

'진(榛)'은 개암나무이다. 목(木)이 의미 부분이며, 발음은 진(秦)인 형성자이다. '총목(叢木)'이라고도 한다.

《설문해자》 각 본에는 "'추(菆)'라고도 한다."라고 하였다. 〈초부〉에 "'추(菆)'는 거적이다."라고 하였다. 본서에서는 현응의 《일체경음의》 권11에 인용된 것이 좋다고 여겨 그것을 따랐다. 《창힐편》과 《회남자》의 고유(高誘) 주와 《한서》의 복건(服虔) 주, 《광아》에서는 모두 나무가 모여 자란 것을 '진(榛)'이라고 하였다. 어떤 판본에는 '추(菆)'가 '무(蕪)'로 되어 있다.

各本作"一曰菆也."《艸部》曰："菆, 蓐也." 今依玄應書卷十一所引爲長.《倉頡篇》《淮南》高注、《漢書》服注、《廣雅》皆云, 木叢生曰榛. 菆, 一作蕪.

桵, 白桵, 棫也. 從木, 妥聲.

'유(桵)'는 흰 두릅나무이며 두릅나무이다. 목(木)이 의미 부분이며, 발음은 타(妥)인 형성자이다.

서현(徐鉉)은 "음은 수(綏)에서 사(糸)가 생략된 타(妥)가 되어야 한다."[101]라고 하였는데, 살펴보면 《설문해자》에 '타(妥)' 자가 없기 때문에 그렇게 말한 것 같

100 栝 : 단옥재의 《설문해자주》에는 '栝'으로 되어 있는데, 통행본 《상서정의》〈우공〉(十三經注疏整理委員會, 北京大學出版社, 2000)에는 '栝'로 되어 있다.

101 음은……한다 : 저본에서는 '從綏省聲'으로 표현하였다. 허신의 《설문해자》에서는 형성자를 '從某某聲'으로 나타냈는데, 서현은 이를 '從某某聲〔某와 관련된 뜻이며, 발음은 '某'이다.〕', '從某從某聲〔某의 뜻과 某의 뜻에 관련되며, 발음은 '某'이다.〕', '從某從某省〔某의 뜻과 某의 뜻에 관련되며, 발음은 '某'의 운부를 따른다.〕', '從某某省〔某와 관련된 뜻이며, 발음은 '某'의 운부를 따른다.〕' 등으로 세분하였다. 즉 '省' 혹은 '省聲'은 발음을 표현하는 방법으로 해당 한자의 성부(聲符)를 제외한 운부(韻符)가 음을 나타낸다는 뜻이다. 후대의 반절음은 이것이 발전한 형태로 보인다. 그러나 '從綏省聲'과 같이 의미 부분에 대한 풀이가 없는 용례를 더 찾지 못하여 번역은 소리부분에 대한 설명으로만 파악하고 풀어서 해석하였다.

다. 그리고 '수(綏)' 자 다음에는 "조(爪)와 안(安)에서 생략된 여(女)를 의미 부분으로 하는 회의자가 되어야 한다."라고 하였다. 아니면 타(妥) 자가 《시경》과 《예기》에는 보이는 것을 생각하여, 《설문해자》에 우연히 타(妥) 자가 없다는 것을 이유로 지루하게 설명해서는 안 될 것이다.

鉉曰：當從綏省聲. 按鉉因《說文》無妥字, 故云爾. "綏"下則又云：當作從爪從安省. 抑思妥字見於《詩》、《禮》, 不得因許書, 偶無妥字, 而支離其說也.

위에서 열거한 각각의 사례에서 서명을 간단하게 생략한 것이 매우 많다. 《사기》와 《한서》를 간단히 《사》와 《한》으로, 《시경》과 《예기》를 간단히 《시》와 《예》로 하였다. 〈상림부〉를 〈감천부〉와 이어 말하고 〈남도부〉를 〈오도부〉와 이어 말하면서 '부(賦)' 자를 생략하였으며, 《회남자》를 줄여서 《회남》이라고 하였다. 또 《설문해자》를 줄여서 《설문》이라 하고, 혹은 '허서(許書)'로 대신하기도 하였다. 현응(玄應)의 《일체경음의(一切經音義)》를 '현응서(玄應書)'로 대신하였으며, 《이아》 〈석목(釋木)〉과 《서경》 〈우공〉은 편명만 드러냈다.

또 《춘추좌씨전》을 간단히 《좌전》이라 하는데, 고적에서 이 책을 거론할 때 명칭이 전혀 통일되어 있지 않다. 현대의 규범화된 인용법으로는 '《左傳·×公×年》'이 되어야 한다. 청대 사람들의 훈고서에는 다음과 같이 다양하게 인용되었다.

櫃, 楸也. 從木, 賈聲[102].

'가(櫃)'는 개오동나무이다. 의미 부분은 목(木)이고 발음은 가(賈)인 형성자이다.

《좌전》에 "채마밭에 개오동나무 여섯 그루를 심었다."라고 하였다. 《좌전》 양공 4년조에 보인다.

102 聲 : 저본에는 '也'로 되어 있는데, 《설문해자주》에 근거하여 바로잡았다.

《春秋傳》曰："樹六檟於蒲圃." 見《左傳·襄·四年》.[103]

頌，貌也.……又托名幖識字.

'송(頌)'은 모습이라는 뜻이다.……또한 사물의 이름에 붙여서 표시하는 글자이다.

《좌전》 양공 2년 조의 "송금(頌琴)" 주에 "금(琴) 이름이다."라고 하였다.
《左·襄·二傳》"頌琴"注，琴名.[104]

親，九族.

'친(親)'은 친족이다.

《좌전》 소공 14년 조의 "祿勳合親.〔공훈이 있는 자에게 녹봉을 주고 친족들과 화목하게 한다.〕"에 대한 주에 이렇게 되어 있다.
《左氏·昭·十四年傳》"祿勳合親"注.[105]

風，放也，氣放散也.

'풍(風)'은 달아난다는 뜻이니, 기운이 달아나 흩어지는 것이다.

《좌전》 희공 4년 조의 "風馬牛不相及也.〔바람나 달아난 마소도 서로 만날 수가 없다.〕"에 대한 복건(服虔)의 주에 "'풍(風)'은 달아난다는 뜻이다."라고 하였다.
《左·僖·四年傳》"風馬牛不相及也." 服虔注："風，放也."[106]

馹、遽，傳也.

'일(馹)'과 '거(遽)'는 파발〔傳〕을 뜻한다.

《시경》〈강한〉에 대해, 《경전석문》에서는 "수레로 보내는 것을 '전(傳)'이라 하고, 말로 보내는 것을 '거(遽)'라 한다."라고 하였다. 그러므로 《좌전》 희공 33년

103 원주 : 단옥재의 《설문해자주》
104 원주 : 주준성(朱駿聲)의 《설문통훈정성(說文通訓定聲)》
105 원주 : 완원(阮元)의 《경적찬고(經籍纂詁)》
106 원주 : 왕선겸(王先謙)의 《석명소증보(釋名疏證補)》

조에 "장차 파발〔遽〕을 보내어 정나라에 알리게 하였다.〔且使遽告於鄭.〕"라고 하였고, 《좌전》 성공 5년 조에 "진나라 임금이 파발〔傳〕을 보내어 백종(伯宗, ?-기원전 576)[107]을 불렀다.〔晉侯以傳召伯宗.〕"라고 하였으니, 백종을 부를 때는 반드시 수레로 알렸고 정나라에 알릴 때에는 반드시 말〔馬〕로 했음을 알 수 있다. '전(傳)'이란 굴러간다는 뜻이니, 수레바퀴를 굴려서 빨리 도달하기를 기대하는 것이다. '거(遽)'란 급하다는 뜻이니 말을 급히 재촉하여 신속히 도달하기를 기대하는 것이다. 후세에 '역전(驛傳)'이라는 말은 여기에서 시작되었다. '일(馹)'을 《설문해자》에서는 파발〔傳〕이라 하고, '역(驛)'은 말을 세워 두는 곳이며, '기(騎)'는 말을 타는 것이라고 하였다. 즉 역(驛)과 일(馹)의 뜻은 구별되지만, 일반적으로 통용되기도 하였다. 이 때문에 《좌전》 문공 16년 조의 정의에서 《이아》 〈석언〉의 "역(驛)은 파발〔傳〕이다."라고 한 말과 사인(舍人)의 "역(驛)은 높은 분들의 파발이다."라고 한 주석을 인용하였는데, '역(驛)'은 모두 '일(馹)'로 써야 한다.

《詩·江漢》《釋文》"以車曰傳, 以馬曰遽", 故《左氏·僖·三十三年傳》"且使遽告於鄭", 《成·五年傳》"晉侯以傳召伯宗", 則知召伯宗必以車, 告於鄭必以馬矣. 蓋傳之爲言轉也, 以車展轉而期於早達也; 遽之爲言急也, 以馬急促而期於速到也. 後世驛傳起於此矣. 馹者, 《說文》云傳也, 驛置騎也; 騎, 跨[108]馬也. 是驛、馹義別, 俗或通用, 故《左氏·文·十六年》正義引《爾雅》作驛傳, 又引舍人曰"驛, 尊者之傳也", 驛皆當作馹.[109]

위의 인용문에서 편명을 드러내지 않은 것으로 《좌전》과 《춘추전》이 있다. 《문심조룡》에서 "《좌씨》와 합치되지 않는다.〔與《左氏》不合.〕"라고 한 '좌씨' 역시 바로 《좌전》이다.

편명을 드러낸 경우도 표기법이 다음과 같이 다르게 표시되어 있다.

단옥재 : 《左傳·某×年》

주준성 : 《左某×傳》

완 원 : 《左氏某×年傳》

왕선겸 : 《左某×年傳》

107 백종(伯宗) : 춘추 시대 진(晉)나라의 대부이다.

108 跨 : 저본에는 '騎'로 되어 있는데, 《이아의소》에 근거하여 바로잡았다.

109 원주 : 학의행(郝懿行)의 《이아의소》 〈석언(釋言)〉

학의행 :《左氏某×年傳》《某×年傳》《左氏某×年》

학의행은,《左氏某×年傳》 다음에 《좌전》을 다시 인용할 경우에는 '좌씨'를 생략하였다.《좌전》의 문장을 인용하지 않고,《좌전》의 주소(注疏)를 인용할 경우에는 '전(傳)' 자를 생략하였다.

이처럼 서명을 고치거나 생략한 예는 고인마다 서명을 표기하는 방법이 모두 같지는 않았다는 것을 말해 준다.《후한서》의 경우에도 완원의《경적찬고》에서는《후한》 두 글자로만 표기하였고,《회남자》는 일반적으로 '자(子)' 자를 생략하였다.

이명(異名)의 사례

《관윤자(關尹子)》:《문시진경(文始眞經)》

《문자(文子)》:《통현진경(通玄眞經)》

《여씨춘추(呂氏春秋)》:《여람(呂覽)》

《모자(牟子)》:《이혹론(理惑論)》

《백호통(白虎通)》:《백호통덕론(白虎通德論)》

이러한 사례는 매우 많다. 또한《회남자》의 서명은 본래《홍렬해(鴻烈解)》이다. 장학성(章學誠, 1738-1801)은《교수통의(校讎通義)》〈내편(內篇)〉 3에서 "본래 서명이《홍렬해》인데 단지《회남》이라고만 한다면, 이것이 지명인지 인명인지 서명인지 알 수 없게 된다. 이는 너무 간단하게 저록한 것이다.〔本名《鴻烈解》, 而止稱《淮南》, 則不知爲地名歟? 人名、書名歟? 此著錄之苟簡也.〕"라고 하였다.

서명호를 정확하게 사용하기 위해서는 서목(書目)에 관한 지식을 광범위하게 알고 있어야 하고 고서의 동서이명(同書異名)과 동명이서(同名異書)에 대한 일반적인 정황을 잘 알아야 한다.

'동명이서(同名異書)'는 서명호 사용에 관한 문제가 아니라 작자와 관련이 있다.

두신부(杜信孚)·조민원(趙敏元)·모준의(毛俊儀)[110]가 편찬한 《동명이

서통검(同名異書通檢)》[111]에는 동명이서 3500여 조목이 수록되어 있는데, 조목별로 아래에 서명(권수 포함), 저자(시대·본적 포함), 판본 세 개 항목이 나열되어 있다.

어떤 동명이서는, 내용은 기본적으로 같으나 판본 혹은 편찬 방법만 다르고, 어떤 것은 완전히 다른 책이다. 예를 들면 다음과 같다.

《상서전(尙書傳)》: 공안국(孔安國)이 편찬한 13권본과 마융(馬融)이 편찬한 4권본이 있다.

《상서주(尙書注)》: 마융 찬, 정현 찬, 송나라 김이상(金履祥) 찬의 세 가지가 있다.

《상서의소(尙書義疏)》: 수나라 유작(劉焯)의 찬과 고표(顧彪)의 찬 두 종류가 있다.

이런 현상은 근현대 학술논저에서도 매우 흔한 일이다. 예를 들면 '문학개론'을 서명으로 하는 책이 10여 종이다. 이런 현상을 알지 못하면, 갑을 을로 잘못 알아서 작자를 잘못 적거나 심지어는 제멋대로 해석할 수도 있다.

'동서이명(同書異名)'의 상황도 주의할 만한 현상이다. 두신부(杜信孚)의 《동서이명통검(同書異名通檢)》[112]에 6천여 조목이 수록되어 있는데, 각 조목마다 서명(권수 포함), 저자(시대·본적 포함), 판본, 이명(異名) 네 개 항목이 열거되어 있다.

예를 들면 《삼국지연의(三國志演義)》를 《제일재자(第一才子)》라고도 하며, 《이정유서(二程遺書)》를 《정씨유서(程氏遺書)》라고 하기도 한다.

동서이명과 동명이서의 정황을 잘 알면 서명호를 정확하게 사용하고, 주석의 질을 높일 수 있다. 요즘 사람들이 서명을 인용하는 방법도 모두 같지는

110 모준의(毛俊儀): 저본에는 '儀'가 '義'로 되어 있는데, 인명의 오류이므로 바로잡았다.
111 원주: 강소인민출판사본(江蘇人民出版社本)
112 원주: 강소인민출판사본

않은데, 범문란의 《문심조룡주(文心雕龍注)》에서 원문 표점에는 서명호를 사용하지 않고, 주석에 '～～'를 사용하여 왼쪽에 표시하였다.

왕력(王力)은 《동원자전(同源字典)》에 서명을 거론하면서 전혀 서명호를 사용하지 않았다. 예를 들면 "文選王褒洞蕭賦〔《문선》, 왕포의 〈동소부〉〕", "一切經音義四引三蒼〔《일체경음의》 4에 인용된 삼창(三蒼)[113]〕", "左傳襄公十四年〔《좌전》 양공 14년〕"[114] 등과 같이 서명과 편명 사이에 간격호를 쓰지도 않았으며, 서명 안에 다시 서명이 들어간 경우에도 표시하지 않았다.

3) 모호(冒號, :)와 인호(引號, " " ' ')의 문제

모호와 인호는 서로 관계가 있는 표점 부호이다. 고서의 모호와 인호는 일반적으로 현대 서적과 똑같이 사용되기 때문에 여기에서 더 이상 소개할 필요는 없다.

현대 학자들이 정리한 선진(先秦) 시대의 제자(諸子)와 이십사사(二十四史)는 모두 이 두 가지 표점 부호를 매우 잘 사용하였다. "孟子曰", "梁惠王曰"과 같은 경우, '왈(曰)' 자 뒤에 모호를 쓰고, 말하는 내용에 인호를 붙였는데 이는 매우 쉬운 일이다.

문제는 문장 속에 나오는 인용문인데, 이는 위와 같이 출처를 조사하거나 원문을 살필 필요가 없는 경우와는 다르다. 논문에서 인용문은 종종 중요한 방증과 이론적 근거로 쓰인다. 모호와 인호를 함께 쓰든지 인호만 사용하든지 간에 모두 원문과 일치해야 한다.

113 삼창(三蒼) : 소전(小篆)으로 기록한 진(秦)나라 이사(李斯)의 《창힐(蒼頡)》 7장과 조고(趙高)의 《원력(爰曆)》 6장, 호무경(胡毋敬)의 《박학(博學)》 7장을 말한다. 한나라 때 하나로 아울러 60자(字)마다 1장(章)으로 하여 55장으로 엮은 자서(字書)로, 통칭하여 《창힐편(蒼頡篇)》이라 하였다. 모두 3300자로 되어 있다.

114 원주 : 모두 246쪽에 보인다.

《문심조룡역주(文心雕龍譯注)》: 昔漢武愛《騷》, 而淮南作《傳》, 以爲《國風》好色而不淫……雖與日月爭光可也.
옛날에 한 무제는 〈이소〉를 몹시 좋아하여 회남왕 유안에게 〈이소전〉을 짓게 하였는데, 그 글에서 유안은 이렇게 말하였다. "〈국풍〉은 연정을 노래하였으나 지나치지 않았고……해와 달과 함께 빛을 다투어도 좋을 것이다."

위 인용문에서는 모호와 인호를 모두 사용했는데, 모호를 사용하는 것은 옳지만 인호를 사용하는 것은 옳지 않다.

이 단락은 반고(班固)의 〈이소서(離騷序)〉에서 인용한 것으로, 원래는 '雖與' 앞에 '推此志' 석 자가 더 있다. 유협이 이 문장을 인용할 때 보았던 〈이소전〉이 회남왕(淮南王) 유안(劉安)이 쓴 원문인지 아니면 반고의 글에서 재인용하면서 석 자를 빼 버린 것인지는 알 수가 없다. 만일 '以爲' 다음에 모호만 표시하고 인호를 쓰지 않는다면 유협이 전달하려는 어감과 더욱 잘 맞을 것이다.

班固以爲: 露才揚己, 忿懟沈江.
반고는 말하였다. "재능을 밖으로 드러내어 스스로 뽐냈으며 원한과 분노의 마음을 품고는 강에 몸을 던졌다."

위 인용문의 〈이소서〉 원문에는 "今若屈原, 露才揚己……忿懟不容, 沈江而死.〔굴원은 자신의 화려한 재능을 밖으로 드러내어 스스로 뽐냈으며……원한과 분노의 마음을 품고는 강에 몸을 던져 죽었다.〕"로 되어 있다. 그리고 "雖非明哲, 可謂妙才."는 〈이소서〉 원문에 "雖非明智之器, 可謂妙才者也.〔명철한 사람은 아니지만 재주가 뛰어나다고는 할 수 있다.〕"로 되어 있다.

종합해 보면, 유협은 대체적인 의미를 전달하려 이 글을 인용했던 것뿐이다. 만약 모호와 인호를 사용하면서 너무 세세하게 하려 하면 오히려 오류를 범하기 쉽다. 범문란이 "以爲國風好色而不淫", "班固以爲"에서 '以爲' 다음에 모호와 인호를 전혀 사용하지 않은 것이 이치가 없는 것은 아니다.

훈고 저작 중에 인용문이 특히 많은데, 이런 인용문들은 원문과 완전히 일치하는 것, 고쳐서 인용한 것, 절록(節錄)할 때 머리와 꼬리를 잘라낸 것, 글자를 보탠 것 등이 있다. 만약 인호를 붙이려면 매우 신중해야 한다. 그 예를 들어 보면 다음과 같다.

> 一曰. 林屬於山爲麓. 春秋傳曰. 沙麓崩.
>
> 春秋僖公十四年文. 三傳同. 穀梁傳曰. 林屬於山爲麓. 周禮王制. 皆云. 林麓. 鄭云. 山木生平地曰林. 生山足曰麓. 詩大雅旱[115]麓. 毛曰. 麓. 山足也. 蓋凡山足皆得稱麓也. 亦假借作鹿. 易. 卽鹿無虞[116]. 虞飜曰. 山足稱鹿. 鹿. 林也.
>
> 《설문해자》에 "어떤 본에서는 '산에 속한 숲을 녹(麓)이라 한다.〔林屬於山爲麓.〕'라고 하였는데, 《좌전》에 '사록(沙麓)[117]이 무너지다.〔沙麓崩.〕'라고 하였다."라고 하였다. 《좌전》 희공 14년 조의 내용으로 《춘추》삼전이 모두 동일하다. 《곡량전》에 "산 속에 있는 숲이 녹(麓)이다.〔林屬於山爲麓.〕"라고 하였고, 《주례》와 《예기》 〈왕제〉에서도 모두 '임록(林麓)'이라고 하였다. 정현은 "나무가 평지에 자라는 곳을 임(林)이라 하고, 산기슭에 자라는 곳을 녹(麓)이라 한다.〔山木生平

115 旱 : 저본에는 '早'로 되어 있는데, 《모시정의(毛詩正義)》(北京大學出版社, 2000)에 근거하여 바로잡았다.

116 卽鹿無虞 : 《주역》 〈둔괘(屯卦)〉에 보인다.

117 사록(沙麓) : 한 원제(漢元帝)의 비(妃)인 원후(元后)가 태어난 곳으로, 대개 왕비가 태어난 곳을 가리킨다.

地曰林, 生山足曰麓.]"라고 하였다. 《시》 〈대아 한록〉에 모씨는 "녹(麓)은 산기슭이다.〔麓, 山足也.〕"라고 하였으니, 대체로 산기슭을 '녹(麓)'이라 칭할 수 있다. 또한 가차하여 '녹(鹿)'으로도 쓴다. 《주역》에 "산기슭에 갔는데 우인(虞人)이 없다.〔即鹿無虞.〕"라고 하였는데, 이에 대해 우번(虞翻)은 "산기슭을 녹(鹿)이라 한다. 녹(鹿)은 숲이다.〔山足稱鹿. 鹿, 林也.〕"라고 주석하였다.[118]

글자의 뜻을 풀이할 경우, 인용문은 일반적으로 원문과 일치한다. 이 단락에서 인용한 서명으로는 《춘추전》, 《춘추》 희공 14년, 삼전(三傳), 《곡량전》, 《주례》, 〈왕제(王制)〉,[119] 《시》 〈대아〉, 《역》이 있고, 주석가로는 정현, 우번이 있다. 서명과 주석가의 이름 다음에 오는 '운(云)'이나 '왈(曰)'은 모두 다음 글이 인용문이라는 것을 나타낸다.

여기에서는 원문의 구두점에 근거하여 초록하였을 뿐 아직 새로운 표점 부호로 고치지는 않았다. 그런데 만약 현대 표점 부호를 사용한다면, '운(云)'이나 '왈(曰)' 다음에 모호를 쓰고 인용문에는 인호를 쓸 수 있으며, '운(云)'이나 '왈(曰)' 다음에 모호를 쓰고 인용문에 인호를 사용하지 않을 수도 있다. 그리고 '운(云)'이나 '왈(曰)' 다음에 두호(,)를 쓰고 인용문에 인호를 사용하지 않을 수도 있다.

인용문에 인호를 쓰려면 반드시 원문과 대조해야 하며, 원문과 완전히 합치되지 않으면 인호를 사용해서는 안 된다. 만약 한 곳에서 모호와 인호를 동시에 사용하려면 책 전체의 체제가 일치해야 하는데, 이는 엄청난 작업량을 필요로 한다. 그렇기 때문에 교감하는 경우가 아니라면 일반적으로 지나

118 원주 : 단옥재의 《설문해자주》에 나오는데, '一曰'부터 '沙麓崩'까지는 《설문해자》의 글이다.

119 원주 : 《예기》의 한 편이다.

치게 세세하게 하지 않는다.

인호 안에 다시 인호가 있는 경우, 범문란의 《문심조룡주》에서는 일일이 다 표시하였다. 〈변소(辨騷)〉 주〔3〕을 예로 들어 보자.

> 王念孫讀書雜志漢書離騷傳條 "傳當作傅, 傅與賦古字通. 使爲離騷傅者, 使約其大旨而爲之賦也. 漢紀孝武紀云 '上使安作離騷賦, 旦受詔, 食時畢.' 高誘淮南鴻烈解敍云 '詔使爲離騷賦, 自旦受詔, 日早食已.' 此皆本於漢書. 太平御覽皇親部十六引此作 '離騷賦', 是所見本與師古不同."[120]
>
> 왕염손은 《독서잡지》의 '한서·이소전' 조에서 다음과 같이 말하였다. "'전(傳)'은 '부(傅)'로 써야 하니, '부(傅)'와 '부(賦)'는 옛날에 통용되던 글자이다. 〈이소부〉를 짓게 했다는 것은 대의를 요약하여 부를 짓게 했다는 것이다. 《한기》 〈효무기〉에 '上使安作離騷賦, 旦受詔, 食時畢.〔임금께서 유안(劉安, 기원전 179?-기원전 122)에게 〈이소부〉를 짓게 하셨는데 아침에 조서를 받고 끼니 때 마쳤다.〕'라고 하였다.[121] 고유는 〈회남홍렬해서〉에서 '詔使爲離騷賦, 自旦受詔, 日早食已.〔조서를 내려 〈이소부〉를 짓게 하였는데 아침에 조서를 받고 짓기 시작해서 그날 조반을 먹을 때에 끝마쳤다.〕'라고 하였는데, 이는 모두 《한서》에 근본을 둔 것이다. 《태평어람》 〈황친부 16〉에서는 이를 인용하여 '이소부(離騷賦)'[122]라고 했으니, 참고한 본이 안사고와 다르다."

120 王念孫……不同 : 저본에는, 인명은 '＿'로 표시하고 서명과 편명은 '﹏'로 표시하였다.

121 한기……하였다 : 한 무제(漢武帝)는 굴원의 〈이소〉를 매우 좋아해서 숙부인 회남왕(淮南王) 유안(劉安)에게 명을 내려 〈이소〉를 해석하여 요지를 요약하게 하였다고 한다. 그렇게 지어진 것이 〈이소부(離騷賦)〉이다.

122 이소부(離騷賦) : 《태평어람(太平御覽)》 〈황친부(皇親部) 16〉의 회남왕 유안에 관한 기사 중 이와 관련된 원문은 다음과 같다. "初, 安入朝, 獻所作內篇, 新出, 上愛秘

범문란의《문심조룡주》는 세로쓰기이고 본서는 가로쓰기라서 『 』「 」를 “ ” ‘ ’로 고쳤다. 끝 부분의 ‘이소부(離騷賦)’는《태평어람》〈황친부 16〉에서 이와 같이 표기했다는 것을 가리키는 말이기 때문에 인호를 써야지 서명호를 붙여서는 안 된다. 범문란의 이 책에는 서명호 사이에 간격이 없는데,《 》〈 〉로 고치면 서명과 편명 사이가 명확해진다.

4) 파절호(破折號, ──), 괄호(括號, ( )), 전명호(專名號, __)의 문제

고서의 표점과 주석에는 일반적으로 파절호를 사용하지 않는데, 조금이라도 신중하지 못하면 잘못 이해할 수 있기 때문이다. 그러나 이는 고인의 글 속에 파절호를 사용하기에 적합한 글이 전혀 없다는 말은 아니다.〈설문해자서(說文解字敍)〉를 예로 들어 보자.

> 周禮八歲入小學, 保氏教國子, 先以六書：一曰指事 ── 指事者, 視而可識, 察而可見, 上下是也；二曰象形 ── 象形者, 畫成其物, 隨體詰詘, 日月是也；三曰形聲 ── 形聲者, 以事爲名, 取譬相成, 江河是也；四曰會意 ── 會意者, 比類合誼, 以見指撝, 武信是也；五曰轉注 ── 轉注者, 建類一首, 同意相受, 考老是也；六曰假借 ── 假借者, 本無其字, 依聲托事, 令長是也.
>
> 《주례》에 8세에 소학에 들어가면 지관 보씨가 공경대부의 자제들에게 먼저 육서를 가르쳤다.
>
> 첫째, 지사(指事)이다. ── 지사란 유심히 보면 알 수 있고 자세히 살펴보면 알아낼 수 있는 글자이다. ‘상(上)’, ‘하(下)’ 등이 그 예이다.
>
> 둘째, 상형(象形)이다. ── 상형이란 사물의 형체에 따라 획을 그어 구부린 글자이니 ‘일(日)’, ‘월(月)’ 등이 그 예이다.

之. 使爲《離騷賦》, 旦受詔, 食時上.”

셋째, 형성(形聲)이다. — 형성이란 일이나 사물의 소리를 나타내는 글자에다 관계있는 뜻을 갖는 글자를 합하여 만든 글자이니 '강(江)', '하(河)' 등이 그 예이다.

넷째, 회의(會意)이다. — 회의란 의미가 비슷한 글자를 합하여 가리키고자 하는 뜻을 나타낸 글자이니 '무(武)', '신(信)' 등이 그 예이다.

다섯째, 전주(轉注)이다. — 전주란 비슷한 뜻을 갖는 글자들의 대표자를 정하여 같은 뜻으로 서로 주고받는 글자이니, '고(考)', '노(老)' 등이 그 예이다.

여섯째, 가차(假借)이다. — 가차란 본래 그 소리를 표기할 문자가 없어서 같은 소리에 의거하여 의미를 가탁한 글자이니 '영(令)', '장(長)' 등이 그 예이다.

괄호는 고서의 주석 상황을 감안해서 사용할 수 있다. 고서에는 작자 본인의 협주(夾注)와 타인의 주석이 정문(正文) 아래에 쌍행소자(雙行小字)로 쓰인 경우가 많다. 예를 들면 다음과 같다.

家大人曰：手，持也. 字書韻書無此訓 《檀弓》："子手弓而可"謂持弓也. 《莊十二年公羊傳》："仇牧手劍而叱之" 何注曰："手劍，持拔劍." 今本拔誤作枝，據宋本改.

가대인이 말하였다. "'수(手)'는 잡는다는 뜻이다." 자서와 운서에는 이런 뜻이 없다. 《예기》〈단궁〉에 "子手弓而可.〔그대는 활을 잡아도 좋다.〕"라고 한 말은 활을 잡는다〔持弓〕는 말이다. 《공양전》 장공 12년조에 "手劍而叱之.〔구목(仇牧)이 검을 잡아 빼들고 호통쳤다.〕"라고 하였는데, 하휴의 주에 이르기를 "'수검(手劍)'은 칼을 잡아 빼 드는 것이다." 하였다. 금본에는 '발(發)'이 '지(枝)'로 잘못 쓰여 있는데, 송본

에 따라 고쳤다.[123]

借雖爲惟	說見《國語》雖 其慢乃易殘也.	借口爲叩	說見《公羊傳》 吾爲子口隱矣.

'수(雖)'를 가차하여 '유(惟)'의 뜻으로 쓰고, 이에 대한 설명은 《경의술문》의 '《국어》 雖其慢乃易殘也.〔마음이 느슨해진 자는 해치기 쉽다.〕' 조에 보인다. '구(口)'를 가차하여 '고(叩)'의 뜻으로 쓴다. 이에 대한 설명은 《경의술문》의 '《공양전》 吾爲子口隱矣.〔내가 그대를 위해 은공을 치겠다.〕' 조에 보인다.[124]

만약 주석을 단행 대자(單行大字)로 고치려면 원괄호(( ))를 붙이면 된다. 방괄호(〔 〕)는 원문에서 누락된 부분을 보충하거나 현대어로 번역할 때 구문의 뜻을 보충할 경우에 쓴다. 예를 들면 다음과 같다.

梁惠王曰:"寡人願安承敎."
양 혜왕이 말하였다. "과인은 마음을 편안히 하고 가르침을 받들기 원합니다."[125]

梁惠王〔對孟子〕說道:"我很高興聽到您的指敎."
양 혜왕이〔맹자에게〕말하였다. "선생님의 가르침을 듣게 되어 매우 기쁩니다."[126]

123 원주 : 왕인지(王引之)의 《경의술문(經義述聞)》 권31 〈통설 상(通說上)〉 '수(手)' 자 조

124 원주 : 왕인지의 《경의술문(經義述聞)》 권32 〈경문가차(經文假借)〉

125 원주 : 《맹자》 〈양혜왕 상(梁惠王上)〉 원문

126 원주 : 양백준(楊伯峻)의 《맹자역주(孟子譯注)》 〈양혜왕 상〉 번역문

"仲尼曰:'始作俑者, 其無後乎?' 爲其象人而用之也. 如之何其使斯民飢而死也?"

"공자께서 '처음 순장용 인형을 만든 자는 후손이 끊어질 것이다.'라고 말씀하셨는데, 이는 사람 모양으로 인형을 만들어 죽은 사람과 함께 묻는 데 썼기 때문입니다. 그러니 어떻게 살아 있는 백성을 굶어 죽게 할 수 있겠습니까."[127]

"孔子說過, '第一個造作木偶土偶來殉葬的人該會絶子滅孫斷絶後代吧!'〔爲甚麽孔子這樣痛恨呢?〕就是因爲木偶土偶很像人形, 却用來殉葬.〔用像人形的土偶木偶來殉葬, 尙且不可,〕又怎麽可以使老百姓活活地餓死呢?"

"공자께서 '제일 처음으로 나무 인형, 흙 인형을 만들어 순장에 썼던 사람은 자손이 없어 대가 끊어질 것이다.'라고 말씀하셨는데, (공자께서는 어찌하여 이리도 증오하셨던가.) 이는 나무 인형이나 흙 인형이 사람 모습과 너무 비슷한데도 순장에 사용했기 때문입니다. (사람 모습을 한 나무 인형이나 흙 인형을 순장하는 것도 해서는 안 되는데) 어떻게 백성들을 멀쩡하게 굶어 죽게 할 수 있겠습니까."[128]

전명호(專名號)의 운용은 현재 통일되어 있지 않다. 새로 표점을 붙인 이십사사(二十四史)[129]·《사해(辭海)》·《사원(辭源)》 등에서는 인명, 지명, 조대명(朝代名), 연호에 모두 전명호를 사용하였으나, 어떤 책에서는 사용하지 않았다. 특히 현대 학술논저에서는 전명호의 사용이 더욱 드물다. 이러

127 원주:《맹자》〈양혜왕 상〉 원문

128 원주: 양백준의《맹자역주》〈양혜왕 상〉 번역문

129 원주: 중화서국본(中華書局本)

한 전명호의 사용은 고적 정리와 한어 사전 편집에 있어서 의의가 매우 크며, 고서를 열독하는 데에도 매우 편리하기 때문에 제창(提倡)해야 할 바이다.

제6장

어휘의 해석

스탈린(Stalin, 1878-1953)은 〈언어학에서 마르크스주의의 문제를 논함〉이라는 글에서 "언어는 거대한 견고성이 있다."라고 하고, 또 "언어의 견고성은 그 문법 구조와 기본 어휘의 견고성을 통하여 만들어진 것이다."라고 하였다.[1] 이것은 우리가 현재 고서를 연구하고 읽을 수 있는 주요 원인이다.

스탈린은 또 "언어의 어휘는 각종 변화에 가장 민감한 것으로, 항상 변화의 과정에 놓여 있다."라고 하고, 또 "이러한 변화는 옛것을 폐기하고 새로운 것을 만드는 방법으로 구현되는 것이 아니라, 새로운 어휘로 현재 사용하는 어휘를 채우는 방법으로 구현된다. 이러한 새로운 어휘들은 사회의 제도 변화로 말미암아 생기기도 하고, 생산, 문화, 과학 등의 발전 결과로 말미암아 생기기도 한다. 동시에 언어의 어휘 중 일부 이미 옛 어휘가 되어 버린 것들은 일반적으로 사라지지만, 새로이 추가되는 어휘의 수효는 도리어 훨씬 많아진다."라고 하였다.[2] 이것은 우리가 고서를 읽으면서 어려워하는 원인 중의 하나이다.

사회의 변화와 발전은 어휘의 변화와 발전을 야기하는데, 이러한 변화는 한편으로는 새로운 어휘의 산생과 일부 옛 어휘의 소멸에서 나타나고, 다른 한편으로는 또 어휘의 의미 변화에서 나타난다. 옛 어휘와 각 역사 시기에 새로 첨가된 어휘, 그리고 하나의 어휘이지만 다른 언어 환경이나 다른 역사 시기에서 본의나 일반적인 뜻과는 다른 의미를 갖게 된 것은 모두 주석을 해야 한다.

이러한 작업이 없으면 고금이 달라진 말은 소통이 어렵게 되며, 새로 출현한 어휘와 이미 사라진 어휘, 그리고 후대에 생겨난 어휘의 의미는 알기 어렵게 된다. 이것은 중국이 왜 언어 연구에 있어 가장 먼저 어의(語義) 연구부터 시작하였는지에 대한 원인이기도 하다.

1 원주 : 《마르크스주의와 언어학의 문제》

2 원주 : 위의 주1과 같은 책에 보인다.

중국의 언어 연구는 한대(漢代)에서 시작되었는데, 대표적인 저작은 《이아(爾雅)》·《방언(方言)》·《설문해자(說文解字)》·《석명(釋名)》이다. 이는 물론 한대의, 유교를 숭상하고 경전 연구를 제창했던 사회 분위기에서 해석할 수 있으며, 또한 스탈린이 말한 어휘의 변화 이론을 통해서도 설명할 수가 있다.

우리는 제2장에서 이미 "언어 문자의 장애를 제거하는 것이 주석의 가장 중요한 목적이다."라고 말하였는데, 어휘를 해석하는 것은 주석의 핵심이다. 이 작업은 충분히 중시되어야 한다.

제1절 주석해야 할 어휘의 확정과 주석

주석해야 할 어휘의 확정은, 먼저 확정한 독자층과 주석가가 확정한 주석 성질이 다르다는 것으로 인해 달라진다. 주석가가 반드시 먼저 고려해야 할 점은, 선택한 주석 대상 어휘가 정말로 독자가 읽을 때 언어 장애가 되는지에 대한 것이다.

만약 주석가가 고금을 통해 계속 사용한, 한 번 보면 알 수 있는 어휘, 특히 바람·비·우레·번개와 같은 기본 어휘들은 일일이 주석하고, 도리어 지금 사람들이 읽고 이해하는 데에 영향을 주는 어휘들은 간과한다면, 이는 대상 어휘의 선택이 잘못된 것이다. 만약 대학생이나 전문대학생을 위한 교재에 다는 주석과 중학생이나 소학생을 위한 교재에 다는 주석이 다르지 않다면, 이것 역시 분명 대상 어휘의 선택이 잘못된 것이다.

주석해야 할 어휘의 확정에 있어서는 마땅히 다음에 제시하는 9가지 점을 고려해야 한다.

1 예전 것, 사라진 것, 새로 생긴 것

1) 예전 것

예전에는 흔히 쓰였지만 지금은 사용하지 않거나 가끔 서면어(書面語)에 보이는 어휘는 예전 어휘이거나 사라진 어휘이다. 이러한 어휘의 확정에는 반드시 어휘의 역사적 형태에 대한 이해가 있어야 한다.

인칭대명사를 예로 들어 보자.

1인칭 : 짐(朕), 이(台), 앙(卬), 여(余), 여(予), 오(吾), 아(我) 등

2인칭 : 약(若), 여(女) 또는 여(汝), 이(而), 이(爾), 내(乃), 자(子), 융(戎) 등

3인칭 : 기(其), 지(之), 궐(厥) 등

이러한 어휘들은 현대 중국어에서는 주로 '아(我)'·'니(你)'·'타(他)'가 쓰인다. '짐(朕)'·'이(台)'·'앙(卬)'·'이(而)'·'내(乃)'·'융(戎)'·'기(其)'·'지(之)'·'궐(厥)' 등의 인칭대명사는 모두 사라졌다. 지금 사람들이 짓는 구체(舊體) 시문에 '오(吾)'·'여(余)'·'이(爾)'·'여(汝)' 등이 간혹 보이기는 하지만 이미 예전 것이다. 이는 쉽게 파악할 수 있다.

또 지시대명사를 예로 들어 보자.

'지(之)'·'기(其)'·'이(爾)'·'시(是)'·'사(斯)'·'차(此)'·'피(彼)'는 대체로 '저(這)'와 '나(那)'에 해당된다.[3] 이 두 어휘는 지금까지 계속 사용되고 있지만, 나머지는 사라진 것도 있고 간혹 보이는 것도 있다.

예전 것과 사라진 것은 일반적으로 말하면 모두 주석을 달아야 한다. 우리가 논하고 있는 예전 어휘와 사라진 어휘는, 같은 뜻의 많은 어휘〔一義多詞〕, 즉 동의어 중 부분 어휘의 소멸과 시대가 변한 것에 반드시 주의해야 한다. 이것은 주석의 중요 임무이다. 예를 들면 다음과 같다.

> 苟余情其信姱以練要兮, 長顑[4]頷亦何傷. 長太息以掩涕兮, 哀民生之多艱.
>
> 내 마음 정말 아름답고 순수하도다. 오랫동안 초췌한들 어찌 서글프겠는가. 긴 한숨에 눈물 닦음이여. 백성의 고달픈 삶을 슬퍼하네.[5]

3 원주 : '저(這)'와 '나(那)'는 당나라 때에 생겨난 것이다. '저(這)'는 송나라 때에는 때때로 '자(者)'나 '차(遮)'로 쓰기도 하였다.

4 顑 : 저본에는 '顲'으로 되어 있는데, 통행본 《초사》에 근거하여 바로잡았다.

5 원주 : 《초사》 굴원(屈原)의 〈이소(離騷)〉

'과(姱)', '연요(練要)', '함함(顑[6]頷)', '태식(太息)'은, 바로 '미(美)', '정수(精粹)', '초췌(憔悴)', '탄식(嘆息)'의 의미이다. 전자는 예전 것이거나 시대가 지난 것이고, 후자는 현대 중국어에서 사용하고 있는 것이다. 또 예를 들면 다음과 같다.

> 治離宮別館, 周遍天下.
> 이궁과 별관을 지어 놓고 천하를 두루 다녔다.[7]

> 晩節更樂放逸, 篤好林藪, 遂肥遁於河陽別業.
> 만년에는 더욱 방일을 즐기고 우거진 숲속을 매우 좋아하여, 마침내 하양의 별장에 은둔하였다.[8]

> 方與玄圍棋賭別墅.
> 한창 사현(謝玄)과 별장에서 바둑을 두고 있었다.[9]

'별관(別館)', '별업(別業)', '별서(別墅)'는 같은 뜻으로, 본래의 집 이외에 별도로 지은 원림(園林) 안의 놀고 쉬는 곳이다. '별업'과 '별관'은 이미 사용하지 않는 어휘이고, '별서'는 지금도 사용하고 있는 어휘이다.

이와 같은 현상은 매우 보편적인 것이다. 동일한 시대나 다른 시대에 동일한 사물이나 동일한 개념을 표시하는 어휘 중에, 어떤 것은 여전히 사용될 수도 있고 어떤 것은 도태되었을 수 있다. 도태된 것은 왕왕 주석이 필요한

6 顑 : 저본에는 '⿰感頁'으로 되어 있는데, 통행본 《초사》에 근거하여 바로잡았다.
7 원주 : 《사기》 〈이사열전(李斯列傳)〉
8 원주 : 《문선(文選)》 진(晉)나라 석숭(石崇, 249-300)의 〈사귀인서(思歸引序)〉
9 원주 : 《진서(晉書)》 〈사안전(謝安傳)〉

데, 이것을 가늠하는 기준은 지금도 여전히 사용하고 있는지의 여부이다.

이상은 사물과 개념이 결코 예전 것이거나 사라진 것이 아니라, 다만 그것을 표시하는 많은 어휘 중에 어떤 것이 예전 것이거나 사라진 것이다.

2) 사라진 것

다른 한 가지는 사물과 개념 자체가 사라지면서 따라 사라진 어휘이다. 이러한 어휘는 일반적으로 옛날의 명물·전장 제도·사회 제도의 변화와 생산·문화·과학의 발전이 이러한 사물과 개념들을 사라지게 했다는 것을 반영하며, 이들 어휘 역시 따라서 사라졌다는 것을 반영한다. 이들의 존재는 마치 '미라'와 같아서, 단지 오래된 전적 속에 보존되어 있는 강시(僵尸)일 뿐이다.

예를 들어 '각루(刻漏)'는 '옛날에 시간을 재던 기구이다. 동(銅)으로 항아리〔壺〕를 주조한 뒤, 항아리 바닥은 구멍을 뚫고 항아리 안에는 눈금이 새겨진 화살 모양의 부표를 하나 세운다. 항아리 안의 물이 바닥의 구멍으로 새어 나와 점점 줄어들면 화살에 새겨진 눈금은 반대로 차례차례 드러나는데, 이렇게 하면 시간을 알 수 있다.'[10] 이와 유사한 것으로 '일구(日晷)'라는 것이 있는데, 진(秦)·한(漢) 시대에 이미 민간에서 유행되었던 것으로, 해의 그림자를 재서 시간을 측정하던 기구이다.

시간을 재던 이 두 가지 기구는 이미 시계로 대체되어 역사적 문물이 되어 버렸고, 이 두 개의 어휘도 생존의 기반을 잃게 되었으니, 이것들은 박물관과 문헌 속에서만 아직 사용 가치가 남았다.

길고 긴 역사의 긴 여정 속에서 사라진 사물은 매우 많다. 예를 들어 많은 고대의 형법(刑法) 명칭은 지금 모두 존재하지 않게 되었으며, 이러한 어휘 역시 쓰이지 않는 사어(死語)가 되었다. 예를 들면 《서경》〈여형(呂刑)〉에 다음과 같은 구절이 있다.

10 원주 : 《사원(辭源)》

爰始淫爲劓、刵、椓、黥.

이에 처음으로 지나치게 의(劓)·이(刵)·탁(椓)·경(黥)의 형벌을 가하였다.

'의(劓)'는 코를 베는 것이고, '이(刵)'는 귀를 베는 것이고, '탁(椓)'은 거세하는 것이고, '경(黥)'은 얼굴에 문신으로 죄명을 새기고 먹물로 검게 물들이는 것이다. 경(黥)과 관련된 어휘로는 또 '경수(黥首)',[11] '자기(刺記)',[12] '묵형(墨刑)'[13]이 있다.

옛날의 형법은 종류가 많았다. 《후한서》〈채옹전(蔡邕傳)〉에 다음과 같은 구절이 있다.

邕陳辭謝, 乞黥首刖足, 繼成漢史.

채옹은 사죄를 하며 얼굴에 먹을 새기고 발뒤꿈치를 베더라도 《한사》를 완성할 수 있게 해 달라고 청하였다.

'월족(刖足)'은 발뒤꿈치를 베어 내는 것이다. 이와 유사한 것으로 '빈(臏)'이 있다. 《순자》〈정론(正論)〉에 "詈侮捽搏, 捶笞臏脚.〔욕하고 붙잡아 매질하고 슬개골을 도려냈다.〕"이라고 하였는데, '빈각(臏脚)'은 슬개골을 도려내는 것이다.

또 옛날의 기명(器皿), 복식, 예의에 관한 제도 용어와 과거 시험 그리고 관직 등등은, 이것들을 반영한 어휘가 현대어 중에 존재하지 않게 되었기 때문에, 역사 연구, 학술논문 작성, 역사를 소재로 한 문예 작품 창작에서만 그 어휘들의 사용처를 겨우 찾을 수 있다.

11 원주 : 이마에 죄명을 새기는 것이다.

12 원주 : 경형(黥刑)에 처한 뒤에 먼 지역으로 보내 부역시키는 것이다.

13 원주 : 바로 경형(黥刑)이다.

3) 새로 생긴 것

어떤 어휘들은 고어(古語)가 되고 어떤 어휘들은 점차 사라지지만, 동시에 어떤 어휘들은 또 끊임없이 생겨난다. '새로운 어휘'란 '예전의 어휘'와 같이 하나의 상대적 개념이다.

매 시대마다 항상 새로운 어휘들이 있었으며, 이러한 문제에 대한 연구에 있어서《사원(辭源)》은 우리에게 비교적 상세한 자료를 제공해 준다.《사원》에 열기된 어휘 항목에서 가장 먼저 인용한 사례는, 이미 파악한 문헌 자료를 근거로 선택한 최초의 것이다. 그렇다면 여기서 인용된 가장 이른 용례의 시대는 대체로 그 어휘가 생겨난 시대이다.

'구(仇)' 자를 예로 들면,《시경》과《서경》의 시대에는 구방(仇方),[14] 구구(仇仇),[15] 구향(仇餉)[16] 등의 어휘가 있었고《좌전》의 시대에는 구수(仇讎)[17]라는 어휘가 있었다.《사기》와《한서》의 시대에는 구원(仇怨),[18] 구가(仇家),[19] 구극(仇隙),[20] 구우(仇偶)[21]라는 어휘가 생겨났다.

14 원주 :《시경》〈황의(皇矣)〉에 "帝謂文王, 詢爾仇方.〔상제께서 문왕에게 이르기를, 너의 구방에 묻는다.〕"이라고 하였는데, '구방(仇方)'은 우호 관계에 있는 나라라는 의미이다.

15 원주 :《시경》〈정월(正月)〉에 "執我仇仇, 亦不我力.〔나를 붙잡기를 구구하게 하고, 나에게 힘을 쏟지 않는구나.〕"이라고 하였는데, '구구(仇仇)'는 오만한 모양이다.

16 원주 :《서경》〈중훼지고(仲虺之誥)〉에 "乃葛伯仇餉, 初征自葛.〔갈백이 구향을 하자, 처음 정벌을 갈나라부터 하였다.〕"이라고 하였는데, '구향(仇餉)'은 사람을 죽이고 음식을 빼앗는다는 의미이다.

17 원주 :《좌전》성공(成公) 13년 조에 "君之仇讎, 而我之昏(婚)姻也.〔임금과는 구수지만 우리와는 혼인 관계에 있습니다.〕"라고 하였는데, '구수(仇讎)'는 원망하는 사람이라는 의미이다.

18 원주 :《사기》〈유후세가(留侯世家)〉에 "今陛下爲天下, 而所封皆蕭(何)、曹(參)故人所親愛, 而所誅者皆生平所仇怨.〔지금 폐하께서 천하를 다스리면서 봉토를 내린 자는 소하와 조참 등 친분이 있는 사람으로서 친애하던 사람이고, 주벌한 자는 모두 평소 구원으로 여긴 사람입니다.〕"이라고 하였는데, '구원(仇怨)'은 원한이라는 의미이다.

19 원주 :《사기》〈곽해전(郭解傳)〉에 "雒陽人有相仇者,……解夜見仇家, 仇家曲聽解.〔낙양에 서로 원수로 지내는 집안이 있었다.……곽해가 밤에 그 집들을 찾아가 설득하

'영(令)' 자로 시작되는 복음절 어휘를 하나 더 예로 들어 보자.

《사원》에서 '영(令)'으로 시작되는 복음절 어휘는 65개인데, 이체자와 지명·성씨를 제외하면 61개이다. 그중 선진 시대에 생겨난 것이 22개, 한나라 시대에 생겨난 것이 13개, 위진남북조 시대에 생겨난 것이 16개, 수·당 시대에 생겨난 것이 2개, 송나라 시대에 생겨난 것이 5개, 원나라 시대에 생겨난 것이 1개, 명나라 시대에 생겨난 것이 0개, 청나라 시대에 생겨난 것이 2개이다.

새로 생겨난 어휘 역시 당연히 주석의 대상으로 삼아야 한다. 예를 들어 '영주(令酒)'는 《홍루몽(紅樓夢)》 제40회에 다음과 같은 구절이 있다.

> 薛姨媽點頭笑道："依令老太太到底吃一杯令酒才是." 賈母笑道："這個自然."
>
> 설이모가 고개를 끄덕이면서 웃으며 말하였다. "규칙대로 마님께서 어쨌든 영주(令酒) 한 잔을 마셔야겠습니다." 가모가 웃으며 말하였다. "당연히 그래야지."

주령(酒令)을 행하는 사람 자신이 먼저 한 잔 마시는 것을 '영주(令酒)'라고 한다.

니 원수로 지내는 집안들이 뜻을 굽혀 곽해의 의견을 따랐다.〕"라고 하였는데, '구가(仇家)'는 원수, 원한이 있는 집이라는 의미이다.

20 원주 : 《후한서》 〈질제기(質帝紀)〉의 본초(本初) 원년(146) 조서에 "頃者, 州郡輕慢憲防, 競逞殘暴,……恩阿所私, 罰枉仇隙.〔일전에 주군에서 법을 경시하여 너도나도 잔혹한 일을 하였는데……친한 사람에게 은혜를 베풀고 원한이 있는 사람에게 형벌을 내렸다.〕"이라고 하였는데, '구극(仇隙)'은 원한이 있는 사람이라는 의미이다.

21 원주 : 《문선》 한(漢) 왕포(王褒) 〈사자강덕론(四子講德論)〉에 "鳴聲相應, 仇偶相從. 人由意合, 物以類同.〔울리는 소리는 서로 조응하고 짝은 서로 따르는데, 사람은 뜻에 따라 합치되고 사물은 동류끼리 하나가 된다.〕"이라고 하였는데, '구우(仇偶)'는 짝, 반려로 의기가 서로 맞는 사람을 가리킨다. '왕포'의 자는 자연(子淵)이다.

현대에서 새로 생긴 어휘는 과학기술의 발전 및 사회변혁과 매우 밀접하게 관련되어 있다. 예를 들면 전자(電子), 질자(質子 양성자), 중자(中子 중성자), 전뇌(電腦 컴퓨터), 연건(軟件 소프트웨어)은, 만약 당대의 과학기술을 논하는 글을 뽑아 교재로 만든다면 이 어휘들은 분명 주석의 대상이 된다.

그러나 새로 생긴 어휘라고 해서 모두 주석을 달아야 하는 것은 아니다. 사람들이 흔히 사용하는 어휘라면, 이런 것들의 해석은 사전의 몫이지 문장의 주석이 간여할 필요는 없다.

2 어휘의 의미가 변화된 것

어휘 의미의 변화는 일반적으로 개념의 확대·축소·전이로 나타난다. 전통적인 간결한 말을 사용하자면, 바로 '인신(引伸)'이다.

우리는 하나의 어휘가 처음에는 하나의 의미만을 가지고 있었으며 단음절 어휘는 모두 이러하다는 것을 알고 있다. 그러나 사람들이 이 어휘를 사용할 때 종종 사용하는 구체적인 상황이 바뀌기 때문에 조합과 결합의 대상이 변하고 한 문장 안에서의 위치가 변한다. 또한 사람들이 말하거나 글을 쓸 때 적극적으로 수사법[22]을 사용하고 심지어는 의도적으로 어떠한 감정을 개입시키기도 하기 때문에 어휘의 의미에 미세하거나 분명한 변화가 생기게 된다.

이러한 변화는 사회적으로 오랜 시간 통용되는 과정을 거쳐 어떤 고정된 용법이 만들어지고, 본의나 통상의 뜻과는 구별되는 어떤 의미로 구현되는데, 이것이 바로 '인신'이다.

이러한 어휘의 의미 변화에 대해 주석가들은 큰 관심을 가진다. 현대의 사전 편찬자들은 늘 "글자에 따라 뜻을 풀이하였다.〔隨文釋義.〕"라고 옛사람

22 원주 : 비유법이나 대유법 등을 말한다.

의 일부 주석들을 비판하지만, 이는 옛사람이 특정한 언어 환경에서 어휘의 의미를 연구한 것으로, 독자들이 고서를 읽는 데에 도움 되는 귀중한 것이다.

어휘의 의미 변화는 단음절 어휘에서 특히 두드러진다. 대형 사전의 표제자 풀이는 왕왕 문헌에서 뽑은, 많은 언어 자료에 의거하여 뜻을 반영한 것이다. 풀어 놓은 각각의 의미[23]는 이전 사람들의 문적에 대한 주석과 밀접한 관계가 있다.

'경(更)' 자를 예로 들어 주석이 어휘의 의미 변화를 어떻게 반영하였는지 얘기해 보겠다.

'경(更)'의 본의(本義)는 '고치다〔改〕'이다.

> 《설문해자》〈지부(攴部)〉: 更, 改也.
> 경(更)은 '고치다'는 뜻이다.

> 《논어》〈자장(子張)〉: 過也, 人皆見之; 更也, 人皆仰之.
> 잘못을 하면 모두가 보고, 고치면 모두가 우러른다.
> 하안(何晏)의 주 : 경(更)은 '고치다'는 뜻이다.〔更, 改也.〕

> 《여씨춘추》〈선식(先識)〉: 若使中山之王與齊王聞五盡而更之, 則必不亡[24]矣.
> 만약 중산국의 왕과 제나라 왕이 다섯 가지 다 하는 것에 대해 듣고 고쳤다면, 분명 망하지 않았을 것이다.
> 고유(高誘)의 주 : 경(更)은 '고치다'는 뜻이다.〔更, 猶革也.〕

23 원주 : 각각의 의미 조항을 말한다.

24 亡 : 저본에는 '忘'으로 되어 있는데, 통행본 《여씨춘추》에 근거하여 바로잡았다.

이 두 가지 사례는 모두 본의로 사용된 것이다
'경(更)'에는 또 '대신하다[代]'의 의미가 있다.

《예기》〈유행(儒行)〉: 遽數之不能終其物, 悉數之乃留, 更僕未可終也.

갑자기 헤아린다면 그 일을 끝낼 수 없고, 다 헤아린다면 일꾼을 대신하여 하더라도 끝낼 수 없습니다.

정현의 주 : 경(更)은 '대신하다'는 뜻이다.[更, 代也.]

《회남자》〈시칙(時則)〉: 祭不用犧牲, 用圭璧更皮幣.

제사에 희생을 사용하지 않고 규벽(圭璧)을 사용하고 피폐(皮幣)로 대신한다.

고유의 주 : 경(更)은 '대신하다'는 뜻이니, 규벽과 피폐로 희생을 대신하는 것이다.[更, 代也. 以圭璧皮幣代犧牲也.]

'경(更)'에는 또 '교체(交替)', '경질(更迭)'의 의미가 있다.

《한서》〈만석군전(萬石君傳)〉: 九卿更進用事.

구경이 번갈아 나아가 일을 주도하였다.

안사고의 주 : 경(更)은 '번갈아'라는 뜻이다.[更, 互也.] 여기에서 '호(互)'는 '경질하다' 또는 '교체하다'는 뜻이다.

이러한 용법은 아래 두 가지 사례에서 매우 분명하다.

육유(陸游)의 〈증연(贈燕)〉: 四序如循環, 萬物更盛衰.

사시는 순환하는 듯하고, 만물은 번갈아 성하고 쇠하네.

황종희(黃宗羲)의 〈악부광서서(樂府廣序序)〉[25] : 朝夕諷咏, 更唱迭和.

조석으로 읊조리며 번갈아 창화하네.

'경(更)'에는 또 '바꾸다〔更換〕', '변하다〔變易〕'의 의미가 있다.

《의례》〈대사의(大射儀)〉 : 更爵, 洗.

잔을 바꾸고 씻었다.

정현의 주 : 경(更)은 '바꾸다'는 뜻이다.〔更, 易也.〕

《전국책》〈진책1(秦策一)〉 : 今秦婦人嬰兒皆言商君之法, 莫言大王之法, 是商君反爲主, 大王更爲臣也.

지금 진나라의 아녀자와 아이들이 모두 상군의 법이라고 말하지 대왕의 법이라고 말하지는 않습니다. 이는 상군이 도리어 임금이 되고 대왕은 신하로 변한 것입니다.

여기에서의 '경(更)'도 '변하다'는 의미가 있다.

'경(更)'에는 또 '변상〔抵償〕', '보상(報償)'의 의미가 있다.

《주례》〈하관(夏官) 마질(馬質)〉 : 馬死則旬之內更.

말이 죽으면 열흘 내에 변상한다.

정현의 주 : 정 사농(鄭司農)[26]의 말을 인용하여 "경(更)은 '갚다.'라는 뜻이다〔更, 謂償也.〕"라고 하였다.

25 악부광서서(樂府廣序序) : 《악부광서(樂府廣序)》의 서문이다. 《악부광서》는 한(漢)·위(魏)의 악부와 고시를 선집(選集)한 책으로 명말 청초의 주가징(朱嘉徵)이 편찬하였다. 총 30권이다.

26 정 사농(鄭司農) : 동한 때의 경학가인 정중(鄭衆, ?-83)을 가리킨다. 사농(司農) 벼슬을 지냈기 때문에 그렇게 부른다. 정현(鄭玄)과 구별하여 선정(先鄭)이라고 부르고, 환관인 정중(鄭衆)과 구분하여 정 사농이라 부른다.

《사기》〈화식열전(貨殖列傳)〉: 豫章出黃金, 長沙出連錫, 然堇堇物之所有, 取之不足以更費.

예장에서는 황금이 나고 장사에서는 연석이 나는데, 양이 극히 적어 캐내는 경비를 갚기에도 부족하다.

배인(裴駰)의 집해(集解) : 응소(應劭, ?-?)의 말을 인용하여 "근(堇)은 '적다.', 경(更)은 '보상하다.'라는 뜻이다.〔堇, 少也; 更, 償也.〕"라고 하였다.

'경(更)'에는 또 '이어지다〔續〕', '연이어〔相繼〕'의 의미가 있다.

《국어》〈진어4(晉語四)〉: 姓利相更, 成而不遷, 乃能攝固, 保其土房.

성과 이익이 서로 이어서 이루되 흩어지지 않아야 단단히 붙잡을 수 있어서 그 거처를 지킵니다.

위소(韋昭)의 주 : "경(更)은 '잇다.'라는 뜻이다.〔更, 續也.〕"

《사기》〈효경본기(孝景本紀)〉: 孝文在代時, 前后有三男, 及竇太后得幸, 前后死, 及三子更死, 故孝景得立.

효문제가 대(代)에 있을 때에, 이전 황후에게는 세 아들이 있었다. 두태후가 총애를 받았을 때에 이전 황후가 죽었고, 세 아들이 연이어 죽었기 때문에 효경제가 황위를 이었다.

'三子更死'는 세 아들이 연이어 죽었다는 뜻이다.

전적의 주석에서 '경(更)'을 풀이한 것은 매우 많다. 위에서 인용한 각각의 사례 외에도, '지나가다〔歷〕', '거치다〔經〕', '들르다〔過〕', '갈마들다〔遞〕'로 풀이한 경우가 있다.

글에 따라 다르게 단 이러한 주석들은, 일반적으로 모두 해당 구문에서 '경(更)'이 지니고 있는 뜻을 정확하게 설명하고 있어 독자들에게는 매우 좋다. 바로 이러한, 다른 언어 환경 속에서 '경(更)' 자의 의미에 갖가지 변화가 발생하게 된다.

사전의 항목은 전적의 용례를 근거로 하고 주석가의 해석을 참고로 하여 만들어진 것이다. 예를 들면 다음과 같다.

《설문해자》 : 경은 '고치다'는 뜻이다.〔更, 改也.〕

《방언(方言)》 : 경은 '대신하다'는 뜻이다.〔更, 代也.〕

《유편(類篇)》 : 경은 '교대하다'는 뜻이다.〔更, 迭也.〕

《광아(廣雅)》 : 경은 '보상하다'는 뜻이다.〔更, 償也.〕

주석학에서 어휘의 의미 변화에 대해 가지는 관심은 당연히 어휘학(語彙學)만큼 깊거나 상세하지는 않다. 예를 들어 왕력(王力)은 어휘 의미의 확대, 축소, 전의를 설명하면서 '강(江)', '하(河)', '검(臉)', '와(瓦)', '곡(谷)', '생(生)', '현(玄)', '궁(窮)' 등의 글자들을 열거한 뒤 풍부한 예증을 끌어와서 설명하였는데[27] 일반적인 전적의 주석에 비해 훨씬 깊이 있고 상세하다.

어휘학에서 어휘의 의미에 대한 관찰은 먼저 어휘 의미의 전체적인 의미와 보편성에 주의를 기울이며, 아울러 세밀하고 깊이 있는 고변(考辨)을 통하여 어휘 의미의 변화 규칙을 연구한다.

주석학에서 어휘 의미에 대한 연구는 국부적인 것과 특수성에 더 많은 주의를 기울이며, 아울러 앞뒤 글의 분석을 통하여 이 어휘가 이 특정한 언어 환경 속에서 가지는 구체적인 함의와 용법을 판단한다.

그러나 이는, 주석가들이 어휘의 전체적인 의미에는 관심을 기울이지 않는다는 말은 아니다. 여러 의미를 지닌 어휘가 일정의 언어 환경 속에서 어떤 의미를 지니는지에 대한 주석가의 판단은, 해당 어휘의 본의나 기본 뜻에 대한 이해를 떠날 수 없다. '경(更)'을 예로 들면, 주석가들의 주석 용어는 대부분 모두 '고치다〔改〕', '대신하다〔代〕'와 관련이 있다. 어떤 것은 분명한

27 원주 : 《한어사고(漢語史稿)》 제4장

동의어이지만 어떤 것은 그 관련된 의미가 감추어져 있는데, 예를 들어 '보상하다〔償〕', '거치다〔歷〕'와 같은 것들은 자세히 따져 보면 그 연관된 의미 역시 알기가 어렵지 않다.

3 품사가 변하면서 어휘의 의미나 음이 변한 것

어휘의 활용은 고대 중국어에 늘 보이는 현상이다. 품사의 변화는 때때로 어휘의 의미나 음의 변화를 만들어 내는데, 이러한 현상에는 주석을 달아야 한다. 품사의 변화는 주로 다음 세 가지 경우가 있다.

첫째, 명사가 동사나 형용사처럼 쓰이는 것이다.

둘째, 동사가 명사나 형용사처럼 쓰이는 것이다.

셋째, 형용사가 명사나 동사처럼 쓰이는 것이다.

1) 명사가 동사처럼 쓰인 경우

《여씨춘추》〈집일(執一)〉: 軍必有將.

군대에는 반드시 장수가 있어야 한다.

고유(高誘) 주 : '장(將)'은 '책임자〔主〕'이다.〔將, 主也.〕

《사기》〈진시황본기(秦始皇本紀)〉: 將軍擊趙.

군사를 거느리고 조나라를 쳤다.

장수절(張守節) 정의 : '장(將)'은 '거느리다〔領〕'와 같다.〔將, 猶領也.〕

《설문해자》에 "장(將)은 수(帥)이다.〔將, 帥也.〕"라고 하였으니, '장'은 장수라는 뜻으로, 명사이다. "軍必有將"에서는 '주(主)'로 풀이하였으니, 본의로 해석한 것으로, 명사이다. "將軍擊趙"에서는 '영(領)'으로 풀이하였으니, 즉 거느리다는 뜻으로, 동사가 된다.

또 사동 용법이 있다. 《사기》 〈손자오기열전(孫子吳起列傳)〉에 "齊威王欲將孫臏."이라는 구절이 있는데 "제나라 위왕이 손빈을 장군으로 삼고자 했다."라는 뜻이다. 사동 용법은 주석을 달지 않아도 되지만 번역을 할 때에는 반드시 주의해야 한다.

'장(將)'에는 〔jiàng〕,[28] 〔jiāng〕,[29] 〔qiāng〕,[30] 〔yáng〕[31] 네 가지 음이 있다. '장수(將帥)'라는 의미의 '장(將)'과 거느린다는 의미의 '장(將)'은 모두 〔jiàng〕으로 읽는다.

《시경》 〈패풍(邶風) 녹의(綠衣)〉 : 綠兮衣兮, 綠衣黃裳.

녹색 옷이여, 녹색 윗옷에 황색 치마로다.

모전(毛傳) : 상의를 '의(衣)'라 하고, 하의를 '상(裳)'이라 한다.〔上曰衣, 下曰裳[32].〕

《논어》 〈자한(子罕)〉 : 衣敝縕袍, 與衣狐貉者立, 而不恥者, 其由也與?

해진 솜옷을 입고서 여우나 담비 가죽으로 만든 갖옷을 입은 자와 같이 있으면서도 부끄러워하지 않는 자는 유(由)일 것이다.

황간(皇侃) 소 : '의(衣)'는 '입다〔著〕'와 같다.〔衣, 猶著也.〕

《한서》 〈한신전(韓信傳)〉 : 漢王授我上將軍印, 數萬之衆, 解衣衣我, 推食食我, 言聽計從, 吾得至於此.

28 원주 : 《광운(廣韻)》에 '卽'과 '亮'의 반절이라고 되어 있다.

29 원주 : 《광운》에 '卽'과 '良'의 반절이라고 되어 있다.

30 원주 : 《집운(集韻)》에 '千'과 '羊'의 반절이라고 되어 있다.

31 원주 : 《집운》에 '余'와 '章'의 반절이라고 되어 있다.

32 裳 : 저본에는 '掌'으로 되어 있는데, 《모시정의(毛詩正義)》(北京大學出版社, 2000)에 근거하여 바로잡았다.

한왕(漢王)은 나에게 상장군의 인장을 주고 나에게 수만 명의 군사를 주었으며, 옷을 벗어서 나에게 입히고, 음식을 밀어서 나에게 먹게 하였으며, 말을 하면 듣고 계책을 세우면 채택하였으므로 나는 이러한 지위에 이를 수가 있었소.

《설문해자》: 衣, 依也. 上曰衣, 下曰裳, 象覆二人之形.
'의(衣)'는 의지한다는 뜻이다. 상의를 '의(衣)'라 하고 하의를 '상(裳)'이라 한다. 두 개의 '인(人)'을 덮은 모양을 형상하였다.

'綠衣'의 '의(衣)'는 명사이고, "衣敝縕袍"의 '의(衣)'는 동사로 '입다'는 뜻이다. 《한서》의 "解衣衣我"에서 앞의 '의(衣)'는 명사이고, 뒤의 '의(衣)'는 동사로 옷을 다른 사람에게 입힌다는 의미이다. '의(衣)'가 명사일 때는 〔yī〕로 읽고, 동사일 때는 〔yì〕로 읽는다.

"推食食我"는 "解衣衣我"와 용법이 같아서, 앞의 '식(食)'은 명사로 음식의 의미이고, 뒤의 '사(食)'는 동사로 음식을 가져와 다른 사람에게 먹도록 한다는 의미이다. 앞의 '식(食)'은 〔shí〕로 읽고, 뒤의 '사(食)'는 〔sì〕로 읽는다.

2) 명사가 형용사처럼 쓰인 경우

명사가 동사로 쓰인 용례는 매우 많으며, 또 보통 어휘의 의미 변화를 만들 수도 있다. 그러나 명사가 형용사처럼 쓰인 것은 일반적으로 어휘의 의미를 주석하는 의미가 없다. 예를 들면 다음과 같다.

其一犬坐於前.
그중 하나가 앞에 개처럼 앉았다.[33]

33 원주:《요재지이(聊齋志異)》〈낭삼칙(狼三則)〉

莫如以吾所長攻敵所短，操刀挾盾，猱進鷙擊，或能免乎?

나의 장점으로 적의 단점을 공격하는 것만 한 것이 없으니, 칼과 방패를 들고 원숭이처럼 나아가 매처럼 치면 혹 면할 수 있겠는가?[34]

夫以秦王之威，而相如廷叱之.

진왕의 위세에도 상여는 조정에 있는 것처럼 그를 꾸짖었다.[35]

번역에서는 '개처럼', '원숭이처럼', '매처럼', '조정에 있는 것처럼'으로 해야 한다.

3) 동사가 명사나 형용사처럼 쓰인 경우

동사가 명사처럼 쓰이거나 형용사처럼 쓰인 것도 어휘의 의미를 주석하는 의미가 없으며, 번역에서만 의미를 갖는다. 예를 들면 다음과 같다.

狼亦黠矣，而頃刻兩斃，禽獸之變詐幾何哉? 止增笑耳.

이리 또한 교활한데 잠시 사이에 둘이 죽어 버렸으니, 금수의 속임이 어떠한 것인가? 웃음을 더할 뿐이다.[36]

其妻獻疑曰 : "以君之力，曾不能損魁父之邱，如太行王屋何?"

그의 부인이 의심스러워 말하였다. "당신의 힘으로는 괴보의 언덕도 줄이지 못할 텐데, 태항산과 왕옥산을 어찌한단 말입니까?"[37]

34 원주 : 《청패유초(淸稗類鈔)》 〈풍완정승영인어사장(馮婉貞勝英人於謝莊)〉

35 원주 : 《사기》 〈염파인상여열전(廉頗藺相如列傳)〉

36 원주 : 《요재지이》 〈낭삼칙〉

37 원주 : 《열자》 〈탕문(湯問)〉

傭者笑而應曰："若爲傭耕，何富貴也?"

함께 품팔이를 하는 자가 웃음 지으며 대답하였다. "너는 품을 팔아 밭을 갈고 있는데 어떻게 부귀해진다는 것인가?"[38]

永之人爭奔走焉.

영주(永州) 사람들은 다투듯 동분서주하였다.[39]

'增笑'의 '소(笑)'와 '獻疑'의 '의(疑)'는 동사가 명사로 쓰인 것이고, '笑而應曰'의 '소(笑)'와 '爭奔走焉'의 '쟁(爭)'은 동사가 형용사처럼 쓰인 것으로, 동사로 관형어를 만들었다.

4) 형용사가 명사나 동사처럼 쓰인 경우

형용사가 명사나 동사처럼 쓰인 것 중에는 어휘의 의미 변화가 전혀 일어나지 않은 것들이 있다. 예를 들면 다음과 같다.

汝心之固，固不可徹，曾不若孀妻弱子.

당신 생각의 완고함은 진실로 통할 수 없으니 과부의 어린애만도 못하오.[40]

春風又綠江南岸.

춘풍이 또 강남의 언덕을 푸르게 한다.[41]

38 원주：《사기》〈진섭세가(陳涉世家)〉

39 원주：유종원(柳宗元)의 〈포사자설(捕蛇者說)〉

40 원주：《열자》〈탕문(湯問)〉

41 원주：왕안석(王安石)의 〈선박과주(船泊瓜州)〉

다음은 어휘의 의미 변화가 일어난 사례이다.

> 天下苦秦久矣.
> 천하가 진나라를 원망한 지 오래되었다.[42]

> 子子孫孫無窮匱也, 而山不加增, 何苦而不平.
> 자자손손 끝이 없는데 산은 더 늘어나지 않으니 어찌 평평해지지 않을 것을 근심하겠소.[43]

첫 번째 사례에서 '고(苦)'는 '매우 원망하다'는 의미이고, 두 번째 사례에서 '고(苦)'는 '근심하다', '걱정하다'는 의미이다. 품사의 변화가 어휘의 의미를 야기한 것은 주석을 달아야 한다.

4 수사적 비유와 환유換喩 용법, 그리고 이로 인하여 새로운 의미가 생겨난 것

비유 용법의 장기적인 사용은 때때로 비유한 뜻으로 바뀌기도 하는데, 어휘가 비유하고 있는 뜻은 주석을 달지 않으면 독자들에게 오해를 줄 수 있다.

> 陛下海涵春育, 日鏡雲伸[44].

42 원주 : 《사기》 〈진섭세가(陳涉世家)〉

43 원주 : 《열자》 〈탕문(湯問)〉

44 日鏡雲伸 : '해가 뜨면 구름이 흩어져 하늘이 맑아진다.〔日出雲散, 天青氣朗.〕'는 의미이다. 강희제는 옥새(玉璽)의 글귀로 새기기도 했는데, 국가의 정치가 맑고 깨끗한 것을 비유하며 자신의 지향을 드러낸 것이다.

폐하는 바다처럼 도량이 넓고 봄처럼 만물을 길러 주시며, 해가 비추면 구름이 흩어지는 것과 같습니다.[45]

恰才我舍弟言語冒瀆, 望大人海涵.
방금 제 아우의 말이 무례하였는데 대인께서는 용서하시기 바랍니다.[46]

첫 번째 사례에서 '해함(海涵)'은 비유 용법으로 '도량이 넓음'을 비유한 것이고, 두 번째 사례에서 '해함'은 비유의 의미로 '용서하다', '너그럽다'로 바꾸어 번역할 수 있다.

凶年饑歲, 士糟粕不厭, 而君之犬馬有餘穀粟.
흉년에 선비들은 술지게미도 넉넉하지 못한데 임금의 개와 말에게는 곡식이 넘쳐납니다.[47]

然則君之所讀者, 古人之糟魄[48]已夫!
그렇다면 임금께서 읽고 계신 것은 옛사람들의 찌꺼기일 뿐입니다![49]

糟粕所傳非粹美, 丹青難寫是精神.
찌꺼기가 전하는 건 참된 것이 아니며, 그림으로 그려 내기 어려운 것이 정신이로다.[50]

45 원주 : 《예문유취(藝文類聚)》 남조 양(梁)나라 왕승유(王僧孺)의 〈위임천왕양태위표(爲臨川王讓太尉表)〉
46 원주 : 명(明)나라 무명씨[佚名]의 《원문정환혼기전기(袁文正還魂記傳奇)》〈천추(千秋)〉
47 원주 : 유향(劉向)의 《신서(新序)》〈잡사(雜事)〉
48 원주 : 즉 찌꺼기[糟粕]이다.
49 원주 : 《장자》〈천도(天道)〉
50 원주 : 왕안석의 〈독사(讀史)〉

첫 번째 사례에서 '조박(糟粕)'은 '술지게미', '나쁜 음식'을 의미하고, 두 번째와 세 번째 사례에서 '조박'은 비유의 뜻으로 '사물의 조악하고 쓸모없는 부분'으로 해석할 수 있다. '조박'은 본래 실제의 물건이지만, '조박'과 '수미(粹美)'가 짝을 이루면서 함의가 이미 추상화되었다.

비유 용법과 비유의 의미는 조금만 조심하지 않으면 서로 섞일 수가 있다.

> (民之食)果蓏素食當十石，糠粃六畜當十石.
> (백성들의 음식은) 과일과 채소류 농사가 10섬에 해당하고, 쌀겨와 쭉정이로 육축을 기르는 것이 10섬에 해당한다.[51]

> 守門詣闕，獻書言計，率多空簿，高自矜誇，無經略之大體，咸糠粃之微事.
> 궐문에서 기다렸다가 궐 안으로 나아가 글을 올리고 계책을 말하지만, 대부분 공허한 문서일 뿐이고 스스로를 자랑하는 것이며 국가 경영의 요체가 없으니, 모두 쭉정이에 해당하는 사소한 일이다.[52]

'강비(糠粃)'는 바로 '비강(秕糠)'으로 쌀겨와 쭉정이이다. 《사원》에서는 이 의미의 아래에 첫 번째 사례인 《관자》를 들었고, 두 번째 사례인 《안씨가훈》을 두 번째 의미 항목으로 들어 "사소한 일 또는 무가치한 물건을 비유한 것이다.〔比喩細微之事或無價值之物.〕"라고 설명하였다. "咸糠粃之微事"에서 '강비(糠粃)'는 어휘의 의미 변화가 없고 단지 사소한 일을 비유한 것에 불과하다. 《사원》에서 이처럼 별도로 하나의 뜻을 만든 것은 비유 용법과 비유의 의미를 뒤섞은 것이다.

51 원주 : 《관자(管子)》 〈금장(禁藏)〉
52 원주 : 안지추(顏之推)의 《안씨가훈(顏氏家訓)》 〈성사(省事)〉

수사 성격의 비유 수법은 비유의 의미로 변화시킬 수가 있는데, 은유에서 쉽게 발생한다. 다만 여기에는 발전하여 굳어지는 과정이 있는데, 이 과정은 바로 비유하는 어휘가 점점 비유되는 사물에서 벗어나고 비유 용법의 환경에서 벗어나 독립된 의미를 산생하는 과정이다.

> 蜚鳥盡，良弓藏，狡兔死，走狗烹.
> 나는 새가 다하면 좋은 활도 창고에 넣어 두게 되고, 교활한 토끼가 죽으면 사냥개도 삶아 먹는다.[53]

> 你元來掉轉臉皮，與葑其蔀那厮做走狗了，這樣小人！
> 네가 이미 얼굴을 돌려 봉기부 그놈과 함께 주구가 되었구나. 이런 소인이라니![54]

> 正排着低品走狗奴才隊，都做了高節清風大英雄.
> 비열한 주구와 앞잡이의 대열에 서 있으면서도 모두 높은 절조와 맑은 기풍을 지닌 큰 영웅이 되었다.[55]

> 鄭板橋愛徐青藤詩，嘗刻一印云："徐青藤門下走狗鄭燮."
> 판교 정섭(鄭燮, 1693-1765)이 서청등의 시를 좋아하였는데 한 번은 도장에 '서청등 문하의 주구 정섭'이라고 새겼다.[56]

53 원주 : 《사기》〈구천세가(句踐世家)〉
54 원주 : 명대(明代) 사람의 《모니합기(牟尼合記)》〈정찬(貞竄)〉
55 원주 : 공상임(孔尚任)의 《도화선(桃花扇)》
56 원주 : 원매(袁枚)의 《수원시화(隨園詩話)》 권6

凡走狗，雖或爲一個資本家所豢養，其實是屬於所有的資本家的.

주구는 비록 한 명의 자본가가 키웠더라도 실제는 모든 자본가의 것이다.[57]

'주구(走狗)'라는 어휘는 본래 사냥꾼을 따라 사냥을 나가는 사냥개를 가리켰는데, 뒤에는 비유적으로 다른 사람에게 길러진 부하를 가리키게 되었다. 뒤의 의미는 명나라 이전에는 보이지 않는다. 정섭이 도장에 새긴 말은 여전히 본의이다. 문장의 주석을 달 때에는 비유를 절대 진짜로 여겨서는 안 된다.

'환유(換喩)'는 새로운 의미를 산생하는 중요한 경로이다. 옛사람들은 시에서 특히 이 수사법을 잘 사용하여 문장을 아름답고 함축적으로 만들어 의미가 깊어지도록 하였다. 예를 들면 왕발(王勃)의 〈등왕각서(滕王閣序)〉에 다음과 같은 구절이 있다.

睢園綠竹，氣凌彭澤之樽，鄴水朱華，光照臨川之筆.

수원의 푸른 대나무는 기운이 팽택의 술동이를 능가하고, 업수의 붉은 꽃은 광채가 임천의 붓을 비춘다.

'팽택(彭澤)'은 도잠(陶潛)을 가리키고, '임천(臨川)'은 사영운(謝靈運, 385-433)을 가리킨다.

또 '풍소(風騷)'라는 어휘는 본래 《시경》과 《초사》를 가리키는데, 《시경》에 〈국풍(國風)〉이 있기 때문에 '풍(風)'으로 《시경》을 대신한 것이고, 《초사》에 〈이소(離騷)〉가 있기 때문에 '소(騷)'로 《초사》를 대신한 것이다. 《송서(宋書)》 〈사영운전론(謝靈運傳論)〉에 다음과 같은 구절이 있다.

57 원주 : 노신(魯迅)의 《상가적자본가적핍주구(喪家的資本家的乏走狗)》

自漢至魏，四百餘年，辭人才子，文體三變.……是以一世之士，各相慕習，原其飈流所始，莫不同祖《風》《騷》.

한나라에서 위나라에 이르기까지 400여 년간 문인들의 문체가 세 번 변하였다.……이 때문에 온 세상의 문사들이 모두 따라 연습하고 그 원류를 추구하여 〈풍〉과 〈소〉를 조종으로 삼지 않음이 없었다.

이후 '풍소(風騷)'라는 어휘는 또 두루 시문을 가리키는 말이 되었는데, 예를 들면 다음과 같다.

晩晴催翰墨，秋興引風騷.

저녁의 맑음은 문장을 재촉하고, 가을 흥취는 시문을 끌어내네.[58]

江山代有才人出，各領風騷數百年.

강산에 대대로 재인이 나와 각각 시문을 수백 년 거느린다.[59]

심지어 '풍소(風騷)'에는 또 '아름답다', '수려하다'는 뜻도 있는데,[60] 이것은 또 어휘의 의미가 인신된 것이다.

환유의 방법은 매우 다양하다. '팽택(彭澤)'과 '임천(臨川)'은 지명으로 인명을 가리킨 것이고, '풍소(風騷)'는 일부분으로 전체를 가리킨 것이다.[61]

주석학은 사전학이 아니다. 주석은 구문에 있는 어휘의 구체적인 함의를 연구하는 것이기에 비교적 개괄적인 어휘의 뜻을 연구하는 사전과는 다르다. 그러므로 환유에 속하는 것들은 모두 주석의 대상으로 뽑아 구체적으로 가리

58 원주 : 고적(高適)의 〈동최원외기모습유……시(同崔員外綦母拾遺……詩)〉

59 원주 : 조익(趙翼)의 《구북시초절구(甌北詩鈔絶句)》〈논시(論詩)〉

60 원주 : 때로는 '경박하다', '방탕하다'는 의미를 포함한다.

61 원주 : 또한 구체적인 것으로 추상적인 것을 가리킨 것이라고 말할 수도 있다.

키는 것이 무엇인지를 설명하여 고문을 처음 공부하는 사람이 쉽게 이해하게 할 수 있다.

수사학은 환유〔借代〕의 연구에 있어서 아직도 여전히 넓은 분야이다. 진망도(陳望道, 1891-1977)의 《수사학발범(修辭學發凡)》에서는 환유를 '방차(旁借)'와 '대대(對代)' 두 개의 대분류로 나누고 여덟 개의 소분류를 두었다.

주조연(朱祖延, 1922-2011)의 《고한어수사예화(古漢語修辭例話)》에서는 대분류는 하지 않고 14개의 소분류로 나누어 설명하였다. 그 세목은 다음과 같다.

① 인명으로 사물을 대신한 예
② 지명으로 사물을 대신한 예
③ 직업과 일로 사람을 대신한 예
④ 관직명과 지명으로 사람을 대신한 예
⑤ 사물의 기능과 효용으로 사물을 대신한 예
⑥ 사물의 특징과 상징으로 사물을 대신한 예
⑦ 사물의 상태와 속성으로 사물을 대신한 예
⑧ 사물의 수량으로 사물을 대신한 예
⑨ 부분으로 전체를 대신한 예
⑩ 원재료로 완성품을 대신한 예
⑪ 결과로 원인을 대신한 예
⑫ 특수한 것으로 일반적인 것을 대신한 예
⑬ 구체적인 것으로 추상적인 것을 대신한 예
⑭ 실수로 허수를 대신한 예

주조연의 분류는 현재의 수사학 논저 중 가장 상세한 것 중 하나인데, 고전적을 읽거나 주석하는 데에 모두 실용적 가치가 높다.

주석 중 환유는 앞뒤 문장의 의미에 따라 판단할 수 있는데, 앞뒤의 문장을 통하여 설명할 수 있는 주석이기만 하다면 모두 정확한 것이다. 그러나 절대로 모든 곳의 환유가 모두 환유된 의미를 생성할 수 있다고 여겨서는 안 된다. 대유법은 임시로 생겨난 의미이지 모두 다 환유된 의미로 바뀔 수 있는 것은 아니다.

이러한 변화 과정의 완성은 익숙히 사용하는 것과 독립적인 운영 능력이라는 두 가지 조건이 구비되어야 한다. 임시적 환유는 주석을 하면서 '여기서 가리키는 것은〔此處指〕', '여기에서 비유하여 가리키는 것은〔此處借指〕' 등의 표현을 사용할 수 있다. 이미 독립적으로 쓰일 수 있는 환유는 바로 뜻을 풀이하여 환유된 뜻으로 바꾸어야 한다.

5 분명하게 어떤 시대에 국한된 것

분명하게 어떤 시대에 국한된 어휘란, 어떤 한 시대에 유행하였지만 그 이후에는 사용되지 않아 점점 도태되다가 소멸한 어휘를 가리킨다. 이러한 어휘는 고대의 통속 문학작품에 많이 남아 있는데, 예를 들면 당나라와 오대(五代)의 돈황변문(敦煌變文),[62] 원곡(元曲), 명나라 사람들의 잡극(雜劇) 등이다.

또한 이러한 어휘는 중국이 해방된 1949년 이후 출현한 일부 어휘들과 유사한데, 예를 들면 토개(土改),[63] 진반(鎭反),[64] 삼반오반(三反五反),[65]

62 돈황변문(敦煌變文) : 당대(唐代) 중기인 9세기 초부터 북송 초기인 11세기 초에 걸쳐 민중 사이에서 유행한 일종의 민간 문학이다. 절에서 속강승(俗講僧)이 신자들의 교화를 위해 불경의 이야기를 구어나 속어로 알아듣기 쉽게 풀이하던 설법에서 비롯되었다. 20세기 초 돈황(敦煌) 석굴에서 당시의 사본이 대량으로 발견되어 설화문학(說話文學)의 원초적 형태가 처음으로 분명하게 밝혀졌다. 기본적으로는 말하는 것과 창(唱)하는 것으로 구성되어 있는데, 특히 창으로 하는 부분에서는 불교와 관계가 없는 중국의 역사나 이야기를 주제로 삼아 내용을 부풀렸다. 역사적으로는 육조(六朝) 시대부터 행해져 왔던 통속적인 설교인 창도(唱導)로부터 발전되었다고 여겨진다.

항미원조(抗美援朝),[66] 찰근관련(扎根串連),[67] 방빈문고(訪貧問苦),[68] 대약진(大躍進),[69] 삼면홍기(三面紅旗),[70] 사청(四淸),[71] 홍위병(紅衛兵),[72] 홍오류(紅五類),[73] 흑칠류(黑七類),[74] 문공무위(文功武衛),[75] 양판극(樣板劇),[76] 투비개(鬪批改),[77] 조청시만휘보(早淸示晩彙報),[78] 최고지시(最

63 토개(土改): '토지개혁(土地改革)'의 준말이다.

64 진반(鎭反): '반혁명을 진압하다'는 뜻으로, '진압반혁명(鎭壓反革命)'의 준말이다.

65 삼반오반(三反五反): '삼반오반운동(三反五反運動)'의 준말이다. 당정(黨政)의 간부에게 나타나는 독직(瀆職), 낭비, 관료주의의 삼해(三害)를 없애고, 사기업이나 당정의 간부에게 나타나는 증회(贈賄), 탈세, 국유 재산 절취, 노력·시간·재료를 속임, 국가경제 정보 누설의 오독(五毒)을 제거하기 위해 1951년부터 1952년까지 중국에서 벌어진 대대적인 숙청 운동이다.

66 항미원조(抗美援朝): 미국에 항거하고 북한을 원조하는 운동을 말한다.

67 찰근관련(扎根串連): 군중 속으로 깊이 들어가 분산된 군중을 연계시킨다는 뜻이다.

68 방빈문고(訪貧問苦): 가난하고 곤궁한 백성들을 방문하여 위문한다는 뜻이다.

69 대약진(大躍進): '대약진운동'을 말한다.

70 삼면홍기(三面紅旗): 중국 공산당이 1958년 제출한 정치 구호로, 총노선(總路線), 대약진(大躍進), 인민공사(人民公社)를 말한다.

71 사청(四淸): 1964년 시작된 사청운동(四淸運動)을 말하는데, 사회주의의 성과를 제대로 구현하기 위하여 장부, 창고, 재물, 임금을 깨끗하게 하자는 것이다.

72 홍위병(紅衛兵): 1966년 중국 최고 지도자 모택동(毛澤東) 국가주석의 주창으로 시작된 극좌 사회주의 운동인 문화대혁명(文化大革命)에서 선봉 추진세력 역할을 맡았던 청년·학생 조직이다.

73 홍오류(紅五類): 모택동을 지지한 학생 조직인 홍위병의 구성원인 노동자, 빈농이나 하층 중농, 혁명 열사, 혁명 간부 및 해방군 또는 그 자제를 말한다.

74 흑칠류(黑七類): 문화대혁명 초기 지주, 부농, 반혁명분자, 악질분자, 우파 분자, 반역자, 스파이나 그 자녀를 모독하여 부르는 말이다.

75 문공무위(文功武衛): 정당한 도리나 여론으로 반대 세력을 공격하고 무력으로 자기 편을 보호한다는 뜻으로, 문화대혁명 시기 대중에게 폭력 투쟁을 선동하기 위해 내세운 구호이다.

76 양판극(樣板劇): 모범극이라는 뜻으로, 문화대혁명 기간 중 성행하였던 정치적 색채를 띤 극이다.

77 투비개(鬪批改): 투쟁(鬪爭), 비판(批判), 개혁(改革)의 약칭이다.

高指示),[79] 상관개(上管改),[80] 공선대(工宣隊),[81] 군선대(軍宣隊),[82] 빈선대(貧宣隊),[83] 충자무(忠字舞),[84] 노삼편(老三篇),[85] 노삼계(老三屆)[86] 등등이다.

이러한 어휘들은, 현대 중년층과 노년층은 모두 잘 알고 있어 이들 어휘의 내포와 외연을 혼동하지 않는다. 그러나 2, 3십 대(代)의 사람들 중에 이해할 수 있는 사람은 극소수이며, 10대의 어린이들은 역사 어휘로 간주하고 배울 수밖에 없는데, 이 어휘들이 현대 생활 속에 이미 존재하지 않게 되었기 때문이다. 이런 유형의 어휘 주석은 그 시대의 작품을 읽는 데에 특별한 의미가 있다.

진원(陳垣)은 《교감학석례(校勘學釋例)》에서 세 권에 걸쳐, 특정 시대에 국한되어 사용된 글자나 용어, 명물을 알지 못해서 발생한 오류를 소개하였는데, 우리가 이 문제를 토론하는 데에 많은 도움을 준다.

권4의 '원대의 용어를 잘못 이해한 사례〔元代用語誤例〕'는 여섯 조항을 포함하고 있는데, 한번 읽어 볼 만하다.

78 조청시만휘보(早淸示晩彙報) : 아침에 지시를 받고 저녁에 보고한다는 뜻이다. 문화대혁명 기간, 특히 1967년부터 1969년까지 행해진 바 있던 모택동의 개인 숭배를 상징하는 의식을 말한다.

79 최고지시(最高指示) : 모택동의 지시를 말한다.

80 상관개(上管改) : 지식인들이 수행하던 일에 농민, 공업인 등이 참여하여〔上〕 직접 관리하며〔管〕 모택동의 사상으로 개조하자는〔改〕 운동을 줄여서 한 말이다.

81 공선대(工宣隊) : '공인 모택동사상 선전대(工人毛澤東思想宣傳隊)'의 준말이다.

82 군선대(軍宣隊) : '인민해방군 모택동사상 선전대(人民解放軍毛澤東思想宣傳隊)'의 준말이다.

83 빈선대(貧宣隊) : '빈하중농 모택동사상 선전대(貧下中農毛澤東思想宣傳隊)'의 준말이다.

84 충자무(忠字舞) : 문화대혁명 때 모택동을 찬양하고 충성을 표현한 집체 무용이다.

85 노삼편(老三篇) : 문화대혁명 때 자주 인용했던 세 편의 저작으로, 모택동이 지은 〈위인민복무(爲人民服務)〉·〈우공이산(愚公移山)〉·〈기념백구은(紀念白求恩)〉을 말한다.

86 노삼계(老三屆) : 문화대혁명 때인 1966년부터 1968년까지 중·고등학교를 졸업한 사람들을 일컫는 말이다.

원대의 어법을 몰라 잘못된 사례〔不諳元時語法而誤例〕

원대의 용어를 몰라 잘못된 사례〔不諳元時用[87]語而誤例〕

원대의 용어 때문에 잘못된 사례〔因元時用語而誤例〕

교감하는 사람의 일상어 때문에 잘못된 사례〔因校者常語而誤例〕

후대의 어휘로 원대의 어휘를 바꾼 사례〔用後代語改元代語例〕

원대의 용어가 지금과 도치된 사례〔元代用語與今倒置例〕

어떤 특정 시대의 언어에 대한 연구 성과는 현재까지 많지는 않은데, 다음의 저작들은 비교적 실용적 가치가 높은 전문 저작이다.

서가서(徐嘉瑞)의 《금원희곡방언고(金元戲曲方言考)》[88]

주거이(朱居易)의 《원극속어방언례석(元劇俗語方言例釋)》[89]

장상(張相)의 《시사곡어사휘석(詩詞曲語詞彙釋)》[90]

장예홍(蔣禮鴻)의 《돈황변문자의통석(敦煌變文字義通釋)》[91]

육담안(陸澹安)의 《소설사어휘석(小說詞語彙釋)》[92]

《희곡사어휘석(戲曲詞語彙釋)》[93]

고학힐(顧學頡)과 왕학기(王學奇)의 《원곡석사(元曲釋詞)》[94]

용잠암(龍潛庵)의 《송원어언사전(宋元語言詞典)》[95]

87 用 : 저본에는 '而'로 되어 있는데, 《교감학석례》에 근거하여 바로잡아 번역하였다.

88 금원희곡방언고(金元戲曲方言考) : 1956년 상무인서관(商務印書館)에서 간행하였다.

89 원극속어방언례석(元劇俗語方言例釋) : 1956년 상무인서관에서 간행하였다.

90 시사곡어사휘석(詩詞曲語詞彙釋) : 1977년 중화서국(中華書局)에서 간행하였다.

91 돈황변문자의통석(敦煌變文字義通釋) : 1959년 중화서국에서 간행하였다.

92 소설사어휘석(小說詞語彙釋) : 1979년 상해고적출판사(上海古籍出版社)에서 간행하였다.

93 희곡사어휘석(戲曲詞語彙釋) : 1981년 상해고적출판사에서 간행하였다.

94 원곡석사(元曲釋詞) : 중국사회과학출판사에서 1980년에서 1990년에 걸쳐서 4책으로 간행하였다.

95 송원어언사전(宋元語言詞典) : 1985년 상해사서출판사(上海辭書出版社)에서 간행하였다.

수·당에서 청나라까지 관련 문학작품의 언어를 주석하거나 연구하려면 이러한 성과를 충분히 이용해야 한다. 이러한 전문 연구들을 이용하지 않으면 관련 작품을 읽거나 주석하는 데에 곤란을 겪기 십상이다. 예를 들면 다음과 같다.

醜女既得世尊加被，換舊時之醜質，作今日之面旋.
추녀가 세존의 은혜를 입은 뒤에 그 옛날 추하던 모습이 바뀌어 오늘날의 아름다운 사람이 되었다.[96]

毁謗阿[97]羅嘆(漢)果業，致令人貌不周旋.
아라한의 일을 방해하여 사람의 모습을 아름답지 못하게 하였다.[98]

'면선(面旋)'은 '주선(周旋)'의 오류이다. 《돈황변문자의통석(敦煌變文字義通釋)》의 고석(考釋)에 따르면, '주선(周旋)'은 '아름답다', '예쁘다'는 뜻이다.

幸請方圓，擬求生路.
부디 방략을 청하여 살길을 찾도록 하라.[99]

制不由己降胡虜，曉夜方圓擬歸國.
자신의 뜻대로 되지 않아 흉노에게 항복하였지만 밤낮으로 모획하여 귀

96 원주 : 《돈황변문(敦煌變文)》〈추녀연기(醜女緣起)〉
97 阿 : 저본에는 '河'로 되어 있는데, 《돈황변문자의통석(敦煌變文字義通釋)》(上海古籍出版社, 1997, 71쪽)에 근거하여 바로잡았다.
98 원주 : 《돈황변문》〈추녀연기〉
99 원주 : 《이릉변문(李陵變文)》

국을 꾀한다.[100]

車行輞盡，馬行蹄穿，姑來過此，任自方圓.
수레의 바퀴가 다 닳았고 말의 발굽이 다 닳았으니 우선 이곳에서 그대로 처리하십시오.[101]

一依蕃法，不取漢儀，棺槨穹廬，更別方圓.
한결같이 번방의 법도를 따르고 한나라의 예식을 따르지 않았다. 관곽과 막사는 더욱 다른 제도였다.[102]

이상 네 항목의 '방원(方圓)'은 《돈황변문자의통석》에서 각각 '방략(方略)', '모획(謀劃)', '처리〔處置〕', '제도(制度)'로 풀이하였다.

시대적인 제한을 나타내는 어휘는 희곡류의 작품에 매우 많다. 희극(戲劇)은 종합예술로, 사회 각 계층의 관중에 대해 각각의 계급과 각각의 문화적 층차를 가진 인물을 표현한다. 이로 인해 사용하는 어휘가 매우 풍부하며 복잡하다.

《원곡석사(元曲釋詞)》에서는 원곡에 사용된 어휘에 대해 다음과 같이 소개하였다.

풍속·습관에 관련된 것 : 遙裝，拜門，拜家堂，門畫雞兒 등
역사나 전장 제도의 변화와 관련된 것 : 雲陽，半鑑，衙推，鋪馬，驅口 등

100 원주 : 《이릉변문》

101 원주 : 《하녀부사(下女夫詞)》 "아이의 대답〔兒答〕"
역주 : "아답(兒答)"은 편명이 아닌 것으로 처리하였다.

102 원주 : 《왕소군변문(王昭君變文)》

형제·민족과 관련이 있거나 이와 관련된 외래어 : 瓦不剌海, 撒敦, 曳剌, 阿媽, 虎剌孩, 多羅, 魔合羅, 石保赤 등

헐후어(歇後語)·은어·속어·시정(市井) 용어·삽과타원(揷科打諢)[103]과 관련된 것 : 綠石裩皮, 篩子喂驢, 楊柳細, 面糊盆, 賣肉鵪鶉兒, 千斤磨, 弟子孩子, 三更棗, 四星, 日轉千階 등

방언이나 토착어와 관련이 있는 것은 너무 많아 이루 다 거론할 수 없는데, 그중 일부분은 아직까지도 현대 언어 속에 남아 있다. 예를 들면 다음과 같다.

현대 언어 속에 남아 있는 방언이나 토착어에 관련된 것 : 鋪遲, 快性, 撒和, 漏蹄, 煞, 騙, 赤留出律, 足律律, 拆白剪綹, 杓俫, 慢騰騰, 氣丕丕, 一家一計, 不俫, 不律 등

허사, 어조사, 형용사와 관련이 있거나 곡조에서 특별히 사용되는 것 : 則, 索, 則道是, 落可便, 熱兀剌, 生各支, 乾茨臘, 唱道, 業麽哥, 也波, 也那 등[104]

지금 사람 중 이러한 어휘를 모두 알 수 있는 사람은 찾기 어려울 듯하다. 문장의 주석은, 이처럼 간단한 글자이지만 그 의미를 후세 사람들이 거의 알지 못하는 어휘는 특별히 중시해야 한다. 통속문학 작품을 주석할 때에는 더욱 이와 같이 해야 한다.

103 삽과타원(揷科打諢) : 관객들의 웃음을 유발하기 위하여 삽입하는 말이나 행동을 말한다.
104 원주 : 〈범례(凡例)〉

6 역사적 실제 인물에 관련된 것

이 책의 처음에서 《상서(尙書)》 중 한 단락의 문장에 대한 주석 내용을 소개할 때 이미 '역사 사실에 대한 주석〔釋史實〕'과 '인물에 대한 주석〔釋人物〕'에 대해 언급하였다. 이러한 역사적 실제 인물에 해당하는 어휘는, 주석을 달지 않으면 독자는 종종 작자가 말하는 것이 무슨 일인지, 왜 이 말을 하는지 모르며, 이로 인해 원문의 함의를 명확히 알지 못한다.

이러한 현상은 단지 하나의 어휘일 때도 있지만, 어떤 때는 한 구절에서 몇 구절일 때도 있다. 원문 속의 이러한 어휘 내지는 몇 구절에 대한 역사적 배경과 인물의 기본 면모를 명확하게 설명할 수 있다면, 독자들은 이러한 어휘나 구절에 대해 비로소 분명히 이해할 수 있을 것이다.

예를 들면 《대학어문(大學語文)》[105]에서는 이 문제에 주의를 기울였다.

> ① 관안열전(管晏列傳)[106]
>
> 管仲夷吾者, ② 潁上人也. ③ 少時常與鮑叔牙游, 鮑叔知其賢. 管仲貧困, ④ 常欺鮑叔, 鮑叔終善遇之, 不以爲言. ⑤ 已而鮑叔事齊公子小白, 管仲事公子糾, ⑥ 及小白立爲桓公, 公子糾死, 管仲囚焉. ⑦ 鮑叔遂進管仲. 管仲旣用, 任政於齊, 齊桓公以覇, ⑧ 九合諸侯, ⑨ 一匡天下, 管仲之謀也.
>
> 관중 이오는 영상 사람이다. 소싯적에 포숙아와 사귀었는데 포숙이 그가 훌륭하다는 것을 알았다. 관중은 가난하여 항상 포숙을 속였지만 포숙은 끝내 그를 잘 대우하면서 이것을 가지고 아무 말도 하지 않았다. 그 후 포숙은 제나라 공자 소백을 섬겼고 관중은 공자 규를 섬겼는데,

105 원주 : 수정본

106 원주 : 일부만 기록한 것이다.

소백이 즉위하여 환공이 되자 공자 규는 죽었고 관중은 갇히게 되었다. 포숙이 마침내 관중을 천거하였다. 관중이 등용되어 제나라의 정사를 담당하였는데, 제나라 환공이 이를 계기로 패권을 차지하여 아홉 번 제후를 규합하고 한 번 천하를 바로잡은 것은 관중의 계책이었다.

주석

① 본문은 《사기》에서 뽑은 것인데, 춘추 시대 제나라 때 두 명의 명상(名相)을 함께 입전(立傳)한 것이다. 글에서는 포숙이 관중에게 자신보다 높은 지위를 양보한 것과 안자가 현자를 속전(贖錢)으로 풀어 준 것, 현자를 천거한 것과 안자가 상국의 자리에 있으면서 '식사 때에는 두 가지의 고기를 먹지 않았고, 부인은 비단옷을 입지 않았다.〔食不重肉, 妾不衣帛.〕'는 검소한 태도 등을 전후 설명 없이 느닷없이 서술하고 있다. 작자는 일을 기록하면서 하나의 격식에 얽매이지 않고 총괄하여 기술하기도 하고 나누어 기술하기도 하여, 짧은 글에서 비교적 많은 역사 사실을 개괄하였고, 풍부한 사상 내용을 포함하였으며, 서로 다른 성격과 특징을 지닌 여러 역사 인물을 표현하였다. 관중은 이름이 이오(夷吾)인데, 춘추 시대 전기 제나라의 상국으로 환공(桓公)을 도와 패업을 이루었다. 환공이 그를 높여 '중부(仲父)'라고 불렀다. 죽은 뒤에는 '경(敬)'이라는 칭호가 내려져 '경중(敬仲)'이라 불렸다. 안자는 이름이 영(嬰)이고 자가 평중(平仲)이다. 춘추 시대 후기 제나라의 상국으로 영공·장공·경공을 두루 섬겼다.

本文選自《史記》，是春秋時代齊國兩位名相的合傳．文中突出地敍寫了鮑叔讓賢和晏子贖賢，薦賢的事迹以及晏子身居相位"食不重肉，妾不衣帛"的儉朴作風．作者敍事，不拘一格，時而總述，時而分敍，在短短的篇幅中，概括了較多的歷史事實，包含着豊富的思想內容，表現了幾個具有不同性格特點的歷史人物．管仲：名夷吾，春秋前期齊相，曾佐桓公成就霸業，桓公尊之爲"仲父"．死後賜給他稱號"敬"，又稱敬仲．晏子：名嬰，字平仲．春秋後期齊相，歷事靈公、莊公、景公．

② 潁上：지금 안휘성의 영상(潁上)이다.

今安徽潁上．

③ 鮑叔牙：제나라의 대부이다. 아래의 '포숙(鮑叔)'은 모두 포숙아를 가리킨다. '유(游)'는 교유, 왕래의 뜻이다.

齊國大夫．下文"鮑叔"，均指鮑叔牙．游，交游；來往．

④ 欺：여기서는 잇속을 챙긴다는 의미로, 다음에 나오는 "이익을 나눌 때에 자신이 많이 가졌다."라는 말을 가리킨다.

這里是占便宜的意思，指下文"分財利多自與"．

⑤ '已而'부터 두 구절 : 기원전 686년 제나라 양공이 어리석고 무도하여 제나라가 혼란스러워졌다. 난을 피하기 위하여 관중과 소홀은 공자 규[107]를 받들어 노나라로 도망갔고, 포숙은 공자 소백[108]을 받들어 거나라로 도망갔다.
公元前 686年, 齊襄公昏庸無道, 齊將亂. 爲了避難, 管仲、召忽奉公子糾（襄公弟）出奔魯國, 鮑叔奉公子小白（亦襄公弟）出奔莒國.
⑥ '及小白'부터 세 구절 : 기원전 686년 양공이 피살됐다. 기원전 685년 노나라가 군대를 파견하여 공자 규를 호송하여 제나라로 돌아가 왕위를 쟁탈하도록 하면서 먼저 관중에게 군사를 이끌고 거나라와 제나라의 주요 길목을 차단하도록 하였는데, 관중이 소백의 허리띠 고리 장식을 쏘아 맞혔다. 소백이 죽은 척하여 노나라가 공자 규의 출발을 지연시켜 시기를 놓치게 만들었다. 소백은 이를 틈타 먼저 제나라로 들어갔고 뒤에 환공이 되었다. 환공은 제나라의 군대로 노나라에 대항하여 노나라 군사를 크게 무찔렀다. 노나라는 환공의 요구에 못 이겨 공자 규를 죽였는데, 소홀은 자살하였고, 관중은 죄수가 되기를 청하였다.
公元前 686年, 襄公被殺. 前685年, 魯國派兵護送公子糾回齊爭奪王位, 先由管仲帶兵阻擋莒齊要道, 射中小白帶鉤. 小白佯死, 使魯國延誤了公子糾的行程. 小白因而先入齊國, 後立爲桓公. 桓公以齊軍拒魯, 大敗魯軍. 魯國被迫按桓公的要求殺了公子糾, 召忽自殺, 管仲請囚.
⑦ 鮑叔遂進管仲 : 환공이 즉위한 후 포숙을 상국으로 삼고자 하였는데 포숙이 다섯 가지 방면으로 자신이 관중만 못하다는 것을 설명하면서 관중을 극력 추천하였다. 이에 제나라 환공은 허리띠 고리 장식에 화살을 맞았던 한을 풀겠다는 구실로, 노나라에, 관중을 죄수의 수레에 태워 보낼 것을 요구하였다. 관중이 제나라로 돌아오자 환공은 그를 상국으로 삼았다.
桓公卽位後, 想用鮑叔爲相, 鮑叔從五個方面說明自己不如管仲, 極力推薦管仲. 於是齊桓公以解射鉤之恨爲借口, 要求魯國用囚車押回管仲. 管仲返齊, 桓公任他爲相.
⑧ 九合諸侯 : 제나라 환공이 아홉 차례에 걸쳐 맹주의 신분으로 각 국의 제후를 불러 모아 동맹을 맺는 큰 행사를 연 것을 가리킨다.
指齊桓公九次以盟主身份邀集各國諸侯開同盟大會.
⑨ 一匡天下 : 천하가 바르게 되도록 하였다는 의미이다. 당시에 제후들은 주나라 천자를 무시하고 서로 정벌하였는데, 관중이 제나라 환공을 보좌하여 잠시 동안 이러한 혼란 국면을 제지하였기 때문에 그렇게 말한 것이다.

107 원주 : 양공(襄公)의 동생이다.
108 원주 : 양공의 동생이다.

使天下歸正的意思．當時諸侯無視周天子，互相攻伐，管仲輔佐齊桓公暫時制止了這種混戰局面，故云．

9개의 주석은, ②와 ④ 두 조항을 제외하고는 모두 역사적 실제 인물에 관한 것이다.

역사적 실제 인물에 대해 관심을 기울이는 것은 이론상 다음과 같이 이해할 수 있다. 저자는 저술하면서, 혹은 문자의 간략함이나 문장의 유려함이라는 필요 때문에, 혹은 문장 자체적으로 포함할 수 있는 내용의 용량적인 한계 때문에, 이러한 역사적 실제 인물에 대해 언급만 하고 더 많은 설명을 하지 않은 것이다. 아니면 저자 본인이 생각하기에, 이러한 역사적 실제 인물들은 일반적인 지식 범위 내에 있는 인물이어서 너무 자세하게 말하면 도리어 군더더기가 된다고 여긴 것이다.

이로 인해 일부 학술 저작이나 문예 작품에는 때때로 어휘의 원래 의미 이외의 지식이 들어 있는 상당량의 어휘가 있을 수 있으며, 이러한 지식에 대한 저자와 독자의 파악에는 또 갖가지 차이가 존재한다. 이러한 경우는 작품과 독자 간의 모순을 조성하고, 또 이러한 어휘를 주석하는 데에 상략(詳略)을 결정짓는다.

이로 인해 우리가 역사적 실제 인물에 대한 주석을 논의할 때면, 어휘가 함유하고 있는 대량적이고, 잠재적이고, 은연중 내포되어 있는, 유동적인 정보의 질과 양을 어떻게 파악하고 처리하여 주석할지에 대한 문제가 자연히 제기된다.

예를 들어 "九合諸侯"에 대한 《대학어문》의 주석은 매우 간단하다. 그러나 《논어》〈헌문〉의 "子曰：'桓公九合諸侯．不以兵車，管仲之力也．如其仁，如其仁．'〔공자가 말하였다. '환공이 제후들과 아홉 번 회합을 하여 무력을 사용하지 않은 것은, 관중의 힘이었으니 누가 그 인만 하겠는가, 누가 그 인만 하겠는가.'〕"에 대한 형병(邢昺)의 소는 다음과 같이 매우 구체적이고 상세하다.

'구합(九合)'이라고 한 것은, 《사기》에서는 "병거(兵車)로 모인 것이 세 번이고, 승거(乘車)로 모인 것이 여섯 번이다."라고 하였다.

또 《곡량전》에 "평화적 모임을 11번 하였다."라고 하였는데, 범녕(范寧)의 주에 이르기를 "13년 북행(北杏)에서 모였고, 14년 견(鄄)에서 모였고, 15년 견에서 모였고, 16년 유(幽)에서 모였고, 27년 유에서 모였고, 희공(僖公) 원년에 정(檉)에서 모였고, 2년 관(貫)에서 모였고, 3년 양곡(陽穀)에서 모였고, 5년 수대(首戴)에서 모였고, 7년 영모(寧母)에서 모였고, 9년 규구(葵丘)에서 모였으니, 모두 11번이지만 북행과 양곡을 제외하면 9번이다." 하였다.

言九合者, 《史記》云, 兵車之會三, 乘車之會六. 《穀梁傳》云, 衣裳之會十有一, 范寧注云, 十三年會北杏, 十四年會鄄, 十五年又會鄄, 十六年會幽, 二十七年又會幽, 僖元年會檉, 二年會貫, 三年會陽穀, 五年會首戴, 七年會寧母, 九年會葵丘, 凡十一會, 不取北杏及陽穀爲九也.

강유위(康有爲)의 《논어주(論語注)》는 《여씨춘추(呂氏春秋)》와 《신서(新序)》를 인용하여 마찬가지로 구체적인 해석을 하였으나, 양백준(楊伯峻)의 《논어역주(論語譯注)》는 매우 간략하다.

간략하거나 상세한 것은, 주석의 성격과 주석가가 확정한 독자층에 의해 결정된다. 대체로 학술연구 성격인 것은 역사적 실제 인물에 대한 주석이 상세해야 하고, 보급용으로 일반적인 독서에 제공되는 것은 간략해야 한다. 문장의 기본 사상과 내용 이해에 관계되는 것은 상세해야 하고, 그와 반대되는 것은 간략해야 한다.

예를 들면 노신(魯迅)의 《눌함(吶喊)》[109] 〈자서(自序)〉에 '학양무(學洋

109 눌함(吶喊) : 노신(魯迅)의 소설 작품집으로 전체 14편이 실려 있다. 1918년에서 1922년간에 지어진 작품들로 민족정신 개조와 구질서 타파의 사상을 담고 있다.

務)', '일본유신(日本維新)', '초고비(鈔古碑)', '김심이(金心異)' 등의 어휘가 있는데, 이러한 어휘들을 이해하는 것은 문장의 내용과 저자의 사상을 이해하는 것과 밀접한 관계가 있으므로 주석이 비교적 상세하고 분명하다.

그러나 어떤 것은 주석이 없는데, 예를 들면 다음과 같은 것이다.

> 이 1학년을 마치지 않았지만 나는 이미 동경에 도착했다.……우리들의 첫 번째 주요 활동은 사람들의 정신을 개조하는 것이었다. 사람들의 정신을 잘 개조하는 것에 대해 나는 그때 당연히 문예를 보급해야 한다고 생각하였다. 그리하여 문예 운동을 제창하려고 하였다.
>
> 這一學年沒有畢業, 我已經到了東京了.……我們的第一要著, 是在改變他們的精神, 而善於改變他們精神的是, 我那時以爲當然要推文藝, 於是想提倡文藝運動了.

이 단락은 노신이 1906년 선대 의학전문학교(仙臺醫學專門學校)를 떠나 동경의 굉문학원(宏文學院)에 도착하여 문학을 배운 일을 가리킨다. 만약 주석을 하였다면 독자에게 도움이 되었을 것이다. 주석하지 않은 것이 비록 읽고 이해하는 데에 영향을 미치지 않더라도, 독자가 조사하고 연구하지 않는다면 이 단락의 내용을 이해하는 데에 결국 한계가 있을 것이다.

일반적으로 주석은 길고 장황한 논의를 허용하지 않는다. 마땅히 적은 말로 사실과 인물에 대한 가장 기본적인 지식을 가능한 한 많이 제공할 수 있도록 노력해야 한다. 예를 들면 다음의 '김심이(金心異)'라는 어휘에 대한 주석은, 본문을 읽으면서 이해가 필요한 부분을 적절하고 도움이 되게 설명하고 있다.

> 김심이 : 전현동(錢玄同, 1887-1939)을 가리킨다. 이름은 '복'으로, 절강 오흥 사람이다. 북경대학과 북경사범대학의 교수를 역임하였고, 1908년

일본 동경에서 저자와 함께 장태염[110]이 강의하는 문자학을 들었다. '5·4 운동' 때에 신문화운동에 참가하였고, 《신청년》 편집자 중 한 명이었다. 1919년 3월 복고파 문인인 임서가 상해에서 《신신보》에 〈형생〉이라는 제목의 소설을 발표하여 신문화운동을 공격하였다. 소설 속에 '김심이'라는 인물이 있는데, 이는 '전현동'을 빗댄 것이다.

指錢玄同. 名復, 浙江吳興人. 曾任北京大學、北京師範大學教授, 一九〇八年他在日本東京和作者同聽章太炎講文字學. "五四"時期參加新文化運動, 曾是《新青年》編者之一. 一九一九年三月, 復古派文人林紓, 在上海《新申報》上發表題名《荊生》的小說, 攻擊新文化運動. 小說中有一個人物名"金心異", 卽影射錢玄同.

노신은 《눌함》 〈자서〉에서 〈광인일기(狂人日記)〉를 쓰게 된 이유를 기술하였는데, '김심이'가 마침 《신청년》을 주관하고 있었기 때문에 소설을 써서 두 사람이 사회 현상에 대한 관점을 서로 이야기하려고 했던 것이다.

인물에 대한 해석과 관련된 사상 내용을 주석한 것은, 저자의 〈자서〉 배경을 이해하는 데에 도움을 주었으며, 이로 인해 〈자서〉의 내용을 이해하는 데 도움을 준다. 저자는 〈자서〉에서 일본으로 건너가 의학 공부를 하게 된 원인을 설명하였는데, 그중에 "또 일본의 유신은 대부분 서양 의학에서 발단되었다는 사실을 알게 되었다.〔又知道了日本維新是大半發端於西方醫學的事實.〕"라는 구절이 있다. 이에 대한 주석은 다음과 같다.

日本維新 : 일본 명치(明治) 연간(1868-1912)에 발생한 유신 운동이다. 이보다 앞서 일본의 일부 학자들은 서방의 의학을 대량으로 받아들이고 강의하였으며, 서방의 과학기술을 선전하고 혁신을 적극적으로 주

110 장태염(章太炎) : 장병린(章炳麟, 1869-1936)을 가리킨다.

장하였는데, 일본 유신 운동의 흥기에 일정한 영향을 미쳤다.
指發生在日本明治年間的維新運動, 在此以前, 日本一部分學者, 曾大量輸入和講授西方醫學, 宣傳西方科學技術, 積極主張革新, 對日本維新運動的興起, 曾產生過一定的影響.

하나의 잘된 주석은 항상 역사적 실제 인물의 소개 범위를 잘 파악하여 독자의 이해와 작품의 내용을 조화시키고 통일시킬 수 있다. 우리는 이러한 기준에 도달할 수 있도록 노력해야 한다.

7 명물에 대한 글자와 어휘

'명물(名物)'이란 사물에 대한 명칭을 의미한다. 《주례》 〈천관(天官) 포인(庖人)〉에 "여섯 종류의 가축, 여섯 종류의 길짐승, 여섯 종류의 날짐승을 바치는 것을 관장하고, 아울러 그 명물을 변별한다.〔掌共六畜六獸六禽, 辨其名物.〕"라는 구절이 있는데, 여기에서 가리키는 것은 단지 희생으로 쓰는 가축과 날짐승과 길짐승이다.

우리는 식물, 문물 기명(文物器皿), 천문 지리, 전장 제도(典章制度)의 명칭도 여기에 포함시킨다. 현대 사회에서는 새로 출현한 과학기술 생산물의 명칭도 명물로 보아야 한다.

주석이 필요한 명물은 대체로 특별히 주의해야 할 다음 네 가지 상황이 있다.

첫째, 하나의 사물에 명칭이 여러 개인 것

둘째, 하나의 명칭이 여러 가지를 가리키는 것

셋째, 옛날에는 있었으나 지금은 없는 것

넷째, 최근에 생겨난 것

1) 하나의 사물에 명칭이 여러 개인 것

하나의 사물에 명칭이 여러 개인 것은 문헌에 나타나는 복잡한 현상의 하나이다. 곽박(郭璞, 276-324)의 《이아》 주석에서 말한 "고금의 다른 말을 해석하고 지방마다 다른 방언을 통하게 한다.〔釋古今之異言, 通方俗之殊語.〕"라는 것은, 많은 부분이 명물의 이칭을 가리킨다.

이칭이 생긴 원인은 다음과 같다.

첫째, 시간적인 요인, 즉 옛날과 지금의 말이 달라서이다.

둘째, 공간적인 요인, 즉 지방마다 사용하는 말이 달라서이다.

셋째, 문인이 고의로 이칭을 만든 경우이다.

이 문제가 해결되지 않으면 마찬가지로 고서를 읽기가 매우 어렵다. 다음은 분명하여 알기 쉬운 몇 가지 사례이다.

> 大明生於東, 月生於西.
> 대명은 동쪽에서 생기고, 달은 서쪽에서 생긴다.[111]

> 朱光馳北陸, 浮景忽西沈.
> 주광은 북쪽 땅으로 치달리고, 일렁이는 노을은 홀연 서쪽으로 가라앉네.[112]

> 朱明承夜兮, 時不可以淹.
> 주명이 밤을 이으니, 시간은 머물 수 없구나.[113]

111 원주 :《예기》〈예기(禮器)〉

112 원주 :《문선》 장재(張載)의 〈칠애시(七哀詩)〉 두 번째

113 원주 :《초사》 송옥(宋玉)의 〈초혼(招魂)〉

角宿未旦，曜靈安藏.

각수[114] 자리 밝기 전에 요령은 어디에 숨어 있는가.[115]

峰下陽烏，林生陰兎.

산봉우리에 양오 내려가고，숲 위로 달 떠오른다.[116]

점을 찍은 이 몇몇 어휘는，앞뒤의 글을 통해 가리키는 것이 무엇인지를 추측하기 어렵지 않으나 모든 독자들이 다 알 수 있는 것은 결코 아니다.

사람들이 예나 지금이나 습관적으로 사용하는 것은，일(日)，양(陽)，태양(太陽)이다. 이 몇 개의 명칭은 모두 통용하는 명칭이라고 말할 수 있지만，오늘날에는 '태양'을 정식 명칭이라 할 수 있다. 그러므로 '대명(大明)'·'주광(朱光)'·'요령(曜靈)' 등에 대한 주석은 모두 '태양'이라는 정식 명칭으로 통일할 수 있다. '태양'의 이칭은 결코 이런 것들에 그치지 않는다. '일모(日母)'·'일어(日馭)'·'일거(日車)'·'일군(日君)'·'일륜(日輪)'과 같은 것들도 모두 태양이다.

문헌에 쓰인 명물의 이칭은 때로 일정 부분 임의적인 성질이 있다. 예를 들어 호(虎)나 노호(老虎)는 통용하는 명칭이지만 또 '이이(李耳)'·'오도(於菟)'·'대충(大蟲)' 등의 명칭이 있으며，어떤 시화(詩畫)에서는 또 '산군(山君)'이라고도 부른다.

예를 들어 천(天)은 상원(上元)，태허(太虛)，원령(圓靈)，홍부(洪覆)，태청(泰淸)，영요(靈曜)，태원(泰元)，원정(圓精)이라는 명칭도 있다.

예를 들어 식물에서 궐(蕨)은 육문욱(陸文郁)의 《시초목금석(詩草木今

114 각수(角宿) : 동쪽 창룡(蒼龍) 일곱 별 중 첫 번째 별이다.

115 원주 : 《초사》 굴원(屈原)의 〈천문(天問)〉

116 원주 : 《예문유취(藝文類聚)》 양 원제(梁元帝)의 〈영주진안사비명(郢州晉安寺碑銘)〉

釋)》에 따르면 속명은 궐채(蕨菜) 또는 미궐초(米蕨草)이다. 《이아》에는 별(虌), 월이(月爾), 기(綦)라고 하였으며, 곽박(郭璞)의 주에는 자기(紫綦), 육덕명(陸德明)의 《경전석문》에는 별(虌), 《설문해자》에는 별(虌), 《광아》에는 자기(茈綦), 《후한서》 〈마융전(馬融傳)〉에는 자기(茈萁), 《시모씨전소(詩毛氏傳疏)》에는 유별(柔虌), 《광동신어(廣東新語)》에는 용두채(龍頭菜), 《구황야보(救荒野譜)》에는 궐기(蕨萁), 학의행(郝懿行)의 《이아의소(爾雅義疏)》에는 갓 올라온 것을 '권채(拳菜)', 오래된 것을 자궐(紫蕨)이라고 하였다. 또 속명에는 여의채(如意菜)라는 것이 있다.[117]

많은 이칭은 사람들의 눈을 어지럽게 할 수 있으므로, 정식 명칭과 통용하는 명칭을 주석하여 밝히는 것이 주석학과 사전학의 중요한 과제가 되었다.

여금희(黎錦熙, 1890-1978)는 1936년 《사해(辭海)》의 서문에 다음과 같이 썼다.

> 物必有名, 古今方俗用語不同, 必須先就實物采定一個比較通用的標準名稱, 這就是"正名", 然後集合同物的異名, 考證辨別, 確定某物, 便注以該物的標準名稱, 這就是"辨物". 辭典中名物字最多, 假如編大辭典沒有這樣的準備工作, 那就只能類比舊說, 有許多"名"終於不知道是甚麼"物", 或彼此繳繞, 或前後衝突, 概不負責, "纂詁"而已.
>
> 사물은 반드시 이름이 있는데 옛날과 지금 그리고 지방마다 쓰는 말이 다르다. 그러므로 반드시 먼저 실물을 가지고 비교적 통용되는 표준 명칭을 채택해야 하는데, 이것이 바로 정식 명칭을 정하는 것이다. 그런 뒤에 같은 사물의 이칭을 모아서 고증하고 변별하여 어떤 사물인지 확정해서 해당하는 사물의 표준 명칭으로 주석을 달아야 하는데, 이것이 바로 사물을 변별하는 것이다.

117 원주 : 이 명칭들이 모두 이칭은 아니고, 어떤 것은 이체자일 뿐이다.

> 사전에 사물을 칭하는 글자가 가장 많은데, 만약 대사전을 편집하면서 이러한 준비 작업이 없다면 단지 구설(舊說)을 종류별로 늘어놓을 수밖에 없다. 그리하여 수많은 명칭이 마침내 어떤 것인지 몰라서, 혹은 이것과 저것이 뒤엉키기도 하고 혹은 앞과 뒤가 상충하기도 하는데, 이것은 판단에 대한 책임을 지지 않고 훈고만 모은 것일 뿐이다.

문장의 주석은 사전과 다르다. 사전에서 보는 것은 모아 놓은 자료이지만 문헌 속의 명물은 분산되어 있다. 우리가 한 편의 문장에서 보는 어떤 사물의 명칭은, 정식 명칭인지 이칭인지를 막론하고 대부분 단독으로 쓰여 있는 것이다. 그러므로 주를 다는 본인의 학식에 의지하는 것 이외에도 일반적으로 사전과 몇몇 전문 저작들을 조사해야 한다. 예를 들면 《이아》와 《방언》 및 그 주소(注疏)가 이에 해당하고, 또 다음과 같은 것들이 이에 해당한다.

이계(李誡, ?-1110)의 《영조법식(營造法式)》

이시진(李時珍, 1518-1593)[118]의 《본초강목(本草綱目)》

서광계(徐光啓, 1562-1633)의 《농정전서(農政全書)》

오기준(吳其濬, 1789-1847)의 《식물명실도고(植物名實圖考)》

현대에 편찬한 《중국고등식물도감(中國高等植物圖鑑)》과 《중약대사전(中藥大辭典)》 등

2) 하나의 명칭이 여러 가지를 가리키는 것

한 가지 사물에 명칭이 여러 개 있는 경우와 반대로, 한 가지 명칭이 여러 가지를 가리키는 경우도 있다. 이러한 현상을 이해하지 못하면 대상을 잘못 인식하여 사실을 그르치는 잘못을 저지르기가 매우 쉽다. 이 점은 지명에서 특히 주의해야 한다.

118 이시진(李時珍) : 저본에는 '李明珍'으로 되어 있는데, 인명의 오류이므로 바로잡았다.

예를 들어 '경릉(景陵)'은 묘(墓)의 이름이다. 《사원(辭源)》의 고증에 따르면, 명칭은 하나인데 가리키는 것은 다음과 같이 다섯 가지이다.

1. 북위 원각(元恪, 483-515) 선무제(宣武帝)의 묘
   '선무릉(宣武陵)'이라고도 한다. 지금의 하남성 낙양시 동북쪽 북망산(北邙山)에 있다.
2. 당 이순(李純, 778-820) 헌종(憲宗)의 묘
   지금 섬서성 건현(乾縣)에 있다.
3. 금 완안종요(完顔宗堯, 1096-1135) 예종(睿宗)의 묘
   지금 북경시 방산현(房山縣) 서북쪽 대방산(大房山)에 있다.
4. 명 주첨기(朱瞻基, 1398-1435) 선종(宣宗)의 묘
   지금 북경시 창평현(昌平縣) 동북쪽 천수산(天壽山)에 있다.
5. 청 애신각라현엽(愛新覺羅玄燁, 1654-1722) 성조(聖祖)의 묘
   지금 하북성 준화현(遵化縣) 서북쪽 창서산(昌瑞山)에 있다.

北魏元恪(宣武帝)墓. 也名宣武陵. 在今河南洛陽市東北北邙山. 唐李純(憲宗)墓. 在今陝西乾縣. 金完顔宗堯(睿宗)墓. 在今北京市房山縣西北大房山. 明朱瞻基(宣宗)墓. 在今北京市昌平縣東北天壽山. 淸愛新覺羅玄燁(聖祖)墓. 在今河北遵化縣西北昌瑞山.

또 '곡강(曲江)'을 예로 들면, 강소성 양주(揚州) 남쪽 장강(長江)의 한 구역과 절강성의 전당강(錢塘江)[119]과 섬서성 서안시(西安市) 동남쪽의 곡강지(曲江池)를 모두 곡강이라 부른다. 광동성에도 곡강이 있는데, 현 이름이다.

119 원주 : 본명은 절강(浙江)이다.

將以八月之望，與諸侯遠方交游兄弟，幷往觀濤乎廣陵之曲江.

8월 보름에 제후와 먼 지방의 교유하는 형제들과 함께 광릉의 곡강에 가서 파도를 보리라.[120]

臨曲江之隑州兮，望南山之參差.

곡강의 기주에 가서 올망졸망한 남산을 바라보네.[121]

만약 '광릉(廣陵)'이 바로 양주(揚州)라는 것을 모른다면 〈칠발(七發)〉의 곡강은 결코 알 수 없으며, 〈애이세문(哀二世文)〉이 진 이세(秦二世)를 애도한 것임을 모른다면 마찬가지로 사마상여가 가리키는 것을 이해할 수 없다. 이상의 기록은 《사원》의 자료이다.

사실 '곡강'이라는 명칭은 이보다 훨씬 더 복잡하다. 운남성에도 곡강이라는 이름의 강이 있고, 길림성에도 곡강이라는 이름의 현이 있다. 그리고 곡강지(曲江池 곡강)는 또 희극의 이름이기도 한데, 하나는 원나라 석군보(石君寶, 1192-1276)가 지은 것이고, 하나는 명나라 주헌왕(周憲王, 1379-1439)[122]이 지은 것이다.

'곡강'과 유사한 것으로 '곡수(曲水)'가 있는데, 조금이라도 유의하지 않으면 혼동할 수 있다. 곡수가 지명으로 쓰인 것은, 하나는 강소성 강녕현(江寧縣) 북쪽에 있고, 하나는 절강성 소흥현(紹興縣) 서남쪽 난정산(蘭亭山)에 있고, 하나는 서장(西藏) 라싸〔拉薩〕 서남쪽에 있다. 사천성 남충현(南充

120 원주 : 《문선》 매승(枚乘)의 〈칠발(七發)〉

121 원주 : 《사기》 〈사마상여열전(司馬相如列傳) 애이세문(哀二世文)〉

122 주헌왕(周憲王) : 명 태조 주원장(朱元璋)의 제5자의 장자 주유돈(朱有燉)으로, 주왕(周王)을 습봉(襲封)하였으며 '헌(憲)'은 시호이다. '주헌왕'은 세간에서 부른 칭호이다. 호는 성재(誠齋) 등이 있으며 잡극(雜劇) 31종을 지었는데, 통틀어 《성재악부(誠齋樂府)》라 한다.

縣) 서남쪽에도 곡수라는 이름의 강이 있다.

3) 옛날에는 있었으나 지금은 없는 것

이른바 '옛날에는 있었으나 지금은 없는 것'이란, 옛날에는 있던 사물과 전장 제도의 명칭이 그 사물들이 소멸함에 따라 어휘들도 사어(死語)가 되어 버린 것을 가리키는데, 관직명, 예의명(禮儀名), 예기명(禮器名), 과거 시험명 등등과 같은 것이다. 이러한 명칭은 역사 문헌에 특히 많은데, 문헌을 주석할 때 소홀히 하면 안 된다. 예를 들면 다음과 같다.

상(常), 기(旂), 전(旜), 물(物), 기(旗), 여(旟), 조(旐), 수(旞), 정(旌) : 서로 다른 형상을 그려 등급을 표시한 9종류의 기치

삼농(三農), 원포(園圃), 우형(虞衡), 수목(藪牧), 백공(百工), 상고(商賈), 빈부(嬪婦), 신첩(臣妾), 한민(閑民) : 9종류의 다른 직업 또는 직무

노문(路門), 응문(應門), 치문(雉門), 고문(庫門), 고문(皐門), 성문(城門), 근교문(近郊門), 원교문(遠郊門), 관문(關門) : 옛날 천자가 살던 곳의 9개의 문

묵(墨), 의(劓), 월(刖), 궁(宮), 대벽(大辟), 유(流), 속(贖), 편(鞭), 복(扑) : 9종류의 형법

이런 유의 어휘에 대한 주석은 조금 상세하게 하여 지금 사람들이 고대의 사물을 충분히 이해할 수 있게 해야 한다.

> 《주례》〈춘관(春官) 건거(巾車)〉: 建大常, 十有二斿以祀.
>
> 대상을 세우고 열두 개의 유로 제사 지낸다.
>
> 정현 주 : '대상(大常)'은 아홉 가지 기 중 해와 달을 그린 것이며, 정폭이 삼(縿)이고, 유(旒)는 부속품이다.
>
> 大常, 九旗之畫日月者, 正幅爲縿, 斿則屬焉.

《의례》〈근의(覲儀)〉: 天子乘龍, 載大旆.

천자는 용[123]을 타고 대패를 세운다.

정현 주 : '대패(大旆)'는 대상(大常)이다. 왕은 대상을 세우는데 삼(縿) 머리에 해와 달을 그리고, 그 아래와 유(旒)에 승룡과 강룡을 교차해서 그린다.

大旆, 大常也; 王建大常, 縿首畫日月, 其下及旒, 交畫升龍降龍.

대상(大常)은 태상(太常)이며, 또한 상(常)이다. 제후의 기치와 다른 점은, 제후가 세우는 것은 교룡과 승룡을 그린 패(旆)로, 해와 달이 없다. 정현은 한나라 사람이며, 그의 주석은 그 당시 사람들의 기치에 대한 이해 정도에 기초를 두고 있다. 이 때문에 그는 그림에 해와 달이 있는 것이 '대상'이라는, 기타 기치와 구별될 수 있는 이러한 특징만을 지적하였다.

지금 사람들은 전문적인 사학자나 고고학 종사자를 제외하고는 옛날 제도에 대한 이해 정도가 일반적으로 비교적 낮다. 예를 들어 "정폭이 삼이고 유는 부속품이다.〔正幅爲縿, 斿則屬焉.〕"에서 '삼(縿)'과 '유(斿)'가 어떤 것인지에 대해서도 반드시 이해하는 것은 아니므로 현대의 주석은 좀 더 자세해야 한다.

물론 어떤 지식들은 다른 단어 안에서 해석해야 한다. 따라서 주석할 때 '어느 쪽 어느 글자를 참고하라.'와 같은 방법을 사용할 수 있는데, 이렇게 했을 때 비로소 한 곳의 주석으로는 왕왕 완비된 지식 정보를 제공하기에 부족한 결함을 보완할 수 있다.

4) 최근에 생겨난 것

사물을 지칭하는 현대의 단어는 고대만큼 복잡하지는 않다. 새로 발견된 화학 원소나 과학기술에 대한 새로운 명칭 및 정치·시사와 밀접하게 관련한

123 용(龍) : 8척(尺) 이상인 준마를 '용'이라 하는데, 여기서는 그런 말이 끄는 수레를 가리킨다. 《楊天宇, 儀禮譯注, 上海古籍出版社, 1994》

명사는 모두 주석이 필요하지만, 이런 종류의 어휘가 출현한 배경은 일반적으로 이해하기 쉬워서 주석을 다는 것이 그다지 어렵지 않다.

사물을 지칭하는 어떤 유형의 단어를 막론하고 주석을 달 때에는 다음과 같은 점에 주의해야 한다.

첫째, 본문이나 본서에서 사물을 지칭하는 단어에 대한 주석 범위를 확정한다.

사물을 지칭하는 단어 중에 어떤 것은 단지 옛날과 지금을 소통하기만 하면 된다. 즉 지금 명칭으로 옛 명칭을 풀이하고, 통용하는 명칭으로 이칭을 풀이하면 되는 것이다. 그러나 어떤 것은 지칭하는 대상에 대하여 구체적으로 해석해 주어야 한다.

둘째, 관련된 개념을 서로 참고하도록 한다.

선택하여 교재로 삼은 것이 한 편의 문장이라면 주석을 다는 지면이 넓어야 한다. 그러나 한 권의 책이라면 유의하여 동일한 어휘에 대한 중복된 주석을 피해야 하며, 동일한 유형의 어휘에 대해 주된 것과 부차적인 것, 상세한 것과 소략한 것을 구분해야 한다.

셋째, 사물을 지칭하는 단어에 대한 주석은 주관적으로, 그러할 것이라고 추측해서는 절대 안 된다.

만약 일반적인 단어에 대한 주석이라면 앞뒤 문장에 대한 이해를 근거로 그 함의를 판단할 수 있지만, 사물을 지칭하는 단어는 단지 앞뒤 문장에 대한 판단만을 근거로 '무엇이다'라고 설명해서는 절대 안 된다.

예를 들면 다음과 같다.

> 憲聖再拜對曰："大姐姐遠處北方，臣妾缺於定省."
> 헌성이 두 번 절하고 대답하였다. "어머님이 먼 북방에 있어서 신첩이 조석으로 문안하지 못하였습니다."[124]

만약 우리가 지금의 말을 가지고 옛말을 대치한다면, '대저저(大姐姐)'는 틀림없이 '자매〔姐妹〕'의 언니〔姐〕로 해석할 것이다. 그러나 사실은 송나라 궁정에서 부인이 남편의 모친을 일컫는 말이 '대저저'이다. 헌성(憲聖)은 송나라 고종(高宗)의 황후이고, '대저저'는 고종의 어머니 위후(韋后)를 가리킨다.

'가(哥)'나 '저(姐)'와 같은 호칭은 지금은 매우 간단해져서 말을 처음 배우는 어린아이조차도 절대 틀리지 않지만, 고문헌에서는 이러한 호칭을 나타내는 글자의 복잡성을 경시해서는 안 된다. 당대(唐代)에는 아버지를 '가(哥)'로 부른 예가 적지 않다.

> 《이아》〈석친(釋親)〉: 男子先生爲兄, 後生爲弟, 男子謂女子先生爲姊, 後生爲妹.
> 먼저 태어난 남자가 '형(兄)'이고, 뒤에 태어난 남자가 '제(弟)'이다. 남자는 먼저 태어난 여자를 '자(姊)'라 부르고 뒤에 태어난 여자를 '매(妹)'라 부른다.

'형(兄)'은 구어에서 '가(哥)'[125]로 대체되었고, '자(姊)'는 '저(姐)'로 대체되었다.

> 《설문해자》: 蜀謂母爲姐, 淮南謂之社, 從女且聲, 讀若左.
> 촉에서는 어머니를 '저(姐)'라 부르고, 회남에서는 '사(社)'라 부른다. 의미 부분이 '여(女)'이고 발음 부분이 '차(且)'로 이루어진 형성자로,

124 원주: 송나라 섭소옹(葉紹翁)의 《사조문견록(四朝聞見錄)》〈헌성의 거리낌 없는 행실〔憲聖不妨忌之行〕〉

125 원주: '가(歌)'의 본자이다.

'좌(左)'와 같이 읽는다.

《광아》: 姐, 母也.
'저(姐)'는 어머니이다.

'저(姐)' 자는 고문에는 또 '자(毑)'로 되어 있다. '저(姐)' 자의 뜻이 변한 것은 한나라 말에 시작되었으며, 당나라 때에 이르자 여자에 대한 통칭이 되었다.

'자(姊)'를 대신하여 '여형(女兄)'이라고 일컫게 된 것은 송나라 사람의 저작에 처음 보인다. 홍매(洪邁, 1123-1202)의 《이견지(夷堅志)》에 "姐姐及賈郎"이라는 말이 있는데, '저저(姐姐)'는 바로 '자자(姊姊)'이다.

송나라 궁정에서는 모후를 '대저저(大姐姐)'라고 불렀는데, 한편으로는 옛 뜻을 보존하였고, 다른 한편으로는 또 '대(大)' 자를 '저(姐)' 앞에 놓아서 의미를 제한하였다. 이것이 아마도 어휘의 의미(지칭)가 이미 전이된 송대에도 여전히 고어(古語)의 흔적을 어떻게 보존하고 있었는지에 대한 원인일 것이다.

앞뒤 문장의 뜻을 이해하는 데 관련된, 사물을 지칭하는 지극히 중요한 단어의 주석은 반드시 상세하고 분명하며 구체적이어야 하며, 이 어휘가 천근하여 이해하기 쉽게 표현되었다고 해서 소홀히 넘어가서는 절대 안 된다.

景公爲臺, 臺成, 又欲爲鐘. 晏子諫曰: "君國者不樂民之哀. 君不勝欲, 旣築臺矣, 今復爲鐘, 是重斂於民, 民必哀矣. 夫斂民之哀, 而以爲樂, 不祥, 非所以君國者." 公乃止.
경공이 대를 만들기 시작하여 대가 완성되자 또 종을 만들려고 하였다. 그러자 안자가 간하였다. "나라를 다스리는 임금은 백성들이 슬퍼하는 것을 좋아하지 않습니다. 임금께서 욕망을 억제하지 못하고 대를 만드셨는데, 지금 또 종을 만들면 백성들에게 거듭 세금을 징수해야 하니 백성들이 틀림없이 슬퍼할 것입니다. 백성들의 슬픔을 거두어서 즐거워하는 것은 상서롭지 않으니, 임금이 할 일이 아닙니다." 공이 마침내 중지하였다.[126]

대를 만들고 종을 만드는 일은 예제(禮制)로 보아 할 수 있는 것이다. 경공이 종을 만들려고 하는데 안자가 중지하기를 권한 것은 어째서인가? 그리고 무엇 때문에 수많은 치국하는 큰 도리를 말하였는가? 앞뒤 문장의 뜻으로 판단하면, 경공이 '종을 만들 수 있는지'의 여부는 만드는 종이 어떤 종인지가 문제의 관건이다.

상고 시대에는 예제의 등급이 매우 엄하였다. 천자와 제후의 성지(城池) 크기, 궁실 건축, 예기(禮器) 설치는 모두 매우 엄격한 규정이 있어서 참람한 행위가 허락되지 않았다. 예를 들어 종의 경우, 옛날 제도에 천자의 종은 세 등급이 있었다. 12정률(正律)에 맞추어 만든 12진종(辰鐘)인 특종(特鐘)과 대편종(大編鐘), 소편종(小編鐘)이다. 제후의 종은 두 등급으로 특종이 없다.

안자가 제후(齊侯)에게 종 만드는 것을 중지하도록 간한 것은, 이 편 아래에 나오는 〈경공이 태려를 만들어 완성되자 그것으로 연향을 하려 하니 안자가 간언하다〔景公爲泰呂成將以燕饗晏子諫〕〉를 보면 태려종(泰呂鐘)을 가리킨다. 바로 12정률에 맞추어서 만든 천자의 특종으로, 매우 참람한 것이다. 이 때문에 《여씨춘추》 〈치악(侈樂)〉에서 "제나라 백성들이 슬퍼한 것은 태려를 만들기 때문이었다.〔齊之哀也, 作爲大呂.〕"라고 한 것이다. 안자가 간한 것은 경공의 예(禮)에 맞지 않은 행위를 비판한 데 있다.

오칙우(吳則虞, 1913-1977)가 지은 《안자춘추집석(晏子春秋集釋)》은 옛

126 원주 : 《안자춘추》 〈내편(內篇) 간 하(諫下)〉 제2

날 예제에 근거하여 종에 대해 설명하였는데, 독자들에게 결코 적지 않은 지식을 제공한다. 다만 그 주석 중에 아래 문장에서 말한 "경공이 태려를 만들어 완성되자"를 언급하지 않은 것만은 조금 부족한 감이 없지 않다.

8 허사

고전적을 읽고 정리할 때, 언어문자의 장애를 극복하기 위해서는 주로 다음 세 방면의 작업을 해야 한다.

첫째, 어구(語句) 구조 방면이다.

둘째, 허사(虛辭) 방면이다.

셋째, 어휘(실사(實詞)) 방면이다.

어휘 방면의 문제는 앞의 각 절에서 이미 대략적인 논의를 하였는데, 더 깊은 논의는 고대중국어 어휘학의 일이다. 문장주석학(文章注釋學)이 그것들의 성과를 충분히 흡수할 수 있으므로 지나치게 체계적으로 깊이 들어가는 전문적인 논의는 할 필요가 없다. 어법 방면의 문제는 번역 부분에서 적절하게 언급할 것이므로 여기에서는 허사에 대한 주석을 간략하게 이야기하도록 하겠다.

허사와 실사에 대한 관념은 옛날에 이미 있었는데, 명나라 사람 노이위(盧以緯)가 《허자설(虛字說)》을 짓자[127] 비로소 허사를 전문적으로 연구한 저작이 중국에 있게 되었다. 이후로 허사를 연구하는 사람이 많이 나왔는데,

127 명나라……짓자 : 《허자설》은 청나라 사람 원인림(袁仁林)의 저작이며, 노이위(盧以緯)가 지은 것은 《조어사(助語辭)》이다. 착오로 보인다. 또한 왕극중(王克仲, 1938-)의 《조어사집주(助語辭集注)》〈전언(前言)〉(中華書局, 1998, 1쪽)에 따르면, 《조어사》는 원래 진종(晉宗) 태정(泰定) 원년(1324) 이전에 지어진 것으로 보이므로, 반드시 명대에 지어졌다고 보기는 어렵다.

왕인지(王引之, 1766-1834)의 〈어사오해이실의(語詞誤解以實義)〉[128]와 《경전석사(經傳釋詞)》는 모두 성과가 있는 저작이며, 근현대 학자 배학해(裴學海, 1899-1970)의 《고서허자집석(古書虛字集釋)》, 양수달(楊樹達, 1855-1956)의 《사전(詞詮)》, 여숙상(呂叔湘, 1904-1998)의 《문언허자(文言虛字)》가 이어서 나와, 문적을 깊이 연구하고 주석을 다는 데 유용한 공구서가 되었다.

허사에 대한 주석에는 주의해야 할 것이 두 가지 있다.

1) 허자와 복음절 허사 혹은 굳어진 구조로, 지금은 이미 사용하지 않거나 사용하더라도 고금의 용법이 다른 것

모든 허사에 주석을 달아야 하는 것은 아니다. 사전에서의 뜻풀이는 그렇게 해야겠지만, 문적의 주석은 그럴 필요가 없다. 문언문 허사로서 이미 백화문의 허사가 된 것은 고문헌에서 일반적으로 주석을 달지 않아도 된다. 주석을 달아야 하는 것은, 지금은 이미 사용하지 않거나 사용하더라도 용법이 지금과 다른 그런 부분들이다. 예를 들면 다음과 같다.

의문대명사 : 언(焉), 숙(孰), 하(何), 안(安)

부사 : 수(殊), 파(頗), 익(益), 미(彌), 유(唯), 두(陡), 특(特), 함(咸), 필(畢), 실(悉), 솔(率), 심(尋), 아(俄), 선(旋), 거(遽), 돈(頓), 상(尙), 성(誠), 태(殆), 서기(庶幾), 행(幸), 감(敢)

접속사 : 즉(則), 황(況), 신(矧), 억(抑)

복음절 허사와 굳어진 구조 : 연이(然而), 연후(然後), 연차유(然且猶), 연차유상(然且猶尙), 연상(然尙), 연유(然猶), 연즉(然則), 여하(如何), 여혹(如或), 여기(如其), 여태(如台), 여유(如有), 여지하(如之何), 약부(若夫), 약구(若苟), 약하(若何), 약혹(若或), 약령(若令), 약내(若

128 원주 : 《경의술문(經義述聞)》 권32 〈통설(通說)〉

乃), 약내부(若乃夫), 약기(若其), 약설령(若設令), 약사(若使), 약지하(若之何), 약지(若至)……[129]

여기에 허사의 전부를 열거하지는 않았다.

대명사·부사·개사(介詞)·접속사·조사에도, 문자를 겉으로 보았을 때는 쉽지만 현대 한어로 해석하자면 때로 어려움이 있는 수많은 어휘가 있다. 문적에 주석 작업을 하는 사람이 고대의 허자와 다음절(多音節) 허사에 대해, 속으로 헤아려 먼저 전모를 파악한 뒤 문적에 주석을 달면 훨씬 편리할 것이다.

예를 들면, '함(咸)'·'필(畢)'·'실(悉)'은 뜻이 '개(皆)'와 같으며, 지금은 '모두〔都〕', '전부〔全都〕'로 번역할 수 있다. 고서에서 '개(皆)'의 용법에 속하는 것으로는, '함(咸)'·'필(畢)'·'실(悉)' 외에 또 '비(備)'·'구(俱)'·'구(具)'·'진(盡)'·'일(壹)' 등등이 있다.

이것들은 대체로 모두 '皆〔모두〕', '都〔모두〕'로 번역할 수 있지만, 사용 습관과 현대 번역에 있어서는 또 완전히 똑같지는 않은 점이 있다. 이것들은 동의어로, 고문(古文)에서 어떤 것은 호환할 수 있고 어떤 것은 호환할 수 없다.

> 雷雨作而百果草木皆甲坼.
> 우레가 치고 비가 오자 온갖 과목과 초목이 모두 싹을 틔웠다.[130]

> 群賢畢至, 少長咸集.
> 어진 이들 모두 오고, 젊은이 어른 모두 모였네.[131]

129 원주 : 홍성옥(洪成玉)의 《고대 중국어 복음절 허사와 굳어진 구조〔古漢語複音虛詞和固定結構〕》에 근거하였다.

130 원주 : 《주역》 〈해(解)〉괘

131 원주 : 왕희지(王羲之)의 〈난정집서(蘭亭集序)〉

村中聞有此人, 咸來問訊.

마을에 이런 사람이 있다는 소리를 듣고 모두들 와서 바깥세상 소식을 물었다.[132]

奉使絶域, 備遭艱危.

명을 받들어 절역으로 사신 가며 온갖 어려움과 위험을 만났다.[133]

政事壹決大將軍光.

정사가 모두 대장군 곽광에게서 결정되었다.[134]

王命衆悉至于庭.

왕이 여러 사람에게 명하시자 모두 뜰에 이르렀다.[135]

이 글자들은 '비(備)' 자를 제외하면 모두 '개(皆)'와 '도(都)'로 번역할 수 있고, '비(備)'는 '진(盡)'으로 번역할 수 있다.

그러나 이 사례들에서 글자를 한번 바꾸어 본다면, 어떤 것은 언어 습관을 파괴하여 말이 되지 않는 문장이 되기도 한다. 예를 들어 "政事壹決大將軍光"에서는 '일(壹)'을 만약 '개(皆)'나 '실(悉)'로 바꾼다 해도 통할 수 있을 듯하나, "皆甲坼[136]"이나 "悉至于庭"에서는 절대 '일(壹)'로 바꿀 수 없다.

언어의 습관은 반드시 존중되어야 한다. "凶象畢露"의 '필(畢)'은 '함(咸)'으로 바꿀 수 없으며, "老少咸宜"의 '함(咸)'은 '개(皆)'로는 바꿀 수 있지만

132 원주 : 도잠(陶潛)의 〈도화원기(桃花源記)〉

133 원주 : 《후한서》 〈반초전(班超傳)〉

134 원주 : 《한서》 〈차천추전(車千秋傳)〉

135 원주 : 《서경》 〈반경 상(盤庚上)〉

136 坼 : 저본에는 '圻'로 되어 있는데, 통행본 《주역》에 근거하여 바로잡았다.

'필(畢)'이나 '실(悉)'로는 바꿀 수 없다.

이 책은 매 허사에 대하여 해석하려는 것이 아니라 단지 다음과 같은 것을 설명하려는 것뿐이다. 즉 문장의 주석이, 어휘가 서로 연관된 고금의 허사와 뜻이 같거나 비슷한, 동일한 종류 또는 동일한 조(組)의 허사[137]에 대해, 비교적 넓은 개념으로 해석하는 것에 틀림없이 만족할 수 없을 것이니, 응당 서로 간에 구별이 있는 요소들을 지적해 내야 하며, 이것은 금역(今譯)에 있어 대단히 중요하다는 것이다.

어떤 어휘는 표면적으로는 변화가 없으나 고금의 용법이 다르다.

> 秦王使人謂安陵君曰："寡人欲以五百里之地易安陵，安陵君其許寡人." 安陵君曰："大王加惠，以大易小，甚善. 雖然，受地於先王，願終守之，弗敢易."
>
> 진왕이 사람을 보내어 안릉군에게 말하였다. "과인이 500리의 땅으로 안릉과 맞바꾸려 하는데 안릉군은 과인에게 허락하기를 바라노라."
>
> 안릉군이 대답하였다. "대왕께서 은혜를 베푸시어 작은 것을 큰 것으로 바꾸어 주시니 매우 좋습니다. 그렇지만 선왕께 땅을 받았으니 그곳을 끝까지 지키고 감히 바꾸지 않길 바랍니다."[138]

여기에서의 '수연(雖然)'은, 양보 관계를 표시하며 뒤에는 전환을 나타내는 접속사 '각(却)'이나 '단시(但是)'가 따라오는 현대 중국어의 용법과 다르다. 옛날의 '수연'은 뒤에 이러한 전환 접속사가 따라오지 않으며, '비록 이와 같이 말하지만〔雖說如此〕' 또는 '비록 이러하지만〔雖是這樣〕'의 뜻이다. '수

137 동일한 조(組)의 허사 : 예를 들면, 부정을 표시하는 부사 불(不)·물(勿)·무(毋)·무(無)·불(弗)·미(靡)·막(莫)·비(非)와 같은 경우이다.

138 원주 : 《전국책》 〈위책(魏策)〉

연'이 은연중 함유한 전환의 뜻은, 번역할 때는 '수연'을 번역하지 않아도 되며 '불과(不過)'로 대체하면 된다.

허사 역시 여러 가지 뜻을 가진 복잡한 정황이 있으며, 어떤 때는 또 상반된 함의를 가지고 있기도 하다. 예를 들어 '근(僅)'은 현대 중국어에서는 '적음'을 한탄하는 것으로 '단지'의 뜻이지만, 두보(杜甫) 시의 "山城僅百層〔산성이 거의 백 층이나 된다.〕"에서는 '많음'을 감탄하는 것으로 '서기(庶幾)'나 '장근(將近)'의 뜻이다. 이것은 모두 중시해야 하는 것이다.

2) 굳어진 결구 : 서로 관련 있는 허사

고서의 허사에 주석을 달 때에는 앞뒤로 상응하는 굳어진 결구, 예를 들어 '唯…是…', '何…之有', '奚以…爲'를 소홀하게 보면 안 된다. 이것들은 단음절어도 아니고 복음절어도 아니다. 이것들의 함의와 용법을 분명히 하지 않거나 그것들과 대응하는 현대 중국어의 관련사(關連詞)를 알지 못하면, 주석과 번역이 모두 곤란하게 될 수 있다.

> 荀偃令曰 : "鷄鳴而駕, 塞井夷竈, 唯余馬首是瞻."
> 순언은 다음과 같은 군령을 내렸다. "닭이 울면 말에 멍에를 씌우고 우물을 메우고 부뚜막을 부수고 오직 내 말머리만 보라."[139]

> 無故無新, 唯賢是親.
> 옛사람 새 사람을 막론하고 오직 현자만을 친근히 한다.[140]

'唯…是…'는 굳어진 결구이다. '유(唯)'는 행위 대상(즉, 동사의 목적어)

139 원주 : 《좌전》 양공(襄公) 14년 조
140 원주 : 《회남자》 〈주술훈(主術訓)〉

의 유일성과 배타성을 표시하고, '시(是)'는 목적어를 제시하는 작용을 하여 목적어를 강조한다. '유여(唯余)……' 구는 '내 말머리만 보고 행동하라'는 뜻이고, '유현(唯賢)……' 구는 '현자만을 친근히 한다'는 뜻이다. 이런 종류의 굳어진 결구는 현대 중국어에도 여전히 보존되어 있다. '唯…是…'는 '唯…之…'로도 쓸 수 있다.

> 當臣之臨河持竿, 心無雜慮, 唯魚之念.
> 신이 황하에 이르러 낚싯대를 잡았을 때 마음에 잡념 없이 물고기 잡을 생각만 했습니다.[141]

> 父母於子, 東南西北, 唯命之從.
> 부모가 자식에게 동서남북 어디를 가라 해도 자식은 오직 명을 따를 뿐이다.[142]

"唯魚之念"은 '오직 물고기만 생각한다'는 뜻이고, "唯命之從"은 '오직 명만 따른다'는 뜻이다.

> 苟非德義, 則必有禍.
> 덕의가 있는 사람이 아니면 반드시 화가 있게 된다.[143]

> 故君子苟能無以利害義, 則恥辱亦無由至矣.
> 그러므로 군자가 만약 이로움으로 의리를 해치지 않는다면 치욕도 이르

141 원주 : 《열자》 〈탕문(湯問)〉
142 원주 : 《장자》 〈대종사(大宗師)〉
143 원주 : 《좌전》 소공(昭公) 28년 조

지 않는 법이다.[144]

苟有一策，卽必爵之.
만약 한 가지 계책이라도 있으면 반드시 작위를 내릴 것이다.[145]

'苟…則…', '苟…卽…'은 현대 중국어에서 가정 관계를 표시하는 복문의 관련사(關連詞)이다. '만약……한다면……이다.〔假如……那麽就〕'의 뜻으로, 앞부분은 가정하는 조건이고 뒷부분은 이 조건 아래에서 발생하는 결과이다.

徒取諸彼以與此，然且仁者不爲，況於殺人以求之乎?
단지 저기에서 취하여 여기에 주는 것은 인자가 하지 않는 것인데, 더군다나 살인하면서까지 그것을 구하겠는가.[146]

'연(然)'은 '이렇게 하다〔這樣〕'이고, '차(且)'는 '까지도〔尙且〕'이다. '연차(然且)'는 굳어진 구조이며, '然且……況於……'는 한층 더 나아간 관계를 나타내는 복문의 관련사로, '이렇게 하는 것도……한데 더군다나〔這樣尙且……更何況〕'로 번역할 수 있다.

같은 유형의 서로 관련 있는 허사 중 어떤 글자들은 바꿀 수 있는데, 어떤 경우는 순수하게 글자를 바꿈으로써 동일한 용법의 다른 서사(書寫) 형식이 되며, 어떤 것은 용법과 내용상에 약간의 차이가 있다.

이 방면의 연구는 현재 홍성옥(洪成玉)의 《고대 중국어 복음절 허사와

144 원주 : 《순자》〈법행(法行)〉
145 원주 : 《한서》〈왕망전 상(王莽傳上)〉
146 원주 : 《묵자》〈절장 하(節葬下)〉

굳어진 구조〔古漢語複音虛詞和固定結構〕》가 있다. 왕력(王力, 1900-1986)은 이 책의 서문에서, 고대 중국어의 허사를 다루면서 단음절어만 다루는 것은 부족하며, 복음절어를 다루어도 부족하다고 지적하였다. 그리고 단음절어도 아니고 복음절어도 아닌, 굳어진 사조(詞組)[147]나 위아래가 상응하는 구조도 연구해야 "비로소 전면적으로 고대 중국어 허사를 연구하는 것이다."라고 하였다. 이 책은 문적 주석에 대해 참고할 만한 가치가 있다.

9 기타

주석을 달아야 할 어휘에는 또 외래어, 음역어, 각 학문의 전문용어[148]가 있다. 주석을 달 때에 상황에 맞게 조사해야 한다.

147 사조(詞組) 단어와 단어가 결합된 절이나 구를 말한다. 예를 들면 '新社會', '打掃乾淨' 따위이다.

148 원주 : 예를 들어 불학(佛學) 용어나 방기(方技) 용어 등이다.

제2절 주석 방법

주석하는 데 명확히 요구하는 것이 있는 것은 당연하다. 이 요구란, 지금 것을 가지고 옛것을 해석하고, 쉬운 말로 어려운 말을 해석하고, 표준어로 방언을 해석하고, 구체적이고 명확한 내용으로 함의가 광범위한 개념을 해석하는 것이다. 이런 요구들은 주석의 원칙이라고 볼 수 있다.

어떻게 지금 것을 가지고 옛것을 해석하는지, 어떻게 쉬운 말로 어려운 말을 해석하는지와 같은 것에 대해 구체적으로 논의하는 것은 전혀 필요하지 않다. 주석할 단어의 선택과 주석에 대해 논의할 때 사실상 이미 언급하였다. 《모시고훈전(毛詩詁訓傳)》부터 시작해서 역대의 전(傳), 주(注), 전(箋), 소(疏)가 모두 이렇게 하였다. 한(漢)나라 사람이 선진(先秦)의 전적에 주석을 달면서 사용한 언어는 한대(漢代)의 언어이고, 당(唐)·송(宋) 때 사람이 진(秦)·한(漢)의 작품에 주석을 달 때 사용한 것은 당·송 사람의 이해(理解)이다. 그들의 주석은 형식상으로는 비록 사용한 언어가 진·한의 언어(문언(文言))이지만, 개념과 관계된 것들은 실질적으로 모두 옛것을 당시 것으로 바꾼 것이고, 방언을 표준어로 바꾼 것이고, 추상적인 것을 구체적인 것으로 바꾼 것이다. 다음은 주석 방법을 구체적으로 논의해 보기로 한다.

> 《논어》〈위정(爲政)〉: 子曰: "道之以政, 齊之以刑, 民免而無恥; 道之以德, 齊之以禮, 有恥且格."
>
> 공자가 말하였다. "법으로 인도하고 형벌로 가지런히 하면 백성들이 형벌을 면할 수는 있으나 부끄러워하는 마음은 없을 것이다. 덕으로 인도하고 예로써 가지런히 하면 백성들이 부끄러워하는 마음이 있고 또 선에 이르게 될 것이다."

주희 주 : '도(道)'는 '인도하다'와 같으니, 솔선하는 것이다. '정(政)'은 법제와 금령을 이른다. '제(齊)'는 똑같이 만드는 것이니, 인도해도 따르지 않는 자는 형벌을 두어 똑같이 만드는 것이다. '면이무치(免而無恥)'는 형벌을 구차하게 면하지만 부끄러워하는 마음이 없는 것이니, 감히 악행을 못 하지만 악행을 하려는 마음은 없어진 적이 없는 것이다.
'예(禮)'는 제도와 신분의 고하 및 한계의 등급에 따른 절차를 말한다. '격(格)'은 이르는 것이다. 몸소 행하여 솔선하면 백성들이 진실로 보고 감동하여 흥기하는 바가 있을 것이고, 심천(深淺)과 후박(厚薄)이 균일하지 않은 것을 또 예로써 똑같이 만들면 백성들이 불선함을 부끄러워하고, 또 선에 이를 수 있다는 것을 말한 것이다. 일설에 '격(格)'은 바로잡는 것이라 하였으니, 《서경》에 "그 그른 마음을 바로잡는다."라고 하였다.
○ 나는 다음과 같이 생각한다. 정(政)은 다스리는 도구이고, 형(刑)은 다스림을 보완하는 방법이다. 덕과 예는 다스림을 펴는 근본이고, 덕은 또 예의 근본이다. 이것은 서로 끝과 처음이 되니 한쪽으로 치우치거나 폐할 수 없지만 정(政)과 형(刑)은 백성들을 죄에서 멀어지게 할 수 있을 뿐이고, 덕과 예의 효과는 백성들을 자신도 모르게 날마다 개과천선하게 한다. 그러므로 백성을 다스리는 자는 말단만을 믿으면 안 되고, 또 그 근본을 깊이 탐구해야 한다.
道猶引導，謂先之也. 政，謂法制禁令也. 齊，所以一之也. 道之而不從者，有刑以一之也. 免而無恥，謂苟免刑罰，而無所羞愧，蓋雖不敢爲惡，而爲惡之心未嘗亡[149]也. 禮，謂制度品節也. 格，至也. 言躬行以率之，則民固有所觀感而興起矣，而其淺深厚薄之不一者，又有禮以一之，則民恥於不善，而又有以至於善也. 一說，格，正也. 《書》曰："格其非心." ○ 愚謂政者，爲治之具. 刑者，輔治之法. 德禮則所以出治之本，而德又禮之本也. 此其相爲終始，雖不可以偏廢，然政刑能使民遠罪而已，德禮之效，則有以使民日遷善而不自知. 故治民者不可徒[150]恃其末，又當深探其本也.[151]

《논어》〈위정〉의 내용은 백성을 통치하는 도리에 관한 것이다. 이 문단과 주희의 주를 열거한 것은, 주석을 다는 방법으로 삼는 데 있어 그 자체로 전

149 亡 : 저본에는 '忘'으로 되어 있는데, 《논어집주》에 근거하여 바로잡았다.
150 徒 : 저본에는 없는데, 위 자료에 근거하여 보충하였다.
151 원주 : 주희(朱熹)의 《논어집주》에 보인다.

형적인 의미를 갖기 때문이다.

"도(道)는 '인도하다.'와 같다.〔道, 猶引導.〕"와 "격(格)은 이르는 것이다.〔格, 至也.〕"는, 동의어로 대역(對譯)하는 방식이다. "정(政)은 법제와 금령을 이른다.〔政, 謂法制禁令.〕"와 "예(禮)는 제도와 신분의 고하 및 한계의 등급에 따른 절차를 말한다.〔禮, 謂制度品節.〕"는, 정의(定義)하는 방식이다.[152] "제(齊)는 똑같이 만드는 것이다.〔齊, 所以一之也.〕"는, 그 작용을 설명하여 어휘의 의미를 해석한 것이다. 여기에서 "소이일지(所以一之)"는 '가지런하게 한다〔使齊一〕'는 의미를 포함하고 있다. "'면이무치(免而無恥)'는 구차하게 형벌은 면하지만 부끄러워할 줄을 모르는 것이다.〔免而無恥, 謂苟免刑罰, 而無所羞愧.〕"는, 어휘의 의미 풀이를 문장 풀이에 기탁한 것이다.[153]

어휘를 해석한 뒤에 또 어구의 뜻과 사상 내용에 대한 보충 설명을 하여 독자들이 철저하게 원문을 이해할 수 있도록 하였다. 정사와 형벌의 관계, 덕과 예의 관계가 그 예이다.

1 동의어로 대역한 방식

이것은 가장 주된 방식이다. 고문을 읽을 때의 장애는 주로 문언(文言)에 있다. 주석의 임무는 주로 백화를 사용하여 해석하는 것이다. 이런 해석의 목적은 옛날과 지금을 소통시키는 데에 있다.

그러므로 여러 가지 뜻을 지닌, 옛사람의 단음절어는 주석할 때 특정한 언

152 원주 : 즉 법제 금령을 정(政)이라 하고, 제도와 신분의 고하 및 한계의 등급에 따른 절차를 예(禮)라 한다.

153 원주 : 선진 시대 고서에서 '면(免)' 자가 단독으로 쓰인 것은 대부분 '면형(免刑)', '면죄(免罪)', '면화(免禍)'가 생략된 것이다.

어 환경 속의 한 가지 뜻을 가지고 분명하게 보여 주어야 하며, 잘 사용하지 않는 옛사람의 단음절어는 단음절어나 복음절어를 막론하고 이에 상응하는 현대어로 분명하게 보여 주어야 한다. 또 옛사람의 복음절어나 다음절어는 이에 상응하는 현대의 복음절어나 다음절어가 있으면 현대의 복음절어나 다음절어로 해석해야 한다.

이러한 과정을 거쳐서 지금 사람들이 문언문을 백화처럼 읽을 수 있도록 하고, 지금 사람들이 옛날 사람들의 언어를 아무런 장애 없이 대할 수 있도록 하는 것이 바로 뜻을 해석하는, 동의어로 대역하는 방식[154]이다.

> 臣本布衣, 躬耕於南陽, 苟全性命於亂世, 不求聞達於諸侯. 先帝不以臣卑鄙, 猥自枉屈, 三顧臣於草廬之中, 咨臣以當世之事, 由是感激, 遂許先帝以驅馳.
>
> 신은 본래 평민으로, 남양에서 직접 농사지으며 난세에 구차하게 목숨을 보전하고 제후에게 명성이 알려져 등용되기를 구하지 않았습니다. 그런데 선제께서는 신을 비루하게 여기지 않으시고 외람되게도 자신을 낮춰 초려로 신을 세 번이나 찾아와서 당세의 일을 물으셨습니다. 이에 감격하여 마침내 선제를 위하여 분주히 일하기로 결심하였습니다.[155]

주대박(周大璞) 등은 《고문관지(古文觀止)》 〈전출사표(前出師表)〉의 이 단락에 대한 주석에서, 주로 다음과 같이 동의어로 대역하는 방식을 썼다.

> 포의(布衣) : 평민이다.〔平民.〕

154 동의어로 대역하는 방식 : 저본에는 '語詞、對譯式'으로 되어 있는데, 앞뒤 문맥을 살펴 '詞語對譯式'으로 바로잡아 번역하였다.

155 원주 : 《삼국지》 〈제갈량전(諸葛亮傳)〉

궁경(躬耕) : 자신이 직접 전지를 갈고 파종하는 것이다.〔親自種田.〕

남양(南陽) : 제갈량의 은거지 융중으로, 남양군에 속한다.〔諸葛亮隱居地隆中屬南陽郡.〕

구전(苟全) : 구차하게 보전하는 것이다.〔苟且保全.〕

문달(聞達) : 이름을 드날리고 현달하는 것이다.〔揚名顯達.〕

비비(卑鄙) : 지위가 낮고 식견이 천근한 것이다.〔地位低下, 見識淺陋.〕

외(猥)[156] : 어조사로, '내(乃)'이다.〔語辭, 乃.〕

왕굴(枉屈) : 신분을 낮추고 자신을 굽히는 것이다.〔降低身分, 委屈自己.〕

감격(感激) : 감정이 일어나서 격동하는 것이다.〔感發激動.〕

구치(驅馳) : 분주하게 일하는 것이다.〔奔走效勞.〕

동의어로 대역하는 방식에서 번역어의 가장 큰 장점은, 고문을 직접 지금 말로 바꾸고 문언을 백화로 바꿀 수 있다는 점이다. 이 때문에 우리는 심지어 대입법을 사용해서 해석한 말로 주석 대상어를 대체하여 고어를 막힘없이 쉽게 알게 할 수도 있다.

그러나 한 가지 주의해야 할 문제가 있다. 이런 종류의 주석은 대부분 글에 따라 뜻을 해석한 것이라는 점이다. 이것은 매우 논의를 해야 할 필요가 있는 부분이다. 여기에서는 문헌에서의 뜻풀이가 사전의 뜻풀이와 어떤 관계가 있는지를 언급하도록 하겠다. 예를 들어 "구치(驅馳)는 분주하게 일하는 것이다.〔驅馳, 奔走效勞.〕"의 경우, 〈전출사표〉라는 이 글에서는 이 뜻이지만 사전에 이런 뜻풀이 조항을 둘 수 있다고 결코 말할 수 없다. 사전의 뜻(즉, 어휘의 뜻)은 개괄적이어야 하기 때문이다.

보편적인 뜻을 가지는 것과 글에 따라 뜻을 풀이하는 주석은 매우 다르다.

156 원주 : 음이 〔wěi, 委〕이다.

《열자》〈중니(仲尼)〉의 "東里多才"에 대해, 장담(張湛)은 "다스리는 능력이 있어서 국정에 참여하는 자이다.〔有治能而參國政者.〕"라고 주를 달았다. 장담이 주석한 것은 '재(才)' 자이다. 이 언어 환경에서 이 '재'는 완전히 이렇게 해석할 수 있다.

그러나 다의어로서의 '재'는 '재능' 또는 '재능 있는 사람'의 뜻풀이 조항은 있으나 이러한 뜻풀이 조항은 있을 수 없다. 우리들이 장담 주의 정확성을 인정하는 이유는, 〈중니〉에서 말하는 것이 나라를 다스리는 일이기 때문이다.

우리는 앞뒤 글을 통해서도 '재'가 쓰이는 특정 언어 환경에서 이것이 구체적으로 지칭하는 뜻을 깨달을 수 있다. 가령 "東里多才"의 앞뒤 글이 학문연구·글짓기·그림 그리기를 이야기하고 있다면, 이 '재'는 '학문 연구에 뛰어난 사람〔善治學者〕', '글을 잘 짓는 사람〔善屬文者〕', '그림을 잘 그리는 사람〔善作畫者〕'이다.

다시 또 하나의 사례를 들어 보자.

> 《전국책》〈송책(宋策)〉: 車至門, 扶.
>
> 수레가 문에 이르자 부인을 부축해서 내렸다.
>
> 고유(高誘) 주 : '부(扶)'는 수레에서 내리는 것을 말한다.〔扶, 謂下車.〕
> 포표(鮑彪) 보주 : 사람이 부인을 부축하여 내리는 것이다.〔人扶婦下.〕

'부(扶)' 자는 어떻게 해도 고유의 주와 같은 함의가 있을 수 없다. 고유의 주는 문장 전체의 뜻을 가지고 말한 것이다. 포표의 보주는 고유의 주보다 조금 더 명백하지만 여전히 '부(扶)' 자를 해석하지 않았다. 그러나 그는 이미 "人扶婦下.〔사람이 부인을 부축하여 내리는 것이다.〕"라고 해석하여, '부(扶)'에 하나의 통상적인 용법이 생겨나게 하였다. 이 때문에 이 '人扶婦下'는 바로 '人攙扶婦下'이며, '攙扶〔부축하다〕'는 '부(扶)'라는 어휘의 뜻인 것이다.

고문의 주석은 지금 사전의 뜻풀이 조항의 관념이 없다. 그래서 그들이 글에 따라 뜻을 해석한 것은 본래 과학적이지 않은 점이 있다. 그러나 "東里多才"에 대해 "재는 '재능이 있는 사람'이다. 여기에서는 다스리는 재능이 있어서 국정에 참여하는 자를 가리킨다.〔才, 有才能之人. 此處指有治能而參國政者.〕"라고 하고 "車至門, 扶"에 대해 "부는 '부축하다.'라는 뜻이다. 여기에서는 사람이 부인을 부축하여 수레에서 내리는 것을 가리킨다.〔扶, 攙扶. 此處指人攙扶婦下車.〕"라고 하면, 글에 따라 뜻을 해석하는 것이 어휘 뜻과 결합하여 독자에게 오해를 불러일으키게 하지 않는다.

글에 따라 뜻을 해석하는 것은 국한성이 있지만, 만약 글에 따라 해석한 뜻이 발생하는 배경에 주의하여, 이러한 구체적인 뜻을 발생시키는 어휘의 의미를 먼저 지적해 준다면 이러한 국한성은 보완될 수 있다.

동의어로 대역하는 방식의 글에 따라 해석한 뜻은, 어떤 때는 곧바로 어휘의 뜻이나 사전의 뜻풀이가 된다.

《시》〈대아(大雅) 첨앙(瞻卬)〉: 此宜無罪, 女反收之.
이 죄 없는 사람을 네가 도리어 구속한다.
모전(毛傳): '수(收)'는 구금하는 것이다.〔收, 拘收也.〕
주희 집주: '수(收)'는 구속하는 것이다.〔收, 拘也.〕

《시》의 이 구절은 앞에는 '죄(罪)'가 있고 뒤에는 '수(收)'가 있으며, 앞에는 '무죄(無罪)'이고 뒤에는 '반수(反收)'여서, 모두 '구금하다〔拘收〕', '체포하다〔收捕〕'는 뜻의 전형적인 환경을 제공하고 있다. 그러므로 글에 따라 뜻을 해석한 모전과 주희의 주는 모두 매우 정확하고 적절하며, 여기에서 글에 따라 뜻을 해석한 것은 어휘의 뜻이나 사전의 뜻풀이와 일치한다.

고문의 주석에서 채용하고 있는, 동의어로 대역하는 방식은 외자를 많이 사용한다.

《국어》〈진어(晉語)〉: 且晉公子敏而有文.

그리고 진나라 공자는 영민하고 글 솜씨가 뛰어나다.

위소(韋昭) 주 : '민(敏)'은 사리에 통달한 것이다.〔敏, 達也.〕

《국어》〈제어(齊語)〉: 盡其四支之敏, 以從事於田[157]野.

사지의 재능을 다하여 들에서 종사하였다.

위소 주 : '민(敏)'은 재능과 같다.〔敏, 猶材也.〕

《논어》〈술이(述而)〉: 我非生而知之者, 好古敏以求之者.

나는 태어나면서부터 아는 사람이 아니라 옛것을 좋아하여 부지런히 추구하는 사람이다.

유보남(劉寶楠) 정의(正義) : '민(敏)'은 근면이니, 열심히 추구하는 것이다. 敏, 勉也, 言黽勉以求之也.

'달(達)'은 영민하고 통달함을 말하며, '재(材)'는 재능을, '민(黽)'은 근면함을 말한다. 뜻을 해석한 것이 정확하여 오류가 없으나, 이런 외자 자체의 함의 또한 한 가지가 아니어서 어떤 때는 독자의 오해를 야기할 수 있다.[158]

《논어》〈이인(里仁)〉: 君子欲訥於言而敏於行.

군자는, 말은 어눌하게 하고 실천은 민첩하게 하려고 한다.

포함(包咸) 주 : '눌(訥)'은 굼뜬 것이다.〔訥, 遲鈍也.〕

《논어》〈자로(子路)〉: 子曰 : 剛、毅、木、訥近仁.

공자가 말하였다. "강하고 굳세고 질박하고 어눌한 것이 인에 가깝다."

《논어집해》의 왕숙(王肅) 주를 인용 : '눌(訥)'은 굼뜬 것이다.〔訥, 遲鈍也.〕

157 田 : 저본에는 '四'로 되어 있는데, 통행본 《국어》에 근거하여 바로잡았다.

158 원주 : '민(敏)'은 다의자(多義字)이다.

황간(皇侃)의 소[159] : '눌(訥)'은 말이 굼뜬 것이다.〔訥者, 言語遲鈍.〕
《설문해자》: '눌(訥)'은 말을 어렵게 하는 것이다.〔訥, 言難也.〕

《설문해자》와 황간의 소는 모두 '눌(訥)' 자의 본의를 해석하였는데, 이것은 정의하는 방식이다.

"剛、毅、木、訥近仁."에서 '눌(訥)' 자를 하나의 독립된 명사로 여긴 것은 황간의 소가 정확하다. "訥於言而敏於行"의 '눌(訥)'은 형용사이니, 포함(包咸, 기원전 6-65)의 주에서 "굼뜨다.〔遲鈍〕"라고 한 것은 완전히 정확하다. '눌(訥)'은 여기에서 '언(言)'을 수식하는 말이다. 가령 우리가 외자를 사용하여 "訥, 遲也."[160]라고 하면 〈이인〉과 〈자로〉 두 편의 '눌(訥)' 자 구별이 모호해진다.

뜻이 한 가지인 외자로서 동의어로 대역할 수 있는 것을 제외하고, 현대에 고서에 주석을 달 때에는 일반적으로 복음절어로 대역하여 여러 글자로 한 글자를 해석해야 한다. 대역 과정에서 위아래 글의 특정 환경을 충분히 고려하여 특정 환경 속의 뜻을 분명하게 제시해야만 독자가 문장의 내용을 깊이 이해하는 데 도움이 된다.

이러한 '글에 따라 뜻을 해석하는 것〔隨文釋義〕'은 '표면적인 글자 뜻으로 부회하여 잘못 해석하는 것〔望文生義〕'과는 다르다. 정확하게 글에 따라 뜻을 해석하는 것은 인정해 주어야 할 뿐 아니라 가장 중요한 작업으로 여겨야 한다.

159 황간(皇侃)의 소 : 《논어의소(論語義疏)》를 가리킨다.
160 원주 : 《광아(廣雅)》〈석고(釋詁) 4〉

2 정의하고 설명하는 방식

'정의(定義)하고 설명하는 방식'은 어떤 전문 분야의 전문용어와 명칭들에 적용하는데, 이러한 전문용어와 명칭들은 고금에 서로 대응하는 단어나 어구가 아예 없기 때문에 동의어로 해석하는 방식으로 해석할 수 없으며, 그것이 나타내는 개념에 대하여 설명을 해야 한다. 개념을 분명히 밝히는 것이 바로 '정의'이며, 사물에 대하여 서술하고 소개를 하는 것이 바로 '설명'이다.

《노자》 제1장 "도가도(道可道)"의 '도(道)' 개념을 임계유(任繼愈, 1916-2009)는 다음과 같이 해석하였다.[161]

> 《노자》에서의 '도(道)'는 문자 또는 언어로 표현할 수 없는 것이며, 신비한 정신의 본체이다. 그것은 천지만물의 근원이다. 그것은 미묘한 것이고 막막하여 종잡을 수 없는 것이며, 어떠한 성질의 규정성도 가지고 있지 않아서 정상적인 방법으로는 인식할 수가 없다.
>
> 《노자》에서 최초로 '도'라는 이 철학적 개념을 제기하였다. 그 이전의 '도'의 용법은 모두 노자의 철학적 의미인 '도'와 다르다. 이 때문에 노자는 먼저 자신이 말하는 '도'는 일반적으로 익숙한 용법과는 다르다는 것을 설명하였다.
>
> 노자의 '도'에는 두 가지 뜻이 있다. 어떤 때는 정신의 실체를 가리키지만, 더 많은 정황에서는 만물이 변화하고 발전하는 규율을 가리킨다. 이 두 가지는 노자의 관념에서 그렇게 분명하지는 않다.
>
> 《老子》書中的"道"是不能用文字或語言表達的，神秘的精神本體．它

161 노자……해석하였다 : 임계유(任繼愈)의 《노자》 관련 저서로 《노자금역(老子今譯)》(古籍出版社, 1956), 《노자신역(老子新譯)》(上海古籍出版社, 1973), 《노자전역(老子全譯)》(巴蜀書社, 1992)이 있다.

是天地萬物的本源. 它是微妙的, 玄虛的, 不具有任何質的規定性, 不能用正常的方法去認識它. 《老子》書中第一次提出"道"這個哲學概念. 過去的"道"字的用法都與老子的哲學意義的"道"不同. 所以老子首先說明他所謂"道"與一般習慣用法不同. 老子的"道"有兩個意思 : (一) 有時是指精神的實體; (二) 更多的場合下是指萬物變化發展的規律. 這兩者在老子的觀念中是不十分清楚的.

이러한 철학적 개념에 대한 해석은 상당한 난이도가 있다. 어의(語義)로 삼은 '도리(道理)'와 '규율(規律)'은 여기에서는 모두 역할을 하지 못하며, 단지 노자의 이 개념에 대해 각 방면에서 연구를 해야만이 위의 인용문과 같은 소개를 할 수가 있다.

孫子曰 : 兵者, 國之大事, 死生之地, 存亡之道, 不可不察也. 故經之以五, 校之以計, 而索其情; 一曰道, 二曰天, 三曰地, 四曰將, 五曰法. 道者, 令民與上同意者也, 可與之死, 可與之生, 民弗詭也. 天者, (下略)
손자가 말하였다. "전쟁은 나라의 큰일이니, 죽고 살 곳과 존망의 도를 살펴야 한다. 그러므로 다섯 가지로 법을 삼고 계로 가르쳐서 정황을 찾아낸다. 첫째는 도이고, 둘째는 하늘이고, 셋째는 땅이고, 넷째는 장수이고, 다섯째는 법이다. '도'는 백성을 윗사람과 뜻을 같게 하는 것이니, 함께 죽을 수 있고 함께 살 수 있어서 백성들이 속이지 않는다. 하늘은 (이하 생략)"[162]

"存亡之道"의 '도(道)'는 도로, 경로의 뜻이다. "一曰道"의 '도'는 정치적

162 원주 : 《손자》〈계편(計篇)〉

개념이다. 손자의 다음 인용문에서의 해석[163]에서, '도'는 정부가 정치적 수단을 통하여 백성으로 하여금 정부와 한마음 한뜻이 되게 하여 정부를 위해 힘을 다할 수 있게 하는 것을 가리킨다는 것을 알 수 있다.

곽화약(郭化若)은 《손자역주(孫子譯注)》에서 다음과 같이 해석하였다.

> '도(道)'는 손자와 동시대를 살았던 제자백가의 저작 속에서 저마다의 뜻이 있다. 손자가 13편 속 각처에서 사용한 '도' 역시 각각 가리키는 바가 서로 다르다. 여기에서 손자가 사용한 '도'의 개념(또는 범주)은 주로 지주 계급의 정치를 가리킨다. '민(民)'은 당시에 반항적 성질을 가진 노동자를 가리키는데, 즉 농노와 노예이다. 신흥 지주계급의 정치〔道〕, 그 역할은 반항적 성질을 가진 백성들에게 통치자의 통치에 복종할 수 있도록 요구하는 것이다.
>
> 道, 在和孫子同時的諸子的著作中, 各有各的命意. 孫子在十三篇中各處所用的道字也各有所指, 互不相同. 這裏孫子用"道"這一概念(或範疇)主要是指地主階級的政治. 民, 當時是指有反抗性的勞動者, 卽農奴和奴隷. 新興地主階級的政治(道), 其作用是要求有反抗性的民能服從統治者的統治.

곽화약의 주석에서는, '도'라는 이 개념이 손자와 동시대를 살았던 제자백가가 부여한 뜻과 각각 다르고 손자 본인이 다른 정황에서 사용한 개념도 차이가 있다는 것을 먼저 소개한 뒤에, 본편의 '도'의 함의를 구체적으로 설명하였다.

이 해석은 실제로 손자 자신의 '도'에 대한 해석에 근거하여 제시한 것이

163 원주 : 이것은 옛사람이 상용한 방법으로, 개념어를 먼저 제기한 뒤에 구체적으로 해석하는 것이다.

다. 손자는 '도(道)'·'천(天)'·'지(地)'·'장(將)'·'법(法)'을 모두 해석하였는데, 곽화약 또한 이에 상응하는 보충 설명을 모두 하여 독자로 하여금 손자가 말한, 전쟁에서의 승부를 결정하는 여러 요인에 대하여 분명히 이해할 수 있게 하였다.

정의하는 방식의 사례를 다시 몇 개 더 보자.

臣者君之陰也.
신하는 군주의 그늘이다.[164]

臣, 君之股肱耳目.
신하는 군주의 팔, 다리, 귀, 눈이다.[165]

仕於公曰臣.
공에게 벼슬하는 자를 '신'이라고 한다.[166]

臣、妾, 男女貧賤之稱.
'신'과 '첩'은 빈천한 남녀의 칭호이다.[167]

臣、妾, 厮役之屬也.
'신'과 '첩'은 하인 등속이다.[168]

164 원주 : 《한서》 〈두흠전(杜欽傳)〉
165 원주 : 《의례》 〈사상례(士喪禮)〉의 "乃赴于君"에 대한 주이다.
166 원주 : 《예기》 〈예운(禮運)〉
167 원주 : 《주례》 〈태재(大宰)〉
168 원주 : 《서경》 〈비서(費誓)〉 정현(鄭玄)의 주이다.

臣則事人之稱, 無定名也.
'신'은 남을 섬기는 자의 칭호이지 정해진 명칭이 없다.[169]

臣謂征伐所獲民虜者也.
'신'은 정벌하여 사로잡은 민간인 포로를 말한다.[170]

臣謂囚俘.
'신'은 구금한 포로를 말한다.[171]

이 여덟 조항의 '신(臣)'에 관한 정의는 혹은 경문(經文)에 나오고 혹은 주에 나오는데, 다음 세 가지로 분류할 수 있다.

첫째, 신과 군의 관계를 설명한 것이다.

둘째, 신의 사회적 지위를 설명한 것이다.

셋째, 신의 초기 유래를 설명한 것이다.

다른 언어 환경에서 '신'이 가리키는 것은 약간의 구별이 있을 수 있다. 이러한 정의들은 모두 구체적인 언어 환경에서 출발하여 개념이 반영하고 있는 대상의 어떤 속성에 대하여 개괄하였다.

문장의 주석은 글에 따라 뜻을 해석하는 성질을 가지고 있으므로 설명이 모두 정확해야 한다. 그러나 현재에는 이러한 정의들이 오히려 사람들을 만족시킬 수 없으므로, 우리는 정의할 때 보편적인 일반적 속성을 개괄한 뒤에 또 개별적인 특수한 속성을 지적해 내야 한다. 이렇게 해야 독자가, 이 어휘가 반영한 개념에 관하여 비교적 완비된 지식을 얻는 데 도움이 된다.

169 원주 : 《시경》 〈정월(正月)〉의 전(箋)에 나오는 "人之尊卑有十等"에 대한 소이다.
170 원주 : 《예기》 〈소의(少儀)〉의 "臣則左之"에 대한 소이다.
171 원주 : 《예기》 〈소의〉의 "臣則左之"에 대한 주이다.

옛사람이 임의로 정의한 사례는 다량의 자료를 찾을 수 있다. 예를 들어 '인(仁)'이라는 이 어휘는 일종의 정치이론 개념이 되었는데, 선진 시대 제자백가의 저작에서는 모두 자신의 사상적 관점에 근거하여 글에 따라 만들어 낸 것이다.

인(仁)은, 일반적인 단어로서의 뜻은 '사랑〔愛〕'이다. 이른바 "인(仁)은 친함이다. 인(人)과 이(二)에서 뜻을 취한 회의자이다.〔仁, 親也, 從人從二.〕"[172]라고 한 것은, 글자를 만드는 원리 면에서 설명한 것으로, '인'은 회의자이며 서로 짝이 되어 친하다는 뜻이다. 그러나 하나의 정치이론 개념으로 쓰이게 되면, '인'은 유가사상의 핵심이 된다. '인' 자가 하나의 도덕적 기준으로 쓰인 것은 《논어》 한 책에서만 105차례나 쓰였다. "자신의 사욕을 극복하여 예로 돌아가는 것이 인이다.〔克己復禮爲仁.〕"[173]라고 한 것은, 전체적인 사회 정치 제도의 수준에서 '인'이라는 이 도덕 기준에 대하여 개괄한 것이다.

가장 간결하게 총괄하는 말로 '인'에 대해 개괄을 시도한 것으로는 또 다음과 같은 것들이 있다.

《관자》에서는 "덕을 남에게 베푸는 것을 '인'이라고 한다.〔以德予人者謂之仁.〕"[174]라고 하였다.

《한비자》에서는 "관대하고 자애롭게 덕정을 펴는 것을 '인'이라고 한다.〔寬惠行德謂之仁.〕"[175]라고 하였다.

《일주서(逸周書)》에서는 "백성들에게 이로움을 주는 것이 '인'이다.〔與民利者仁也.〕"[176]라고 하였다.

172 원주 : 《설문해자》
173 원주 : 《논어》 〈안연(顔淵)〉
174 원주 : 《관자》 〈계(誡)〉
175 원주 : 《한비자》 〈궤사(詭使)〉
176 원주 : 《일주서》 〈본전(本典)〉

그러나 《장자》에서의 정의는 오히려 다시 개괄하여 "모두 용납하는 덕이 '인'이다.〔德無不容, 仁也.〕"[177]라고 하였다.

이러한 개괄들과는 달리 또 다음과 같이 비교적 좁은 정의들이 있다.

"자신이 하고 싶지 않은 것을 남에게 베풀지 않는 것이 '인'이다.〔非其所欲, 勿施於人, 仁也.〕"[178]

"내 마음으로 남의 마음을 미루어 짐작하는 것이 '인'이다.〔恕則仁也.〕"[179]

"공평하게 나누는 것이 '인'이다.〔分均, 仁也.〕"[180]

"어진 이를 존귀하게 여기는 것이 '인'이고, 불초한 이를 비천하게 여기는 것이 '인'이다.〔貴賢, 仁也; 賤不肖, 仁也.〕"[181]

"천하를 위하여 인재를 얻는 것을 '인'이라고 한다.〔爲天下得人者謂之仁.〕"[182]

이 많은 정의들은 모두 경문 자체이고 주석의 내용이 아니다. 우리가 만약 임계유(任繼愈)가 주를 단 《장자》의 '도'나 곽화약(郭化若)이 주를 단 《손자》의 '도'처럼 주를 단다면, 절대로 이렇게 임시적이고 국한된 언어 환경에 적용되는 수많은 정의에 미혹되어서는 안 되며, 한 책 혹은 한 개인이 이 하나의 개념을 사용한 전체에 나아가 연구한 뒤에야 그것의 일반적인 속성과 본질적인 속성을 어떻게 개괄할 것인지를 고려하여 정의할 수 있다.

단지 철학이나 정치 개념만 정의할 수 있는 것이 아니라 일반 어휘도 정의할 수 있다.

177 원주 : 《장자》 〈선성(繕性)〉
178 원주 : 《관자》 〈소문(小問)〉
179 원주 : 《대대례기》 〈위장군문자(衛將軍文子)〉
180 원주 : 《여씨춘추》 〈당무(當務)〉
181 원주 : 《순자》 〈비십이자(非十二子)〉
182 원주 : 《맹자》 〈등문공(滕文公)〉

修舊曰新.
옛것을 수리하는 것을 '신'이라고 한다.[183]

繕故曰新.
옛것을 손질하는 것을 '신'이라고 한다.[184]

賢, 有善行也.
'현'은 선행이 있는 것이다.[185]

賢, 有德行者.
'현'은 덕행이 있는 자이다.[186]

田者, 地之表而有人功者也.
'전'이란 사람의 공력이 들어간 땅 표면이다.[187]

이 정의들은 사물의 본질적 속성과 일반적 속성을 반영하고 있는데, 비교적 정확하다. 현대의 주석은 이것들을 고쳐서 새로운 주석이 되게 할 수 있다. 그러나 이러한 개념들에 대해 모두 정의를 해야만 하는 것은 결코 아니며 구체적인 상황을 보아야 한다.

"新廟奕奕"의 '신(新)'에 대해, 고형(高亨, 1900-1986)의 《시경금주(詩經今注)》에서는 아무런 해석을 하지 않고 단지 "'신묘'는 윗글에서 말하는 비

183 원주 : 《시경》 〈비궁(閟宮)〉의 "新廟奕奕"에 대한 전(箋)이다.
184 원주 : 《공양전》 장공(莊公) 29년 조의 "新延廐者"에 대한 하휴(何休)의 주이다.
185 원주 : 《주례》 〈태재(大宰)〉의 "三曰進賢"에 대한 주이다.
186 원주 : 《주례》 〈소사구(小司寇)〉의 "三曰議賢之辟"에 대한 주이다.
187 원주 : 《주역》 〈건(乾)〉괘의 "見龍在田"에 대한 왕필(王弼)의 주이다.

궁이다.〔新廟, 卽上文所謂閟宮.〕"라고만 하였다. 이 〈비궁〉이라는 시는 노(魯)나라 희공(僖公)이 회이(淮夷)를 쳐서 승리한 것을 노래한 시이다. 조묘(祖廟)에 그 전공(戰功)을 고하는 제사를 지내면서 부른 악가인데, 이 노래에서 비궁에 대해 묘사하였다. '신묘(新廟)'는 정현의 전을 통해 보면 고유제를 지내기 전에 비궁을 수리하고 장식하여 옛 면모가 일신되었기 때문에 '신묘'라고 일컬은 것이다.

그리고 "見龍在田"의 '전(田)'과 같은 것은, 지금 주석에서 정의하는 방식을 반드시 취해야 하는 것은 아니며, '전지(田地)'나 '전야(田野)'로 해석하면 된다.

지금 사람이 고서에 주석을 달려면 독자가 본래 알고 있는 지식과 이해 능력을 충분히 고려해야 한다. 일반적인 단어의 주석, 특히 외자에 대한 주석은 정의하는 방식을 적게 쓰는 것이 좋다.

> 吾嘗終日而思矣, 不如須臾之所學也.
> 내가 하루 종일 생각해 본 적이 있는데 잠깐 배우는 것만 못하였다.[188]

> 郡國曰學, 縣、道、邑、侯國曰校.
> 군국에 있는 교육기관을 '학'이라 하고, 현·도·읍·후국에 있는 것을 '교'라 한다.[189]

> 相從勉講學, 事業在積累.
> 서로 어울려 부지런히 강학하여 성과가 쌓이게 되었다.[190]

188 원주 : 《순자》〈권학(勸學)〉

189 원주 : 《한서》〈평제기(平帝紀)〉

190 원주 : 육유(陸游)의 〈길주 연으로 부임하는 자룡을 전송하며〔送子龍赴吉州掾〕〉

만약 우리가 이 세 개의 '학(學)' 자에 대하여 각각 "읽기·청강·연구·실천을 통해 얻은 지식이나 기능",[191] "전문적으로 교육하는 기구",[192] "객관적인 사물을 정확하게 반영한 체계적인 지식"[193]으로 주를 단다면, 틀림없이 사람들로 하여금 부자연스럽다고 느끼게 할 것이다.

그러나 만약 단지 '학습(學習)', '학교(學校)', '학문(學問)'으로만 해석하여 옛날의 단음절어를 현대의 복음절어로 바꿔 이 몇몇 복음절의 기본 개념에 대한, 사람들의 이해를 충분히 이용한다면, 반대로 고금을 소통시키는 작용을 일으킬 수 있다.

> 子曰 : "學而時習[194]之, 不亦說乎?"
>
> 공자가 말하였다. "배우고 그것을 때때로 익히면 기쁘지 않겠는가."
>
> 주희 주 : '습(習)'은 새가 자주 날갯짓을 하는 것이니, 새끼 새가 자주 나는 연습을 하듯이 배우기를 그치지 않는 것이다. '열(說)'은 기뻐한다는 뜻이다. 이미 배우고 또 그것을 때때로 익히면 배운 것이 익숙해져서 마음이 기뻐 그 진보를 스스로 그만둘 수 없는 것이다. 정자가 말하기를 "습(習)은 거듭 익히는 것이니, 때때로 다시 생각하고 연역하여 가슴속에 푹 젖어들면 기뻐진다." 하였다.
>
> 習, 鳥數飛也. 學之不已, 如鳥數飛也. 說, 喜意也. 旣學而又時時習之, 則所學者熟, 而中心喜說, 其進自不能已矣. 程子曰 : "習, 重習也, 時復思繹, 浹洽於中, 則說也."[195]

만약 주희의 주에 "'습'은 새가 자주 날갯짓을 하는 것이다.〔習, 鳥數飛也.〕"라는 말만 있고 한 걸음 더 나아가 유추한 해석을 하지 않았다면, 독자는 시비를 분명하게 판단할 수 없다는 것을 느꼈을 것이다. 당연히 주희는

191 원주 : 《현대한어사전》의 '學習'에 대한 풀이이다.
192 원주 : 《현대한어사전》의 '學校'에 대한 풀이이다.
193 원주 : 《현대한어사전》의 '學問'에 대한 풀이이다.
194 時習 : 저본에는 '習時'로 되어 있는데, 통행본 《논어》에 근거하여 바로잡았다.
195 원주 : 《사서장구집주(四書章句集注)》 《논어집주》 권1

'습(習)'의 본의(本義 정의(定義))를 먼저 말한 뒤에 뜻을 확장해서 설명하여 더 깊이 들어가 도리를 설명하는 데 도움을 주었다. 이미 어휘의 의미 해석에서부터 의리의 분석까지 올라간 것이어서, 정자가 복음절어로 먼저 '습(習)'을 해석한 뒤에 분석한 것과는, 방법은 다르지만 결과는 똑같은 묘미가 있다.

3 비슷하고 연관된 개념으로 비교하는 방식

서로 관련되거나 비슷한 사물은 매우 많으며 그것들을 표시하는 어휘 역시 매우 많다. 사전의 뜻풀이〔釋義〕 중에 이와 관련된 조목에서 관련된 의미 조항〔義項〕의 뜻풀이〔釋義〕는 균형과 통일에 주의해야 한다. 이러한 균형과 통일은 우선 편집자가 이런 유의 어휘를 먼저 전체적으로 고찰한 뒤에 그것들 사이의 같은 부분과 구별되는 부분을 설명할 것을 요구한다.

이 어휘들은 대동소이하거나 같은 종류이면서도 차이가 있는데,[196] 서로 관련되거나 비슷한 정도가 같지 않다. 어떤 것은 매우 가까운 동의어[197]이거나 유사어이고, 어떤 것은 단지 성질과 속성이 일정한 관계가 있는 서로 관련한 어휘이나 엄격히 말하면 결코 동의어 혹은 유사어가 아니고, 어떤 어휘는, 본의(本義)는 다른 어휘와 무관하나 인신의(引申義)는 오히려 일정한 관계가 있어서 심지어 뜻이 같거나 뜻이 가깝기까지 하다.

이러한 어휘의 주석은 어휘 자체의 특성 때문에 늘 동류 또는 서로 비슷한 것이 함께 나온다. 그러므로 주석가는 늘 한 어휘에 주를 달면서 동시에 다

196 같은……있는데 : 저본에는 '屬中有別'로 되어 있는데, 뜻이 통하지 않아 앞뒤 문맥을 살펴 '中'을 '種'으로 바로잡아 번역하였다.

197 원주 : 절대적인 동의어는 매우 적다.

른 어휘에 주를 달기도 하고, 심지어 여러 개의 다른 어휘에까지 주를 단다. 이러한 주석은 하나의 문장(정의(定義))이 아니라 두 문장, 심지어 두 문장 이상의 복문이 된다. 복문을 만드는 이유는 주석해야 할 글자로 하여금 서로 비교되는 개념이 되게 하여 비교 속에서 차이를 드러내게 하는데, 중점은 다름을 변별하는 데 있다.

서로 관련되거나 가까운 어휘 의미의 변석(辨析)은, 구주(舊注)에서는 일반적으로 '왈(曰)', '위(爲)', '위지(謂之)'와 같은 몇 가지 굳어진 전문용어를 사용하였으며, 주석의 구조 또한 비교적 고정되어 있다. 즉 주석 대상어는 뒤에 있고, 정의하고 변석하는 말은 앞에 있다.

……曰×, ……曰×.

……爲×, ……爲×.

……謂之×, ……謂之×.

이것은 가장 흔히 보이는 형식으로, 다음은 《시경》의 구주를 예로 삼아 간략하게 설명한 것이다.

> 飛曰雌雄, 走曰牝牡.
> 날짐승의 암수는 '자웅(雌雄)'이라 하고, 길짐승의 암수는 '빈모(牝牡)'라고 한다.[198]

> 龜曰卜, 蓍曰筮.
> 거북점을 '복(卜)'이라 하고, 시초점을 '서(筮)'라고 한다.[199]

> 上曰衣, 下曰裳.

198 원주 : 《시경》 〈패풍(邶風) 포유고엽(匏有苦葉)〉의 전(傳)

199 원주 : 《시경》 〈위풍(衛風) 맹(氓)〉의 전

상의를 '의(衣)'라 하고, 하의를 '상(裳)'이라 한다.[200]

自目曰涕, 自鼻曰泗.
눈에서 흘러내리는 것을 '체(涕)'라 하고, 코에서 흘러내리는 것을 '사(泗)'라고 한다.[201]

獸三曰群, 二曰友.
짐승은 세 마리를 '군(群)'이라 하고, 두 마리를 '우(友)'라 한다.[202]

大曰鴻, 小曰雁.
큰 기러기를 '홍(鴻)'이라 하고, 작은 기러기를 '안(雁)'이라 한다.[203]

穀不熟曰饑, 蔬不熟曰饉.
곡식이 익지 않은 것을 '기(飢)'라 하고, 채소가 제대로 자라지 않은 것을 '근(饉)'이라 한다.[204]

土治曰平, 水治曰淸.
땅이 다스려진 것을 '평(平)'이라 하고, 물이 다스려진 것을 '청(淸)'이라 한다.[205]

200 원주 : 《시경》 〈제풍(齊風) 동방미명(東方未明)〉의 전
201 원주 : 《시경》 〈진풍(陳風) 택피(澤陂)〉의 전
202 원주 : 《시경》 〈소아(小雅) 길일(吉日)〉의 전
203 원주 : 《시경》 〈소아 홍안(鴻雁)〉의 전
204 원주 : 《시경》 〈소아 우무정(雨無正)〉의 전
205 원주 : 《시경》 〈소아 서묘(黍苗)〉의 전

以車曰傳，以馬曰遽.

수레로 운송하는 것을 '전(傳)'이라 하고, 말로 운송하는 것을 '거(遽)'라 한다.[206]

先種曰稙，後種曰稚.

먼저 뿌린 것을 '직(稙)'이라 하고, 나중에 뿌린 것을 '치(稚)'라 한다.[207]

이 해석되는 어휘들은 대부분 유의어이며, 어떤 것[208]은 단지 서로 연관된 어휘라고만 말할 수 있다.

유의어[209]는 복음절어를 구성하는 중요한 경로이다. 예를 들어 '의상(衣裳)', '복서(卜筮)', '체사(涕泗)', '기근(饑饉)', '홍안(鴻雁)' 등등은 흔히 보는, 뜻이 비슷한 합성어이다. '평(平)'과 '청(清)' 같은, 서로 연관된 어휘도 동일 의미의 합성어를 구성할 수 있는데, 예를 들어 "清平世界"의 '청평(清平)'은, 두 개의 글자가 모두 '다스리다〔治〕'는 뜻이 있다.

이런 종류의 어휘는, 현대에 반드시 모두 다 분석할 필요는 없으나 고서에서는 글의 뜻을 철저하게 설명하기 위하여 구별해야 한다. 단옥재는 《설문해자주(說文解字注)》에서 혼언(渾言)[210]은 구별하지 않고 석언(析言)[211]은

206 원주 : 《시경》 〈대아(大雅) 강한(江漢)〉의 독음과 뜻풀이이다.

207 원주 : 《시경》 〈노송(魯頌) 비궁(閟宮)〉의 전

208 원주 : '평(平)', '청(清)' 같은 것이다.

209 원주 : 또는 동의어라고도 부른다.

210 혼언(渾言) : 훈고학 용어로, 총괄해서 말하는 것이다. 《설문해자》 〈구부(口部)〉에 "현(哯)은 구역질을 하지 않고 토한다는 뜻이다.〔哯，不歐而吐也.〕"라고 하였는데, 단옥재는 "〈흠부(欠部)〉에서 '구(歐)는 토한다는 뜻이다.'라고 한 것은 혼언(渾言)한 것이고, 여기에서 '구역질을 하지 않고 토한다.'라고 한 것은 석언(析言)한 것이다.〔欠部曰：'歐，吐也'，渾言之；此云'不歐而吐'也者，析言之.〕"라고 설명하였다.

211 석언(析言) : 훈고학 용어로, 나누어서 말하는 것이다. 《설문해자》 〈구부(口部)〉에

구별하는 관점을 표명하였다. 혼언은 같은 점을 취하고, 석언은 차이점을 변별하는 것이다.

예를 들어 자웅(雌雄)과 빈모(牝牡)는 똑같이 성별의 차이를 표현하였다. 즉 자(雌)와 빈(牝), 웅(雄)과 모(牡)는 같은 뜻이다. 그러나 자웅은 날짐승에게 쓰고 빈모는 길짐승에게 써서 적용하는 대상이 다르므로, '비왈(飛曰)'과 '주왈(走曰)'로 그 차이를 변별하였다.

이것은 상고 시대의 표현 방식이다. 이 몇 글자의 구조가 하나는 추(隹)를 의미 부분으로 하고, 하나는 우(牛)를 의미 부분으로 하였는데, 글자를 만들 때 대상을 구별하기 위하여 뜻을 덧붙인 의부(義符)이다.

> 雄, 鳥父也. 從隹厷聲.
> 웅은 새의 수컷이다. '추(隹)'가 의미 부분이고 '굉(厷)'이 발음 부분인 형성자이다.

> 雌, 鳥母也. 從隹此聲.
> 자는 새의 암컷이다. '추(隹)'가 의미 부분이고 '차(此)'가 발음 부분인 형성자이다.[212]

> 牡, 畜父也. 從牛土聲.
> 모는 가축의 수컷이다. '우(牛)'가 의미 부분이고 '토(土)'가 발음 부분인 형성자이다.

"유(唯)는 응낙한다는 뜻이다.〔唯, 諾也.〕"라고 하였는데, 단옥재는 "이것은 혼언(渾言)한 것이고, 《예기》〈옥조(玉藻)〉에서 '어버이가 명령하여 부르시면 자식은 빨리 대답해야지 천천히 대답하면 안 된다.'라고 한 것은 석언(析言)한 것이다.〔此渾言之; 〈玉藻〉曰 : '父命呼, 唯而不諾', 析言之也.〕"라고 설명하였다.

212 원주 : 《설문해자》〈추부(隹部)〉

牝，畜母也．從牛匕聲．

빈은 가축의 암컷이다. '우(牛)'가 의미 부분이고 '비(匕)'가 발음 부분인 형성자이다.[213]

한(漢)나라 이후에는 그렇게 엄격하게 구별하지 않았다. 〈목란시(木蘭詩)〉의 "수토끼는 다리를 어지럽게 차고, 암토끼는 눈을 반쯤 감는다.〔雄兎脚撲朔，雌兎迷離〕"는 바로 규범에 대한 파괴이다. 그리고 근·현대에 와서는 '공(公)'과 '모(母)' 두 글자가 최소한 구어에서는 통용되는 말이 되었는데, 예를 들어 수탉〔公鷄〕과 암탉〔母鷄〕, 수말〔公馬〕과 암말〔母馬〕과 같은 유이다.

약간 강조해야 할 점은, 웅(雄)·모(牡)·공(公)을 같은 뜻으로 볼 수 있고 자(雌)·빈(牝)·모(母)를 같은 뜻으로 볼 수는 있으나, 자(雌)·웅(雄)을 같은 뜻으로 보거나 빈(牝)·모(牡)를 같은 뜻으로 여길 수 없다는 것이다. 그것들은 단지 서로 관련되는 개념을 나타내는 어휘라고 말할 수 있을 뿐이며, 만약 유형을 나눈다면 반의어로 돌려야 할 것이다.

어떤 논저(論著)는 '……曰×'의 중첩된 고정 격식을 모두 유의어의 구별을 표시하는 데 있다고 여기는데, 타당하지 않다. 우리는 《설문해자》를 "새의 수컷을 '웅'이라 하고 암컷을 '자'라 하며, 가축의 수컷을 '모'라 하고 암컷을 '빈'이라 한다.〔鳥父曰雄，鳥母曰雌；畜父曰牡，畜母曰牝．〕"로 고칠 수는 있다. 그러나 '曰×', '曰×'의 두 '×'를 같은 뜻이라고 말할 수는 없다. 다시 한 가지 예를 보자.

老而無妻曰鰥，老而無夫曰寡，老而無子曰獨，幼而無父曰孤．

아내 없는 늙은이를 '환(鰥)'이라 하고, 남편 없는 늙은이를 '과(寡)'라

213 원주 :《설문해자》〈우부(牛部)〉

하고, 자식 없는 늙은이를 '독(獨)'이라 하고, 부모 없는 어린 아이를 '고(孤)'라 한다.[214]

이것은 서로 연관된 개념이다. 모두 유의어라고 말할 수는 없으니, 환(鰥)과 고(孤)가 그러한 경우이다. 뜻이 비슷하다고 할 수 있는 것은 환(鰥)과 과(寡), 독(獨)과 고(孤)이다.

이런 종류의, 서로 비슷하거나 연관된 어휘를 해석하는 말은 대부분 가지런한 대칭으로, 전후 구의 뜻풀이가 서로 보충되거나 상반되는데, 이는 비교가 있어 어휘의 의미가 더욱 분명해지기 때문이다. 그리고 비교한 내용은, 위에서 인용한 10가지 사례에서는 대상·방위·수량·대소(大小)·공구(工具)·시간을 언급하였고, 어휘의 품사는 명사·동사·형용사 세 가지가 있다.

비교한 내용은 바로 변석하는 경로이기도 하다. 명사·동사·형용사가 언급한 명물(名物)·동작·사물의 성질과 상태 등등의 차이는, 모두 서로 관련이 있거나 유사한 요소를 구성할 수 있다. 이 때문에 이런 어휘의 구별 요소를 변석하는 내용과 경로는 매우 다양하여 지극히 세밀한 구분을 할 수 있다.

문헌 주석의 뜻풀이는 조금이라도 소홀히 하면 전해 주는 지식을 불완전하게 할 수 있다. 예를 들어 '사(死)'라는 개념은 어떤 사람인지를 막론하고 모두 생명의 종결을 나타낸다. 고대에는 죽은 자의 신분·지위의 차이에 따라 다른 명칭이 있었다.

天子曰崩, 諸侯曰薨, 大夫曰卒, 士曰不祿.

천자의 사망을 '붕(崩)'이라 하고, 제후의 사망을 '훙(薨)'이라 하고, 대부의 사망을 '졸(卒)'이라 하고 사의 사망을 '불록(不祿)'이라 한다.[215]

214 원주 : 《맹자》 〈양혜왕 하(梁惠王下)〉

215 원주 : 《공양전》 은공(隱公) 3년 조

君子曰終，小人曰死.

군자의 사망을 '종(終)'이라 하고, 소인의 사망을 '사(死)'라 한다.[216]

문헌의 주석에서 '붕(崩)', '훙(薨)', '졸(卒)', '불록(不祿)', '종(終)' 아래에 '죽다〔死〕'라고만 해석하고 존비귀천과 신분의 차별을 지적하지 않으면, 원래의 의미를 정확하게 밝혀서 해석할 수가 없다.

이상에서 우리는 서로 연관된 개념과 유의어의 뜻풀이에 대해 "……曰×, ……曰×."의 예를 들어서 개략적인 설명을 하였는데, 이 굳어진 결구 형식과 같은 것으로 또 "……爲×, ……爲×.", "……謂×, ……謂×.", "……謂之×, ……謂之×."가 있다.

八尺以上爲龍，七尺以上爲騋，六尺以上爲馬.

팔 척 이상의 말이 '용(龍)'이고, 칠 척 이상의 말이 '내(騋)'이고, 육 척 이상의 말이 '마(馬)'이다.[217]

純著新綿名爲襺，雜用舊絮名爲袍.

새 솜만 둔 옷을 '견(襺)'이라 하고, 묵은 솜을 섞어 둔 옷을 '포(袍)'라 한다.[218]

在心爲志，出口爲言，誦言爲詩，咏聲爲歌.

마음속에 있는 것이 '지(志)'이고, 입에서 나온 것이 '언(言)'이고, 말〔言〕을 읊조리는 것이 '시(詩)'이고, 소리를 길게 늘이는 것이 '가(歌)'이다.[219]

216 원주 : 《예기》 〈단궁 상(檀弓上)〉

217 원주 : 《시경》 〈주남(周南) 한광(漢廣)〉의 소

218 원주 : 《시경》 〈진풍(秦風) 무의(無衣)〉의 소

誦其言謂之詩，咏其聲謂之歌.

말을 읊조리는 것을 '시(詩)'라 하고, 소리를 길게 늘이는 것을 '가(歌)'라 한다.[220]

凡民稟五常之性而有剛柔緩急， 音聲不同， 系木土之風氣故謂之風；好惡取舍，動靜無常，隨君上之情欲，故謂之俗.

모든 백성은 오상의 성품을 품부받아 강유와 완급이 있고, 음성이 같지 않은 것은 목과 토의 풍기이므로 '풍(風)'이라 하며, 호오와 취사, 동과 정이 일정하지 않은 것은 군상의 욕망을 따르므로 '속(俗)'이라 한다.[221]

이상은 세 종류의 상용 격식이다. 이 밖에 또 기타 약간의 격식들이 있다. 예를 들어 "×是××，×是××.", "×言××，×言××.", "××以爲×，××以爲×.", "×者××之×也，×者××之×也." 등등이다.

주석 대상어〔被釋詞〕와 풀이하는 말〔釋詞〕의 전후 위치에 일정함이 없어서 "'초(初)'는 옷을 마름질하는 시작이고, '재(哉)'는 초목을 베는 처음이고, '기(基)'는 담장을 쌓는 시작이고, '조(肇)'는 지게문을 여는 시작이고, '조(祖)'는 사람의 시작이고, '태(胎)'는 생명의 시작이다.〔初者裁衣之始，哉者草木之始， 基者築牆之始， 肇者開戶之始， 祖者人之始， 胎者生之始也.〕"[222]의 경우, 주어[223]가 앞에 있다.

총괄하면, 어떤 형식을 막론하고 가지런히 쌍으로 서로 연관되거나 비슷한

219 원주 : 《시경》 〈주남(周南) 관저(關雎)〉의 제해(題解)에 대한 소이다.

220 원주 : 《시경》 〈관저〉의 제해에 대한 소에서 인용한 《한서》 〈예문지〉의 글이다.

221 원주 : 《시경》 〈소아 곡풍(谷風)〉의 제해에 대한 소에서 인용한 《한서》 〈지리지〉의 글이다.

222 원주 : 《이아》 〈석고 상(釋詁上)〉에 나오는 '初、哉……始也' 조의 소이다.

223 원주 : 주석 대상어이다.

개념의 주석을 배열하기만 하면, 모두 분명하게 비교하는 색채를 갖는다는 것이다. 문적의 주석은 서로 비슷하거나 연관된 어휘가 동시에 출현하기만 하면 원칙상 일련의 것들을 모두 주석해야 한다. 만약 한 개나 두 개만 출현하고 나머지가 출현하지 않으면 필요에 따라 정해야 한다.

제3절 음주音注 작성과 글자 변정辨正

1 음주 작성

고적에 음주(音注)를 다는 것은 복잡한 작업으로, 상당한 난이도가 있다. 이는 음운학 연구가 아직 고대의 음독(音讀)을 완전히 정확하게 반영하는 수준까지는 도달하지 못했기 때문이다. 게다가 일자다음(一字多音)과 변독(變讀)[224]·파독(破讀)[225]의 상황은 늘 앞뒤의 문의(文意)에 따라 달라지는데, 이것은 우리가 구체적인 문구 속에서 글에 따라 음주를 다는 일을 그렇게 쉽지 않게 한다.

고적에 음주를 다는 것은 사전에 음주를 다는 것과는 다르다. 사전의 음주는, 표제자를 그 글자와 관련이 있는 자서(字書)와 운서(韻書), 기타 문헌상의 언어 자료 속에 놓고 총체적으로 조사한 뒤에, 이 글자의 음독의 역사

224 변독(變讀) : 어음의 연변은 음류(音類)의 분합으로 볼 때 세 가지로 나눌 수 있다.
① 같던 음이 다른 음으로 변하는 경우. 예컨대 '邦'·'窓'·'腔'은 고대에는 모두 강운(江韻)이었는데, 현재 각각 〔ang〕, 〔uang〕, 〔iang〕이다.
② 달랐던 음이 같아지는 경우. 예컨대 '窓'·'瘡'은 고대에는 '窓'이 강운(江韻), '瘡'이 양운(陽韻)이었는데, 현재 둘 다 동음이다.
③ 고어(古語)의 음소(音素)가 현대어에서 소실되는 경우. 예컨대 현재 북경어에서 운미(韻尾)인 〔p〕·〔t〕·〔k〕가 없다. 《동소문 저, 임동석 역, 한어음운학강의, 동문선, 1993, 246~247쪽》

225 파독(破讀) : 파자(破字)·독파(讀破)·개독(改讀)·역자(易字)라고도 한다. 본자(本字)를 이용하여 고서 속에 나오는 가차자를 읽거나, 어떤 글자가 가진 원래의 독음을 바꾸어서 의미나 품사의 변화를 표시하는 것을 말한다. 예컨대, 가차자로 쓰인 '蚤'를 본자(本字)인 '早'로 파독하는 것을 들 수 있다. 《唐作藩 主編, 中國語言文字學大辭典, 中國大百科全書出版社, 2007, 140·464쪽》

적 원류와 변천에 대해 전면적으로 조사하고 검토하여 단다. 반면에 고적의 음주는 특정 구나 특정 글자에 대한 개별적인 음독을 가리킨다. 전인(前人)들은 이 방면에 대해 매우 값진 공헌을 이룩해 냈다.

1) 전인의 성과

당나라 육덕명(陸德明, 550?-630)의 《경전석문(經典釋文)》은, 고서에 대한 주석·음주 작성의 전범이다. 그는 음주를 달 때, 어떤 곳에는 반절(反切)을, 어떤 곳에는 직음(直音)을 사용하였다. 예를 들면 다음과 같다.

窈（烏了反）

窕（徒了反）

好（呼報反）

逑（音求）

洲（音州）[226]

《경전석문》의 주음은 매우 두루두루 단 것으로, 지금 보면 매우 쉬운 상용자까지도 모두 일일이 음주하였다. 육덕명이 생각하기에는, '초 지역과 중원은 자음이 다르고 남방과 북방은 말이 다르므로〔楚夏聲異[227], 南北語殊〕',[228] 사람들이 '자신이 들었던 대로 시비를 가리고 자신이 익혔던 대로 경중을 가늠하는 것〔是非信其所聞, 輕重因其所習〕'[229]은 옳지 않으며, 더구나 '세속이 변화함에 따라 말과 글자도 달라져서〔世變人移, 言訛字替〕'[230]

226 원주 : 《경전석문》〈모시음의 상(毛詩音義上)〉
역주 : 洲（音州）: 《경전석문》〈모시음의 상〉에서 주석하고 있는 《시경》〈주남 관저〉의 원문은 다음과 같다. "關關雎鳩, 在河之洲. 窈窕淑女, 君子好逑."

227 聲異 : 저본에는 '異聲'으로 되어 있는데, 《경전석문》에 근거하여 바로잡았다.

228 초 지역과……다르므로 : 《경전석문》〈서록(序錄)〉의 서(序)이다.

229 자신이 들었던……것 : 《경전석문》〈서록〉의 서이다.

230 세속이……달라져서 : 《경전석문》〈서록〉의 조례(條例)이다.

문헌상의 언어에 혼란이 야기되었기 때문에, 그는 《경전석문》을 지으면서 정음(正音)에 역점을 두었다. 이것이 그가 음주를 두루 달았던 원인이자 고적을 정리하면서 언어의 규범에 공헌한 부분이다.

고문에 주석이나 음주를 달 때 사용하는 전문용어에는, '독약(讀若)', '독위(讀爲)', '독여(讀如)', '독왈(讀曰)', '독약모동(讀若某同)', '독여모동(讀與某同)'이 있다. 고적에 보이는 '독약'은 일반적으로 독음을 표시한다. '독위'는 가차를 나타내는 말로, 곧 해당 글자를 본자로 고쳐 읽으라는 것이다.

단옥재(段玉裁, 1735-1815)는 《설문해자주(說文解字注)》〈시부(示部)〉의 '체(禘)' 자 주석에서 이 두 가지 용어를 다음과 같이 구분하였다.

> '독약(讀若)'이라 한 것은 모두 해당 글자의 음에 준해서 읽으라는 것이고, 전주(傳注)에서 '독위(讀爲)'라 한 것은 모두 해당 글자를 본자로 고쳐 읽으라는 것이다. 경에 주석을 달 때 반드시 이 두 가지 음주 작성 방식을 병용하기 때문에 '독위'도 있고 '독약'도 있다. '독위'는 '독왈(讀曰)', '독약'은 '독여(讀如)'라고도 한다. 자서에서는 해당 글자에 대한 본음만 표시했으므로, '독약'만 있고 '독위'는 없다. 당나라 사람이 《오경정의》를 지었을 때에는 '독위'와 '독약'의 구분을 알지 못해서, '위(爲)'와 '약(若)' 두 글자가 주석 안에서 이따금 혼동되어 쓰이기도 하였다.
>
> 凡言"讀若"者, 皆擬其音也. 凡傳注[231]言"讀爲"者, 皆易其字也. 注經必兼玆二者, 故有"讀爲", 有"讀若". "讀爲"亦言"讀曰", "讀若"亦言"讀如". 字書但言其本字本音, 故有"讀若", 無"讀爲"也. "讀爲""讀若"之分,[232] 唐人作《正義》, 已不能知, "爲"與"若"兩字, 注中時有訛亂.

231 傳注 : 저본에는 없는데, 《설문해자주》에 근거하여 보충하였다.

232 讀爲讀若之分 : 저본에는 없는데, 《설문해자주》(上海古籍出版社, 2000, 6쪽)에 근거

육종달(陸宗達, 1905-1988)과 왕녕(王寧, 1936-)이 공저한 《훈고방법론(訓詁方法論)》의 부록에 있는 〈훈고학명사간석(訓詁學名詞簡釋)〉의 설명에 의하면, 《설문해자》에 보이는 '독약(讀若)'[233]은 직음(直音)을 표시할 뿐만 아니라 아래와 같은 네 가지 경우도 나타낸다.

1 통행되는 후출자(後出字)를 나타낸다.

예 : 自, 讀若鼻.〔자(自)는 독음이 비(鼻)와 같다.〕

2 통행되는 이체자(異體字)를 나타낸다.

예 : 譶, 讀若沓.〔답(譶)은 독음이 답(沓)과 같다.〕

辛, 讀若愆.〔신(辛)은 독음이 건(愆)과 같다.〕

3 통행되는 가차자(假借字)를 나타낸다.

예 : 敷, 讀若杜.〔두(敷)는 독음이 두(杜)와 같다.〕

朹, 讀若舊.〔구(朹)는 독음이 구(舊)와 같다.〕

4 서로 통용되는 동원자(同源字)를 나타낸다.

예 : 雀, 讀與爵同.〔작(雀)은 독음이 작(爵)과 같다.〕

毌, 讀若冠.〔관(毌)은 독음이 관(冠)과 같다.〕

이러한 상황에 대해 전대흔(錢大昕, 1728-1804)은 〈고동음가차설(古同音假借說)〉에서 매우 분명하게 말하였다. 그는 많은 글자들의 예를 열거하면서 다음과 같이 설명하였다.

> 한대 사람들이 '독약(讀若)'이라 한 것은 모두 문자가 가차된 예로, 그 음을 빌렸을 뿐만 아니라 그 글자까지도 통용할 수 있다.
> 漢人言"讀若"者, 皆文字假借之例, 不特寓其音, 并可通其字.

하여 보충하였다. 그 밖의 인용 원문도 일부 글자가 더 누락되었으나, 글 전체의 흐름에 영향을 주지 않으므로, 번역에는 반영하지 않았다.

233 원주 : '讀如……同', '讀若……同'으로도 되어 있다.

전대흔과 육종달의 두 설은 정확하지만, 육종달의 설이 가장 정밀하다.

이러한 전문용어들을 이해하는 것은 현대 주석에서의 음주 작성과 의미 해석에 있어 중요하다. 이는 준거점을 마련해 주며, 또 가차자의 음을 해당 글자 고유의 독음으로 오해하는 것을 면할 수 있다.

2) 유의할 점

가차 문제는 앞으로 다음 장(章)에서 살펴볼 텐데, 여기서는 일단 단순한 독음에 대해 다음과 같이 몇 가지를 말해 보고자 한다.

① 글자마다 음주를 달아서 고대의 자음(字音)을 회복할 필요는 없다. 그러나 고대에는 협운(協韻)[234]이 되었으나 지금은 그렇지 않은 글자인 경우에는 반드시 음주를 달아야 한다

지금 사람들이 고서에 주석을 달 때에는 꼭 고대의 자음 그대로를 회복할 필요가 없으므로, 글자마다 음주를 달 필요가 없으며, 현재의 음운학 연구 수준으로는 상고음(上古音)[235]을 완전히 정확하게 읽어 낼 수도 없다.

《한어대자전(漢語大字典)》은 수록한 글자가 가장 완전한 것으로, 그 음주 작성에 있어 고금 어음의 원류와 변천을 반영한 자전이다. 어음 방면에

234 협운(協韻) : 두 가지 뜻이 있는데, 하나는 압운(押韻)이라는 뜻이며, 다른 한 가지의 뜻은 다음과 같다. 옛사람들이 당시의 어음(語音)으로 그 이전의 운문을 읽을 때 어떤 글자의 압운이 맞지 않다고 느끼면 임시로 그 글자의 운각(韻脚)을 바꾸어 조화롭게 읽는 것을 말하는데, 주희(朱熹)의 《시집전(詩集傳)》 음주(音注)에 자주 보인다. 그런데 본문의 내용을 살펴보면, 저자는 이 두 가지 의미를 모두 사용하고 있다. 《唐作藩 主編, 中國語言文字學大辭典, 中國大百科全書出版社, 2007, 464쪽》

235 상고음(上古音) : 상고란 일반적으로 하(夏)·상(商)·주(周) 시대부터 진(秦)·한(漢) 시대를 가리킨다. 중국어음사(中國語音史)에서도 '상고음'이란 주(周)·진(秦)·양한(兩漢) 시대의 어음을 가리킨다. 《唐作藩 主編, 中國語言文字學大辭典, 中國大百科全書出版社, 2007, 513쪽》

있어서는 중고(中古)[236] 시대의 반절(反切)과 성운조(聲韻調)[237] 및 상고 시대의 운부(韻部)[238] 외에도 그것들을 바탕으로 환치(換置)된 현대의 독음을 제시하였다. 이 단계까지 도달한다는 것 자체가 벌써 쉬운 일이 아니다.

어음은 어휘에 대한 임시적인 표기에 지나지 않는데, 만약 이 임시적인 표기를 영구적인 표기로 생각한다면, 현대인이 고서를 읽을 때 아무리 못해도 《광운(廣韻)》의 시대로 되돌아가야 할 것이다. 그렇다면 매 글자마다 그 글자의 고대 음독을 주석으로 밝혀야 하는데, 이것은 불가능할뿐더러 그럴 필요도 없다. 산문·운문, 상고·중고·근대를 막론하고 일반적인 글자와 어휘라면 모두 음주를 달 필요가 없다. 예를 들면 다음과 같다.

> 一彈再三歎, 慷慨有餘哀.
>
> 현 한 번 타자 재삼 탄식하고 강개한 마음에 슬픔이 복받쳐[239]

236 중고(中古) : 일반적으로 위(魏)·진(晉)·남북조(南北朝)와 수(隋)·당(唐) 시대를 가리킨다. 중국어음사에서도 '중고음'이란 《절운(切韻)》의 어음 계통〔音系〕을 대표로 하는 위진남북조와 수당 시대의 어음을 가리킨다. 《唐作藩 主編, 中國語言文字學大辭典, 中國大百科全書出版社, 2007, 809쪽》

237 성운조(聲韻調) : 성모(聲母, Initial), 운모(韻母, Final), 성조(聲調, Tone)를 가리킨다. 하나의 글자에서 시작되는 앞의 음을 성모, 그 나머지 음을 운모, 글자 전체의 음높이를 성조 또는 자조(字調)라 한다. 이를테면, 古〔gǔ〕·怪〔guài〕 두 자는 성모가 같으나 운모와 성조가 다르다. 그리고 報〔bào〕·告〔gào〕의 경우, 성모는 다르나 운모와 성조는 같다. 《동소문 저, 임동석 역, 한어음운학강의, 동문선, 1993, 96쪽》

238 운부(韻部) : 성조나 개음(介音)도 구별하지 않고, 운복(韻腹 주요모음 〔ai〕·〔ao〕·〔ia〕·〔ie〕·〔iao〕·〔ang〕 따위)과 운미(韻尾 운복 뒤의 음소(音素) 〔n〕·〔ng〕·〔i〕·〔u〕·〔o〕 따위)가 같은 것만 구분하는 것을 말한다. 그러므로 운부는 운모나 운에 비해 더 큰 개념이라 할 수 있다. 또한 왕력(王力)의 《고대한어(古代漢語)》에서 《시경》에 쓰인 고운(古韻)을 30개의 운부로 나누었는데, 각 운부에는 운복과 운미가 같은 글자들만 포함되어 있다. 《광운(廣韻)》은 206운으로 나뉘지만, 상고 시대에는 30개의 운부만 있었던 것이다. 《당작번 저, 심소희 역, 중국음운학, 교육과학사, 2000, 69쪽》《김동진, 중국언어학개설, 공주대학교출판부, 1998, 69쪽》

239 원주 : 《문선》 〈고시십구수의 다섯 번째 수〔古詩十九首之五〕〉

小人之過也必文.

소인은 제 잘못에 대해서는 반드시 꾸며 대려고 한다.[240]

'再三'의 '삼(三)' 자를 옛날에는 〔sàn〕으로 읽었고, '文過飾非'의 '문(文)' 자를 옛날에는 〔wèn〕으로 읽었다.[241] 이런 글자들은 옛날의 음독을 주석으로 단다고 해서 안 될 것은 없다. 하지만 현대에는 일반적으로 이렇게 읽지 않기 때문에 옛날의 음독을 주석으로 달지 않아도 되며, 독자들 스스로 각자 알아서 판단하도록 하면 된다.

그러나 만약 위에 나온 구절들이 격률시(格律詩)에서 따온 것이라면, '삼(三)'과 '문(文)'은 공교롭게도 측성으로 읽어야 한다. 그것은 예외적인 경우이기 때문에 정확한 음독을 주석으로 밝힐 수 있다. 두 구절에 보이는 다른 상용자들의 경우에는 음주를 달 필요가 없다. 또 예를 들면 다음과 같다.

北風其涼, 雨雪其雱, 惠而好我, 携手同行.

차디찬 북풍 속 함박눈 내릴 적에, 다정한 내 임과 손잡고 같이 가리.[242]

淇水湯湯, 漸車帷裳, 女也不爽, 士貳其行.

기수 물살 거세어서 수레 장막 흠뻑 젖네. 잘못 없는 그녀 두고 사내놈은 딴짓하네.[243]

斗爲帝車, 運於中央, 臨制四鄕, 分陰陽, 建四時, 均五行.

240 원주 : 《논어》 〈자장(子張)〉

241 再三의……읽었다 : 三의 현재 음은 〔sān〕, 文의 현재 음은 〔wén〕이다.

242 원주 : 《시경》 〈패풍(邶風) 북풍(北風)〉

243 원주 : 《시경》 〈위풍(衛風) 맹(氓)〉

> 북두좌(北斗座)는 천제가 타는 수레로, 하늘의 정중앙을 운행하면서 사방을 통제하는데, 음양을 나누고 사계절을 정하며 오행을 조절한다.[244]

첫 번째와 두 번째 사례에서 "携手同行"의 '행(行)'에 대해 육덕명의 《경전석문》에서는 음을 '형(衡)'으로 달았고, "士貳其行"의 '행(行)'은 음을 '하(下)와 맹(孟)의 반절'로 달았다. 왕력(王力, 1900-1986) 선생의 《시경운독(詩經韻讀)》에서는 음을 모두 〔heang〕(양부(陽部))으로 달았다.

품사를 살펴보면, 첫 번째 사례의 '행(行)'은 동사로서 '가다'는 뜻이며, 두 번째 사례의 '행(行)'은 명사로서 '덕행'·'행위'라는 뜻으로 지금은 모두 〔xíng〕으로 읽는다.

《사기》에 나온 '五行'의 '행(行)' 자는 고대에도 〔háng〕으로 읽었다. 양백준(楊伯峻, 1909-1992)의 《파음약고(破音略考)》에서 '고대에는 파독음이 없었다.〔古無破讀音〕'라는 설에 대해 예시를 들어 증명했는데, 바로 이 사례를 들었다. 이런 글자는 결코 파독(破讀)이 되지 않기 때문에 어떻게 처리해야 할지 다소 곤란한 점이 있다.

고형(高亨, 1900-1986)의 《시경금주(詩經今注)》에서는 '행(行)' 자의 독음에 대해 주석을 달지 않았으며, 진자전(陳子展, 1898-1990)의 《국풍선역(國風選譯)》에서는 "士貳其行" 아래에 '양부(陽部)'라고 주석을 달았다. 음을 〔háng〕이라고 주석을 다는 것은 꼭 필요하다. 왜냐하면 '양(凉)', '방(雱)', '항(行)', '탕(湯)', '상(裳)', '항(行)'이 자연스럽게 압운되기 때문이다.

세 번째 《사기》의 사례는, 이 몇 구절에도 압운을 하기는 했지만 결국은 시가 아니기 때문에, 〔hàng〕[245]으로 읽든 〔xíng〕으로 읽든 독자가 편한 대로

244 원주 : 《사기》 〈천관서(天官書)〉

245 hàng : 行 자 단독으로 읽을 때의 드문 경우이고, '樹行子〔줄지은 나무〕'와 같은 단어에서 읽는 음이다.

하면 되지, 음주를 달 필요는 없다. 음운 연구를 하는 게 아닌 이상, 오랜 세월에 걸쳐 관습적으로 굳어진 음 〔xíng〕으로 읽는 것이 타당하다.

운문의 독음에는 두 가지 상황이 있다. 한 가지는, 고대에 협운이 되었던 것이 지금은 옛 음과 달라졌는데도 협운이 되는 경우이다. 다른 한 가지는 현재의 독음을 살펴보았을 때, 고대에는 협운이 되었지만 지금은 협운이 되지 않는 경우로, 이러한 경우에는 음주 작성을 고려할 수 있다. 예를 들면 다음과 같다.

> 帝高陽之苗裔兮, 朕皇考曰伯庸. 攝提貞于孟陬兮, 惟庚寅吾以降.
> 나는 고양씨의 후예로, 내 부친은 백용이라는 분이다. 섭제성(攝提星)이 정월을 가리킬 때 경인일에 나는 태어났도다.[246]

여기의 '강(降)' 자는 분명히 '용(庸)'과 협운이 된다.

홍흥조(洪興祖, 1090-1155)의 《초사보주(楚辭補注)》에 "강(降)은 호(乎)와 공(攻)의 반절로, 내려왔다는 뜻이다.〔降, 乎攻切, 下也.〕"라고 하였다. 음은 〔hóng〕으로, 뜻은 '탄생하다', 즉 강생(降生)이다.

'글자의 음은 뜻에 따라 바뀐다.〔音隨義轉〕'[247]라는 원칙에 따르면, 탄생하다는 의미를 가질 때 강생(降生)의 '강(降)'은 〔jiàng〕으로 읽어야 하기 때문에 홍흥조는 "내려왔다는 뜻이다."라고 주석을 단 것이다.

《시경》〈소아(小雅) 절남산(節南山)〉의 "昊天不惠, 降此大戾.〔하늘이시여! 야속하게도 이 큰 앙화를 내리시다니.〕"라는 구절의 '강(降)' 자도 '내

246 원주 : 《초사》 굴원의 〈이소〉

247 글자의……바뀐다 : 훈고학 학설의 하나이다. 예를 들어 '惡' 자가 '죄악'·'추악(醜惡)'을 뜻할 때는 입성(入聲)이고, 이 뜻이 인신되어 '증오'를 뜻할 때는 거성(去聲)이 되는 것이다. 《唐作藩 主編, 中國語言文字學大辭典, 中國大百科全書出版社, 2007, 712쪽》

려오다'로 풀이할 수 있다.

《광운(廣韻)》을 살펴보면, '강(降)'에는 '下江切'〔xiàng〕과 '古巷切'〔jiáng〕 두 가지 음이 있고, 《집운(集韻)》에는 '胡江切'〔xiàng〕, '古巷切'〔jiáng〕,[248] '乎攻切'〔hóng〕 세 가지 독음이 있다. '乎攻切'은 〈이소〉에서 유래한다.

《상서》〈대우모(大禹謨)〉에 "降水儆予.〔홍수가 나에게 경각심을 갖도록 해 준다.〕"라는 말이 있다.

이에 대해 공영달(孔穎達, 574-648)의 소에 이르기를 "강수(降水)는 홍수이다.〔降水, 洪水也.〕"라고 하였다. 육덕명의 《경전석문》에서는 '강(降)'자의 음독을 주석으로 달지 않았다. 완원(阮元, 1764-1849)이 지은 《십삼경주소교감기(十三經注疏校勘記)》의 고증에 따르면, '강(降)'은 '홍(洚)'의 오자이다. 그러므로 '강(降)'을 〔hóng〕으로 읽는 것은 〈이소〉부터 비로소 있게 된 것으로 단정할 수 있는데, 아마도 임시적인 독음일 것이다.

이와 같이 고대에는 협운의 독법이 있었으나 지금은 이미 이러한 음이 없는 경우, 이 또한 주석으로 밝히는 것이 타당하다.

② 파독음의 주석

'파독음(破讀音)'이란, 글자의 어의(語義) 분화와 품사의 변화가 야기한 성조 변화로 인해 조성된 다른 독음을 가리킨다.

이것은 한대(漢代)에서 시작되어 육조 때 대대적으로 나타났던 변음(變音) 현상으로, 이런 독음들은 주(周)·진(秦) 때의 고음(古音)과 맞지 않았다. 이 때문에 청대 학자들은 대부분 한대 이후의 경학가와 운서 저자들이 '억지로 구별 지은 것〔强生分別〕'이라 여겼다. 고염무(顧炎武, 1613-1682)

248 胡江切〔xiàng〕, 古巷切〔jiáng〕: 저본에서 인용한 원문에는 둘 다 '切'이 없는데, 《집운(集韻)》에 근거하여 글자를 보충하였다.

의 《음론(音論)》,[249] 전대흔(錢大昕, 1728-1804)의 〈논장심고광자음(論長深高廣字音)〉[250]·〈일자양독(一字兩讀)〉,[251] 단옥재(段玉裁, 1735-1815)의 〈고음의설(古音義說)〉[252]에서 모두 이러한 입장을 견지했다.

파독음은 어휘와 어법의 발달에 맞추어 생성된 것으로, 결코 사람들이 '억지로 구별 지은 것'이 아니다.

육덕명의 《경전석문》에서는 한(漢)·위(魏) 이래의 파독음에 대해 비교적 광범위하게 수집하였는데, 그는 이러한 현상에 대해 비교적 객관적인 인식을 지니고 있었다.

> 일반적으로 재질에는 곱거나 거친 성질이 있으니, 이를 호악(好惡)[253]이라 하며, 마음에는 좋거나 싫은 감정이 있으니, 이를 호오(好惡)[254]라고 한다. 예(譽) 자 그 자체는 명예(名譽)[255]를 뜻하지만, 실정(實情)을 논할 때에는 훼여(毁譽)[256]라고 한다. 자패(自敗)[257]와 배타(敗

249 음론(音論) : 《음론》 하(下)에 있는 선유양성각의지설부진연(先儒兩聲各義之說不盡然) 조에 보인다.

250 논장심고광자음(論長深高廣字音) : 《십가재양신록(十駕齋養新錄)》 권4 장심고광(長深高廣) 조에 보인다. 육덕명의 설에 따르면, 여기서 말한 장(長)이란 장단(長短)을 헤아리는 것이며, 심(深)은 천심(淺深)을 헤아리는 것, 광(廣)은 광협(廣狹)을 헤아리는 것, 고(高)는 고하(高下)를 헤아리는 것이다.

251 일자양독(一字兩讀) : 《십가재양신록》 권5 일자양독 조에 보인다.

252 고음의설(古音義說) : 단옥재(段玉裁)의 저서 가운데 '고음의설'을 서명(書名), 편명(篇名) 등으로 삼은 글이 보이지 않으므로 지금으로서는 어떤 글을 가리키는지 알 수 없다. 아마도 단옥재가 고음(古音)과 고의(古義)에 대해 지은 글을 두고 저자가 임의로 붙인 제목인 듯하다.

253 원주 : '好'·'惡' 두 글자 모두 여자(如字)이다.

254 원주 : 앞에 있는 '好'는 '呼'와 '報'의 반절이며, 뒤에 있는 '惡'는 '烏'와 '路'의 반절이다.

255 원주 : '譽'의 음은 '預'이다.

256 원주 : '譽'의 음은 '餘'이다.

257 원주 : '敗'는 '蒲'와 '邁'의 반절이다.

他)[258]는 구별되며, 자회(自壞)[259]와 괴철(壞撤)[260]의 차이가 있다. 이러한 것들은 근대에 와서야 비로소 구분되기도 하고 고대에 이미 구별되기도 했으니, 계속 인습하고 오랫동안 익혀 온 것으로 유래가 있는 것이다.

夫質有精麤[261], 謂之好惡(幷如字), 心[262]有愛憎, 稱爲好惡(上呼報反, 下烏路反); 當體卽云名譽(音預), 論情則曰毁譽(音餘); 及夫自敗(蒲邁反)敗他(補[263]敗反)之殊, 自壞(呼怪反)壞撤(音怪)之異, 此等或近代始分, 或古已爲別, 相仍積習, 有自來矣.[264]

파독자(破讀字)는, 송나라 사람 가창조(賈昌朝, 998-1065)가 지은 《군경음변(群經音辨)》의 통계에 따르면 210자가 있고 원나라 사람 유감(劉鑑)의 《경사정음절운지남(經史正音切韻指南)》에 따르면 207자가 있으며 마건충(馬建忠, 1845-1900)의 《마씨문통(馬氏文通)》에 따르면 202자[265]가 있다.

당작번(唐作藩, 1927-)은 위에서 말한 세 책에 수록된 내용을 근거로 260자의 본음(本音)과 파독음 및 그 변천 상황에 대해 분석하였는데, 현대 보통화(普通話)[266]의 독음에 맞추어서 크게 두 가지 종류로 귀결시켰다. 하나

258 원주 : '敗'는 '補'와 '敗'의 반절이다.
259 원주 : '壞'는 '呼'와 '怪'의 반절이다.
260 원주 : '壞'의 음은 '怪'이다.
261 麤 : 저본에는 '粗'로 되어 있다.
262 心 : 저본에는 '凡'으로 되어 있는데, 《경전석문》에 근거하여 바로잡았다.
263 補 : 저본에는 '蒲'로 되어 있는데, 위 자료에 근거하여 바로잡았다.
264 원주 : 《경전석문》의 〈서록(序錄)〉
265 원주 : 그중에 명사파독자(名詞破讀字)가 57개, 동사파독자(動詞破讀字)가 106개 있다.
266 보통화(普通話) : 현대 한민족(漢民族)의 공통어이자 표준어이다. 북경(北京)의 어음을 표준음으로, 북방화(北方話)를 기초 방언으로, 모범적인 현대 백화문(白話文) 저

는 본음과 파독음 두 가지 독음이 남아 있는 것이고, 나머지 하나는 둘 중 하나만 남아 있는 것이다. 그의 분석은 사전 편찬과 문장 주석에 있어서 참고할 만한 의의가 있다.[267]

음주 작성은 일반적인 상황에서 시속〔俗〕, 변화〔變〕, 현재〔今〕를 지향하는 원칙을 실현해야 한다.

일반적으로 금음(今音)은 이미 확고부동하며 일반적인 독법이 어의(語義)를 해석하는 데 영향을 미치지 않으므로, 굳이 고음(古音)을 복원할 필요가 없다. 다만 음의 변화를 주석으로 달지 않으면 의미를 해석하거나 품사를 구별하기에 충분하지 않을 때에는 당연히 음주 작성을 고려할 수 있다. 예를 들면, '親〔qīn, qìng〕', '度〔dù, duó[268]〕', '食〔shí, sì〕', '讀〔dú, dòu〕', '大〔dà, tài〕', '父〔fù, fǔ〕' 등이 그러하다.

어떤 글자는 고대에 파독(破讀)되었다가 이후에 편방의 자형이 더해지면서 고금자 관계를 형성하여 금자(今字)가 오로지 파독자만 담당하게 된 경우가 있다.

이런 경우에는 고자(古字) 뒤에 금자를 주석으로 넣으면 된다. 예컨대 '陳(陣)', '知(智)'가 그러하다. 고대의 많은 파독자들이 이후로는 상용되는 다음다의자(多音多義字)가 되었는데, 일반인이 글을 읽을 때 곤란이 발생하지 않는 것들은 음주를 달 필요가 없다. 예를 들면 '强〔qiáng, qiǎng, jiàng〕'·'系〔xì, jì〕'가 그러하다.

어떤 글자들은, 예컨대 '惡'은 허사로 쓰일 때에는 '언제'라는 뜻으로 '오

작을 어법 규범으로 삼는다.《唐作藩 主編, 中國語言文字學大辭典, 中國大百科全書出版社, 2007, 140·466쪽》

267 원주 :《사서연구(辭書硏究)》 1977년 2기 〈파독음의 처리문제〔破讀音的處理問題〕〉에 자세하다.

268 duó : 저본에는 〔dùo〕로 되어 있는데, 통행본《중한사전(中漢辭典)》에 근거하여 바로잡았다.

〔wū〕'로 읽는데, '호오(好惡)'[269]와는 다른 어휘이다.

이러한 경우, 독자의 대상을 일반적인 독자로 설정한 문장의 주석은 음주를 달아도 되지만, 이것은 이미 파독의 범위에 속하지 않는다.

③ 난자(難字)와 다음다의자(多音多義字)의 음주 작성

이는 음주 작성에 있어 중요한 부분으로, 세 가지 경우가 있다.

첫째, 어떤 상용자의 이체자인 경우이다.

둘째, 현대의 상용자가 아닌 경우이다.

셋째, 상용자이기는 하지만 상독음(常讀音)이 아닌 경우이다.

이하는 양백준(楊伯峻, 1909-1992)의 《논어역주(論語譯注)》에 나오는 〈학이(學而)〉와 〈위정(爲政)〉 두 편의 음주를 가지고 간단히 분석을 해 본 것이다.

〈학이(學而)〉

學而時習之, 不亦說乎?

배우고 나서 배웠던 내용을 일정한 시간에 맞추어 실습해 본다면 또한 기쁘지 않겠느냐.

說 : 독음과 의미가 '열(悅)' 자와 같다. '기쁘다'·'즐겁다'는 뜻이다.

說 — 音讀和意義跟"悅"字相同, 高興、愉快的意思.

人不知而不慍, 不亦君子乎?

남이 나를 알아주지 않아도 내가 원망하지 않으면 또한 군자[270]가 아니겠느냐.

269 원주 : 〔hǎo'è〕와 〔hàowù〕 두 가지 독법이 있는데, 의미상 관련이 있으면서도 구별이 있다.

270 군자 : 양백준은 여기에서의 군자를 '덕이 있는 사람〔有德者〕'으로 보았다.

慍：음은 〔yùn〕이다. 원망한다는 뜻이다.
慍 — 〔yùn〕, 怨恨.

其爲人也孝弟，而好犯上者鮮矣.

부모에게 효도하고 형을 공경하는 됨됨이를 지닌 사람치고 윗사람을 범하기 좋아하는 자는 드물다.

弟：음독과 의미가 '제(悌)' 자와 같다. 음은 '체(替, tì)'이다. 아우가 형을 대하는 올바른 태도를 뜻한다.
鮮：음은 현(顯, xiǎn)이다. 적다는 뜻이다. 《논어》에서는 '선(鮮)' 자가 모두 이러한 용법으로 쓰였다.
弟 — 音讀和意義跟悌相同，音替，〔tì〕，弟弟對待兄長的正確態度.……鮮 — 音顯，〔xiǎn〕，少，《論語》的 "鮮" 都是如此用法.

孝弟也者，其爲仁之本與！

부모에게 효도하고 형을 공경하는 것은 인(仁)의 기초일 것이다!

與：음독과 의미가 '여(歟)' 자와 같다. 《논어》에서는 '여(歟)' 자가 모두 '여(與)' 자로 쓰여 있다.
與 — 音讀和意義跟"歟"字一樣，《論語》的 "歟"字都寫作"與".

吾日三省吾身.

나는 매일 여러 번 내 자신을 반성한다.

三省：'삼(三)' 자는 거성으로 읽는 경우[271]가 있는데, 실제로는 파독하지 않아도 된다. '성(省)' 자의 음은 '성(醒, xǐng)'이다. 자기가 점검·반성·자성한다는 뜻이다. "삼성(三省)"의 '삼' 자는 여러 번을 나타내는 의미이다.
三省 — "三"字有讀去聲的，其實不破讀也可以. "省"音醒，〔xǐng〕，自我檢查、反省、內省. "三省"的"三"表示多次的意思.

271 삼(三)……경우：삼(三)이 거성일 때에는 '여러 번'이라는 뜻이다.

道千乘之國.

전차 1000대를 소유한 나라를 다스린다.

道 : 동사이다. '다스리다'는 뜻이다.

道 — 動詞, 治理的意思.

千乘之國 : '승(乘)'은 음이 '잉(剩, shèng)'이다. 고대에 네 마리 말로 끄는 수레를 뜻한다.

千乘之國 — 乘音剩, 〔shèng〕. 古代用四匹馬拉着的兵車.[272]

父在, 觀其志; 父沒, 觀其行.

부친 생전에는 자식의 의향을 관찰하고, 부친 사후에는 자식의 행위를 관찰한다.

行 : 거성으로, 음은 〔xìng〕이다.

行 — 去聲, 〔xìng〕.

恭近於禮, 遠恥辱也.

공손한 태도가 예에 가까우면 치욕을 당하지 않는다.

遠 : 거성이며, 음은 '원(院, yuàn)'이다. 동사이다. 사동의 용법으로는 어떤 것을 멀리 떨어지게 한다는 뜻이다. 여기에서는 '피한다'고도 번역할 수 있다.

遠 — 去聲, 音院, 〔yuàn〕. 動詞. 使動用法, 使之遠離的意思. 此處亦可以譯爲避免.

〈위정(爲政)〉

今之孝者, 是謂能養.

요새 이른바 효도라고 하는 것은 부모를 물질적으로 잘 부양하면 되는 것을 말한다.

養 : '養父母〔부모를 봉양하다〕'의 '양(養)'으로, 옛날 사람들은 모두 거성으로 읽었다. 음은 '양(漾, yàng)'이다.

272 원주 : 이하는 생략하기로 한다.

養 — "養父母"的"養", 從前人都讀去聲, 音漾, 〔yàng〕.

有事, 弟子服其勞 ; 有酒食, 先生饌, 曾是以爲孝乎?

무슨 일이 있으면 젊은이들이 부모가 할 수고를 대신하여 힘을 쓰고, 술이나 음식이 생기면 어른이 먼저 잡수시게 하는 것을 결국 효도라고 생각하느냐?

食 : 옛날에는 거성으로 읽었다. 음은 '사(嗣, sì)'이다. 음식물을 뜻한다. 그러나 현재에도 '주식'·'부식'·'면식'과 같이 여전히 여자(如字)인 〔shí〕로 읽는다.

食 — 舊讀去聲, 音嗣, 〔sì〕, 食物. 不過現在仍如字讀shí, 如"主食"、"副食"、"麵食".

饌 : 음은 〔zhuàn〕이다. 먹고 마신다는 뜻이다.

饌 — 〔zhuàn〕, 吃喝.[273]

曾 : 음은 층(層, céng)이다. 부사이며, '결국'이라는 뜻이다.

曾 — 音層, 〔céng〕, 副詞, 竟也.

視其所以, 觀其所由, 察其所安, 人焉廋哉? 人焉廋哉?

어떤 사람이 교제하고 있는 친구를 살펴보면서 그 사람이 어떤 목적에 도달하기 위해 사용한 방법을 관찰하고, 그 사람의 마음이 어떤 경우에 편안한가를 분명하게 알아낸다면, 그 사람이 어떻게 숨길 수 있겠느냐, 그 사람이 어떻게 숨길 수 있겠느냐.

廋 : 음은 '수(搜, sōu)'이다. '은폐하다'·'은닉하다'는 뜻이다.

廋 — 音搜, 〔sōu〕, 隱藏、藏匿.

學而不思則罔, 思而不學則殆.

공부만 할 뿐 사고를 하지 않으면 속게 되고, 공상만 할 뿐 공부를 하지 않으면 확신이 없어진다.

殆 : 《논어》의 '태(殆, dài)'는 두 가지 뜻이 있다. 다음 제18장에 있는 "多見闕殆

273 원주 : 이하는 생략하기로 한다.

〔많이 보되 의혹이 있는 부분은 보류해 둔다.〕"에서는 '의혹'으로 해석해야 하며,[274] 〈미자〉에 나오는 "今之從政者殆而〔지금 정권을 잡은 사람들은 위험하도다!〕"의 '태(殆)' 자는 '위험'으로 해석해야 한다.
殆 — 《論語》的"殆"〔dài〕有兩個意義，下文第十八章"多見[275]闕殆"當"疑惑"解（說本王引之《經義述聞》），《微子篇》"今之從政者殆而"的"殆"當危險解.

知之爲知之，不知爲不知，是知也.

아는 것은 안다고 하고, 모르는 것은 모른다고 하는 것이 바로 총명하고 슬기로운 것이다.

是知也 : 《순자》〈자도〉에도 이 이야기가 등재되어 있는데, 여기보다 상세하다. 그중 두 구절에서 다음과 같이 말하였다. "言要則知，行至則仁.〔말에 요점이 있으면 지혜로운 것이고, 행실이 극진하면 인(仁)한 것이다.〕" 이것 때문에 '지(知)' 자를 '지(智)' 자로 읽는다. 만약 '지(知)' 자를 여자(如字)로 읽는다면, '是知也'를 이렇게 번역해야 한다. 이것이 바로, 알거나 모르는 것에 대처하는 올바른 태도이다.
是知也 — 《荀子·子道篇》也載了這一段話，但比這詳細. 其中有兩句道 : "言要則知，行至則仁." 因之讀"知"爲"智". 如果"知"如字讀，便該這樣翻譯. 這就是對待知或不知的正確態度.

言寡尤，行寡悔.

실수하는 말을 줄이고, 후회할 행동을 줄인다.

行 : 명사이다. 거성으로, 음은 〔xìng〕이다.
行 — 名詞，去聲，〔xìng〕.

人而無信，不知其可也. 大車無輗，小車無軏，其何以行之哉?

사람이 신의를 중시하지 않는다면, 괜찮을지 모르겠다. 큰 수레에 예(輗)가 없고 작은 수레에 월(軏)이 없다면 그 수레를 어떻게 끌 수 있겠는가.

274 원주 : 왕인지(王引之)의 《경의술문(經義述聞)》에 근거한 설이다.
275 見 : 저본에는 '聞'으로 되어 있는데, 《논어역주》에 근거하여 바로잡았다.

輗·軏：'예(輗)'는 음이 '예(倪, ní)'이고, 월(軏)은 음이 월(月, yuè)이다. 고대에는 소의 힘으로 끄는 수레를 대거(大車)라 하였고, 말의 힘으로 끄는 수레를 소거(小車)라 하였다. 두 가지 모두 가축의 부리망[276]을 수레의 끌채 위에 두었다. 수레의 끌채 앞에는 가로지른 나무가 있는데, 이것이 바로 가축의 입에 멍에를 매는 곳이다. 이 가로지른 나무를 대거에서는 '격(鬲)'이라 하고 소거에서는 '형(衡)'이라 한다. 격과 형 두 개의 끝에는 모두 관건(關鍵)이 달려 있는데, '예'는 바로 격의 관건이고, '월'은 바로 형의 관건이다. 수레에 그것들이 없으면 자연스럽게 가축의 입을 씌울 수가 없으니, 어떻게 갈 수 있겠는가.

輗、軏 — 輗音倪, 〔ní〕; 軏音月, 〔yuè〕. 古代用牛力的車叫大車, 用馬力的車叫小車, 兩者都要把牲口套在車轅上. 車轅前面有一道橫木, 就是駕牲口的地方. 那橫木, 大車上的叫做鬲, 小車上的叫做衡. 鬲、衡兩頭都有關鍵（活銷[277]）, 輗就是鬲的關鍵, 軏就是衡的關鍵. 車子沒有它, 自然無法套住牲口, 那怎麼能走呢?

非其鬼而祭之, 諂也. 見義不爲, 無勇也.

자기가 제사 지낼 귀신이 아닌데도 제사를 지내는 것은 그 귀신에게 아첨하는 것이고, 제 한 몸 던져 정의를 구현해야 할 어려운 상황을 목도하고서도 수수방관만 한다면 겁이 많은 것이다.

鬼：고대에는 사람이 죽으면 전부 '귀(鬼)'라고 했는데, 이미 죽은 선조를 가리켜서 말한 것이다. 그러나 이따금씩 죽은 사람들을 총괄해서 가리키기도 한다.

鬼 — 古代人死都叫"鬼", 指已死的祖先而言, 但也偶有泛指的.

祭：여기에서 말하는 제사는 길제로, 흉제의 전(奠)과 다르다.[278] 귀신에게 제사를 올리는 목적은 일반적으로 복을 비는 것이다.

祭 — 祭是吉祭, 和凶祭的奠不同（人初死, 陳設飲食以安其靈魂, 叫做奠.）祭鬼的目的一般是祈福.

諂：음은 〔chǎn〕이다. '알랑거리다'·'영합하다'는 뜻이다.

諂 — 〔chǎn〕, 諂媚、阿諛.

276 부리망：소를 부릴 때에 소가 곡식이나 풀을 뜯어먹지 못하게 하려고 소의 주둥이에 씌우는 물건이다.

277 銷：저본에는 '塞'으로 되어 있는데, 《논어역주》에 근거하여 바로잡았다.

278 원주：사람이 막 죽었을 때 음식들을 진설하여 그 영혼을 위로하는 것을 전(奠)이라 한다.

이 두 편의 음주를 단 글자 중에, '예(輗)' 자는 《현대한어사전(現代漢語詞典)》에서 현대한어의 비상용자[279]로 표시하였고, '월(軏)' 자는 '고대의 수레에 달린 끌채와 가로댄 나무를 연결하는 관건〔古代車轅與橫木連結的關鍵〕'이라고만 해석되어 있으며, '수(廋)' 자는 '〈書〉'라고만 표시하여 서면어로만 설명하고 있다.

이 세 글자는 쓰기 어려운 글자라고 볼 수 있다. 《현대한어사전》의 표제어 설명이 그렇게 꼭 완전한 것만은 아니며, '예(輗)'와 '월(軏)'은 같은 종류의 글자이므로 '월(軏)'도 '예(輗)'와 똑같이 처리해야 한다.

다른 글자의 경우, '열(說)'은 '열(悅)'과 같으며, '제(弟)'는 '제(悌)', '여(與)'는 '여(歟)', '지(知)'는 '지(智)'와 같아서, 첫 번째 상황[280]에 속한다. '선(鮮)', '삼성(三省)', '승(乘)', '증(曾)'은 세 번째 상황[281]에 속한다. '행(行)', '원(遠)', '양(養)'은 윗글에서 말했던 파독(破讀)에 해당한다. '온(慍)', '찬(饌)', '태(殆)' 세 글자는 《현대한어사전》에서 모두 서면어라는 뜻의 '〈書〉'로 명시되어 있다.

'첨(諂)'은 현대의 상용자이지만, 〔xiàn〕으로 잘못 읽는 사람이 있기 때문에 특별히 주석으로 밝혀 놓았다.

난자(難字)는, 고적 속에서 어떤 경우에는 반절(反切)로, 어떤 경우에는 직음(直音)으로 주석되어 있는데, 이러한 독음들은 참고하는 데 도움이 될 뿐이다. 어떤 고적들의 주석에서 음주를 달지 않은 경우, 《광운》이나 《집운》을 조사하여, 음과 뜻이 서로 맞고 음이 뜻에 따라 바뀐다는 원칙에 근거하여 음주를 달 수 있다. 그러나 중고(中古) 시대의 반절을 지금 음으로 환치하는 것도 때로는 어느 정도 곤란한 점이 있다.

279 원주 : '⊠'라는 부호로 표시되었다.

280 첫 번째 상황 : 상용자의 이체자인 경우이다.

281 세 번째 상황 : 상용자이지만 상독음(常讀音)은 아닌 경우이다.

이러한 분야에 대한 작업으로는, 대만에서 엮은《중문대사전(中文大辭典)》, 사천성과 호북성 두 성에서 편찬한《한어대자전(漢語大字典)》에서 이미 전면적으로 정리한 바 있다. 특히《한어대자전》은 수록한 글자가 가장 완전하며, 번잡한 고대의 음독에 대해 과학적으로 정리했으므로, 가장 실용적인 가치가 있는 공구서이다. 고서에 대한 음주 작성 작업을 위해서는 이러한 성과를 잘 이용해야 한다.

④ 몇몇 고유명사의 음주 작성

어떤 고유명사는 비록 상용자이지만, 독법(讀法)이 특수하여 반드시 음주를 달아야 하는 것이 있다.

예를 들면, '구자(龜茲)'는 현재 신강성(新疆省) 고거현(庫車縣) 일대에 있었던 고대 서역의 나라 이름으로, 〔qiūcí〕로 읽는다. '묵기(万俟)'는 복성(複姓)으로 〔mòqí〕로 읽는다. '선우(單于)'는 한(漢)나라 때 흉노가 자신들의 군장에 대한 칭호의 번역음으로, 〔chányú〕로 읽는다.

이러한 종류의 글자들은 음주를 달지 않으면 잘못 읽을 가능성이 매우 높다. 그러나 또 고대의 음독을 복원해야 한다고 강조할 필요는 없다. 음주 작성에 있어서는 당연히 '명칭은 주인이 부르는 대로 불러야 한다.〔名從主人〕' 예를 들어 '심(諶)'은,《통지(通志)》〈씨족략(氏族略)〉에 다음과 같은 말이 있다.

> 심씨는,《성원》에 따르면 도간(陶侃, 259-334)의 어머니가 심씨라고 한다. 현재 남창에 이 성을 가진 사람이 많은데, 예장에서 그 명망이 자자하다.
>
> 諶氏,《姓苑》, 陶侃母諶氏, 今南昌多此姓, 望出豫章.

심(諶)의 음은 〔chén〕인데, 현재 속음(俗音)으로는 〔shèn〕으로 읽으므로, 속음으로 읽어도 될 듯하다. 또 예를 들어 산동의 비현(費縣)은 본래 〔mì〕로 읽어야 하지만, 현재 그곳 사람들은 이미 〔fèi〕로 읽고 있으므로, 또한 금음(今音)으로 바꾸어 읽어도 될 듯하다.

엄학군(嚴學窘, 1910-1991)은 〈주음(注音)·정음(訂音)·정음(正音)을 어떻게 할 것인가〔怎樣注音、訂音和正音〕〉[282]라는 글에서 "고음보다는 금음을 따른다.〔舍古從今〕", "번거로운 음보다는 간편한 음을 따른다.〔舍繁從簡〕"라는 원칙을 제기하면서 '원래 오류였던 것이 오랜 세월을 거치면서 어느새 표준이 되고, 계속 인습하여 써 오다가 어느새 관습으로 굳어진〔積非成是, 相沿成習〕' 몇몇 독음들을 인정하였다. 인명·지명과 기타 고유명사의 음주 작성에 적합할 뿐만 아니라, 그 밖의 각종 유형의 한자 음주 작성에도 적합하다. 음이 의심되거나 불분명한 글자의 경우, 엄학군은 방언(方言), 반절(反切), 직음(直音), 협운(協韻), 음변(音變), 운도(韻圖),[283] 해성(諧聲),[284] 이체(異體), 통가(通假), 문의(文義)를 조사하는 10가지 방법을 열거하였는데, 이들은 참고할 만한 의의가 있다.

《한어대자전》은 이러한 분야에 대해서 많은 작업을 했으나, 음이 불분명한 글자들이 아직도 적지 않다. 문장의 주석은 기존의 성과를 최대한 이용해야 한다.

282 원주 : 《사서연구(辭書硏究)》 1980년 3기

283 운도(韻圖) : 등운도(等韻圖)의 줄임말이다. '등운'이란 한어 어음 체계를 반영한 성(聲)·운(韻)·조(調)의 배합표이다. 표 속의 글자는 운복(韻腹)의 상황에 따라 4등으로 나누었기 때문에 '등운'이라 부르고, 이런 도표를 '등운도'라 한다. 《고의생 외 저, 한종호 역, 중국음운학입문, 학고방, 1999, 384쪽》

284 해성(諧聲) : 육서(六書)의 하나인 형성(形聲)과 같은 말로, 후한(後漢) 때 정중(鄭衆, ?-83)이 사용했던 용어이다. 《唐作藩 主編, 中國語言文字學大辭典, 中國大百科全書出版社, 2007, 140·660쪽》

2 글자의 변정

1) 정자와 이체자의 확정

전적 주석에서 글자를 변정(辨正)할 때, 만일 오자의 정정이라면 주석에서 모자(某字)의 잘못이라고 설명해야 한다. 이것은 또 교감의 문제로, 앞에서 이미 다루었다. 만약 이체자라면 주석에서 정자를 분명하게 밝혀야 한다. 1981년 10월 나는 《한어대자전》 편찬위원회에 이체자 처리에 관하여 약간을 건의(建議)하였는데, '정자를 확정하는 기준과 근거〔確定正字的標準和依據〕'라는 절에서 다음과 같은 9항목을 열거하였다.

① 모든 간체자[285]는, 《신화자전(新華字典)》·《현대한어사전(現代漢語詞典)》·《사해(辭海)》의 간체자 뒤 괄호 안에 명시한 번체자를 정자로 한다. 예를 들면 '挤(擠)'는 '擠(제)'를 정자로 한다. 번체자에 여러 형태가 있다면 통용하는 글자를 정자로 삼는다. 예를 들면 '关(關·関)'은 '關'을 정자로 한다. 만약 번체자의 여러 형태가 완전히 그 이체자가 같은 것이 아니라 단지 음이 같고 뜻이 비슷한 것뿐이라면, 주석에서 설명을 해야 한다. 예를 들면, '叹(嘆·歎)'과 같은 경우, 괄호 안에서처럼 음이 같고 뜻이 비슷한 두 가지 형태의 글자는 전적 가운데서 혼용된 예가 많다. 지금은 모두 간화(簡化)하여 '叹'으로 쓴다.

② 간체자가 없는 이체자들은 《신화자전》·《현대한어사전》·《사해》에 열거한 정자를 정자로 정하고, 괄호 안에 있는 글자를 이체자로 삼는다. 예를 들면, '梅(楳·槑)'는 '梅(매)'를 정자로 삼고, '蠹(蠧·蠹·蠹)'는 '蠹(두)'를 정자로 삼는다.

③ 《신화자전》·《현대한어사전》·《사해》에 반영되지 않은 이체자는, 옛

285 원주 : 간체자로 유추되는 것도 포함한다.

사전에 어떻게 반영되었는지 관계없이 전적에 많이 쓰인 글자를 정자로 삼는다. 예를 들면, '搹·扼·扼'은 전적에서 '扼(액)'을 많이 사용했기 때문에 '扼'을 정자로 삼는다.

④ 고자(古字)와 금자(今字)는 금자를 정자로 삼는다. 예를 들면 '擂'와 '擂'는 '擂(뇌)'를 정자로 삼는다.

⑤ 전자(篆字)가 해서로 변하는 과정에서 여러 가지 형태가 나타나는데, 통행하는 해서자를 정자로 삼는다. 예를 들면, '𢪓'는 해서로 '扤·扤·扤' 세 가지 형태가 있지만, '扤(올)'이 통용되기 때문에 '扤'을 정자로 삼는다.

⑥ 상용하지 않는 글자는 《집운》을 따르되, 기타 자서와 운서를 참조하여 정자를 확정한다. 예를 들면, '擆(착)'과 '擆'은 《옥편》에 '擆'으로 되어 있으며 《광운》·《집운》에는 '擆'으로 되어 있는데, 《강희자전》에서는 '擆'을 정자로 삼았고, '擆'을 이체자로 삼았다. 응당 《집운》과 《강희자전》을 따라 '擆'을 정자로 삼아야 한다.

⑦ 각 자서와 운서에서 서체의 차이가 있기 때문에, 《신화자전》·《현대한어사전》·《사해》의 자형을 정자로 삼는다. 위에서 든 세 책에 수록되지 않은 것은 《강희자전》의 자형을 정자로 삼는다. 필획이 미세하게 다른 글자는 글자를 수집하는 부서에서 정리하여 확정한 자형을 정자로 삼는다.

⑧ 죽간과 백서 그리고 돈황 석굴에서 발견된 변문(變文)[286]은 그 정리본의 괄호 안에 표시한 글자를 정자로 삼고, 괄호 앞의 글자는 이체자로

286 변문(變文) : 당대(唐代)와 오대(五代) 무렵 민중 사이에서 유행한 민간문학으로, 원래 절에서 속강승(俗講僧)이 신자들의 교화를 위하여 불경의 이야기를 구어나 속어로 알아듣기 쉽게 풀이해 준 데서 비롯되었다. 20세기 초에 돈황에서 많이 발견되었는데, 그 형식은 다양하나 대부분은 운문과 산문이 섞여 있으며, 알아듣기 쉽도록 고안되어 있다.

삼는다.[287] 괄호 안에 표시된 글자가 만약 간체자라면 제1항을 참조하여 처리한다.

⑨ 《집운》이나 기타 자서와 운서의 풀이에 근거하여 'X 자와 같다.〔同X〕'로 하는데, 별도로 통용자가 있으면 'X' 자 뒤에 괄호를 쳐서 통용자를 나타낸다. 예를 들면, 《집운》 〈과운(戈韻)〉에 "'拕(타)'는 《설문해자》에서 '끌다.'라는 뜻으로 풀었다. 혹 '拖(타)'라고도 쓰는데, 또한 약자이다.〔拕《說文》曳也. 或作拖, 亦省.〕"라고 하였는데, 이런 경우 '拕同拕(拖)'의 형태로 처리할 수 있다.

건의(建議) 중에서 《사원(辭源)》[288]은 언급하지 않았으나, 《사원》은 마땅히 《사해》 등과 같이 다루어야 한다. 또한 《간화자총표(簡化字總表)》·《이체자정리표(異體字整理表)》·《인쇄통용한자자형표(印刷通用漢字字形表)》를 언급하지 않은 것은, 이 책들이 이미 《신화자전》·《현대한어사전》·《사해》·《사원》 안에 채택되어 있기 때문이다. 영인된 고서는 주석을 거치지 않았고 글자를 판정하지 않았기 때문에 재차 정리할 때는 모두 자형의 규범에 주의해야 한다.

이상에서 건의한 내용은 《한어대자전》을 편찬할 때 제출한 것으로, 어떤 곳은 분명하게 자전의 성격을 반영하고 있다. 그렇지만 고적 정리와 문장 주석에 대해서도 이것을 부분적으로 적용할 수 있다.

글자 판정에 대한 주석 방식에는 일정한 규칙이 없다. 하지만 어떤 글자의 오자가 만일 상용하는 글자라고 한다면 비교적 처리하기 쉬울 것이다. 어떤 글자와 글자 사이의 관계는 같은 면이 있을 뿐 아니라 다른 면도 있다. 한 글자의 어떤 음과 뜻 아래에는 그 글자와 음과 뜻이 같은 어떤 글자가 존재

287 원주 : 또한 적지 않게 오자가 있다.

288 원주 : 당시에는 아직 출간되지 않았다.

하고, 또 그와 다른 음과 뜻 아래에도 그 글자와 음과 뜻이 같은 어떤 글자가 존재하고 있으니, 어떤 한 음과 뜻 아래에는 다시 고유의 이체자를 가지고 있는 것이다. 이렇게 복잡하고 난해하며 서로 교차되는 현상은 자전 편찬과 서적의 주석에서 처리하기 어려운 부분이다. 몇 가지 예를 들어 보겠다.

諠

갑 : 황(況)과 원(袁)의 반절이다. 〔xuān〕

① 속이다. 잊어버리다. '훤(諼)'과 같다. 《집운》에 "훤(諼)은 《설문해자》에 '속이다.'라고 하였다. 《이아》에는 '잊어버리다.'라고 하였는데, 훤(諠)을 쓰기도 한다."라고 하였다. 《예기》 〈대학〉에 "문채 나는 군자여. 끝내 잊을 수 없구나.〔有斐君子, 終不可諠兮.〕"라고 하였는데, 주에 "훤(諠)은 잊어버리는 것이다."라고 하였다.

② 시끄럽게 떠드는 것이다. '훤(吅)'·'환(喧)'·'환(讙)'·'훤(咺)'·'훤(嚾)'과 같다. 《집운》에 "훤(吅)은 《설문해자》에 놀라서 내는 소리이다. 환(讙)·훤(喧)이라 쓰기도 하고, 훤(諠)과 통용해서 쓴다."라고 하였다. 《사기》 〈조조전〉에 "제후들이 모두 시끄럽게 떠들며 조조를 미워하였다.〔諸侯皆諠譁疾晁錯.〕"라고 하였다.

을 : 화(火)와 원(遠)의 반절이다. 〔xuǎn〕

잊어버리다. '훤(諼)'과 통용해서 쓴다. 《집운》에 "훤(諠)은 잊어버리다는 뜻으로 훤(諼)과 통용해서 쓴다."라고 하였다. 반고의 《문선》 〈유통부〉에 "자기를 잊어버리고 형체를 초탈한 듯하네.〔猶諠己而遺形.〕"라고 하였는데, 이선의 주에 "훤(諠)은 잊어버리다는 뜻이다."라고 하였다.

甲. 況袁切〔xuān〕 ① 詐也, 忘也. 與諼同.《集韻》:"諼,《說文》詐也.《爾雅》, 忘也. 亦作諠."《禮記·大學》:"有斐君子, 終不可諠兮." 注 :"諠, 忘也." ② 喧譁也. 與 吅、喧、讙、咺、嚾同.《集韻》"吅《說文》驚嘑也．亦作讙、喧，通作諠．"《史記·晁錯傳》："諸侯皆諠譁疾晁錯．" 乙．火遠切〔xuǎn〕，忘也．通作諼．《集韻》："諠，忘也．通作諼．"《文選·班固《幽通賦》："猶諠己而遺形．" 注："善曰：諠，忘也．"

諼

갑 : 황(況)과 원(袁)의 반절이다. 〔xuān〕

을 : 황(況)과 만(晩)의 반절이다. 〔xuǎn〕

③ 잊어버리다. 또 훤(諠)이라고도 쓴다. 《이아》〈석훈〉에 "훤(諼)은 잊어버리는 것이다."라고 하였다. 《집운》에 "훤(諼)은 《이아》에 잊어버리다는 뜻으로 훤(諠)으로도 쓴다."라고 하였다. 《시경》〈위풍 기욱〉에 "문채 나는 군자여. 끝내 잊을 수 없구나.〔有斐君子，終不可諼兮.〕"라고 하였는데, 전(傳)에 "훤(諼)은 잊어버리는 것이다." 라고 하였다.

④ 망우초이다. 훤(萱) 또는 훤(藼)으로도 쓴다. 《시경》〈위풍 백혜〉에 "어찌 원추리를 얻어 북당에 심을꼬.〔焉得諼草，言樹之背.〕"라고 하였는데, 전에 "훤초(諼草)는 사람들에게 근심을 잊게 한다."라고 하였다. 《경전석문》에 "훤(諼)은 본래 훤(萱)으로도 되어 있으며, 어떤 판본에는 훤(藼)으로도 되어 있다."라고 하였다

⑤ 시끄럽게 떠드는 것이다. 환(讙)과 통용한다. 《예기》〈소의〉의 주(注)에 "조금 교활한 수단으로 꾸며 댔다.〔少詐諼.〕"라고 하였는데, 《경전석문》에 "훤(諼)은 시끄럽게 떠드는 것이다."라고 하였다. 《일체경음의》 권21에 "고문에서는 훤(諼)과 환(讙) 두 가지 형태였으나 지금은 훤(諠)을 쓰는데, 같은 글자이다."라고 하였다.

⑥ 혹은 훤(蕿)으로 쓴다. 《집운》에 "훤(諼)은 훤(蕿)으로도 쓴다."라고 하였다.

甲．況袁切〔xuān〕．乙．況晩切〔xuǎn〕 ③ 忘也．又作諠．《爾雅·釋訓》："諼，忘也."《集韻》"諼,《爾雅》，忘也．亦作諠."《詩·衛風·淇奧》"有斐[289]君子，終不可諼兮." 傳："諼，忘也." ④ 忘憂草也．又作萱、藼.《詩·衛風·伯兮》："焉得諼草，言樹之背." 傳："諼草，令人忘憂." 釋文："諼，本又作萱，或作藼." ⑤ 讙譁也．與讙通.《禮記·少儀注》："少詐[290]諼." 釋文："諼，諼譁."《一切經音義》二十一："古文諼、讙二形，今作諠，同." ⑥ 或作蕿.《集韻》："諼，或作蕿."

讙

갑：호(呼)와 관(官)의 반절이다. 〔huān〕

① 떠드는 것이다.……

④ '기쁘고 즐겁다'는 뜻으로, 환(歡)과 통용한다. 《서경》〈무일〉에 "말하는 것이 바로 환(讙)이다.〔言乃讙.〕"라고 하였는데, 정현의 주(注)에 "환(讙)은 기뻐하고 즐거워하는 것이다."라고 하였다. 《예기》〈악기〉에 "북을 치는 소리가 시끄러운 것이다.〔鼓鼙之聲讙.〕"라고 하였는데, 주에 "환(讙)은 혹 환(歡) 자를 쓰기도 한다."라고 하였다.

⑧ 훤(吅) 또는 훤(諠)과 통한다. 《일체경음의》 권12에 "환(讙)은 고문에는 훤(吅)으로 썼다. 또 훤(諠)으로도 썼는데, 같은 글자이다."라고 하였다. 《좌전》 소공 원년 조에 "시끄럽게 떠드는 소리를 싫어할 수 없는 것과 같다.〔不得惡讙譁之聲.〕"라고 하였는데, 《경전석문》에 "환(讙)은 본래 훤(諠)으로 되어 있다."라고 하였다.

을：황(況)과 원(袁)의 반절이다. 〔xuān〕

① 놀라서 소리치는 것이다. 훤(吅)·훤(喧)·훤(諠)과 같다. 《집운》에

289 斐：저본에는 '匪'로 되어 있는데, 통행본 《예기》에 근거하여 바로잡았다.

290 詐：저본에는 '作'으로 되어 있는데, 위 자료에 근거하여 바로잡았다.

"훤(吅)은 《설문해자》에 '놀라서 소리치는 것이다.'라고 하였다. 또 환(讙)·훤(喧)이라고도 쓰는데, 훤(諠)과 통용한다."라고 하였다.

병 : 고(古)와 완(玩)의 반절이다. 〔guán〕

즐겁게 논다는 뜻이다. 환(懽)과 같다. 《집운》에 "환(懽)은 《설문해자》에서 '즐겁게 노는 것이다.'라고 하였다. 혹은 언부(言部)로 쓰기도 한다."라고 하였다.

정 : 호(呼)와 완(玩)의 반절이다. 〔huán〕

부른다는 뜻이다. 환(喚)·환(嚾)과 같다. 《집운》에 "환(喚)은 《설문해자》에 '소리치는 것이다.'라고 하였다. 혹은 환(嚾)으로 쓰는데, 언부(言部)를 쓰기도 한다."라고 하였다.

甲. 呼官切〔huān〕 ① 譁也.…… ④ 喜悅也, 與歡通. 《書·無逸》: "言乃讙." 鄭注 : "讙, 喜悅也." 《禮記·樂記》: "鼓鼙之聲讙." 注 : "讙, 或爲歡." ⑧ 與吅、諠通. 《一切經音義》十二 : "讙, 古文作吅, 又作諠, 同." 《左傳·昭公元年》: "不得惡讙譁之聲." 釋文 : "讙, 本作諠." 乙. 況[291]袁切〔xuān〕 ① 驚嘑也. 與吅、喧、諠同. 《集韻》: "吅, 《說文》: '驚嘑也.' 亦作讙、喧, 通作諠." 丙. 古玩切〔guán〕 喜敖也. 與懽同. 《集韻》: "懽, 《說文》: '喜敖也.' 或從言." 丁. 呼玩切〔huán〕, 評也. 與喚、嚾同. 《集韻》: "喚, 《說文》: '評也.' 或作嚾, 亦從言."[292]

이러한 사례들은 또한 관련 글자를 탐색하여 다른 이체자와 관련된 사항들을 찾아낼 수 있는데, 어렵다고 말한다면 이 글자들의 상호관계가 참으로 매우 복잡하다는 것이며, 어렵지 않다고 말한다면 여러 뜻을 가진 글자는 오늘

291 況 : 저본에는 '說'로 되어 있는데, 《중문대사전》에 근거하여 바로잡았다.

292 원주 : 이상은 《중문대사전》에 의거하였고, 조금 고쳤다.

날 이미 정리되고 규범화되었다는 것이다.

'원추리〔萱草〕'에는 '훤(萱)'을 쓴다.

'시끄럽다〔喧譁〕'에는 '훤(喧)'을 쓴다.

'속이다'나 '잊어버리다'는 뜻의 '훤(諼)'은 '훤(諼)'을 쓴다.

'즐기다'나 '기쁘다'는 뜻에는 '환(歡)'을 쓴다.

의미는 하나이지만 음이 여럿인 글자는 현대의 주석에서는 그 주요 독음만을 써도 된다. 예를 들어 '훤(諠)'과 '훤(諼)' 자를 '화(火)와 원(遠)의 반절〔xuǎn〕'이라고 한 것은, 현대 주석에서 취하지 않을 수도 있다. 그러나 두 가지 주의해야 할 점이 있다.

첫째, 《집운》에서 정리한 이체자는 때때로 통가자와 섞여 있을 뿐만 아니라, 음과 뜻의 결합이 또 복잡하고 번다하여 모두 믿을 수는 없다는 것이다. 《한어대자전》은 《집운》에 기초하여 이체자도 정리하였는데, 한 단계 더 향상시켜 신뢰도가 높기 때문에 마땅히 이 성과를 이용해야 한다.

둘째, 부분적으로 음과 뜻이 같은 이체자와 일련의 글자가, 서로 정자가 되기도 하고 이체자가 되기도 하는 현상에는 특히 유의해야 하며, 절대로 이러한 이체자를 완전히 동일한 이체자라고 생각해서는 안 된다는 것이다.

이체자의 처리는 전적의 주석 중에서 가볍게 다룰 수 없을 뿐 아니라 지나치게 신중하거나 보수적이어서도 안 된다. 현재 이미 정리가 되어 있고 자형의 규범이 정해졌기 때문에 모두 현재의 것으로 모범을 삼아야 한다.

2) 이체자와 오자를 주석하는 방식

이체자와 오자를 주석하는 방식은, 일반적으로 주석으로 설명하는 것이다. 그러나 어떤 경우에는 괄호를 사용하여 정자나 본자(本字)를 표시하기도 하는데, 예를 들면 출토된 죽간과 백서가 바로 이런 방식이다. 복음절어 중에 이사자(異寫字)[293] 또는 음과 자형이 조금 변하였으나 의미는 완전히 같은 것이 적지 않다.

保厥美以驕敖兮.

아름다움을 믿고 교만하고 오만해졌다.[294]

低卬夭蟜, 據以驕驁兮.

내려오고 올라가는 것이 기세가 왕성하며, 목을 꼿꼿이 세우고 교만한 기세로 달린다.[295]

今人主誠能去驕傲之心, 懷可報之意.

지금 군주께서는 진실로 교만하고 오만한 마음을 없애고 보답하려는 마음을 지니고 계신다.[296]

生富貴而能不驕傲者, 未之有也.

부귀를 얻고도 교만하고 오만하지 않을 수 있는 사람은 있지 않다.[297]

兕觥其觩, 旨酒思柔. 彼交匪敖, 萬福來求.

뿔잔이 굽어 있으니 맛있는 술이 부드럽네. 사귐에 교만하지 않으니 많은 복이 나를 찾아오네.[298]

293 이사자(異寫字) : 이체자의 종류 중 하나로, 서사(書寫) 과정에서 필획을 다르게 쓴 이체자를 말한다. 이사자는 구조의 동이(同異)를 명확하게 설명할 수 없는 필사자 개인의 습관에 의해 생성되었으며, 단지 서사 과정에서 필획의 미묘한 차이만 있을 뿐 기본적인 어휘의 기능에는 아무런 영향이 없다. 예를 들면, '早'를 '皁'로 쓰는 것과 같다.

294 원주 : 《초사》 〈이소〉

295 원주 : 《사기》 〈사마상여열전(司馬相如列傳)〉

296 원주 : 《한서》 〈추양전(鄒陽傳)〉

297 원주 : 《후한서》 〈최인전(崔駰傳)〉

298 원주 : 《시경》 〈소아(小雅) 상호(桑扈)〉

故《詩》曰 : "兕觵其觩, 旨酒思柔, 彼交匪傲. 萬福來求."
그러므로 《시경》에 이르기를 "뿔잔이 굽어 있으니 맛있는 술이 부드럽네. 사귐에 교만하지 않으니 많은 복이 나를 찾아오네." 하였다.[299]

公孫段賦《桑扈》, 趙孟曰 : "匪交匪敖, 福將焉往."
공손단이 〈상호〉를 읊자, 조맹이 "사람을 사귐에 교만하고 오만하지 않으면 복이 어디로 가겠습니까."라고 하였다.[300]

故《詩》曰 : "兕觥其觩, 旨酒思柔. 匪儌[301]匪傲, 萬福來求."
그러므로 《시경》에 "뿔잔이 굽어 있으니 맛있는 술이 부드럽네. 사귐에 교만하지 않으니 많은 복이 나를 찾아오네."라고 하였다.[302]

위 사례들은 두 가지 유형으로 구분할 수 있다. 하나는, 앞의 네 사례에서 '교(驕)'로 시작하는 '교오(驕敖)'·'교오(驕鷔)'·'교오(驕傲)'·'교오(驕慠)'로 변한 글자는, '오(傲)' 자이다. '오(傲)'는 현재의 통행자로, 고문에서는 '오(慠)'로 썼다. 자획을 생략해서 '오(敖)'로 썼으며, 또 '오(鷔)'와 통용하였다. 다른 하나는, 주로 '교(交)'로 시작한 '교오(交敖)' 와 '교오(交傲)'이다. 이 어휘는 《시경》에 출전을 두고 있으며 '교오(交敖)'라고 되어 있는데, 《좌전》에는 '교오(交傲)'로 인용되어 있으며, 《한서》에는 '교오(儌傲)'로 인용되어 있다.

《시경》 정현의 전(箋)에 다음과 같은 구절이 있다.

299 원주 : 《좌전》 성공(成公) 14년 조
300 원주 : 《좌전》 양공(襄公) 27년 조
301 儌 : 저본에는 '敫'로 되어 있는데, 《한서》에 근거하여 바로잡았다.
302 원주 : 《한서》 〈오행지 중(五行志中)〉

'피(彼)'는 저 현자를 말한다. 현자는 처신함이 공손하고 일을 집행함이 공경하며 남과 더불어 사귈 때는 반드시 예로써 하는 자이니, 온갖 복록이 따라온다.

彼, 彼賢者也. 賢者居處恭, 執事敬, 與人交必以禮, 則萬福之祿, 就而求之.

이것은 글자만 보고 대충 뜻을 짐작한 것으로, 견강부회한 해석이다. '彼……匪……'는 바로 '匪……匪……'와 같으며, '匪交匪敖'는 바로 '不驕不傲'의 뜻이다. '교(交)'와 '교(傲)'는 모두 '교(驕)'의 가차자이다. 주기봉(朱起鳳)의 《사통(辭通)》에서 위에 인용한 각 예시를 수록하였는데, 분석한 것이 매우 분명하다.

복음절어의 이사자는, 혹 한 글자가 변하기도 하고 혹 두 글자가 변하기도 한다. 어떤 것은 이체로 볼 수도 있고 어떤 것은 통가(通假)로 볼 수도 있기 때문에 분명하게 구분해야 한다. 주석을 달 때에는 지금 흔히 보이는 문자를 정자로 삼고, 아울러 그 경위를 참고로 덧붙일 수 있다.

恃功驕豪.

공을 믿고서 교만하고 오만하다.[303]

'호(豪)'는, 성뉴(聲紐)[304]가 '갑(匣)', 운부(韻部)[305]가 '소(宵)'이다.

303 원주 : 《삼국지》 〈촉서(蜀書) 유장전(劉璋傳)〉

304 성뉴(聲紐) : 일반적으로 등운학(等韻學)에서 성모(聲母)의 이명(異名)으로 쓰이는 용어이다. '뉴(紐)'란 원래 '유대(紐帶)'라는 뜻이므로 성뉴란 성모를 나타내는 유대를 말한다. 반절 구조상에서는 반절상자(反切上字)를 가리키는 것이 많아서 성류(聲類), 자모(字母), 음뉴(音紐) 등의 용어는 모두 그 이명이다. 양(梁)나라 심약(沈約)이 지은 《사성보(四聲譜)》의 일문(逸文)에서는 郎(平)-朗(上)-浪(去)-落(入)과 같이 4자

'오(傲)'는 성뉴가 '의(疑)', 운부가 '소(宵)'이다. 두 글자는 같은 운부에 속하고 비슷한 성뉴이기 때문에 통가할 수 있다.

> 自陽嘉以後, 朝威稍損, 諸國驕放, 轉相陵伐.
> 양가(陽嘉) 연간(132-135) 이후로 조정의 위엄이 점차 손상되어 여러 나라들이 교만 방자해져서 더욱 능멸하였다.[306]

'교방(驕放)'과 '교오(驕傲)'는 동의어이지만, 한 단어의 이체자에는 해당하지 않기 때문에 주석을 달 때 이를 분명하게 구별해야 한다.

씩 병렬되어 있는데, 이것을 잇는 유대가 성모이다. 여기서 성모를 '紐'라고 칭하게 되었다. 《이돈주, 한자음운학의 이해, 탑출판사, 1995, 37쪽》

305 운부(韻部) : 한어 상고음을 연구한 학자들은 주로 《시경》의 압운 실태와 형성자의 성부와 편방을 자료로 삼아 고음(古音)을 추정하고 상고음(上古音)의 단위를 귀납하였는데, 이를 칭한다. 예를 들면, '고염무의 고운(古韻) 10부(部)'·'단옥재의 고운 17부' 등이 그것이다.

306 원주 : 《후한서》 〈서역전(西域傳)〉

지은이

왕요남(汪耀楠)
1936년 중국 호북성(湖北省) 송자현(松滋縣)에서 태어났다. 일찍이 그가 쓴 〈왕력의 사전학 사상을 논함〔試論王力的詞典學思想〕〉이라는 글을 읽은 왕력(王力)에게 극찬을 받기도 하였다. 현재 호북대학(湖北大學) 고적연구소(古籍研究所) 교수이자 사서연구실(辭書研究室) 주임(主任)으로 있다. 1975년 10월에 《한어대자전(漢語大字典)》 편찬에 참여하였으며, 이후 관련 논문 수십 편을 발표하여 학술계의 주목을 받았다. 주석학과 관련한 글로 〈고대주석사초탐(古代注釋史初探)〉 등이 있으며, 저서로 《국제표준한자사전(國際標准漢字詞典)》, 《주석학(注釋學)》, 《한어성어사전(漢語成語詞典)》 등이 있다.

옮긴이

신승운 성균관대학교 명예교수, 문학박사.
성균관대 문헌정보학과(서지학) 및 동 대학원 한문고전번역협동과정 교수, 동아시아학술원장 겸 대동문화연구원장, 한국서지학회장, 한국고전번역학회장, 전통문화연구회 부회장 등 역임. 현 문화재청 문화재위원장, 유네스코한국위원회 문화분과위원장, 한국고전번역원장.

강민정 서울대학교 지구과학교육과를 졸업하고, 성균관대학교 한문고전번역협동과정에서 《구장술해(九章術解)의 연구와 역주》로 문학박사 학위를 취득하였다. 민족문화추진회 국역연수원 연수브와 상임연구부 과정을 마쳤고, 한국고전번역원과 성균관대학교 대동문화연구원 연구원을 지냈다. 역서로 《무명자집 1·2·9·10》, 《국역 농암집 5》가 있고, 공역서로 《명고전집 2》, 《칠정산내편》, 《사고전서 이해의 첫걸음》, 《교감학개론》, 《설수외사》, 《국역 농암집 6》, 《승정원일기》가 있으며, 논문으로 〈한문 고전의 제목 번역과 작품 해제 작성에 대한 시론(試論)〉, 〈산학서(算學書) 번역의 현황과 과제〉 등이 있다.

노경희 성균관대학교 한문교육과를 졸업하고, 동 대학원 한문고전번역협동과정을 수료하였다.

박재영 서울대학교 인류학과를 졸업하고, 성균관대학교 한문고전번역협동과정을 수료하였다. 민족문화추진회 국역연수원 연수부와 상임연구부 과정을 마쳤고, 한국고전번원 기획홍보실장으로 재직 중이다. 공역서로 《사고전서 이해의 첫걸음》, 《교감학개론》, 《청성잡기》, 《설수외사》, 《승정원일기》 등이 있다.

박회신 순천대학교 중어중문학과를 졸업하고, 민족문화추진회 국역연수원 연수부와 상임연구부 과정을 마쳤다. 국사편찬위원회 초서과정과 성균관대학교 한문고전번역협동과정을 수료하였다. 공역서로 《양호당일기》, 《사고전서 이해의 첫걸음》이 있다. 한국고전번역원 번역위원으로 정조대 《일성록》 번역에 참여하였고, 현재 영조대 《승정원일기》 번역에 참여하고 있다.

소잠 중국약과대학교를 졸업하고, 북경사범대학교 중국고대문학학과 석사 학위를 받았으며, 성균관대학교 한문고전번역협동과정을 수료하였다.

안현 안동대학교 한문학과를 졸업하고, 성균관대학교 한문고전번역협동과정을 수료하였다.

이기찬 성균관대학교 국문학과를 졸업하고, 동 대학원 한문고전번역협동과정을 수료하였다. 민족문화추진회 국역연수원 연수부와 상임연구부 과정을 마쳤고, 한국고전번역원 고전문헌번역실장으로 재직 중이다. 공역서로 《매천집》, 《명재유고》, 《성호전집》, 《백졸재유고》, 《승정원일기》, 《일성록》 등이 있다.

이봉순 덕성여자대학교 국어국문학과를 졸업하고, 중국 북경사범대학에서 문학석사 학위를 받았으며, 성균관대학교 한문고전번역협동과정에서 문학박사 학위를 받았다. 민족문화추진회 국역연수원 연수부와 상임연구부 과정을 마쳤고, 한국고전번역원 번역위원으로 《승정원일기》 번역에 참여하고 있고, 고전번역교육원 전주분원에서 강의하고 있다. 논문으로 〈論婉約詞派的代表秦觀與李淸照〉, 〈益齋 李齊賢 詞의 譯註〉, 〈適菴 曺伸 詩의 譯註〉가 있고, 공역서로 《승정원일기》, 《백거이 한적시선》, 《설수외사》, 《중당유고》 등이 있다.

이상아 공주사범대학 중국어교육과를 졸업하고, 성균관대학교 한문고전번역협동과정에서 박사학위를 취득하였다. 민족문화추진회 국역연수원 연수부와 상임연구부 과정을 마쳤고, 한국고전번역원 번역위원을 거쳐 성균관대학교 대동문화연구원 책임연구원으로 재직 중이다. 논문으로 〈다산 정약용의 『가례작의』 역주〉(석사), 〈다산 정약용의 『제례고정』 역주〉(박사) 등이 있다. 번역서로 《무명자집 7·8·15·16》, 《삼산재집 1·2》가 있고 공역서로 《기언》, 《일성록》, 《국역 의례(상폐편)》, 《대학연의》, 《교감학개론》, 《사고전서 이해의 첫걸음》 등이 있다.

이정욱 성균관대학교 한문교육과를 졸업하고, 동 대학원 한문고전번역협동과정을 수료하였다. 민족문화추진회 국역연수원 연수부와 일반연구부 과정을 마쳤고, 한국고전번역원 원전정리실에 재직 중이다. 《승정원일기》 교점 작업에 참여하였다.

이정원 성균관대학교 한문학과를 졸업하고, 동 대학원에서 석사 학위를 받았으며, 한문고전번역협동과정을 수료하였다. 민족문화추진회 국역연수원 연수부와 상임연구부 과정을 마쳤고, 한국고전번역원 책임연구원으로 재직 중이다. 공역서로 《명재유고》, 《우담전집》, 《대산집》, 《성호전집》, 《설수외사》, 《승정원일기》 등이, 공저로 《생각 세 번》이 있다.

장성덕 충남대학교 중어중문학과를 졸업하고, 경상대학교 한문학과 대학원에서 석사 학위를 받았으며, 성균관대학교 한문고전번역협동과정을 수료하였다. 성균관대학교 대동문화연구원 연구원을 지냈으며, 전주대학교 한국고전학연구소 연구원으로 재직 중이다.

장희성 명지대학교 사학과를 졸업하고, 성균관대학교 한문고전번역협동과정을 수료하였다. 한국고전번역원 고전번역교육원 연수과정을 마쳤고, 한국고전번역원에 재직 중이다. 공역서로 《대학연의》 등이 있고, 《제정집》 등의 교점 작업에 참여하였다.

조준호 성균관대학교 한문학과를 졸업하고, 동 대학원 한문고전번역협동과정에서 박사학위를 취득하였다. 성균관 한림원 한림계제를 수료하였고, 한국고전번역원 연구원으로 재직 중이다. 공역서로 《승정원일기》, 《대학연의》, 《교감학개론》, 《사고전서 이해의 첫걸음》 등이 있다.

하현주 성균관대학교 한문학과를 졸업하고, 동 대학원 한문고전번역협동과정을 수료하였다. 민족문화추진회 국역연수원 연수부와 상임연구부 과정을 마쳤고, 한국고전번역원 선임연구원으로 재직 중이다. 《승정원일기》 교점 작업에 참여하였으며, 번역서로 《경오연행록》이 있고, 공역서로 《기언》, 《설수외사》, 《통색촬요》, 《일성록》 등이 있다.

주석학개론 1
왕요남(汪耀楠) 지음 | 신승운 외 옮김

2014년 8월 30일 초판 1쇄 발행
2018년 3월 30일 초판 2쇄 발행

발행인 신승운 | 발행처 한국고전번역원
등록 2008. 3. 12. 제300-2008-22호
주소 (03000) 서울시 종로구 구기동 비봉길 1
전화 02-6263-0464 | 팩스 02-6339-0724 | 홈페이지 www.itkc.or.kr

책임편집 정영미 | 편집진행 박정열
편집교정 유정님 | 조판 김지현 | 제작 김형석
디자인 황재성 · 이가영 | 인쇄 한국학술정보(주)

값 17,000원
ISBN 978-89-284-0501-5 94010
978-89-284-0499-5 (세트)
* 이 책은 2018년도 교육부 고전번역사업비로 출간한 것임.